刺桐城

滨海中国的地方与世界

王铭铭 著

生活·讀書·新知 三联书店

Copyright © 2018 by SDX Joint Publishing Company.
All Rights Reserved.

本作品版权由生活·读书·新知三联书店所有。
未经许可，不得翻印。

图书在版编目（CIP）数据

刺桐城：滨海中国的地方与世界／王铭铭著．—北京：
生活·读书·新知三联书店，2018.4　（2021.7重印）
（当代学术）
ISBN 978 – 7 – 108 – 05962 – 8

Ⅰ．①刺…　Ⅱ．①王…　Ⅲ．①泉州－地方史
Ⅳ．① K295.73

中国版本图书馆 CIP 数据核字（2017）第 114143 号

责任编辑	冯金红
装帧设计	宁成春
责任印制	董　欢
出版发行	生活·讀書·新知三联书店
	（北京市东城区美术馆东街 22 号　100010）
网　　址	www.sdxjpc.com
经　　销	新华书店
印　　刷	天津图文方嘉印刷有限公司
版　　次	2018 年 4 月北京第 1 版
	2021 年 7 月北京第 3 次印刷
开　　本	635 毫米 × 965 毫米　1/16　印张 35
字　　数	454 千字　图 34 幅
印　　数	09,001－12,000 册
定　　价	82.00 元

（印装查询：01064002715；邮购查询：01084010542）

当代学术
总　序

　　生活·读书·新知三联书店从1986年恢复独立建制以来，就与当代中国知识界同感共生，全力参与当代学术思想传统的重建和发展。三十年来，我们一方面整理出版了陈寅恪、钱锺书等重要学者的代表性学术论著，强调学术传统的积累与传承；另一方面也积极出版当代中青年学人的原创、新锐之作，力求推动中国学术思想的创造发展。在知识界的大力支持下，通过多年的努力，我们已出版众多引领学术前沿、对知识界影响广泛的论著，形成了三联书店特有的当代学术出版风貌。

　　为了较为系统地呈现中国当代学术的发展和成果，我们以上世纪八十年代以来刊行的学术成果为主，遴选其中若干著作重予刊行，其中以人文学科为主，兼及社会科学；以国内学人的作品为主，兼及海外学人的论著。

　　我们相信，随着当代中国社会的繁荣发展，中国学术传统正逐渐走向成熟，从而为百余年来中国学人共同的目标——文化自主与学术独立，奠定坚实的基础。三联书店愿为此竭尽绵薄。谨序。

生活·读书·新知三联书店
2017年3月

目 录

再版自序 ··· 1
致　谢 ··· 41

1. 引论 ·· 45
   经验与反思 ···································· 51
   历史、文化与权力 ······························ 58
   叙述的框架 ···································· 64

2. 历史的场景 ···································· 77
   建制沿革 ······································ 77
   人口规模的变迁 ································ 81
   区域发展周期 ·································· 85
   城市空间的变动 ································ 93

3. 边陲世界的拓殖 ································ 101
   边陲的拓殖 ···································· 102
   "朝代周期"的空隙 ····························· 111
   宋元地方政府与商业社会 ························ 120
   文化多元时代 ·································· 126

"新世界"的发现···140

4. 海禁的绥靖实质···145
　　明清时期的海禁政策·······································145
　　绝对主义统治···153
　　内部监控体系的早熟·······································166

5. 正统的空间扩张···179
　　理学与文化一元化···180
　　城市空间的象征营造·······································192
　　官方正统祠、庙、坛的仪式组合·····························205

6. 风水传说的真相···217
　　风水传说中的抗争···218
　　海上商盗势力的发展·······································225
　　漂流于海外的平民···237

7. 民间仪式的秩序···245
　　正统符号的异端潜势·······································245
　　民间化的天、神、祖先与鬼·································257
　　铺境官庙及其祀神···267
　　神诞、普度与分类械斗·····································286
　　民间剧场、善书与签诗·····································304

8. 近代文化的浪击···313
　　从传教到鸦片战争···315

经济与文化的变迁 320
  秘密社团的抵抗运动 325
  清末政治、经济与社会 335

9. 乱世亡灵的超度 345
  对于幽魂的恐惧 345
  "承天万缘普度"的发起 351
  赦牌与地方社会的整体动员 357
  立坛与竖幡 358
  承天寺的七旬仪式 366
  游魂的回归 375
  跨世纪的危机 386

10. 文化边疆的革命 393
  民族主义的兴起 394
  1911—1927年的区域性动态 402
  平权主义与北伐战争 408
  党争、民军与"闽变" 412
  从联合抗战到内战 418

11. 现代性的文化政治 427
  "海上异端"的回归 428
  老城的拆除 439
  "迷信"与现代性文化政治 450

12. 结语 ··· 463
　　经济/政治/文化 ·· 464
　　有批判意味的历史 ·· 472
　　民间文化的见解 ·· 481
　　文化与历史 ··· 487

注　释 ··· 493

图表目录

图 0.1　泉州 ·· 2

图 0.2　奏魁官墙上的石刻十字架像 ·· 7

图 1.1　1974 年泉州宋船发掘现场 ··· 46

图 2.1　清乾隆版《泉州府志》泉郡五邑图 ··· 78

表 2.1　泉州所辖区域的演变 ·· 80

图 2.2　从丰州九日山远眺晋江中下游 ··· 94

图 2.3　庄为玑笔下泉州历代城址的变迁 ·· 95

图 3.1　位于承天寺的闽国三王祠 ·· 103

图 3.2　九日山祈风石刻 ·· 128

图 3.3　天后 ··· 129

图 3.4　清净寺 ·· 131

图 3.5　元十字架石刻 ··· 133

图 3.6　石笋 ··· 134

图 3.7　印度教石刻 ·· 135

图 3.8　"泉南佛国"石刻 ·· 136

图 3.9　开元寺 ·· 136

图 3.10　摩尼教草庵 ·· 138

图 3.11　摩尼光佛复件 ··· 138

1

图 4.1	《平海寇升赏图》	147
图 4.2	明崇武所城	159
图 4.3	《惠安政书》中的社之设计	175
图 5.1	朱子像	185
图 5.2	明万历版《泉州府志》州城图	193
图 5.3	五服图	197
图 5.4	清乾隆版《晋江县志》县疆域图	198
表 5.1	城门的隐义	199
图 6.1	一座小庙中的鲤鱼跃龙门壁画	225
表 7.1	明清泉州官办祠祭数量表	250
图 7.1	一座恢复中的铺境庙（登贤古地）	256
图 7.2	一座铺境庙内	285
图 7.3	生韩庙的韩琦石刻像拓片	285
图 7.4	作为"日月太保"的南宋小皇帝	286
图 7.5	明刊南戏剧本中的插图（和尚弄尼姑）	305
图 9.1	承天寺超度仪式序文（1896 年）	350
图 9.2	举行超度仪式的闽南古刹承天寺	351
图 11.1	清代泉州城	440
图 11.2	作为"历史负担"的节孝坊	440
图 11.3	建于 20 世纪 30 年代的钟楼	447

再版自序

本书初版于1999年，其稿于1998年中应约匆忙完成，按编辑要求的"五字为题"原则，取名《逝去的繁荣》（副题为"一座老城的历史人类学考察"），纳入一套小丛书出版。今蒙三联书店不弃，改现名再版。浏览白纸黑字，自知遗憾太多，萌生重写之意；出版人则表示，再版不是初版，修订不是重写，为再版的修订，需尊重历史。我接受建议，修订旧著，只在必要之处，以澄清原意为目的，做了少量调整、增删，全面保留原作的结构、内容、论点（原作的结构安排，深受其时我综合方志学、历史人类学、社会学以塑造区位生命史的企图之影响，内容侧重社会学所注重的传统—现代转变之解析，论点侧重诠释"古今之变"的经济与文化内涵）及当时采用的引注方法（除本序外，我区分新旧文献，在正文合适位置标出古代文献的版本时间、书名及卷数，在尾注中注明近现代著述出处，将之与解释性注释混合。为避免重复，不另编"参考文献"）。

新取书名"刺桐城"，是本书记述的泉州（图0.1）的三个别称之一（其他两个是"温陵"和"鲤城"）。这三个别称得之于不同年代。"温陵"之称，与官称"泉州"大抵源于相近时期，但宋时似更流行。"刺桐城"之名，与五代据有泉漳17年的留从效的扩城〔后晋开运三年（946年）〕有关。史载，留氏扩城后，环城遍植刺桐，泉州因之获得"刺桐城"别号。"鲤城"之称的起源晚一些，史载，元至正十二年（1352年），监都契立玉"扩罗就翼"，拆除罗城南城墙，扩大城区，

图 0.1 泉州（作者摄于 2004 年）

泉州城周围 30 里的上宽下狭的长形城郭，形似鲤鱼，故在元或之后泉州有了"鲤城"昵称（庄为玑：《泉州历代城址的探索》，《泉州文史》，1980 年第 2—3 期）。

包括"泉州"在内的地名，各自有其隐喻。

"泉州"得名于府城东北泉山（又名清源山、北山、齐云山），此山，汉人"平闽"之前，为东越王、东欧王盘踞，该山有清源洞，一名纯阳洞，或曾是越人居所，后成为道人修身养性之处。相传，"山有孔泉"，或名"虎乳"，泉山与泉州之名，皆来自此泉。山之泉水对地方的滋养，为"泉州"之所指。

还有传说称，泉州"地气独温"，引得来此游学的士人流连忘返，大儒朱熹"过化"泉州，给它留下"此地古称佛国，满街都是圣人"（开元寺大门对联）的期许，还赞美"温陵"；而明末泉籍哲人李贽（卓吾），则号"温陵居士"。

"鲤城"指元时泉州城的外观，背后有风水—宇宙论讲究，传说，泉州形如鲤鱼，"小东门为鱼口，位正东，以日出验之。新、西交界为鱼尾，新门位正西，以日入验之"（曾道原作、陈泗东整理：《桐阴旧迹诗纪》，《泉州文史》，1982年第6—7期）。此称更兼带"鲤跃龙门"或"鲤鱼戏珠"意象，以之象征地方活力。

"刺桐城"这个地名，兴发于刺桐这种植物。

刺桐，域外有"虎爪树""印度珊瑚树""阳光树"等称呼，集中分布于东非、南亚、澳大利亚北部、印度洋岛屿、西太平洋东部等热带和亚热带地区，在中国南方到东南亚（尤其是越南）一带，也曾广为种植。中国最古老的植物学著作为晋人嵇含所著《南方草木状》（304年问世），该书在中卷"木"类记载了刺桐，言曰："刺桐，其木为材，三月三时布叶繁密，后有花，赤色，间生叶间，旁照他物皆朱，殷然三五房，凋则三五复发，如是者竟岁。"关于越地刺桐，直到唐大中年间（847—860年），陈陶所作《泉州刺桐花咏兼呈赵使君》六首仍有记述，陈氏称，"越人多种刺桐花"（盛子诒：《刺桐树与刺桐城》，《泉州文史》，1980年第2—3期）。刺桐萌发力旺盛、适应性强健；如陈陶所言，"三月三时布叶繁密，后有花"，开花时枝叶茂盛、花色鲜艳，突出表现丰产情状，故古人相信，刺桐"如叶先萌芽而花后发，则五谷丰登"（盛子诒：《刺桐树与刺桐城》引《八闽通志》）。

可以想见，五代留从效扩建城市后，环城遍植刺桐，考虑是多方面的。首先，刺桐分布在泉州所处的"越地"，其外延，与当时泉州经海上交通形成关系的"环太平洋文化圈"相吻合，与佛教来源地印度也有着直接关系；其次，刺桐与泉州气候、土壤条件匹配，易于扎根、生长、萌发；再次，其萌发力之强盛所预示的"五谷丰登"，也可表现"生动城市"之风采。

一个地方，四个地名，各自似乎代表并存于地方的几类"亚传统"。若说源于山之孔泉的"泉州"有仙道意味，那么，"温陵"一词，便偏向"儒雅"；如果萌生于元代泉州重商时期的"鲤城"一词，表达"自然显现"的城市活力，那么，"刺桐"一词，便在含有与"鲤城"

类似意味之余,还勾勒出泉州所在的"环太平洋文化圈"的地理范围,在"泉南佛国"(刺桐分布的核心地带,与佛教最繁盛的区域相对应)意象之内,融入了刺桐"绿叶"和"红花"所分别代表的持恒与绽放的对立统一。

在本书正文中,为了叙述之便,我持续采用"泉州"这个地名,但我所叙述的,可以说是诸不同地名代表的诸"亚传统"相互之间关系的转型历史。这部历史的主体是作为地方的泉州,但其演绎的历史,时空范围却超出"中夏"。本属"海隅偏藩"的泉州,介于山海之间,既有"海滨邹鲁"之誉,又曾"梯航万国",它兼杂着持恒与绽放性格,自成诸文明交汇区位;身处分合不一的朝代之下,它没有脱离上下关系(如中心与边缘关系、帝王将相士农工商构成的"政治—社会等级关系"、国家与地方关系、城市与乡村关系等等),从这些关系,它有时获益,有时受制。作为历史主体的泉州,其历史活动,不只是纵向叠加,这些活动,在贯通前后之同时,向横向展开,其范围触及夷夏之间的广大领域。

所愿者,本书副题"滨海中国的地方与世界",能充作对这些事实的恰当概括,主题"刺桐城"的意象,能成为泉州城市史总体特征的隐喻。

在泉州历史之河流淌过的诸文明因素中,最引学界注目者,有两类:其一,在明以前汇合到此的各种异域文化;其二,发自本土的、有顽强生命力的"汉人民间文化"。前一类因素,给予泉州一种世界形象,后一类,则与此大相径庭,突显这座滨海城市保留的乡土色彩。

在泉异域文化因素,早在20世纪20年代已引起相关学者关注,其中,张星烺先生的论述,最富开创意义。

张氏为江苏人,清末(1889年)出生,自幼年承袭家学广读经史,成长过程中,在美国、德国学习化学和生理化学,但从未放弃经史。他曾任北京大学化学系教授，但其著名研究，却均专述中外交通史。38岁时（1926年），他集十多年之功，完成其《中西交通史料汇编》（该著1930年出版，全书共分六大册，3000多页，100余万字）。1926年，张星烺应聘任厦门大学国学研究院史学研究所教授。该年10月31日至11月3日，他与考古学家陈万里、专注于研究泉州开元寺古塔的德裔美籍汉学家艾锷风〔Gustave Ecke，或译"艾克"，生于1896年，1923年起在厦门大学任教，关于泉州，著有《刺桐城双塔》(The Twin Pagodas of Zayton: A Study of Later Buddhist Sculpture in China, Cambridge, Massachusetts: Harvard University Press, 1935)〕结伴同行，前去泉州访古。他们一行，访问了府学（文庙）、开元寺、清净寺、灵山先贤冢（伊斯兰圣墓）、基督教奏魁宫等古迹，还调查了宋末市舶司提举"色目人"蒲寿庚的后代。

访古归厦，张星烺在国学研究院做了一次题为"中世纪之泉州"的专题讲演，对宋元泉州与海外各国交通贸易的胜景及马可波罗等旅行家对泉州的记述加以梳理，并写出《泉州访古记》一文。

在前一篇文章（《中世纪泉州状况》，《历史年报》，1929年第1期）中，张星烺界定了泉州在中国对外交通贸易史上的重要地位，他说：

……（泉州）唐末似已成为商港，惟不若广州之盛耳。五代王审知施政政策之一，为招来海中蛮夷商贾（见《五代史记》卷六八），由是番商大至。至北宋时，市乃繁昌。太平兴国初，京师置诸番国香药宝货至广州交趾泉州两浙非出于官库者，不得私相市易（见《宋会要》）。泉州与广州并列矣。哲宗元祐二年（西一〇八七），置市舶司于泉州（见《宋史》卷八六《食货志下》八《互市舶法》）。徽宗时，广东、福建、两浙三路各置提举市舶司。三方惟广州最盛（见朱彧《萍洲可谈》卷二）。南宋之初，国家财政困难，故奖励外国贸易；高宗绍兴七年（西一一三七）上谕曰:"市舶之利最厚。若措置合宜,所得动以百万计,岂不胜取之于民。朕所以留意于此,庶几可以宽民尔。"(见《粤海关志》卷三引《宋会要》)绍兴十六年市舶之利,颇助国用。宜循旧法以招徕远人,阜通货贿(见同上)。每岁十月内依例支破官钱三百贯文。排办筵宴,系市舶提举官同守臣犒诸诸国番商客。经此奖励,中外贸易大盛。

铺陈了泉州宋元外贸兴盛的历程后,张星烺还介绍了唐宋间外国人在华享有的治外法权、夷夏通婚情况,及外国人在华之教育(建番学,"日引诸生讲解")等,在文章最后,讨论了"外国人同化于中国"的原因如下:

泉州在宋元之世,外国居留民如此之多,合一今代不多见耶?是皆于明时同化于中国人矣。明太祖种族之意见甚深,既得天下,以汉族为中间,同化元代色目,故尝下令禁胡姓胡俗胡服……

游泉二三日,张星烺也留下遗憾(比如,他听说泉州城南华表山,背之麓有草庵,为元时之物,祀摩尼光佛,但因交通不便,没能前往)。然而,此行他的收获甚巨,所撰《泉州访古记》,顺行程,记录了其一行抵达、考察、离开泉州的过程,以行记的形式,展现了古代泉州多元种族——文化汇集的盛况。据该文,10月31日,张星烺等凌晨五点半出发,经过石井,换小划船,进入安海镇,在安海闽南汽车站搭车由泉安公路往泉州。入城后,他们先去天主教堂参见神父任道远(Seraphin Moya),由其带着,游开元寺,此后他们访问已故教友、旅菲华侨陈光纯先生家宅并住宿。次日清晨,再由神父带往府学文庙参观,偶遇晋江人陈育才,得知宋末元初蒲寿庚后裔尚存,有的

图 0.2 奏魁宫墙上的石刻十字架像（陈万里摄于 1926 年）

改姓吴（据核，为黄姓），有的保留蒲姓，在永春县以制香为业。参观府学后，他们到了宽仁铺府学街参观清净寺，发现寺之大门上刻有阿拉伯文，译意为："此寺为居留此邦伊斯兰教信徒之第一圣寺，最大为真，众所信仰，故名为'圣友之寺'。建于伊斯兰教纪元四百年。"下午，张星烺等由府学街回寓，路过民间公庙奏魁宫。令其惊奇的是，庙墙有石刻小神像（图 0.2），像顶有十字架，胸亦有十字架，又有两翼，显然为古代基督教徒所遗留。11 月 2 日，张氏一行一早便登上启明女学及国学专修院之新建筑屋顶高台，眺望全城，接着前往考察明代古棺。从学校出来后，张星烺等雇人力车出仁风门，至灵山，参观伊斯兰教圣墓，后驱车返城，观东门外石牌楼。午餐后，张星烺本计划往南门外访问蒲寿庚后裔，但因厦大假期满，只好放弃，乘人力车出南门，过晋江桥至汽车站，乘车回安海，在安海过一夜，闻知郑芝龙、郑成功后裔尚居石井镇（距安海二十余里）。次日晨，张星烺乘船归厦。

张星烺参与的那次泉州访古,是国学研究院组织的一系列调研的第一次,此后,调研还进行过两次。其中一次,发生于1926年12月15日至24日,参与者有时任国学院史学研究教授顾颉刚、陈万里与国学院编辑兼陈列部事务员王肇鼎三人;另一次,在1927年1月16日至19日之间展开,参与者有陈万里、厦门大学孙贵定、张早因三人。关于三次调研活动,陈万里在《闽南游记》一书(上海开明书店1930年版)中有详述。在书中,陈万里解释说,这些调研者术业有专攻,因此,关注点也不同。例如,"泉州为中世纪中国惟一大商港,在中外交通史上占有极重要的地位,亮丞(张星烺)之去,为其所专门研究的学问搜寻材料"(《闽南游记》,第1—2页)。与张星烺不同,参与第二次泉州访古活动的顾颉刚,于1893年出生于苏州一个读书世家,比张星烺小四岁,因专攻古史、神话与民俗,其所关注的,则是所到之处的民间文化。在《泉州第二次游记》中,陈万里说,"综计此次调查结果,关于风俗、神祇及传说方面,颉刚孟恕所获成绩甚多"(《闽南游记》,第51页)。

据其考察所获,顾颉刚写了《泉州的土地神(泉州风俗调查记之一)》(1927年1月5日、1月12日连载于《厦门大学国学研究院周刊》第1、2期)和《天后(泉州风俗调查记之二)》(刊于《民诗》,1929年第41、42期合刊)两篇文章。

《泉州的土地神》一文从中国其他地区的土地神信仰入手,解析泉州铺境祀神的历史。

在顾颉刚抵泉访古之时,泉州城内外依旧按照旧三十六铺举办民俗活动,在不同的仪式地理区划里,有不同的公庙和祀神,这些分立的公庙和祀神还似乎联结为"东佛"和"西佛""两个大党派",到迎神赛会时,两派相遇则互不相让,甚至械斗。顾颉刚到访时发现,泉州人很看重铺境区分,对铺境神祠中的神明,信仰颇深。这些神有数十种之多,有些有民间传说,但多为对周边神祀的模仿。

铺境的地方神,名号与土地神"福德正神"有别,但顾颉刚认为,这些都属于土地神的范畴,与古代之社有关。

顺此推论,顾颉刚将社与铺境神祀归为两个端点,一先一后,界定着历史的先后顺序。他认为,社在上古时代承担着祭地作用,也配祀有功德于民的贤人。随着历史的改变,社庙成了土地庙,社神成了土地神,而土地神获得"福德正神"的尊号。经过专门化为土地神之后,社本有的配祀有德贤人的职能消失了,贤人转士人或乡民另立的专祠所奉祀。此后民众又渐渐感到,福德正神"柔弱"、"平庸",为了增强其神力,便附会大帝、元帅、太子、仙姑等神明于其中。他对泉州土地神衍生史的这一猜想,与他1928年发表的一篇理论性的文章(《圣贤文化与民众文化》,《民俗》周刊,1928年第5期)相互呼应,这篇文章对包含圣道、王功、经典的"圣贤文化",与包含风俗、宗教、瘟疫的"民众文化"进行了区分。顾颉刚认为,所谓"旧文化","圣贤文化是一端,民众文化也是一端",前者作为正统,备受守护;后者虽属多数人,但人们对之却"目笑存之"。在他看来,二者之间不是没有关系的(比如他在《泉州土地神》一文中就考察了民众文化与圣贤文化之间分分合合的关系),20世纪的到来,要求学者"研究旧文化,创造新文化",对近于"天真"的民众文化的研究,不是要全然肯定"民众文化",而是要"在圣贤文化之外解放出民众文化,从民众文化的解放,使得民众觉悟到自身的地位,发生享受文化的要求,把以前不自觉地创造的文化更经一番自觉的修改与进展,向着新生活的目标而猛进"。

顾颉刚也造访奏魁宫,亲眼见到"土地庙"里收藏的古代天主教徒坟上的"天使石像"。他听说,此石像曾引起一个美国人的兴趣,想花钱购买,但被当地人拒绝,原因是,这个街巷的人认为"天使石像"也是他们的地方神明。顾颉刚到访时,石像嵌在庙的墙壁上,且被人们焚香祭祀,信以为有灵。

在顾颉刚看来，奏魁宫典型表现出泉州"土地神"的祀神的"杂乱"。此宫本应奉祀魁星，但当时主祀神却变成"奏魁大慈悲"（观音）。泉州民间祀神的"杂乱"现象，是否曾为他们居住的城市提供兼容各种人群和宗教的文化土壤？或者说，这种"吞纳"着异类文化符号的祀神体系，是否正是张星烺所说的明以后"外国人同化于中国"的历史遗留痕迹？侧重关注古今、雅俗关系的顾颉刚，并未给予解释。

在《天后》一文中，顾颉刚综合元王元恭《四明续志》卷九所录程端学"妃庙志"及其他文献资料，得出有关天妃偶像"一步一步制造成功的事实"，其中提到相关于海洋的史实，如南宋所有皇帝都给天妃封号，是因为这个时期，朝廷已迁到近闽的海边，有必要依赖海神来祛除疫病、平定海寇，而蒙古人入主中原后，为顺应民意，持续给予天妃封号。顾颉刚注意到了从民间祀神兴发而出的"与海外的交通"有很大关系的信仰体系。不过，他出于"平民主义"民俗学观，对此一笔带过。

无论是张星烺，还是顾颉刚，都可谓20世纪新一代的"南渡衣冠"。在其开始泉州之行前不久，国民革命军乘湘、鄂、赣战场节节取胜之机，攻占永定，回师梅县，尔后，向上杭挺进，10月下旬，由上杭沿汀江两岸向北推进，进入长汀，接着，于11月相继占领漳州、同安、泉州、莆田、永泰，逼近福州。几位国学院教授正是在国民革命军进占福州（12月9日）之后不久前往泉州的；他们胸怀为中国的复兴恢复其历史面貌的志向，发挥各自功力，日积月累，塑成各别的"中国形象"。张星烺阅尽古今中外交通史文献，在空间外延的横向幅度上，演绎出一种世界中的中国；顾颉刚贯通古史与民俗，从泉州历史连续统纵深处，挖掘出一种具有强大内在文化活力的自在中国。有此分殊，张星烺笔下的泉州，城市内部空间平面摊开，其外观和内涵均由异域文化构成，这些异域文化的存在，使"地方"概念不再罩得住作为世界中的中国之"典范"的泉州；而顾颉刚笔下的同一城市，

"土地神"变换身份，如同其"古史辨"所论述的历史创造那样，换着"把戏"，在一座滨海城市中制造着"地方感"；而东南沿海之民的海神天妃信仰，虽颇具将王道播化于域外的气势，但在顾氏笔下，却不过是民俗文化遗留中巫力之灵的人格化（即泉州人称之为"灵圣"的东西）。

在厦门大学国学研究院学人首次泉州访古之后不久，出生于1903年的泉州中学教师吴文良受其启迪（同时也受到厦门大学教授、人类学家林惠祥先生影响），用业余时间，对古代侨居泉州的阿拉伯人，波斯人，印度人，中亚、西亚各国人和欧洲人遗留下来的宗教石刻进行搜集和研究，后于1948年将多年来抢救和收集的古代外国人宗教石刻辑录为《泉州古代石刻集》（关于吴文良先生的学术贡献，见马丁尼：《"海上丝绸之路"研究与吴文良》，中国航海学会、泉州市人民政府编：《泉州港与海上丝绸之路》，北京：中国社会科学出版社2002年版，第557—566页）。出生于1888年的吴藻汀，1926年4月从晋江县教育局局长之职卸任，任中学教师，受顾颉刚影响，执教之余，深入里巷搜集民间故事，自1929年起，相继辑录出版《泉州民间传说》6集，100多篇，数十万言（关于吴藻汀先生的学术贡献，见吴志谦：《吴藻汀先生和〈泉州民间传说〉》，吴藻汀：《泉州民间传说》，香港：天行健出版社2014年版，第15—18页）。吴文良的泉州古代外来宗教石刻研究、吴藻汀的泉州民间传说研究，再次形塑了泉州的两个形象，一个是世界中的泉州，一个是自在中国的"民俗泉州"。

1974年泉州宋船发掘（《泉州湾宋代海船发掘报告》第三稿，泉州1975年油印本）以后数十年，泉州作为世界中的中国之意象，在地方文史研究中得到了发挥。直到20世纪初几篇有关论文发表（汪毅夫：《厦门大学国学研究院与泉州历史文化研究》，《海交史研究》，2001年第2期；洪峻峰：《厦门大学国学院的泉州访古与研究》，《泉州师范学院学报》，2006年第5期；洪峻峰：《厦门大学国学研究院佚文考》，《厦门大学国学研究院集刊》，第1辑，北京：中华书局2008年版，第103—117页；张帆：《顾颉刚与土地神》，王铭铭主编：《民族、文明与新世界：20世纪前期的中国叙述》，北京：世界图书出版公司2010年版，第287—307页）之前，张星烺、顾颉刚等人对泉州研究的关键贡献并没有得到充分关注和讨论；而20世纪80年代之后，庄为玑先生泉州新方志研究完成，《泉州文史》杂志出刊，泉州方志办编《泉州旧风俗资料汇编》（泉州市民政局、泉州地方志编委会1985年印制）和陈垂成、林胜利编纂的《泉州旧城铺境稽略》（泉州鲤城区地方志编委会、泉州道教文化研究会1990年印行）先后印行，则将泉州文史研究带入一个不同时代。

如果说有一门学问叫"泉州学"，那么，张星烺、顾颉刚这代学者，就是它的拓荒者，吴文良、吴藻汀、庄为玑及他们的传人们，就是它的园丁。我备受这些前辈学者启迪，同时也深感，在他们呈现的两种不同的泉州之间，还存在着一片广阔的历史时空。张星烺、吴文良、庄为玑为我们开拓的泉州文史研究和考古学，给人留下的深刻印象是，重宋元轻明清、重"海交"轻民俗；与之对反，顾颉刚、吴藻汀等的奠基性民间文化研究，及相关的地方民俗研究，则重明清近代轻宋元、重民俗轻"海交"。至于同一座城市的宋元和明清之间、"海交"与民俗之间的联系纽带，则留待我们去探索与思考。

我曾致力于引申的"汉学人类学"，与泉州所在的闽南语文化区渊源极深。在厦门大学国学院教授们泉州访古之前5年既已仙逝的荷兰汉学家高延（Jan Jakob Maria de Groot），19世纪末期在厦门任职于荷兰东印度公司，借此机会，在闽南地区展开"汉人宗教"的历史民族志调查（R. J. Zwei Weblowski, *The Beaten Track of Science: The Life and Work of J. J. M. de Groot*, Wiesbaden: Harrassowitz Verlag, 2002），开创了西方"汉学人类学"的先河。如我在《社会人类学与中国研究》

（北京：生活·读书·新知三联书店1997年版）一书中说明的，在吴文藻、费孝通、林耀华等"燕京学派"奠基者引领的社区研究时代过后十多年，20世纪50至80年代，人类学的综合研究和实地研究再次转回东南。在伦敦，弗里德曼（Maurice Freedman）通过书写，将东南家族载入西方人类学史册；他的晚辈们为了在实地理解中国文化，在中国大陆的大门对人类学家关闭的年代里，集中在台湾乡村和香港新界，家族、祖先崇拜、民间宗教先后成为他们"窥视"中国的镜片。专注于东南沿海乡村研究的海内外汉学人类学家，从未顾及顾颉刚、吴藻汀等一大批前人所做的具有史学取向的民间文化研究，却与他们不约而同，刻画着与世界无关的"民俗中国"形象，将地方与域外的长期交流排除在外。

如人类学家巴特（Fredrik Barth）承认的，他的同行们解释事物的方式有很多，但其中一种，却始终占上风：老是研究一个地方，并赋予这个地方的"零星事物"一种连贯的、有序的体系解释。为了纠偏，巴特写了一本专著，指出自己经验过的新几内亚内地奥克山区有所不同：在那里，不同的思考者共处同一个区域，他们如同观察他们的人类学家那样，创造着各种"流派"，这些"流派"经过积淀，成为区域文化内的"亚传统"（Fredrik Barth, *Cosmologies in the Making*, Cambridge University Press,1987）。

比起巴特的奥克山区，作为文献名邦（关于泉州文献的面貌，见《泉州地方文献联合书目》，泉州：泉州市泉州历史研究会1979年编印），泉州士人、官员、商人和民众，要么谙熟书写，要么崇拜文字，共享着一个记述、解释、反思历史和社会的系统书写体系。这些不同人物，开拓出一种远比"岛夷"更富等级意味的世界主义视野。这种与书写不可分割的世界主义视野，有着自己的文明中心主义偏见，但也有着兼容其他文明的力量。与此相应，当地"思考者"的活力，远比奥克山区的"土著思想家"强大。这使泉州的"思考者"有潜力与人类学家一样，超然理解自身——这个意义上的自身已结合了他者的诸多经验与心境。在这样一个既有思想"亚传统"又有着"关系千万重"的地方，人们的为人风范不同、观念和身份有别，他们"创造历史"，使之成为地方的内涵。而对历史做掠影式回顾，便可得知，同一个地方的"不同方面"的事物，在不同的年代其势力始终此消彼长。

如前所说，"泉州"不是泉州唯一的地名，除了这个有仙道意味的名号之外，尚有富含道德宇宙论意味的"温陵"、意指"作为生动城市"的"鲤城"，更有"刺桐城"这个意象综合体。若说这座城市有何"精神"，那这一"精神"也绝对不是"世界中的中国"和"土地神"的简单相加，而是由此二者在其他环节的糅合下共同构成的复合人文世界。

要理解这个复合人文世界，从专业化研究得到的知识是基础，但它绝不是一切。我们急迫需要对专门化知识进行有意义的综合。

呼应这种需要，在本书中，我除了依赖既有专门研究的成果之外，还借助社会学家费孝通先生早已界定的村、市、城镇、通商口岸连续统概念（Hsiao-Tung Fei, *China's Gentry: Essays in Rural-Urban Relations*, Chicago: The University of Chicago Press, 1953）。为了丰富这个连续统概念内涵，我还带反思和批判地引入一些域外学者〔特别是施坚雅（G. William Skinner）、沃尔夫（Eric Wolf）、吉登斯（Anthony Giddens）等〕的论点。在刻画泉州古城的历史图像时，我着力勾勒乡村过渡到市镇、市镇过渡到城市、古代城市过渡到通商口岸及其"殖民现代性"时代这一系列"不可逆变迁"的历程。我的论述重点，在"古今之变"前后这两个端点之间的漫长中间阶段上。为了理解这个漫长的中间阶段，我基于城市双重性的结构诠释，一面强调这种双重性的恒定，一面呈现"市"（贸易、流动）与"城"（防卫、绥靖）两种势力此消彼长的现象。我一再表明，泉州的诸"亚传统"相互之间有着有机联系，但这些联系却并没有结构化为一种始终不变的"文化"；相反，这些联系创造出历史，而它们自身在历史中的起伏波动，则构成历史的形态。

我的"刺桐城故事"大体是：明以前，中国从隋唐一统走向五代十国、宋辽金的分治，到元朝，在"异族"主导下，再度恢复统一。不同朝代政治形态不同，民族关系不同，但没有妨碍泉州的持续兴盛。边陲的拓殖与海上交通的发达，为区域网络的形成做了厚实的铺垫；在这个基础上，朝廷用以"盛民"的城市得以建立。在这个漫长的阶段中，官府将地方纳入其所设置的秩序之中，与此同时，为了自身和地方利益，也给予城市居民在职业和信仰上的自由选择。这个阶段中，经济走向繁荣，文化走向多元。到宋元时期，官方主导的"围城"的扩建，依顺商业和宗教流动的扩大而展开，这就使泉州的所谓"地方特色"，几乎等同于"世界"一词所意味的一切。而元之后，中国相继进入明清一统，两个朝代主导民族不同，疆域不同，从朝代总体面貌看，也存在明本土主义与清多元主义的差异。不过，对位于东南沿海的泉州而论，它们带来的，却是与"海禁"相关的封闭化势力的增强，及城市开放性程度的下降。此前本作为各种文明之一与其他宗教共处一城的民间文化，此间成为与官方化理学观念和制度形态相对反的"内在的异类"。在清初、清末至20世纪前期，在朝代交替之后，官府曾试图借地方民间文化恢复城市的活力，在甲午战争之后，民间曾采取仪式措施以消除团体区隔、复兴传统；在殖民现代性本土化过程中，回归的海外移民、党派、军绅与地方精英曾联手借力现代性观念"开城辟路"、重建城市。但诸如此类运动，都没有改变古城泉州开放与封闭双方面同时遭受通商口岸冲击的命运。

我先提供了有关泉州建制沿革、人口流变、区域经济动态及城市建设的历史背景，解释了宋元繁荣的由来，勾勒了它的纹理，呈现了明以前各种文明并存的面貌；接着我集中关注一次巨变，这就是张星烺和沃尔夫先后敏锐观察到的"外国人同化于中国"及明朝本土主义所带来的社会变迁。我认为，就泉州城区而论，这次转型的核心内容是"市"的势力消减、"城"的势力增大；它之所以发生，既有世界政治经济格局上的原因，又有国内夷夏关系格局及观念史上的原因。宋"内圣之学"在明初的官方化，是此次城与市力量起伏的文化动因，而在我看来，这既解释了张星烺的"外国人同化于中国"、沃尔夫的明朝本土主义、顾颉刚的"土地神"贤人化，又解释了"帝制晚期"文化的"雅俗之争"和"民间宗教"的历史缘起。

持儒家观点的学者，对此处所说的"本土主义"，大抵会正面待之，他们多数将夷夏之辨视作判断历史上的是非之基础价值。钱穆便在《中国文化史导论》（北京：商务印书馆1994年修订版）中表示："元代虽说武功赫奕，然这是蒙古人民的奇迹，并非中国传统文化里应有之一节目。只有1368至1644明代三百年，那时疆域展扩，和汉、唐差不多，而海上势力，远超汉、唐之上。最后清代，他是中国东北吉林省长白山外一个名叫满洲的小部族，乘机窃据辽河流域，又乘中国内乱，颠覆明室，终于形成一个部族狭义的私政权，绵延了两百四十年之久。"（第175—176页）否定元、清与中国传统文化之关系，钱穆将疆域和开放性远比前后两个"夷狄朝代"狭小的明朝，形容为疆域宏大、海上势力雄厚的盛世，将元、清说成是导致宋、元、明、清构成的时代比汉、唐国力逊色的原因。而我在书中从对明初本土主义转变的考察中得出的结论，则与之相反——我认为，这个转变包含海禁、社会内部绥靖及文化正统化，其给"海洋中国"带来的后果是负面的。

必须重申，"内圣之学"并非一成不变的思想体系；相反，在不同朝代，它与朝廷和官府之间存在着不同关系，其社会影响有着实质区别。宋代的儒学，主要在学者的游学中得以传播，而明代的儒学，则成为朝廷和官府的内在组成因素。由于不同时代的儒学在政治和社会中有不同的地位，因此，其起的作用也不同。

在泉州古城，思想的这种作用变异，情形又如何？

2000年，也就是在本书原版出版后一年，苏基朗（Billy Kee-long So）出版了一本关于泉州宋元繁荣的制度经济史英文专著《海洋中国的繁荣、区域与制度：闽南模式，946—1368》(*Prosperity, Region, and Institutions in Maritime China: The South Fukien Pattern, 946-1368*, Massachusetts, Cambridge: Harvard University Asia Center, 2000）。这部著作，是继桑原骘藏《蒲寿庚考》（陈裕菁译，北京：中华书局 1954 年版）、庄为玑《晋江新志》（泉州：泉州历史研究会 1985 年印行）和《古刺桐港》（厦门：厦门大学出版社 1989 年版）、李东华《泉州与我国中古的海上交通》（台北：学生书局 1985 年版）、克拉克《社区、贸易与网络》(Hugh Clark, *Community, Trade, and Networks: Southern Fujian Province from the Third to the Thirteenth Century*, Cambridge: Cambridge University Press, 1991）之后，关于宋元泉州社会经济史的又一部重要论著；该书基于闽南经济史研究既有成果和施坚雅区系理论，结合文化史和制度经济学概念，对宋元泉州的繁荣提出了解释。苏著在过程和经济空间分析的基础上，运用制度经济学理论，分析了闽南商业兴盛的"制度结构"基础，广泛考察了对于宋元泉州繁荣有关键贡献的贸易形态、正式制度因素（包括法律、产权、契约）及非正式制度因素（包括理性、伦理、信仰、社会网络）。

基于泉州研究对宋儒给出的判断，苏基朗提出不同于钱穆揭示的"内圣之学"问题。

关于宋儒的"内圣之学"，钱穆说：

> 即就宋儒思想来说，他们虽说要修身、齐家、治国、平天下，一贯用力，一贯做工，但到底他们的精神偏重在"修齐"方面的更胜过于"治平"方面。他们的人生理论，认为日常人生即可到达神圣境界，这是他们从禅宗思想转手而来的。因此，他们依然不免过分看重平民社会的日常人生方面，虽则要想回复先秦

儒家精神，但终不免损减了他们对大全体整个总局面之努力，与强力的向前要求之兴趣。(《中国文化史导论》，第 178 页)

与钱穆不同，一如不少"儒家自由主义者"，苏氏似乎主张宋儒怀有"治平"理想。为了证明这点，在第 11 章，苏基朗将宋元泉州民俗心理中含有的理性行动属性、儒学的商业价值、民间信仰的商业伦理、社会网络组织对商业的积极意义，视作正面作用于经济繁荣的因素。闽南民俗心理、"信仰"和社会网络中广泛存在的对商业繁荣有正面作用的因素，当下仍可以通过实地调查研究观察和体会到；而关于儒家的商业价值，苏基朗历数包括《论语》在内的儒学经典中有关勤、俭、诚信的论述，提出这些观念含有浓厚商业价值。接着，苏基朗详细分析了与闽南关系甚深的宋元大儒朱熹和真德秀对"利"的宽容，和对商业信誉的强调，认为其儒学思想中，含有对于"信任"的制度规定。

苏氏对于宋元泉州理学"重商倾向"的观察是敏锐和饶有兴味的，但我认为，唯有理解元以后的转变，才可能理解这一倾向的阶段性特征，而在理解元以后的转变中，我大大得益于钱穆的论述。在我看来，尽管宋元泉州的理学家确实适应了地方商业社会，但如钱穆所言，宋儒重内在"修齐"，在"治平"方面有缺憾，元以后，当含有此缺憾的理论被"官方化"之后，"内圣之学"便不仅会出现严重的内在危机，而且会造成想象不到的后果。我认为，"去天下主义"的疆界意识和绝对主义统治的早熟，便是后果之一；而滨海中国经济与文化力量的式微，则与此紧密相关。

在苏著出版后一年，2001 年，一部有关集中研讨宋元泉州的英文论文集《世界货舱：公元 1000—1400 年的海上泉州》（Angela Schottenhammer ed., *The Emporium of the World: Maritime Quanzhou, 1000-1400*, Leiden: Brill, 2001，以下简称 *The Emporium of the World*）问世。此书收录的论文，提交于 1997 年在荷兰莱顿召开的一次主题

为"宋元时期泉州地区的海上贸易和经济社会发展"的国际学术研讨会,主编为时任莱顿大学亚洲研究国际中心(IIAS)博士后的会议召集人萧婷(Angela Schottenhammer),作者除了主编之外,还包括美国宾汉顿大学历史学教授贾志扬(John W. Chaffee),美国尤西纽斯学院教授休·克拉克(Hugh R. Clark),加拿大英属哥伦比亚大学教授理查德·皮尔森(Richard Pearson)及其学生李民,李果,芝加哥大学田野博物馆的陶瓷史专家何翠湄(Ho Chuimei),英国维多利亚和阿尔伯特博物馆的约翰·盖伊(John Guy),剑桥大学教授思鉴(Janice Stargardt),德国慕尼黑大学教授罗德里希·普塔克(Roderich Ptak)。

《世界货舱》共收录八篇内容扎实的论文,它们相互之间密切关联,但侧重点有所不同。前三篇论文在超区域的视野中考察泉州的地方发展,重视分析商业与政策和社会事业之间的关系;之后的两篇论文,则基于考古材料,呈现泉州海上贸易的目的地、路线、港口、商品类别等,及交通贸易网络格局与区域陶瓷等产业相互之间的关联;最后三篇,视角有所不同,但都从域外与中国的相互关系及"东南亚地中海"意象出发,重新界定泉州所在的区域体系。

在前三篇论文中,贾志扬的论文《宋朝的影响:泉州海外贸易中的宗室》(*The Emporium of the World*, pp.13-46),考察了南外宗正司宗室与海外贸易的关系,提出尽管供养南迁的宗室给泉州财政带来负担,但这种负担同时也刺激了商业发展。克拉克的《宋代泉州的海外贸易与社会变迁》一文(*The Emporium of the World*, pp.47-97)提出,宋代泉州海外贸易带来了一场商业革命,而这种革命,与地方社会事业(城墙、寺院、石桥建设及科举考试)之间不仅不矛盾,而且相互促进。萧婷的论文《金属的角色与泉州引入会子对于宋朝海上贸易发展的影响》(*The Emporium of the World*, pp.95-176)侧重货币与商品之间关系的历史分析,提出宋廷印发交易票据(会子),以此替代此前流行的铜币和私人会子,这对于扩大政府财政收入有很大益处,但由于宋朝官僚机构庞大、宋金战争频发、政府入不敷出,大量发行会子,却损害泉州通过贵金属(金银)和基本金属(铜、铁、铅、锡等)与其他亚洲社会(在这些社会中,金属既是交换中的一般等价物,又在宗教仪式、装饰、建筑等领域中扮演着重要的"实用"角色)之间维持的密切关系。

在接下来的两篇文章中,皮尔森等的《港口、城市与内陆:考古视角下泉州及其海外贸易》(*The Emporium of the World*, pp.177-236)一文提出,泉州经济繁荣的关键因素,包含宗教的多元化。该文还考察泉州地区陶瓷产业的历史地理分布规律,指出宋元时期存在着陶瓷产业分布地点从沿海向内陆丘陵山地拓展的现象,这表明,城市与其腹地联系越来越紧密,农民不再自给自足,他们中不少人已在其居住地介入陶瓷工业;同时,地方精英不再是"士绅",而是绅商、官绅等等身份。《宋元时期闽南地区的陶瓷业繁荣》(*The Emporium of the World*, pp.237-282)的作者何翠湄,也关注陶瓷业,但相比皮尔森等人,更侧重于类型学以及生产阶段分析。她指出,泉州地区陶瓷工业先在沿海南部发展,接着转移到沿海北部,再从沿海迁移到内陆晋江沿岸,陶瓷工业的这些时空动态,是宋元泉州繁荣的一个突出景观。

在最后一组论文中,约翰·盖伊的《泰米尔商人行会与泉州贸易》(*The Emporium of the World*, pp.283-308),考察印度泰米尔商人的贸易活动。据此文,印度商人参与到了中国与东南亚的海上贸易之中。在泉州官府的鼓励允许下,他们保留了自己的贸易体系与行会组织,享有一定法律自治权利。思鉴的论文《阴影之后:10到14世纪泉州与泰国南部塞丁普拉的双向海上贸易的考古资料》(*The Emporium of the World*, pp.309-394)指出,塞丁普拉是海洋上的文化交汇处,10世纪中期起,此处来自中国的瓷器不断增多,中国贸易得益于海上贸易的组织化而变得越来越重要。罗德里希·普塔克的论文《泉州:地处一个东南亚"地中海"的北部边缘?》(*The Emporium of the World*, pp.395-428),则转换视角看泉州,将这个"帝制中国"的边陲港市,放到东南亚海上区域体系的边缘考察,引申布罗代尔(Fernand Braudel)的"地中海"意象,认为古代亚洲存在过一个"东南亚地中海"区域世界体系。

《世界货舱》收录的诸论文,研究焦点不同,但却共同为我们呈现了宋元泉州繁荣的景象,解释了繁荣的因由。这些论文使我想到,关于"中国财富",亚当·斯密曾有言道:"恐怕马哥孛罗(马可波罗)客居时代以前好久,中国财富,就已经达到了该国法律制度所允许之极限"(转引自《王亚南文集》第4卷,福州:福建教育出版社1988年版,第258页)。对我而言,如果说这些论文表述的地方研究对于理论思考有什么价值,那么,其价值正在于颠覆那种视近代西方文化为繁荣条件之主张。而其中多数论文,还从朝廷、官府与社会之间关系入手,对繁荣加以解释。这些解释,则又使我想起亚当·斯密《国富论》译者之一王亚南(另一个译者为郭大力)有关集权政治形态与市场的关系的观点。在王亚南看来,集权政治可能采行的便利于商业流通的设施,各地经济发展的不平衡,农业剩余生产物所需要的"通过赋税或地租的方式转化为商品的要求"等等,都会直接或间接地拓展市场的空间;而矛盾的是,"统一政治权力固然会在交通、市场、税制、货币诸方面便利商业,但那种政治力量集中在专制者手中,也极可能在这些方面打击商业"(《王亚南文集》第4卷,第264页)。这意味着,宋元泉州繁荣构成的对西方中心主义经济论的挑战不是根本性的;王亚南早已阐述的古代官僚制度与商业的这一两面关系,正是其局限性的来源。

《世界货舱》的作者们,抑或是更早一些发表泉州史论著的前辈学者们,都悄然将本被认定为近代西方带到东方的商业、交通、文化开放性归诸一座古代亚洲城市;而诸如王亚南之类的政治经济学家,也曾不约而同地将本被认为欧洲直到中世纪末之后才开始形成的"官僚（科层）制度"归诸漫长的"亚细亚生产方式"。持不同观点的学者，似乎都在诠释古代中国，然而，在诠释古代中国时，他们也是在诠释现代性；甚至可以说，宋元泉州史研究者和王亚南之类学者，都隐晦地指向一个历史研究的新方向，即，现代性〔无论是商业、交通、文化开放性意义上的，还是官僚（科层）主义意义上的〕有其"东方土壤"（此说近期在人类学界也得到重视，见 Jack Goody, *The East in the West*, Cambridge: Cambridge University Press, 1996; *The Theft of History*, Cambridge: Cambridge University Press, 2006）。

写作本书时，这一含有深重吊诡的"双重价值观"，也影响着我。借鉴前人论述，我认为，在朝代周期之外，存在着区域周期，而且也认为，由于区域周期是以地方性大都会为中心的，因此具有高度自主性。基于此，我淡化了前辈史学家通常持有的"夷夏"界线，对宋、元、明、清诸朝代的"族性"不加追究，而以泉州中心的东南沿海宏观经济区为出发点，将明以前归为一个时代，元以后归为另一个时代。接着，我借"城"与"市"两字分别象征的政治—文化权力秩序与商业、交通、文化开放性，来形塑这两个时代的前后断裂。一方面，我认为这个断裂是与文化本土主义和政治绝对主义相随的早熟官僚（科层）主义势力，通过压倒其对立面而造就的，本质是一个"权力现代化"过程；另一方面，就泉州区位盛衰的规律观之，我认为，这个断裂与另一种"现代性"相逆反，表现为早熟开放性的式微。这意味着，所谓"断裂"，只不过是我们的定义，在其背后，存在着明显的前后相续线条。元以后，在"官方化理学"压力下顽强复兴的民间文化所表现出的"市"的精神，是前后相续的最重要表现。在这种精神的浸染下，到明末，"中国启蒙思想"的先驱李贽，提出了对"天理"的相反界定。

李贽（1527—1602年），号卓吾，生于泉州，祖上家族内部含有儒家和伊斯兰信仰成分。李贽自幼善于独立思考，既不受儒学传统观念束缚，又不信伊斯兰教，有强烈的反传统理念。关于李贽的思想，已存在大量研究，而我们似乎只需引沟口雄三在其《李卓吾·两种阳明学》（孙军悦、李晓东译，北京：生活·读书·新知三联书店2014年版）中的一小段话，便可明白他的主张。沟口雄三说：

> 朱子学以来的道德规范，无论是仁义礼智还是孝悌慈，都和生存欲无关，甚至以压制生存欲和物欲为前提。
>
> 去人欲存天理——从朱子学到阳明学的这一命题，集中体现了道德规范和生存欲之间的关系。
>
> 李卓吾试图给这一命题来一个一百八十度的反转。穿衣吃饭，这才是人伦物理。这一表述还没有把他的意思完全表达清楚，就上面的命题而言，也就是说，人欲才是天理，或者说天理存在于人欲当中，把天理视为人欲应有的状态。
>
> 他认定生存的欲望才是人的本质。（《李卓吾·两种阳明学》，第158—159页）

比李贽稍年轻的另一个经史家李光缙（1549—1623年），替商人正名（陈泗东：《谈李光缙的重商倾向》，《泉州文史》，1981年第5期），在其收录于《景璧集》中的一篇文章（卷十八）中称：

> 大都贾之为道，其赍贷郡国，可以揽胜；其争时斗智，可以获赢；其什卑佰悍千役万仆，可以倾闾里；其本末文武智勇仁疆，可以吐发胸中之奇。以故君子不居朝廷，必游市肆。此非羞贫贱而厌仁义，良亦有所行其志耳。

我在第8至第11章，描述和分析了19世纪以来泉州的"近代经验"。我没有像钱穆那样,将宋、元、明、清视作"近代",但我却一样坚持认为,19世纪以来,从排拒由域外侵入域内的现代西方政治、经济、文化势力,到自视为这一势力的一部分,而致力于消灭自身文明传统,都与钱穆意义上的"近代"经验相关。对于20世纪初那些相信来自西方的文化是"好现代性"的东南沿海现代主义者(如,回归的华侨、建筑设计师、新学的学生、军人、地方官)而言,这个观点兴许不可接受。然而,他们的行动(包括拆城辟路、破除迷信运动等等),都是在模仿外来现代性中展开的。吊诡的是,他们理解的现代性,不仅没有超出他们的祖先早在宋元甚至之前就已制定的版本(即商业、交通、文化的开放性),并且,由于其广泛存在的"跨文化误解",而彻底没有意识到,此时的现代性,实质内容是官僚(科层)主义。如王亚南在数十年后才解释清楚的,这种阻止开放的"主义",在中国比在西方古老得多。

在研究方向转向西南数年之后,我得到机会,将所理解的泉州史写成英文(Wang Mingming, *Empire and Local Worlds: A Chinese Model for Long-Term Historical Anthropology*, Walnut Creek, California: Left Coast Press, 2009),进一步解释了本土主义、绝对主义统治的历史形成。在我看来,元以后的"本土主义转变",实质内容之一,正在于宋元时期政商两面关系中"打击商业"的这一面得到了淋漓尽致的表达。为了解释官僚(科层)主义在元以后的"升华",我将"官方化理学"与埃利亚斯(Norbert Elias)叙述的欧洲文明进程(Norbert Elias, *The Civilizing Process*, Vol.1, New York: Urizen, 1978)相比较,认为作为"进程",明建立之文明,其蓝本先孕育于士人之中,成为官方政纲后,衍化为帝王(特别是朱元璋)治政理想中克服内在分化(特别是元的蒙古人、色目人、汉人、南人种族化等级划分)的宇宙—地理秩序和人之行为的"良好习惯"。在欧洲,"文明进程"开始得比较晚,是17世纪才出现的,而在中国,这一进程表现为"教化之儒",早已在10世纪至14世纪之间,在"文治政府"的理论和实践中成为制度。埃利亚斯认为，在欧洲，"文明进程"先于近代资本主义文化出现，是后者的基础。如果硬要比较，则中国的"教化之儒"，也可以说是在近代资本主义之前在社会中立下根基的。然而，我拒绝轻易给予"教化之儒"与"资本主义文化"以先后顺序，我考虑到，"官方化理学"是在夷夏之间界线模糊化、商品化发达的阶段（宋元）过后才出现的，而宋元时期，东南沿海地区已出现了与传统朝贡制度完全不同的交换形态。

在泉州，理学与民间文化之间关系错综复杂。我们可以将理学与民间文化放在"非正式制度"类别考察，视其为宋元繁荣的来源之一。而历史阶段的比较又可以使我们进一步看到，宋元时期，官府主持的"文明计划"和士人的儒学思想，与民间文化之间虽有界线，但二者之间的关系并不像专门研究宋代"毁淫祠"的学者们想象的那么紧张。到了明代，一方面，朝廷持续致力于将政治化的理学人生观、社会观、世界观播化于民间，另一方面，部分接受播化而来的理学文化因素的民间文化，却始终没有成为"教化之儒"的一部分，它分离在外，通过迎神赛会之类行动，年复一年，神话般地复原着刺桐城的风采。也便是说，"文明进程"开启后，大小传统之间关系相对紧张，"教化之儒"大传统，被用于消除"人欲"所导致的"乱"，小传统有自己的秩序，但却对朝廷的"治"，构成一定程度的叛逆。而与近现代相比，明清时期，即使大小传统之间有冲突，但二者持续并存和互动，其相互之间的关系，既矛盾，又互补，直到西方现代性成为华人文化政治精英的信仰之后，这一文化关系的情状才发生根本变化。

我借社会学家吉登斯（Anthony Giddens）对传统国家、绝对主义国家、现代民族国家的"断代"（Anthony Giddens, *The Nation-State and Violence*, Cambridge: Polity, 1985）表明，自建制以后，泉州可谓经历过相对自主而开放的阶段（唐、宋、元），经相对附属而封闭的阶段（明、清），进入民族国家现代性的阶段。必须强调指出，如此叙述国家视野中的地方史，只不过是为了描述和分析上的便利。无论是"文明进程"，还是发源于欧洲近代经验的"民族国家",种种西来概念,都难以充分解释我在泉州看到的中国史的复杂现象。因而,对吉登斯有关历史的"断裂式解释",我始终持保留态度。在我看来,中国古代史上,"天下"分分合合,却未曾摆脱早已形成的封建大一统政治地理—宇宙论秩序的调节。在欧亚大陆东部,既很早就反复出现过近代欧洲才出现的"战国时代",又没有经历过欧洲的分立王权绝对主义国家阶段。传统国家和绝对主义国家并没有分离为两个前后出现的时代,而是在不同阶段持续相互杂糅,长期延续,使传统国家时代有绝对主义统治(在所谓传统国家时代,中国虽也有吉登斯所说的"阶级区隔",但这类"区隔"始终与绝对主义相伴随),又使绝对主义含有传统国家的特征(在绝对主义占上风的时代,"阶级区隔"仍旧存在)。作为传统国家和绝对主义统治杂糅的结果,明朝试图通过打破文明的内在上下之别来实现普施教化,但"天下"没有分化为欧洲式的王权国家,在规模恢宏的"天下",国家对社会的直接监控和"教化",代价可想而知。

考察民族国家营造过程,我看到了"一团乱麻"。直到20世纪来临前夕,这种现代国家意象,先是搭着殖民现代性(如,通商口岸的工业权力及近代化的基督教文化)的便车来到中国,后作为"文明的种子",在致力于改弦更张的士人的"内心"中得以生根发芽。随之,19世纪末20世纪初建立民族国家的号召,吊诡地带回元末明初"驱逐鞑虏"的情绪;而20世纪上半叶,革命带来了民族国家理想的广泛传播,却没有带来它的实现,此时的中国,如同"天下"一般,治乱轮替,陷入一个新的"战国时代"。在泉州,曾是"海上异端"的海外移民,以新的身份回到了华夏门口,参与并目睹着故乡由于对民族主义的理解产生政治(等级主义和平权主义)分歧而出现的暴力冲突。"海滨邹鲁"往日不再,由于地方精英已为现代性"洗脑",任何预示着传统延续的象征——包括城墙和"迷信"——都成了这一传统的本来持有者的敌人。

从城市入手，考察地方、国家与世界之间的关系转型，以此为背景理解民族国家现代性的中国历程，是我做泉州史研究的主要目的。在欧洲，分立的绝对主义王权国家，是近代民族国家的基石；在中国，堪与此类国家相比的，似乎仅仅是那些出现在"分裂时期"的王国。作为一座城市，泉州兴起、扩张、式微的时期，是国内史学定义的从统一到分裂再到统一的第二个历史大循环（冀朝鼎：《中国历史上的基本经济区与水利事业的发展》，朱诗鳌译，北京：中国社会科学出版社1981年版；葛剑雄：《统一与分裂》，北京：生活·读书·新知三联书店1994年版）。在这个时期中，隋唐获得统一，五代、宋、辽、金、西夏出现分裂，元、明、清又回到统一。若生搬硬套欧洲经验，则会认为，五代、宋、辽、金、西夏这个阶段，以区域和民族为基础而建立的政权，比之前和之后的统一王朝，都更接近于17世纪之后的欧洲王权国家。这些政权的内里整合得更严密，"民族文化认同"更单一，对外战争频发。就"中夏主干"而言，其中的五代之汉人政权和宋朝，无论是在官僚（科层）主义，还是在对文化完整性的追求和疆域的意识诸方面，似乎都更接近于近代以来人们追求的"民族国家"。在这个阶段中，泉州达至繁荣，有其政治文化上的原因。五代至宋，接近于民族国家的"中夏主干"，与其他政治实体激烈"竞赛"，因而，在内政上采取政治经济上更为理性的政策（如赋税和市舶司制度）。也正是在这个阶段，"内圣之学"渐渐在以士人为中心的社会中间层得到重视，成为某种超越地方共同体局限的"普遍性知识"（Ernest Gellner, *Nations and Nationalism*, Ithaca: Cornell University Press,1983）。然而此时，世俗化政治经济学理论和外交体系尚未出现，泉州的繁荣，既没有在国家观念形态体系中赢得足够重要的地位，又没有稳定的国际政治体系的保障。到了大一统恢复的元、明、清，摇摆于夷夏之间的泉州，时而得到进一步繁荣的机会，时而沦为高度军事化的边疆。蒙元帝国横跨欧亚,且向海洋扩张,其规模,接近于近代世界体系。站在泉州繁荣的角度看,此时朝廷之政治经济政策,更接近于理性。然而,这个帝国在元朝疆域内实施的"阶级区隔"、种族—文化"分而治之"的方略,却有将中国拉回传统国家时代的倾向。为了对这一"矫枉过正"的做法加以"纠偏",明朝回归于宋朝,在那个境界里寻找破除"天下"内部文化"阶级区隔"的方法,对理学进行官方化的重新解释,使之适应于营造本土主义和绝对主义的统治。而在蒙元帝国奠定的"世界体系"之下得以建立的疆域,已重新接近于"天下"的规模,而不再为本土主义和绝对主义提供基础,这就使明之观念和政治形态,存在着空前严重的内在矛盾。

有关统一与分裂的轮替,并不简单是史学家从史实的归纳中得出的,而是他们对既已存在于思想体系中的历史观念进行的再解释。当下的我们,可以用这些再解释来言说我们试图理解的民族国家观念之局限,而过往那些在历史中行动和思考的人物,则以他们的概念,解释着他们时代的"古今之变",并带着解释,参与到历史中。

治乱,就是这样的概念。

据梁启超(《中国历史研究法》,上海:上海古籍出版社1998年版,第141—143页),治乱,最早以"天下之生久矣,一治一乱"之句出现在《孟子·滕文公章句下》,原指"禹抑洪水,而天下平;周公兼夷狄,驱猛兽,而百姓宁;孔子成《春秋》,而乱臣贼子惧"三大历史事件。对于孟子来说,大禹、周公、孔子都是圣人,他们之所以是圣人,是因为克服乱而导致治。

孟子说,古时待治之乱具体有以下三类:

(1)当尧之时,水逆行泛滥于中国,蛇龙居之,民无所定,下者为巢,上者为营窟。书曰:"洚水警余。"洚水者,洪水也。

(2)尧舜既没,圣人之道衰,暴君代作,坏宫室以为污池,民无所安息,弃田以为园囿,使民不得衣食,邪说暴行又作,园囿污池,沛泽多而禽兽至，及纣之身，天下又大乱。

（3）世衰道微，邪说暴行有作，臣弑其君者有之，子弑其父者有之。

也就是说，乱，有的是天灾，如洪水，有的是人祸，如暴君出现及"邪说暴行"盛行；乱的后果，可包括"蛇龙禽兽"抢占人类居所，民不聊生、暴力横行，及社会秩序（君臣父子关系秩序）崩溃。

对应于乱，治也有如下三类：

（1）禹掘地而注之海，驱蛇龙而放之菹，水由地中行，江、淮、河、汉是也。险阻既远，鸟兽之害人者消，然后人得平土而居之。

（2）周公相武王，诛纣伐奄，三年讨其君，驱飞廉于海隅而戮之，灭国者五十，驱虎豹犀象而远之，天下大悦。

（3）孔子惧，作《春秋》，使乱臣贼子惧。

大禹之治，有两方面内容，即"掘地而注之海，驱蛇龙而放之菹"，一方面针对洪水泛滥，另一方面针对"蛇龙"入侵人类居所；周公之治，是通过协助武王，消灭暴君及其同伙，但也涉及"驱虎豹犀象而远之"；在"圣王不作，诸侯放恣，处士横议"的情景下，孔子之治，是通过书写，重新确立伦理的核心政治地位。在孟子的眼里，天下丧失秩序，淫辞邪说盛行，与洪水、禽兽横行是一样的，对于民生害处极大。因此，孔子作《春秋》，与大禹治水、周公相武王伐纣，起到的都是"治"的作用。

作为一种融历史描述、解释、价值判断为一体的史观，治乱之说，既涉及秩序的丧失与重建，又涉及民生，秩序与民生不可偏废，如后人总结的，唯有"生生而具有条理"者，可以叫作"治"，而造成民生凋敝，或是"生生而失其条理者"，都可以叫作"乱"（罗香林：《历代治乱的因果》，载其《中国民族史》，香港：中华书局2010年版，第48—79页）。在古人那里，实现"治"，就是造就"生生而具有条理"的状态，而为了促成这一状态，执政者被要求选择以"执中"的方式来处理人对于物、人对于人之间的关系。"执中"的方式，不同于近代的"权力支配",它是指均衡执力,形成顺应"生生"的历史条件("时中")。与"执中"相反,有"执迷",即掌控历史条件者,用力不均衡,出于忽略或误解,不能用好权力的分寸,从而使自身的历史行动,违背"生生"与秩序相适应的要求,导致"乱"。

在考察泉州历史中,借鉴人类学的学术伦理,我以其地方性的"生生而具有条理"为价值,对流逝的过去做基本判断;据此,我区分出明以前、元以后两大阶段,认为,明以前,这座都市"生生"这一面突显,元以后,"具有条理"这一面成为官府诉求。可以想见,带着传统治乱观念参与到历史中的古人,在明以前体会到了"生生"而"不具条理"所带来的"乱",因之,他们中有神异性权威者,才在"乱"达到不可收拾的地步(如元末泉州10年内乱)之时,选择以彻底的"治"来改变现状。这种彻底的"治"(也便是我在书中讨论的本土主义、绝对主义统治之类"文明政治"),给予"生生"留的余地过小,因之,并没有真的如愿景中的那样,营造出一个"和谐社会";相反,在这个官僚和教化体制高度发达的阶段,"商盗"泛滥,地方"淫祠""淫祀"勃发,逃避帝国控制的海外移民猛增,在明嘉靖间,不少甚至加盟"倭寇",挑战着沿海卫所象征的权威。伴随着区域性大都会的"条理状"(城)的势力扩张,在山海大腹地,"生生状"(市)的势力也同时攀升,这就使本来用以捍卫"边疆"的卫所和县衙,衍化为地方性的贸易中心。饶有兴味的是,在这个过程中,朝廷用以宣明"德治"的城隍、关帝,在不少卫所之城转变为公正贸易和财运的维护者。

可以对历代治乱的时势转变做总体分析,将整部"国家周期"的历史划分为周秦之间由封建到郡县的治乱、由"中夏主干"经边民割据时代的治乱(自两汉至南北朝及隋代)、由军权统一到军阀割据时代的治乱(自唐至五代十国)、由"中夏主干"经边民入主时代的治乱(由宋至清)、由国民革命到抗战胜利(民国)的治乱等等(罗香林:

《历代治乱的因果》)。然而,判断治乱的立场各异,即使是有"生生而具有条理"的共识,在衡量历史时势时,到底是应从区域、国家,还是从"天下"出发,学者往往有观点分歧。

身处古今泉州的社会各阶层,受观念形态的潜移默化,采用"国家周期"来判断治乱者不为少数。然而,那里的人们有特殊的区域性历史经验,这种历史经验给人的感受,与"国家周期"意义上的治乱还是有重要差异。

泉州的人文世界是由躲避北方"永嘉之乱""安史之乱"等动乱而来到此地的家族创造的。如果说这个人文世界含有什么特殊的繁荣基因,那么,这种基因必定与孕育区域体系的人们之避乱心境有关。作为"避乱"移民,在多数情景下,人们倾向于在"生生状"与"条理状"之间选择前者。这一选择,与纯然依据"国家周期"而进行的历史方向选择不同,它侧重于"生生状"。也因此,从"国家周期"的角度看,此地官民的历史行动,具有缺乏文明秩序关切的特征。如傅宗文先生在近作《沧桑刺桐》(厦门:厦门大学出版社2011年版)中指出的,泉州港市的形成与繁荣,与闽南移民社会有直接关系,这种社会居于闽南的广大腹地,有与迁徙相关的开放特质,在其基础上,地方人群得以与驻华海外番商人口紧密接触、融合,形成我宁愿称之为"夷夏杂糅"的复合人口结构和文化特性。在正统治乱史观的捍卫者看来,这种"杂糅"等同于"条理状"的缺失,可定义为"乱"。但对"区域周期"而言,它却是不乏条理的"生生状"。可以认为,明以前泉州的持续繁荣,可被视为是在对"条理状"漠不关心的情境下发挥"人欲"而取得的成就。

对"条理状"的淡漠态度,必然也有其灰暗的一面。在朝代交替的过程中,出自泉州的杰出人物,似乎比那些受正史讴歌的"英雄"稍逊一筹。得到泉州人赞美的五代"晋江王"留从效,舍弃闽国,投靠南唐;宋元之交,权贵蒲寿庚,不惜背历史骂名,闭门不纳宋幼主,屠杀南外宗正司赵宋宗亲,不战而降;明清之交,几位大名鼎鼎的"贰臣",如洪承畴、施琅、李光地,也都出自泉州。顺应"区域周期"的"生生状"形成的需要,不惜背离"条理状"的道德,务实地进行政治选择,似乎是这一系列人物的主要作为。

然而,复杂的是,无论是在元明之交,还是在明清之交和清末民国之交,泉州也涌现出不少史诗式的传奇。元明之交宋幼主和文天祥之类人物之融合于"民间信仰"之中,明清之交郑氏集团对明朝的"愚忠",清末民初活跃于地方革命运动的华侨,是这些传奇的实例。

另外,必须指出,"内圣之学"似乎如此内在于泉州官民的内心,以至于那些在正史"贰臣传"出现的人物,也在这方面涵养深厚,即使备受争议的色目人蒲氏家族,亦是如此。

由于达至"治"所需要的"执中",在实际的政治实践中最难把握,经学理想秩序之外的生活世界,"执迷"最易于成为"流行文化","生生"与"具有条理"的融合,实难实现。因此,进入所罗列的治乱时代之任何一个,我们都会发现,合格者极少,天下大治的时代,都潜藏着乱的根由;天下大乱时代,似乎也都暗含着天下大治的未来。历史如此,故孟子感言,"天下之生久矣,一治一乱"。

在从区域出发理解天下的过程中,我个人可能因自身知识的缺憾和未能"执中",而犯下了未能足够辩证地看待治乱的错误。比如,在强调明以前的"生生状"时,我未能充分表明,正是这"生生状"所含有的"无条理状"潜在的矛盾,导致自身的失落。

与此相关,在一篇题为《"泉州学"与泉州海交史研究刍议》(中国航海学会、泉州市人民政府编:《泉州港与海上丝绸之路》,北京:中国社会科学出版社2002年版,第575—593页)的文章中,历史学家王连茂先生对我描写泉州宋元繁荣时代时重"文明对话"、轻文明冲突的做法提出了批评,认为在泉州繁荣时期,不同外来宗教之间存在着矛盾冲突,"泉州伊斯兰教文化的发展,也一度引起本地士大夫阶层的紧张。"

12世纪中期,一场文化冲突在儒教文化和伊斯兰文化之间发生了。起因是"贾胡"(阿拉伯穆斯林商人)在通淮街清真寺(艾苏哈卜寺)建了塔楼,因位于泉州府文庙之前,"士子以为病"。便向州府告状,坚决要求拆除。据说"贾赀巨万",并上下贿赂,故士子们的告状不被理睬。但是,事情并没有结束,它引发了另一场有关法律方面的争论,争论的焦点是外国人在泉州城的居住权益问题。时任泉州府通判的傅自得极力主张:"是化外人,法不当城居。"也就是说,这些外商来自政令教化所达不到的地方,他们不能住在城里,颇有点"文化霸权"的味道。但争论照样没有结果,塔楼还是没有被拆掉,这场文化冲突也以士大夫的失败而告终。此事被记载于《朱文公集》卷九十八颂扬傅自得的文章里。这位大理学家的态度当然是支持傅自得的。

如王先生指出的,早在12世纪,"士子"已难以接受"贾胡"在城内建立清真寺塔楼的事实,他们坚持正统,认为"化外人"不能在城里聚居,更不能在城里营造自己的宗教建筑。

以上实例虽是针对我淡化"文明冲突"的做法提出的,却似乎支持我的"内圣之学转变论"。如我认为的,明初得以官方化的"内圣之学",思想体系早在明以前就形成了,必然存在于宋元时期的泉州。为了解释宋元泉州繁荣的可能,在述及当时的儒家时,我确实因过分强调其兼容并蓄的"杂糅心性"而忽略这种心性所掩盖的儒士对"夷狄"的排斥心理。然而,必须澄清的是,我的主张其实是,在不同时代,儒学体系总是兼有开放与封闭的两种取向,也即是说,我们不能说这个时代的儒学体系纯然开放,那个时代的儒学体系则纯然封闭,而只能说,儒学思想性格的这两面,如同城与市一样,在不同时代势力此消彼长。在泉州,儒学本土主义一面,势力直到元末明初才骤然上升;在此之间,这一面虽然存在,却客观地处于次要地位。也因此,12世纪的那些泉州"士子",其内心虽反对伊斯兰文化,客观上却不可能将其排除在"围城"之外。

如我的理解无误,那么,从这一质疑,我们似乎还可以引申出对"繁荣泉州"的重新思考。说繁荣时期文化多元的泉州和合一片,等于否认了多元必然含有的内在问题。"士子"与伊斯兰文化之间矛盾的存在表明,贸易的繁盛会带来文化多元(甚至可以说,文化多元是贸易繁盛的条件),但"和而不同"并不是文化多元的自然产物。

除了没有考虑到诸如此类的问题之外,由于个人学力之限,我对于一些重要人物、事件和文化因素,只是一笔带过,这种缺憾成了这部线条化历史的代价。我越来越意识到,个别重要人物、事件和文化因素含有丰富内涵,对其加以集中研究,本可使我们的叙述更加生动而富有意味。

再者,本书是在我进入民族学研究领域之前完成的,写作过程中,我虽然已经考虑到"夷夏之辨"在治乱史诠释中的核心地位,却没有将这一文明意象与认同政治紧密联系起来。其实,泉州从其繁荣时期的文化多元,到之后的文化一体化,这个历程含有丰富民族学意味。仅就元明的转变观之,史学界自20世纪30年代以来的相关研究(Chang Hsing-Lang, "The Rebellion of the Persian Garrison in Ch'uan-chou, a.d.1357-1366", in *Monumenta Serica*, Vol.3, 1938, pp.611-627;朱维干:《元末蹂躏兴、泉的亦思法杭兵乱》,《泉州文史》1980年第1期;庄为玑:《元末外族叛乱与泉州港的衰落》,《泉州文史》1980年第4期;陈达生:《泉州伊斯兰教派与元末亦思巴奚战乱性质试探》,《海交史研究》1982年第4期;吴幼雄:《论元末泉州亦思巴奚战乱》,《泉州师专学报》1992年第2期),从不同角度揭示和解释了元末十年泉州与色目人相关的动乱之起因、过程、后果;而大量新近发现的色目人和蒙古族后裔汉文族谱（如，泉州历史研究会编：《泉州回族谱牒资料选编》，泉州：泉州历史研究会1980年印制；庄景辉编校：《陈埭丁氏回族族谱》，香港：绿叶教育出版社1996年版；福建少数民族古籍丛书编委会编：《福建少数民族古籍丛书·蒙古族卷》，福州：海风出版社2007年版），则刻画了居于宋元泉州的"异民族"在"帝制晚期"的政治遭际、生存奋斗及文化成就。由于东南沿海通常不被认为是个"民族地区"，因此，这些素材的民族学价值并没有得到充分挖掘。写作这本书时，我也带着常见的区域偏见，忽视了东部与西部的历史命运相关性。

至于本书集中考察的历史与结构之间的关系，我也需要指出，作为学术问题意识，它确实是在西学中得以界定的（如，Marshall Sahlins, *Historical Metaphors and Mythical Realities: Structure in the Early History of the Sandwich Islands Kingdom*, Ann Arbor: University of Michigan Press, 1981），但在我们所研究的地方，对这一关系，却早已存在生动的刻画。

唐人包何《送李使君赴泉州》一诗的短短几句，意味深长：

> 傍海皆荒服，分符重汉臣。
> 云山百越路，市井十洲人。
> 执玉来朝远，还珠入贡频。
> 连年不见雪，至处即行春。

如果说历史有其结构形态，那么，包何诗中说的，正是这一结构形态。包何将山海与夷夏、季节与交通编织为诗歌，替我们指出，泉州地属"荒服"，自唐以后，建置多为汉式，但山地与市井，古越人的遗迹和从海上来的不同人群，遥相呼应，界定着这座城市的"史前"与"史后"的界线。

文化关系的结构，除了在客观的历史过程中得到表达之外，还在主观的历史理解中得到抒发。历史抒发必然是以不同族群的不同文化和不同文化的利益为基础而得以表达的。遗憾的是，关于城市之"史前"，因文献欠缺，我们无以得知越人对于南移的"中夏"及相互之间关系的态度，而只能从文献记载得知，"中夏"与越人之间关系，曾经在诸如《平闽十八洞》章回小说等文本里得到"中夏"角度的表达（泉州学研究所编：《〈平闽十八洞〉及其研究》，北京：九州出版社2011年版）。至于城市之"史后"，形形色色的不同历史抒发，则极其丰富。

以上提及的泉州色目人后裔家族谱牒，多书写于"夷"败退之后，悄然出现于一个华夏本土主义年代里。这些谱牒夹杂着"夷人"对于夷夏和治乱结构的情绪，而这些情绪往往是被掩盖和压抑着的。

夷夏治乱的"心史"，则在"夏人"精英和民众持有的不同文化形式中得到抒写。比如，李贽家族的族谱《学前李氏分支家谱》收录的"垂戒论"〔写于明宣德年间（1426—1435年）〕，对元朝的"以夷乱夏"加以鞭笞："元代失驭，而色目人据闽者，惟我泉为最炽。部落蔓延，大肆凌暴，以涂炭我生灵。迄今虽入编户，然其间有真色目人者，有伪色目人者，有从妻为色目人者，有从母为色目人者。习其异俗，以芬乱我族类，蔑视我常宪。"（转引自王连茂：《元代泉州社会资料辑录》，《海交史研究》1993年第1期）

另外，如我在第7章提到的，汉人圣人和帝王将相崇拜，是汉人民间信仰的核心内容之一，这些崇拜，也可谓是有同等价值的"心史"。在泉州城乡，对于通过生命的献祭在"乱世"中实现"忠"的"内圣"之历史人物，尤其易于成为人们敬奉的神明。除了奉祀唐代"安史之乱"阶段的忠臣张巡、许远（文武尊王）的双忠庙，奉祀抗元的文天祥、陆秀夫、张世杰的三忠宫之外，还有不少宫庙奉祀宋元之交乱世英烈"正顺王"。"正顺王"指一位南宋正直士人谢枋得（字君直,号叠山,《宋史》有传)。谢枋得有深厚程朱理学和道教的修养,也是著名诗人,为人刚正不阿,对南宋朝廷的腐败有严厉批判,屡受奸臣迫害。其在政治上的遭际并没有改变他对"中夏"的忠诚。在元兵沿长江东下攻占江东时,谢枋得率兵抗击,战败后逃入安仁、信州。再度战败后,改名易姓,进入建宁,靠为人占卜、讲学为生。作为南宋著名旧臣,元初被推举入朝,但拒不赴任,后被福建行省参政强迫进京,不久得病,迁居悯忠寺,在该寺,他看见墙上的《曹娥碑》文,如《宋史》谢枋得传所载:"泣曰:小女子犹尔,吾岂不汝若哉!留梦炎使医持药杂米饮进之,枋得怒曰:吾欲死,汝乃欲生我邪?弃之于地,终不食而死。"虽是弱小文人,但无论是对"中夏"朝廷的政治腐败还是对"夷狄"的武力威胁,谢枋得都未曾屈服。这一具有"内圣"品质的士人,是对反于"乱"和"夷"的一把"双刃剑",其"利他主义的自杀",不仅被广为讴歌,而且使他"不朽"。谢枋得的德行化为灵力,成为"正顺王"。化身为神的谢枋得,被百姓相信能保佑世间之人的生命传续和安宁,他平日接受着民众关于生活与命运的卜问,他的诞辰日规定着一些地方公共节庆的时间节奏,他的神像每年都被人们迎出宫门,巡行于地方的边界之上,年复一年地为地方百姓驱邪除病。

通过对诸如"正顺王"之类神明的祭祀,画出的内与外、平安与邪病之间的界线,是夷夏之辨、治乱之分的民间表达。这种表达镌刻的历史,与我们这里显现出来的"说明旨趣"有别,但却一样来自于我在这里借"人文科学"去"重新发现"的"过去",一样是对历史的记忆和解释。民间文化中的仪式,之所以说也表达着夷夏之辨、治乱之分,是因为这类仪式旨在通过神明祭祀,如大禹那样赋予宇宙—地理秩序,如周公那样,"驱飞廉于海隅而戮之""驱虎豹犀象而远之";如孔子那样,宣扬圣王的德行,"使乱臣贼子惧",创造和再创造人们愿景中"生生而具有条理"的社会。

在未来一段时间里,如果条件允许,我将对历史中文化关系结构的不同抒发进行补充研究。

在分析元以后绝对主义"条理状"时,我未能充分强调,绝对主义也含有"生生状"观念形态(否则它不可能被接受),因而,必然也会有其文明设计之外的后果(如民间文化借这一"生生状"的观念形态因素,创造自己的传统),使官府在改弦更张之时(如清初),必须考虑到治乱的关系平衡(Wang Mingming, *Empire and Local Worlds: A Chinese Model for Long-Term Historical Anthropology*, pp.209-232)。

关于近代治乱史,我的关注点主要放在文化极端主义的兴起上,我将"本土化的殖民现代性"解释为通商口岸导致的区位体系转变背景下,由传教团体、华侨、地方精英在这个阶段从不同路径共同推进的"事业"。在我看来,19世纪中叶至20世纪中叶,是"生生状"与"条理状"找不到平衡的阶段,"乱"是其主要属性。在这个阶段中,明末已出现的文化自我否弃,在外来观念和内外结合的新本土主义(国族主义)思想的共同冲击下,变本加厉,在实际权力(政治—军事—经济)纷争的情势下,悄然成为"文化霸权"(hegemony)。近代史是一门发达而论争激烈的学科,对具体人物、事件、文化因素,学者们提出了不同的看法。如我在书中表明的,我的旨趣偏向文化史,试图通过结合人类学对等级型和平权型民族主义的比较、汉学对于20世纪传统的自我否弃的内外因素的考证,理解东南沿海地区"乱世"中的"新夷夏之辨"。为了这一目的,我过于强调了传教团体、华侨、地方精英的极端主义,在对这些群体的历史行动做解释时,我未能充分尊重这些不同类型的群体的内部复杂性及在这种内部复杂性中生发出来的另一类可能(如文化守成主义)。我几乎将文化守成主义的所有"功德"归功于包括1896年承天寺超度仪式在内的"民间文化",将文化极端主义的所有破坏作用归因于被民间抵抗的新主流势力。历史无疑远比这里所解释的复杂得多;而我在坚持平权型民族主义是19世纪末之后的主要"声调"之同时,甚至用精英—民间的二元对立格局考察历史,这使我失去很多。

在自知有限的同时,我相信,通过集中考察14世纪至20世纪上半叶的一系列地方历史遭际,我还是完成了一项对绝对主义"条理状"的批判性研究,这项研究是在对"条理状"再度给予过度强调的时代完成的,它旨在表明,先前已夹杂在"生生状"中的"条理状",一旦被极端化,便既会含有违背"生生状"利益的问题,又难以实现自身。我也完成了一项对民间文化的历史感的研究,这项研究旨在表明,在民间文化这座历史富矿中,存在着比主流政治文化更为生动的"古今之变"的话语。

在本书中,为了用现在的话把历史的事说清楚,我诉诸带有线性时间内涵的概念,如区域周期的萌芽、兴盛、式微,如国家周期的传统时代、绝对王权时代、民族国家时代,如世界周期的"地理大发现前后"。然而,在诉诸这些历史时间概念时,我对它们保持着高度警惕。在我看来,如果说近代以来,我们深受文化帝国主义之害,那么,对我们害处最大的,不是帝国主义政治经济和军事的"硬实力",而是本土化的帝国主义历史观的"软实力"。在西方思想世界内部,早已有神话的道德衰降理论(如古希腊神话的黄金、白银、青铜、黑铁"种族")来解释"古今之变"的做法〔韦尔南(Jean-Pierre Vernant):《希腊人的神话和思想》,黄艳红译,北京:中国人民大学出版社2007年版,第13—109页〕,正是以这种做法为基础,近代出现进步主义的历史目的论之后也随即出现对现代性(资本主义和理性)的批判。然而,被国人爱慕最深的历史观,却不是这种承继着道德衰降意识的历史解释,而是19世纪末期以来,直接来自西洋或间接从东洋和南洋而来的自然主义世界观和进步主义历史观。在"消化"这些观念的过程中,国内学界不是没有出现过省思和批判,不幸的是,由于这些观念已本土化,因此既被信以为真,又成为了我们赖以自信的"理论"。这些本土化的观念,已被当作政治—伦理价值来衡量一切。作为结果,无论是我们的过去、现在，还是将来，都被"自然演进"和"从黑暗走向光明"的理性主义所规定。

意识到这些问题，在倡导现代主义中国史研究之后，梁启超引据孟子的"一治一乱"之说，针对欧洲古代、中古、近世直线进化历史时间观，提出一种循环的历史观（在同一论述中，梁启超还反思了历史研究中的归纳法和因果律），指出除了人类渐渐积累起来的"文化共业"有不断进步、不断积累的特征之外，历史的其他方面，都有治乱轮替的特征。梁启超坦言："我向来最不喜欢听这句话（记得二十年前在《新民丛报》里头有几篇文章反驳他），因为和我所信的进化主义不相容。但近来我不敢十分坚持了。我们平心一看，几千年中国历史是不是一治一乱在那里循环？何止中国，全世界只怕是如此。"（《中国历史研究法》，第141页）

梁启超称有治乱考虑的历史研究为"文化史"之一部分；而在本书中，作为一个致力于通过写历史来写文化的人类学研究者，我也借助过去数十年里行内出现的相关论述，将历史联系于文化，将文化联系于历史，一面考察作为过程的历史，一面思索作为观念的历史。历史不是我的专业，训练和学习上的缺憾，必定导致我写的这本有历史内容的书出现难以克服的问题。不过，我却相信，追寻同时是过程和观念的历史，有助于我们部分摆脱"本土化"的文化帝国主义的支配，有助于部分消除时代带来的偏见，质朴地回到历史"创造"的本相中。

致 谢

我之所以可能将对泉州城市史的业余爱好化作这项我界定为"历史人类学"的研究,是因为得到过一些学术前辈的教导和帮助。我在厦门大学学习过考古学、人类学及民族史,其间,除了聆听各位老师的课之外,还得到过庄为玑、陈国强、蒋炳钊、叶文程、吴绵吉、李家添、苏垂昌、辛土成等老师的悉心指导。我从庄、叶、苏诸先生的泉州考古学研究中获益良多,从陈、蒋、辛先生的东南民族史志研究中,得到诸多教益,其中,庄先生的教导尤有启发,他出版后即赠予的著作《晋江新志》(泉州:泉州志编纂委员会办公室1985年印行)、《古刺桐港》(厦门:厦门大学出版社1990年版),集半个世纪的研究之功而写成,一直是我理解泉州的导引和主要依据。

我于1987年赴英留学,受益于伦敦大学亚非学院的David Parkin、Stuart Thompson等老师讲授的课程和给予的指导及师友Stephan Feuchtwang教授的私交。本书显然是对"无历史"的英国人类学的一项批判,但它的一部分基础却是我向这些国外老师学到的知识、方法和理论。本书明显是我给国内外老师上交的一份作业。作业是交出去了,但我却从来没有忘记,自己并无法穷尽国内外的老师们传递的知识(尤其是对国内老师教给我的东南考古、民族史没有充分把握,对国外老师教给我的民族志和比较文化研究未能充分领悟),而需要继续回味老师们的教导,反复思索到底我能从这些教导中综合出何种认识。

我曾在1985年从事短期的地方史文献调查,又曾于1989年起在泉州从事田野工作和地方史文献搜集。这些研习活动，是我写作本书所凭靠的基础。

在泉州研习过程中，我频繁就教于许多地方史研究前辈，包括陈泗东、傅金星、王连茂、吴幼雄、黄炳元、陈垂成、郑国权等，更从我的高中班主任陈日升老师那里得到了珍贵的鼓励、帮助和指导。此间，我也常与厦门大学郑振满、加拿大访问学者丁荷生（Kenneth Dean）等学兄相见，得益于其言谈与论著。

1996年之后，我与老一辈美国人类学家萨林斯（Marshall Sahlins）先生成为忘年之交，相互之间有过多次对话和交谈，我也阅读了他的许多作品。萨林斯从文化理论研究和南太平洋历史民族志研究中引申出的对世界体系理论的批判、对宇宙观与历史之间关系的诠释，对我的这项研究产生了重要影响。我虽并不完全同意他那种过于强调结构稳定性的观点，却大大受益于他的结构—历史看法。

本书原稿，经汪维玲女士善意组稿、审校，于1999年由浙江人民出版社出版。

在写作本书初稿的过程中，曾带着第9章所采用的文献，就教北大中文系陈平原、夏晓虹教授夫妇，后来夏教授不惜费心费时订正了我在文本点校上的错误，令我感动。

从初版之时算起，17个年头过去了，个人学术兴趣随时间推移而产生了变化，我在研究上对西部民族学更加关注，未能继续我的东南研究，丧失了继续阅读、学习众多地方文史与民族志的机会。不过，细想后我却发现，这些年来，自己还是频繁出没于泉州。除了回家办事，没少去参加和组织学术会议，更没少带着学友前往"访古"。国外学友方面，除了伦敦经济学院人类学系的Stephan Feuchtwang教授之外，2007年以来，弗吉尼亚大学的Frederick Damon教授、伦敦大学学院的Michael Rowlands教授，多次同游泉州城乡地区。此间，Frederick的区域研究旨趣，从美拉尼西亚转向了泉州，而本来研究非洲的 Michael，也对中国研究产生了兴趣，他们多次参与我们的考察和研习活动，给予我不少帮助和启发。2008 年我也带萨林斯先生和他太太同去，在泉州参观了海外交通史博物馆及一些古迹，萨林斯先生感叹说，"这里的文物，足以颠覆西方人写的世界史"，令我十分喜悦。国内我先是带学生去调研，后也邀约汪晖、和少英、石硕、霍巍、杨正文、渠敬东、周飞舟等等学友，到泉州参会讨论、访问古迹。从他们有关帝国与区域、东南与西南、经与史的言谈中，我学到了很多。

在出没于泉州期间，我有不少机会同一些前辈和老朋友相聚，如师友王连茂先生及同学王珊等。去年在泉州考察期间，我到文庙拜见陈日升老师，在其办公室偶遇多年未见的几位前辈，其中有杨清江、林胜利等先生，他们仍在披阅古籍、谈天说地，士大夫风采依旧；我还随一位友人去拜见吴幼雄先生，他已满头银发，但依旧言必学问。这些情景让我难以忘怀。过去十多年，我在泉州也一直得到一些新朋友的帮助，如泉州的陈健鹰、丁毓玲、张明、连真、吴翠蓉、陈敏红、蔡颖等，安溪的谢文哲等，他们各异的成就让我向往，友情让我难忘。

在本书再版过程中，舒炜、冯金红两位朋友，给予难得的鼓励和帮助，而他们的不弃，更让我心存感激。

作者，2016 年 7 月于泉州

1. 引论

本书叙述的历史，是围绕泉州展开的。这座中国东南沿海古城，知名度不如西安、南京、杭州、北京等"帝都"，但其一千多年的历史所留下的旧事，早已为学界所关注。泉州常被称为"中世纪世界第一大商埠"、与亚历山大港齐名的古代"东方第一大港"，近期还常被冠以"海上丝绸之路名城"的称号。20世纪70年代初期，泉州宋船的发现（图1.1），印证了文献记载的宋元开放港市的存在，而今天到过泉州的人也不难发现，此处宗教文化遗迹异常丰富，表明这座古城曾有世界各大宗教并存，而相关遗存有的依旧在地面上"活着"，有的从地下出土，因为它们的存在，泉州常被誉为"世界宗教的博物馆"。[1]

一个在历史上兴盛过相当长时间的地方，所能引起人们的感叹复杂多样。有关泉州，在西方中国学界，关注点似乎集中在古代泉州所表现出来的开放性之限度问题上。这里有一个具有说明意义的例子。1997年，在英国出版了一部叫作《光之城》的著作[2]，该书署名原作者是古代意大利的雅各·德安科纳〔Jacob D'Ancona，意为安科纳（Ancona）地方的雅各〕，封面上有这样的文字："在马可·波罗之前，一位意大利犹太商人冒险远航东方，他的目的地是一座中国都市，称作光之城。"据称，雅各是位商人兼学者，他于1270年出发来华，1271年（南宋度宗咸淳七年）到达泉州。《光之城》记录了他在泉州的见闻。在雅各笔下，泉州是古代东方的一座大城市，有"一个很大的港口"，城南"整个江面上布满了一艘艘令人惊奇的货船"，生活在这里

图 1.1　1974 年泉州宋船发掘现场

的人们,种族、语言、文化多样,来这个城市的商人很多,"有法兰克人、萨拉森人、印度人、犹太人,还有中国的商人,以及来自该省乡镇的商人","这样一起生活在刺桐城的各种民族、各种教派,都被允许按照自己的信仰来行事,因为他们的观念认为,每个人都能在自己的信仰中找到自己灵魂的拯救"。更饶有兴味的是,这里的人们生活自由,有的人本为怀,文化疆界意识淡薄;有的信奉传统,对有别于其他的"道"倍加珍惜。他们到雅各来访之时,已分化为接近于自由派与文化守成派的阵营,其观点表达直白有力,对社会到底该重商开放还是自足,对处理城市内外种族和文化的关系问题,热烈地争鸣着。

无论《光之城》是珍本,还是后人编凑的"伪书",对向达的唐长安城研究[3]和潘光旦的古代开封犹太人研究[4]稍有了解的人,对其描述的东方城市的种族—文化混杂性,不会有太多惊讶;对古代中国思想"百花齐放"的胜景略有所知的人,对其记述的争鸣,一样也不会有太大意外。

然而，这部新版古书，却引起了不少相信传统不同于现代的学者的质疑。版本学质疑（只有该书的译者，即在意大利偶然发现该书的英国牛津大学政治哲学教授David Selbourne才见过原著，而他拒绝公开原著手稿，因此没有人能够判定《光之城》手稿的真伪），也许不是争论的要点。无论《光之城》是真是伪，它所引起的紧张，更多源于一个事实，即，它与近代以来的西方中国观有重大出入：在常见的近现代历史著述中，西方文明的东渐，最早开始于明末耶稣会入华，此前，即使是在东南沿海，古老的东方尚未被先进的西人触及，绝无可能如此开放；而令他们难以接受的是，《光之城》通过零碎的描述，似乎还隐含一种主张，即在欧洲文艺复兴之前，远东早已有了种族——文化的兼容并蓄面貌，也有了重商与抑末的政治经济思想辩论。

《光之城》在西方中国学界引起的争论，与马可波罗是不是到过中国这个老问题相延续[5]，反映了西人的一种心态——若是让他们发自内心表达观点，那么他们绝不愿承认，西方中心的"世界体系"形成之前，世界各地存在着自己的"世界体系"。西方学者自认的天职，是去发现和解释疑点，激发人们对包括历史在内的事物的重新认识。然而，在历史的论辩中，他们却经常出于个人或社会的原因，有意无意地复制学术研究背后的关系制度，尤其是不平等的跨文化关系制度。[6]

当然，必须强调，这一对西方学术的批评，绝对不是为了迎合文化本土主义心态。其实，我也要在此指出，与西方中国学研究一样，国内学界出于个人或社会的原因，也赋予历史特定的价值。兴许正是因此，《光之城》一书出版之前很长一段时间，学界对于类似于书中描绘的情景之"实在"，早已深信不疑。国内学者对于汉唐的世界开放性之关注，出现得比较早，但似乎停留在对"西域"这个概念的不断诠释上，随着"中西交通史""海外交通史"之类概念的兴起，人们也逐步意识到，应该到"海洋西域"去发现一个开放而富有启蒙性的文明史。"泛太平洋研究""海上丝绸之路研究""海洋文化研究"等等名目,与现代主义文明史观相伴随,来到我们的话语世界。以东南沿海著名古城泉州为中心展开的一系列研究,强调的正是这种开放而富有启蒙性的文明史在东方历史上的实际存在。或许也是因为存在那种文明史观恰好符合了一个开放古国的叙事,所以,泉州宋元港市的研究,才在地方史的研究中声名显赫。在泉州当地,我们能够见识一些拥有全国性甚至世界性声望的历史学家,他们的研究集中在泉州港兴盛期这个专门史主题上。在他们的努力下,学术泉州成果丰硕,堪称辉煌。这里,地方性文史研究极为发达,而比起那些偏向研究与所谓"泉州特色"关系不大的专题的学者而言,他们中那些专注于海外交通问题研究的学者,更早已在国际学界谋得一席之地。即使是在政府的文物保护和文化管理行政中,宋元泉州的景象也被展示得最为突出,而那些偏离这个地方断代史的研究则往往因被轻视而落入冷门。

"别的国家有的东西我们也有!"这个希望应该说是所有非西方国家民族主义情绪的一个最朴素的表达。而当历史学家努力地试图"证实"在本土文明史上一度存在过西方也有过的"好时光"(或"辉煌时代"),我们同时也会不禁感叹,这样的历史学,追求的不是别的,而无非是在论证"我们也拥有过他们拥有的东西"。

兴许可以认为,一度在中国史学界的话语中占相对支配地位的"明清资本主义萌芽理论"[7],就是为了证实中国存在过西方有过的"进步"而提出的。

我无意否定泉州历史上黄金时代的现实存在;相反,如我在提及向达和潘光旦的研究时所刻意表露的,我认为,在并不那么遥远的过去,这个时代实际存在过,并且,其令人惊讶的开放性,值得我们这些以为开放社会只与现代性相关的社会科学研究者加以充分重视。我甚至相信,这种古代开放性能引发社会科学革新,其自身含有重大价值。然而,与此同时,我却也感到有责任指出,如上所述,那种以重新发现旧有开放文明时代为己任的历史研究,同样需要我们加以重新思考。

在双重心态下,我深感,就我们这里关注的泉州地方史而言,我们面对的问题有二:其一,为什么海外史学界会怀着一种极度猜疑的心态来面对一部叙说古代中国城市中的市民生活开放性景观的古代文献?其二,与海外史学界不同,为什么我们的史学界同行们总是自信地认为,我们的文明一度也"很开放""很启蒙"?

围绕上述两个问题展开的思考,要求我们回到近代中西文化接触以来对于"文化"(culture)这个概念的不同界定。在西方社会科学研究过程中,"文化"这个概念扮演着重要角色,它的广泛运用,与两个重要的历史场景有密切的关系。其一,在欧洲国家内部资本主义发展过程中,文化成为"使现代式的、侵略性的、商业性的以及残暴的都市经验中性化(neutralize)的(手段)"[8],它把历史分成两个部分,前一部分是一个文化的传统时代,后一部分是文化"现代性的"时代。一方面,这个历史的两分法帮助人们在想象中营造出一个认同于作为国家的文化认同感;另一方面,它也促使现代式的经验成为人们"可欲"的未来。其二,在欧洲对外的权力扩张中,文化长期被用来形容不同于"现代"的众多非西方民族的历史与实践,它把非西方的历史归结为一个没有时间流动的平台,使之成为西方殖民扩张的整体化对象。[9]由于文化的概念与权力的结构有着如此密切的关系,因此它对于人们的认识影响至深,成为人们司空见惯地用来形容那些难以概括的差异和关系的办法。受这样的文化想象之制约,近代以来西方社会科学和人文学的专家们难以想象非西方社会的历史中也存在过与它的启蒙时代一样的文明史。因而,在探索这些社会的历史中,他们有意无意地采用一种文化比较的方法,把被动的非都市文化和非西方文化看成不开化的"蒙昧""野蛮"和"古代"社会,将之与现代的欧洲相比较,从而在其中确立一种文化帝国主义自信心。

对于古代泉州开放史和市民启蒙社会存在的否定,兴许不无证据,却与这种文化帝国主义自信心密切相关。

与此同时,尽管"文化"一词带有文化帝国主义的内容,却往往吊诡地成为被帝国主义支配的民族自我叙说的凭据。

以中国为例,在近代形成的"世界体系"中[10],它既不属于资本主义现代国家形态的原创地,也不属于殖民主义和帝国主义的宗主国,因而,它对于文化的想象也处在一个较为被动的地位。在与近代西方势力接触以前,中国倾向于把自己的国土想象成一个世界,并将这个世界形容为"天下"。直到19世纪末,所谓"中国人的文化"这个说法,一直只有从西方东来的传教士话语中才有。19世纪末以后,华语世界开始大量涌现谈论自己文化的潮流。这个时代,中国思想界已经广泛接触了西方文明,从中汲取了民族国家的政治观和文化观[11],而为了抵制外来影响,学人和政客还把这一观念贯穿于政治话语的实践中,通过类似于欧洲的想象来营造民族的历史认同。在20世纪这一百年中,中国人对于中国文化的看法不能说只有一种,然而众多不同看法均具有两个共同的关注点,一是关注作为整体的中国文化的思想史界定,二是关注作为独特体系的中国文化与外来文化(尤其是西方文化)的差异。为了对这两个共同的关注点进行阐述,学人和政客不仅引用了大量西学论点,而且还表现出对于上古时代以至宋明理学占支配地位的时代的思想史的高度兴趣。这就在思想界造成了一个影响至深的后果:尽管中国的文化论述属于文化接触的被动产物,但这些论述的推行者却与文化论述的原创者一样,积极把想象中的"文化"与国家的内外格局相联系,从而创造一种扭曲历史本相的历史表述。针对西方文化概念的权力背景,一位西方人类学家反思说:"我们务必记住,文化概念是在特定的历史语境下出现的。在历史的某一时期,某些欧洲国家试图为自己创造支配地位,而另一些国家则只好为争取各自的认同和独立性而斗争。把每个斗争中的国家比拟成占有一个由其文化的特殊精神所激励的独特社会,目的正在于为各民族营造自立的国家提供合法性解释。"[12] 这段话,针对的是欧洲文化概念在民族国家形成中的角色。然而,19世纪末以来的中国文化探讨,似乎也没有超越为"营造自立的国家"提供合法性解释的地位。百年来中国学人的文化研究,可以说就是在对于世界体系中的国族主权的追求中展开的。这也许就是中国古代开化文明史探索的基本话语基础。

诸如此类的主流文化观,与特定的权力格局有着某种关系,它们在人文学和社会科学领域中赢得了明显的或潜隐的认识论支配性,它们的支配性,使我们的观察、解释和想象充满着吊诡。对文化的概念体系加以反思后,不难发现,主流观念几乎可以说"天然地"含有严重缺陷。与殖民主义和民族国家的主权性相联系的文化概念,多半是在毫无反思的思想状态下提出的,因而也不能够充分自觉地体现其自身的真实含义。事实上,现存文化理论大多注重权力的揭示,注重如何运用文化的符号来营造不同民族、社会群体及国家之间的相互关系逻辑,于是,这些理论本身反映的并非文化的运行逻辑,而是其他。因此这种主流文化"理论"完全忽略了一个重要的事实,即文化本身是在不同因素的互动和结合过程中形成的,并非是一个停滞不前的、均质的静态体系。出于同一原因,主流文化"理论"基本上是在脱离生活中的人和社会之关系体制的状况下被提出的,其所表述的文化在表面上具有一种反映"民族精神"(ethnos)的功用,而在实质上却否定了"民族精神"的真实含义在于社会群体中的人的具体实践及人对周围环境认识之间的相互关系,否定了人们在具体历史过程中的具体经验对于文化理解的重要性。

经验与反思

我们之所以在一开篇就揭示出泉州古代开放史辩论的文化政治成因,旨在指出,人文学和社会科学研究应该对自己提出新的要求。历史撰述如何避免殖民主义和民族国家权力结构的制约？如何反映文化过程错综复杂的内在运行逻辑？如何反映人们的具体生活？如何反映这种具体生活在历史的过程中所表现出来的复杂性？近年来，社会学对于社会科学学科体制与民族国家和世界体系之间关系的论述，人类学对于文化与实践之间关系的争鸣，历史学对于国族和世界通史之外的"另类声音"的挖掘，共同为我们表明，解决或部分解决这一系列问题，不仅关系到历史研究本身的前景，而且对于人文学和社会科学发展将有着关键影响。

在我看来，解决或部分解决历史解释中存在的问题，只凭反思是不够的，我们更需要在经验研究和叙述中对以往的理解进行反复检验。这类经验研究近期得到了重视。作为这类研究缤纷多彩的成果的小小局部，此前我的《社区的历程——溪村汉人家族的个案研究》一书[13]，试图在具体的地方性研究中叙述文化过程的实践性与社会复杂性。该书叙述一个离泉州不远的家族村落历史上地方性制度的形成与变化，试图借此侧视近代以来民族国家和民族主义式的现代性对于地方传统的破坏性影响，及地方传统走向自己未来道路的过程。这项研究与社会史的探讨有若干类似之处，它强调以经验的地方史料为基础来自下而上地重新审视地方史的具体过程。然而，与一般社会史不同的是，该书追求更直接地面对现代观念形态及其对历史叙述的影响。在写作该书时，我意识到，若要在历史叙述中避免文化殖民主义和民族国家主义的双重制约，便要树立多线的历史叙述方式，以理解地方。[14]

我的论述可以说是历史批判理论的经验延伸；相关于此，我们可以涉猎的文献很多，而在其中，我感到应提及1995年美国历史学家杜赞奇（Prasenjit Duara）的《从民族国家拯救历史》一书。这部书是对近代历史观念的批评性研究，它的起点被作者定在启蒙时期，尤其是黑格尔的历史哲学；其基本论点是，现代中国史的研究因深受起源于西方的现代理性历史论影响，它的论述不能脱离西方的历史行进规律，而这个规律本身就是近代民族思想与理性历史思想融合的产物。这个所谓"历史规律"不仅影响了西方中国观,而且也影响了中国政治话语对国家自身历史的理解,甚至影响到近代国家和上层精英的行动。[15]

在杜赞奇的阐述中,近代的、理性的、单线规律性的历史观念,是民族主义和现代性胜利的成果,而并非历史事实本身。杜赞奇没有解说他眼中的历史真相是什么,但他警告历史学家们,不应对历史进行过于理性的想象。

在乡村社区史研究中,我引述了杜赞奇的另一部同样有影响的作品[16],从中吸收了后来才在其《从民族国家拯救历史》中充分阐述的观点。

我承认,杜赞奇的历史话语解构有助于我们认清认识历史的文化和意识形态障碍。然而与此同时,如果我们不把历史话语放在历史的具体过程中考察,那么,我们的认识便会被局限在观念史的解析里,无以触及观念获得界定、产生效应的过程。

近代理性史观的观念形态力量,既来自西方民族主义政治经济学观、历史观与世界观,又来自这种西来世界观在欧亚大陆东部国度中的官方化和主流化。这种观念形态,力量如此之大,以至于对其力量的揭露,时常被这种力量所消化,造成事与愿违的后果。因而,似乎唯有那些躲开这种观念形态的"另类观念",才可能发挥挑战性作用。从某个角度看,我自己的乡村社区史研究,可以说正是在寻求这种替代性观念形态中写就的;借之,我意在指出,官方化和主流化的历史观念之所以能够获得说服力,是因为它们以武断的手段将历史的事实分离于它们存在的原本场合之外,把它们变成时间的片段,最终将这些片段重新编织成一幅历史的图像。从而,要对这种武断的史观加以真正的批判,就要将历史放归到演绎历史的地方性场合中去,使其原貌得以尽可能充分的呈现。若是做了这项工作,我们便会认识到,基于村落社区史而展开的历史叙述,本身会面临三种历史发出的拷问:

第一种历史就是围绕着地缘和血缘关系而呈现出来的社会史过程；第二种历史是研究者从社会再生产的角度出发学会被研究者的生活方式与话语方式的过程；第三种历史的出发点是社会行动者或被研究者的历史观念本身，它反映学者与非学术民间历史观念体系的积极互动。其中，第一种历史可以说是经验的（empirical）历史，即学者依据自身的认识论模式来重新建构的客观历史过程；而第二、三种历史则主要属于反思或反身的（reflexive）历史，即研究者鉴于自身认识论模式的缺陷而展开的观念层面的历史探索及对被研究者历史观念的吸纳。这种种历史，都是"历史事实"，但作为"历史事实"，它们指的并非只是历史学家的研究对象，也指历史学家借以了解、认识、解释，甚至"发现"历史的文本手段（如民族国家的"通史方法"）。

对于历史学而言，如果说这样的叙述有一定意义的话，那么这种意义主要来自于人类学的民族志（ethnography）方法。到目前为止，人类学对于民族志方法的论述，已经不能简单被归结为一种单一的研究和描述方法了。不过，为了阐明这种方法对于历史研究的参照性意义，我们不妨以民族志的原初形态为蓝本，借之切入问题。

自马林诺夫斯基（Bronislaw Malinowski）以来，田野工作（fieldwork）长期被视为人类学研究的基本功，而这种研究风格就是在批判超地方的宏观历史观念的基础上提出来的。在20世纪20年代以前，人类学学者沉浸于远古的历史之中。19世纪后期，欧美人类学学者受进化论制约，广泛地收集第二手的人文类型素材，依据传教士和冒险家所写的没有被证实的游记，猜测地构造宏观的世界文明史。20世纪初期，德国文化传播论和美国历史具体论的相继出现，在表面上对进化论提出一个理论挑战，而在方法论上仍然没有摆脱旧有宏观人类史的影响。直到20世纪，功能主义出现后，人类学的方法论才开始从宏观人类史意象中分化出来，进入实地研究的时代。马林诺夫斯基是这一人类学方法转变的首倡者之一，他对以前的理论提出了全面的方法论批判。他认为，进化论、文化传播论以及历史具体论，或在进化的阶段问题上绕圈子，或在这种或那种文化现象如何传播的问题上索求来龙去脉，而对于界定和联想文化因素在文化事实中的运作没有赋予充分的重视。为了克服这一方法论弱点，马林诺夫斯基强调，人类学学者不应把物质文化、人类行为、信仰与理念分割开来进行分别的排列组合，而应把它们放在"文化事实"（cultural facts）或所谓的"分立群域"（isolates）的整体中考察，展示它们之间的关系。[17]

人类学学者之所以要展开田野工作，是因为他们力图把历史当成活着的制度和生活方式，认为只有将它放在具体的生活场景中进行联想，才能够体现或理解它的意义。具体而言，对于诸如马林诺夫斯基一类的学者，田野工作是对制度的整体面貌、被研究者认识中的制度、风俗和活动、日常生活中的非思索性素材（the imponderabilia of everyday life）以及被研究者的叙述加以总体认识的过程，而民族志则是有关所有这一切之间的关联性的经验和理论陈述。[18]

许多批评者指出，这种功能主义的观察和叙述模式，存在着虚伪的一面，它因过于突出人类学知识体系的"科学性"，而难以避免地会出现借"科学"之名把研究者自身的主观理论想象强加在被研究者身上的倾向。[19]

对于现代民族志的这种违背初衷的倾向，我也深有戒备之心，然而，这种戒备之心并没有阻碍我去理解现代人类学学者所提倡的对于被研究者生活方式、人生观、世界观的尊重。在田野工作中，如同功能主义人类学家那样，我关注制度整体面貌、被研究者的社会知识以及他们日常生活中表现出来的，对单线的历史观念的"无意识"。出于对"地方性知识"的尊重，我尽力规避发生于地方之外的单线进化史观，沉浸于梳理在地方中共存的多线而交错的历史线条。不过，我的研究不等同于功能主义平面式民族志。人类学在批判西方中心的理性宏观人类史观时，也犯了一个重大的矫枉过正的错误。在正确地反对把西方中心的历史观强加在非西方文化身上的过程中，早期人类学学者却错误地否定非西方文化的历史，他们把文化当成人的生活的空间平台，却没能意识到，在不同文化中生活着的人们，都在创造着自己的历史[20]，而"创造历史"包含人们现实的社会再生产和发明以及人们在观念的层面上对自己文化的历史见解。要克服功能主义对历史的漠视，新一代人类学学者有必要在他们的民族志文本中重新提出处理历史与他们的研究主题——文化——之间关系的方案。因而，如何在避免否定被研究者的历史生存权利的同时，避免受单线的理性史观的制约，成为人类学学者需要思考的问题。我能意识到，现代性和民族主义意识形态对于近代以来的文化精英的深刻影响。因此，我在叙述中强调把这种影响放置在经验的描述中作为一种分析的对象来叙述，意在避免把它当成自然而然成立的历史框架，避免以自身的生活和观念来衡量被研究者的生活和观念。

这类求索已被称为"历史人类学"。顾名思义，这个研究风格是历史与人类学方法的结合，即"人类学的历史化"（或对于历史学家而言的"历史学的人类学化"）。[21]早在20世纪60年代，一些不满于人类学的平面史叙述模式的学者，已经提出要在民族志的方法内植入历史学的因素。不过，当时他们强调的是在部落社会和地缘性社区的研究中，增加对于地方政治权力演变史的考虑，而没有考虑到"历史"这个概念在认识论上是一个双关的语汇，它既指历史过程本身，又常常被用来形容对于历史的叙述。[22]80年代以后，人类学界再度对历史产生关注。这时，历史人类学的意义已经不再是60年代意义上的"小型社会群体政治史"了。80年代以来历史人类学深受两股潮流的影响。70年代提出的殖民主义和世界体系理论，强调在世界政治经济的宏观体系中理解历史和西方中心主义文化观的兴起，这对于专注于作为研究对象的小型非西方社会群体及其文化的人类学学者，无疑是一个很大的冲击。如何让小型社会群体的民族志描述与对人类学研究对象影响至深的世界体系相联系？如何使二者互为照应？诸如此类的问题，一时成为人类学界的重要关注点。[23]从这些问题延伸出来的另一种问题，与人类学的知识形成历史有着密切关系。殖民主义和世界体系理论提出以后，人类学学者猛然醒悟到自己的研究无非是西方政治经济势力在世界上逐步获得支配权这一过程的一个组成部分。那么，人类学的知识与近代世界权力格局的转变有何种关系？这个问题促使人类学学者回到"表述"（representations）、"话语"（discourse）、"意识形态"（ideology）、"文化霸权"（hegemony）等批判社会科学的概念中去反省自身的知识构成，促使"主观历史"（subjective history）的概念与知识社会学的批判相结合，引出了"反思人类学"（reflexive anthropology）的主要话题。这一话题的含义就是：作为一种知识的人类学，只不过是近代西方中心的权力格局的一种主观历史想象。[24]比殖民主义和世界体系理论的蔓延稍后，对于现代性和民族主义的批评性研究也在社会科学的各学科中兴起。这一类的研究，促使学者们进一步对历史想象在政治空间单位的营造中的作用有了更深一层的认识，它们不仅使学者们意识到象征的表述对于政治合法性的重要辅助作用，也使他们认识到自己的叙述可能潜藏着观念形态因素。[25]

80年代以来，人类学对文化研究中隐含着的历史意象之否思，逐步推动了三类学术研究的进步：第一类，是至今影响仍然巨大的对殖民主义、世界体系及民族主义的权力中心和主流话语的直接解构[26]；第二类，是在传统研究及叙述风格范围内展开的对于历史话语和叙述之本质的重新考察[27]；第三类，则是对于如何在学术文本中认可、展示、强化权力中心和主流话语范围之外的"其他声音"（other voices）的激发。属于第一类的，除了类似于杜赞奇那样的现代性与民族主义历史观的批判作品之外，还有自70年代中期就开始产生影响的殖民主义与人类学之间历史关系的研究。属于第二类的，有诸如童金（Elizabeth Tonkin）所著的《叙述我们的过去》之类的作品。这部作品从非洲调查的实例和理论思考并行的新角度出发,考察历史叙述的社会本质,它的雄心在于通过传统人类学的民族志分析,探讨历史叙述的本质性特征。属于第三类的,包括了两类相互之间对话不多的作品,其中一类是在反思人类学的旗帜下展开的对于人类学知识与被研究者知识之间对话的探讨[28],而另一类则一如著名美国人类学家萨林斯(Marshall Sahlins)的近作一样,强调世界体系下非西方文化结构在历史创造中的强大能动性。[29]

我在《社区的历程》一书里通过一个小地方的历史和民族志研究所要做到的,便是把人类学近年对于历史的重新思考进行经验的叙述。我的本来旨趣,在于开拓历史、文化、权力三个概念之间的关系空间,从而为历史人类学的运用提供一个具体研究的范例。尽管受所研究的社会空间单位的制约,这项研究无法充分展现人类学与历史理论界关注的那些超地方的意识形态,以及权力格局与文化变迁关系的历史深度,但其中力求实现的经验的历史与反思的历史之间的结合,已经为本书的写作设下了潜台词。

历史、文化与权力

我对泉州的研究,开始于1985年。为了完成学位论文,我在厦门大学庄为玑教授的指导下,从人口史的角度探讨了唐宋时期泉州港市的成因。这篇习作提出了一个观点,即地方人口的饱和迫使泉州在唐以后对传统的农业生计做出重新选择,转向符合地方地理环境特色的海外贸易业。到了明清时期,在朝廷"海禁"和"重农抑商"政策的压制下,泉州港市贸易业衰落,但由于人口压力依然存在,因而出现了海外移民的潮流。[30]在完成这篇学位论文之后,我曾因学习需要从泉州研究转向人类学和东南民族史研究,直到1990年重新回到泉州从事人类学田野考察时,才有机会对这座古城再次展开调研工作。

1987年10月,我赴英国伦敦大学攻读人类学博士学位。在两年多的课程学习和研究准备之后,我必须按照学位论文的要求选择一个地点从事田野工作。对我而言,当时的选择,若不是去印度、非洲之类的异乡,最好就是家乡泉州了。这部分是因为作为一个位于"边陲"的城市,这个地方在一些从事中国研究的人类学学者当中已经小有名气,可以成为一个有学界基础的研究基地;更重要的是,我在学习人类学的过程中,已形成一定的研究旨趣。我当时觉得,通过家乡式的研究来叙说"文化"这个人类学的关键词所含有的政治意义,在我从事的学科中是有紧迫性的。1990年5月至1991年4月间,我从英伦回到家乡,从事了一年的人类学田野工作。依据我对泉州的体验式的认识,当时我计划把自己的研究焦点集中在年度周期仪式上。在开始田野工作之前,我提出了一个理论解释性假设,准备拿到田野考察中验证。这个理论解释性假设的核心概念,就是仪式时空(time-space of ritual)。按照象征人类学的立场,任何年度周期仪式首先象征一套时间的概念,是生活于社会中的人们对于时间加以象征切割的结果。但是,单说年度周期仪式是时间的象征界定还不够,因为任何一套象征性的时间界定都反映了社会中人们对于空间范围及其神圣性的确认,并且中国社会力量分化清晰,不同的"势力"均可能拥有各自的社会空间,也因此拥有各自对时间的象征表述。

在泉州,存在三套主要的年度周期仪式。其中第一套就是在1949年新中国成立之时被宣布为"法定节日"的那套仪式,这套仪式在不同时期有一些变动,但总的来看与新确立的单位行政制度、传播(宣传)制度、日常生活的控制制度有着密切的关系,可以说是民族国家空间的地方性展示。第二套就是由地方文化管理部门创造的以地方文艺类型的展演为核心内容的周期性"艺术节"。在我展开田野工作期间,泉州的这些艺术节庆有南音大会唱、国际木偶节等等,主要内容都在于展示地方戏曲文化的丰富性,但因有"文化搭台,经济唱戏"

的政策，故常与国家对内、对外的形象塑造和政治经济操作有莫大关系。除了上述两套官方组织的仪式之外，泉州城区还存在另外一些民间周期性的仪式活动，大致包括如下三类：（1）以家为中心的传统节日和祖先祭祀仪式；（2）以土地公每月二度的诞辰庆祝为周期的仪式；（3）以明清时期遗留下来的城区地缘社区分类为中心的所谓"铺境"仪式。[31] 若把这三大类仪式看成当地文化景观的组成部分，便不难发现，这一文化景观的多元组合与当地社会空间中的权力格局形成一定的对应关系。第一套仪式显然并非铁板一块，它经历了几度历史变迁：从20世纪50至70年代，其主要的形式表现为所谓"群众文化活动"、宣传媒体与单位制的机构的活动节奏的结合；80年代以来，随着单位制的部分弱化及大众传媒的发展，这一套仪式已经逐步出现向不同部门的工作节奏、家庭生活和传播媒介的节目安排综合蜕变的趋势。不过，尽管有这些历史变化，这一套仪式总体而言是民族国家的象征，是国家为主体的社会动员的重要渠道。第二套仪式在文化特征上属于地方性的，它们的主要活动是地方文化的演示。这些仪式都是在地方党政机关的宣传和文化管理部门的组织安排下展开的，他们演示的地方文化与地方民间的文化形式构成巨大差异，成为官方化的文化活动。因为组织这些活动的地方官员在身份上介于超地方的国家权力与地方社会的权力之间，所以他们组织的活动难免具有一定"综合性"。也就是说，这些活动既具有国家控制地方文化活动的色彩，又具有一定的地方中心主义色彩。第三套仪式被政府文化管理部门称为"迷信活动"，它们在组织上有的以家庭为核心，有的以非官方的社区民间组织机构为核心，在内容上有强烈的非正统色彩，显然与近年民间力量的"解放"有着密切关系。

年度周期仪式不仅通过社会时间的节奏安排来营造权力格局和文化认同的空间象征，而且还表述着特定历史意识。第一套仪式包含传统节日和新发明的"国庆"等节日。久而久之，在一般民众的感知中，这些仪式已转化成了"休息日"或"闲暇经济"。然而，在发明和运用的初始阶段，这些仪式明显带有一种展示民族历史的意味，它们实际上是在演示一个古老的民族在经历了近代的沧桑以后，在一个革命力量的集中领导下，走向文化复兴的历史过程。第二套仪式则存在着把泉州地方文化的历史推得越早越好的倾向，它们演示的是地方作为民族国家的细胞如何拥有丰富的文化内涵，而这一文化内涵又如何反映"地方特色"。在这个"地方特色"背后，其实还包含着对于泉州社会经济繁荣时期（唐、五代、宋元）的回顾，在这里泉州的特色不仅表现在文化的独特性方面，更重要地表现在地方史学者常常要去论证的一个旧有开放港市的黄金时代。这些仪式的实践，往往与吸引海外游客及华侨的访问为直接目的，而在口号上，经常宣扬要通过文化的演示来"让世界了解泉州，让泉州走向世界"。仪式的组织机构，显然也带有一种文化复兴的目的，但所要复兴的文化并非整个民族国家的传统，而是介于这个传统与地方中心的文化观之间的那种东西。第三套仪式也代表一种历史的观念，人们把自己安排的活动与特定的历史相联系，但这种历史对于整个民族或整个城市的自传式文化复兴史持淡漠的态度，而把关注点集中在与人的具体生活关系密切的家史和社区史上。其中家史可以推及古代英雄人物，但祭祀活动集中在"公妈"（即五代以内的祖先）上；社区史则随着地方神（当地称"铺境佛"）及其庙宇的历史推及明代以至明代之前的历史阶段。

从本质上说，年度周期仪式就是历史、文化与权力的结合，或者说是不同的权力通过选择历史来选择文化的结果。从三套仪式的比较中可以发现，国家的周期仪式选择的是民族起源、革命、建国和振兴的历史观念，地方政府组织的仪式选择的历史集中在地方文化的繁荣时代，而民间文化的仪式则趋近于家庭与地缘性社区发展的明清史。

如果说历史只是一个时间流动的社会过程，那么，为什么不同的权力类型会选择不同的历史？对这个问题，我做了初步的解释。我指出，作为历史的再度演示的仪式，服务于对未来的阐释，它们所要论证的是，如何从历史的过去推导出命运的未来。因而，国家的仪式试图推导的，就是一个民族从历史的黑暗中走向光明未来的命运；地方政府的仪式，是为了从过去的繁荣推导出未来的繁荣；民间的仪式则试图在家和社区的延续中，寻求家和个人命运的未来安宁。这也就是说，仪式中的历史大致都是在对过去的虚构中想象未来的产物。不过，这一点绝对不意味着不存在一个"历史真相"，因为正是在"历史的真实"这个蓝本上，各种仪式的历史观念才获得了它们的效力。

从仪式研究中我认识到，仪式本身是特定权力（如国家、地方精英、民间家庭与个人）通过想象历史来想象自身的认同的渠道；同时，没有历史的蓝本，任何权力的文化想象都是不可能的，因为是历史的蓝本决定了文化想象的方式和内容。考察三套仪式，可以发现，无论是官方文化还是民间文化，都带有悲壮的意味。民族的文化振兴、地方古代繁荣时期的复归、家庭与社区的安宁，这些通过热闹而喜悦的仪式表现出来的期待，背后都有各自的悲壮。国家的仪式是自其发明之日起才通过政权和传播媒介与地方社会和家庭形成关系的，它们代表的历史截取了"中华民族"历史最早和最迟的两个阶段。诸如春节、端午、中秋等传统节庆，大抵形成于汉代前后，是当时的朝廷依据先秦时期民间风俗改造而成的节日；而诸如国庆节等新式节日则庆祝一个"推翻了帝国主义和封建主义"的新民族国家的成立，其历史仅有数十年。截取这样的历史阶段来构成一个仪式周期，体现的是一个国家象征地克服近代以来内外交困的"民族悲剧"的历史的努力。这个努力是在超地方的场合中展开的，但因为它针对的对象，也一度影响了地方社会的秩序，所以其地方的相关性也时常得到强调。地方政府组织的艺术节之类的仪式，截取的历史阶段是古代泉州的一段辉煌过去。其实，这一段历史时期早已在明清时期内部的政治压制和外部的冲击下消失了。但在仪式的象征表现中，它还是被看成"活着的过去"，似乎泉州在"改革开放"的今日也正在复兴其过去的繁荣。对于官方意识形态的传播和执行者而言，长期以来受到政权和上层社会蔑视的民间仪式，无非是肤浅的"封建迷信"的反映。对于实践这些仪式的一般民众而言，仪式的历史久远性并不特别重要，重要的是其中的历史性，与家庭和社区的密不可分性。这些仪式除了与全国的传统节庆对应的节日之外，内容上大多属于家庭的祖先崇拜和地方神崇拜。这些崇拜也可以追溯到久远的过去，但在实际内容上则与明清时期得到大幅度发展的"铺境佛"信仰和家族制度有着密切的关系。

从个人生活史的角度考察，很难看到这三套仪式之间的分立状况。人们可能通过自己的工作单位、电视、报纸等等来实践国家的年度周期仪式，同时也可能在闲暇时间里观看地方文化管理部门组织的"艺术节"，或者在家庭的空间内部举办祭祀活动。然而，如果我们大致可以将这三套仪式归结为官方仪式和民间仪式的话，那么我们不难看到，它们之间长期以来存在一种互相指责的关系。急于把民心统一到民族国家振兴事业上来的政府机构和地方精英，把那些分散于家庭和地域性社区、分散于祖先和地方神身上的仪式活动看作"现代化的障碍"，是现代文化以前的"文化残余"。可是，对于把关注点主要放在整体的、超家庭的民族国家利益和象征上的官方仪式，民间却时常表现出淡漠的态度，似乎这些东西与人们的日常生活关系不大，祖先和地方神才是他们日常生活的保护者。

官方仪式与民间仪式之间的紧张关系，应该是近代民族国家兴起以后的特定文化表现。不过，问题可能还需在历史深处追根溯源：如果没有近代西方资本主义世界体系的冲击，那么，作为代理民族振兴事务的强大的现代国家便不可能有理由给自己人民的文化加上一个"封建迷信"的绰号；同样地，如果没有现代民族国家那种在外来压力下急于"现代化"的动力，那么民间也就不可能感到个人、家庭、社区利益所应付出的代价，也就不可能那么严重地关切自身文化延续的需要。然而，即使把问题追溯到近代世界格局的冲击，我们也无法完全证明，这就是新兴国家与民间文化之间张力的根源。事实上，国家文化与民间文化之间的张力在任何存在权力分化的历史时期和社会中都存在，而对于中国这个历史悠久、国家力量向来强大而能凌驾于社会之上的国度来说，"大小传统"的张力，并不新鲜。

我从泉州年度周期仪式所能想到的，首先是历史、文化与权力在一个特定的时间和空间中的交织、互动和冲突；其次，这种历史、文化与权力的交织、互动和冲突，受一定的历史过程的限定，而这个历史过程绝对不是一般想象中的社会经济发展史本身的流动，而是家庭、地方社会、国家与更大空间范围中的世界之间的权力和文化的不断互动的流动。正是这样一种复杂的流动为当今的仪式性活动和其他类型的实践提供了一种历史的意义，也正是这样一种复杂的流动依然制约着正在与历史形成断裂关系的生活。从仪式中的历史、文化与权力，向历史中的历史、文化与权力转向，使我们能够把被反思的历史（如民族国家的历史观念）放在经验的历史中反思，也能够把经验中的历史与被反思的历史相联系，从而使我们的历史理解真正趋近历史的本质。

叙述的框架

本书所要展开的叙述，有其框架。我将以泉州这个地点为时空坐标展开，其时间的断代也以泉州区域发展周期的线索为标准。但是，这样做只不过是为了叙述的便利，我无意于力求论证这个区域历史的独特，更无意于排斥对于历史的发展本身影响至深的观念及它们的跨区域流动，我的意图不过是想借助对一个地方的历史转型的认识，来说明域外与本土关系下的权力与文化格局的演变过程。在我看来，这个演变过程不是在一个地方中独立展开的，而是家庭、地方社会、国家与更大空间范围中的世界之间互动的历史产物。

从触及的时间广度而言，本书述及公元 3 世纪（即大量北方汉人南下入闽之初期阶段）到 1949 年之间一部漫长的区域史。在这样一部篇幅不大的著作中，从头开始讲述一个以城市为中心的区域之社会生活演变，实在有"野心过大"之嫌；所幸者，我并不追求像写方志那样完全涵括地方存在的所有人、物、制度；我力图写的是一本有理论含义的地方史论著，基于地方史研究的现有成就，提出一种理论看法。在进入历史的经验世界时，我给予自己充分的自由来选定视角。我深知，即使是宣称对地方史有权威性记述的地方志，也难免有其视角和内容选择性。方志的选择性，往往源于编纂者眼中的正统史观。这种正统，往往表现为对官方权力配置和地方在朝代中的位置的同时关注（不幸的是，这一特点在新修方志中表现得空前突出）。我的研究也有选择性，但在我的认识中，这个选择性不该来自这类正统，而应该主要来自理论求索。地方史料一样是我从中选择素材的资料库，但我选择资料和视角，目的在于具体说明理论，或者，我们对历史的解释。

总体而言，我用较少的篇幅来概括明代建立（1368 年）以前的泉州史，而把焦点集中在明至近代泉州的历史命运上，并同样关注现代民族国家的概念传入中国后，对于这个地方如何产生影响；而在这一概念为国人所知之前，地方上如何有过其"前身"。之所以这样做，部分是因为我考虑到明以前的泉州历来受历史学界关注，对它的研究汗牛充栋，无须赘述。但在做选择时我也考虑到，明以后的历史对于后来的文化观念及政治格局的重大影响。当代的历史学学者宁愿把精力集中在明以前泉州商业的繁荣时期；在我看来，倘若没有明以后泉州港的式微，及都市向帝国镇守之城的转变，那么，我们对于这个繁荣时期的追忆和论述便不可能如此执着了。在明以前，泉州在相对自由的状态下发展了自己的经济和文化模式，其与外部世界的接触处在宽松环境中，而由于地方社会内部存在文化多元格局，其地方政府、精英、商人、一般民众之间的关系，也较为宽松；而且当时也不存在以一种一体化的文化理念来统治社会的企图。相比之下，明以后状况发生了很大变化。为了解决内部矛盾及夷夏之间的关系，政府和上层政治—意识形态精英采纳宋代理学的文明图景，将之官方化为治国大纲，企图营造出一个正统得以普及的社会。而与此同时，中国也开始了与正在上升的欧洲资本主义世界体系的接触，对此，朝廷采取被动策略，因袭明初起施行的政纲，这就使本来存在于地方社会中的竞争性商业动力转化为以"海盗"和"走私"等名目存在的"非法商业"。在这样的历史背景下，作为一个行政核心区位的泉州，于19世纪初跟随着其他区位，迈进了正统与异端（民间文化）矛盾对立的时代，而在这个时代，泉州也正面临外来帝国主义的冲击。与此同时，明初治国纲领造成的保守主义心态，持续使这个城市的"市"的因素减少，最终让位于半殖民主义的通商口岸。尽管在广大的民间也涌现过和平主义式文化复振运动，但为了从被动的局面中解放自身，泉州加入了19世纪末20世纪初模仿西方民族国家建设的暴力革命，同时出现了以破除自身的"封建落后性"为目的的现代性诉求。

我由年度周期仪式的考察引申出来的关于地方社会空间中历史观念内在矛盾的论述，带着明以后泉州古城的命运的影子。这个命运的影子，不仅反映泉州近代以来的文化困境，也从一个独特的侧面反映着近代以来中国的文化困境。这就是我在上文所说的"反思的历史"与"经验的历史"的互证，也正是本书选择以明以后的演变为论述主线的原因。

本书在内容上的章节安排如下：

第2章将依据民族志的论述传统，对泉州的地理位置、人口演变、行政建制、地方特点及历史演变的基本线索加以概要介绍。此章体例与一般的地方概况介绍大抵相同，含有让读者对所论述的地方加以基本了解的目的。

第3章呈现3至13世纪泉州地方社会经济和文化变迁的状况。这一千年的历史,是最为泉州人引以为骄傲的时代。就社会经济的发展而论,这个时期来自北方的汉人移民逐步定居于泉州。在这个离战乱纷繁的北方十分遥远的地方,移民享受到了"边陲"的安宁,开拓了这个地方的农业,并进一步创造了民间交换的空间网络,最终使泉州成为一个经济的核心区位。而随着人口的增长以及农产品的不足,人们转向了适应于当地地理环境的海上贸易,"以海为田"。在五代十国的分治时期,从大一统的观念看,泉州没有改变其边陲地位,但它实已成为闽国的主要政治、经济、文化中心之一,此间海外贸易发达,文教事业兴盛;到北宋,随着开封为中心的宏观区域经济周期的终结,以泉州为中心的东南沿海宏观经济区,成为影响广泛的世界货物集散地和海上贸易枢纽。加之"靖康之耻"后宋室在江南建立政权,其首府设在东南沿海宏观经济区的辐射地带,政治中心距离的拉进,再次给了泉州逆转自己的边陲地位的机会,泉州终于在边缘建立了自己的中心地位。此后至元,王朝易族,但泉州商业活动持续得到了最大程度的鼓励。宋元期间,随着外来商人的涌入,泉州人接触世界各地宗教和文化的机会增多了,这使他们能够带有一种世界性的眼光来看待多彩多姿的文化。同时,这个时期中国处于一个传统帝国时代,为了保持朝廷和上层文化相对于其他文化的超然性,其对大一统地理观念上的边陲地区文化之多样性并不多加限制。这两个背景促使宋元时期的泉州出现了一个文化多元时代。

第4至第7章的论述,针对的历史时期都是明和清。对于泉州历史而言,这个历史时期最重要的变迁,就是随着蒙元帝国的解体,明朝廷在这个地区实施了"海禁"政策。此后,为了缓解政府与民间官商力量的矛盾、缓解朝廷与所谓"进贡"的海外商人的矛盾,朝廷也多次采用有限的"开放政策"。如我在书中指出的,元以后,泉州民间依旧保留着商业传统，清初，官府也一度做出恢复这座城市的"元气"的努力，然而，"海禁"却有不可逆转的作用，它使沿海地区的商业重镇泉州失去了其原有的繁荣。

海禁政策的实行不仅针对经济，而且也针对文化。"海禁"的背后，还有一个观念形态在起着作用。元以后，朝廷采用了宋代提出的"内圣之学"，试图在混乱的国家与社会关系中营造出一个新的正统秩序，而海外贸易却为这个秩序所容。在第4章，我对这个过程进行了较为详细的分析。接着在第5章，我讨论了明清时期的文化统治的状况。在明代，朝廷采用的文化统治策略背后都隐藏着一种"本土主义"观念，这种观念与宋元时期的最大差异，在于反对"夷夏杂糅"的文化多元性，而注重通过理学的推广来促使全民服从于一个正统的伦理体系。朝廷意图中的正统，主要是通过仪式和空间的象征来营造的。因而，我在第5章中，专门分析了这个正统意识形态在泉州城市空间的象征及官方仪式的体系中的延伸。

第6章和第7章也是针对明清时期而撰写，但它们的分析内容是非官方的经济行为和意识形态。我从一则地方性的风水传说，追溯到了明清时期地方民间对于朝廷政策和正统秩序的抵抗景观，其主要表现形式有二，一为通过海盗、走私、海外移民行为对朝廷的"海禁"进行反叛，二即通过民间信仰和仪式的创造来弱化正统符号空间的支配。

必须指出，在所谓"帝制晚期"（明清），西方资本主义力量已经开始营造其以文明自我为中心的世界体系，然而，这个时期的中国却与西方各国形成了巨大的差异：它的文明突然从"外向"转为"内向"，在政策上对于海外交流施加了严格限制，对于符合传统朝贡制度的交流给予宽容；对于超出这个范围的贸易，给予非法化处置。这就使中国在世界格局的重新组合中失去了地位，成为一个内向的、本土主义的封闭性国家。这个过程对于19世纪中外关系、对于泉州近代历史的转变，有着极其深刻的影响。我在第5章中也涉及这个问题，但我的主要关注点放在本土主义正统宇宙观及其民间抵抗的形式上。我认为，只有在这个内部文化转型史的基础上，我们才能够更清晰地解释近代以来中国在应对殖民主义和现代性时所表现出来的矛盾和紧张。

第8章和第9章，集中讨论19世纪外来经济文化对于泉州的冲击及其后果。显而易见，19世纪中国与海外势力之间不平等关系的形成，是泉州港市被通商口岸取代的最根本原因，也是泉州作为一个商业贸易中心最终衰落的最根本原因。不过，这段历史对于后来地方社会的影响，绝对不限于经济，而更重要地影响到地方精英的文化观念，并由此影响到现代中国共和革命模式的形成。海外帝国主义势力对于泉州的渗透，主要是通过传教、通商以及现代性的医疗及教育机构的建设。起初，这样的渗透曾一度引起民间的抵抗；并且，由于这些文化形式与明清时期建立起来的正统构成了很大矛盾，因此它们被官方视为新的"异端"。然而，随着时间的推移，这些机构因为本身与现代性制度中"人的福利"观念有着近似性，所以逐步被地方社会所接受。在战争严重失败后，泉州的地方政府、士绅和民间力量曾经形成一种本土文化复兴运动的联合阵线，并于1896年甲午战争失败后举行过一次盛大的佛教亡灵超度仪式（见第9章），但是，在地方社会的混乱和民族危亡的紧张感的双重困境中，一度被明清两代官方宣布为"异端"的海外移民，联合了地方秘密社团的力量，参与推动了以通过革命"建立民国"为口号的运动。虽然这场革命运动可以被视为清末文化复兴运动的延续，但是它在对于历史和文化的态度上，已经转向了形式上的反本土主义和现代国族主义。

比较第9章和第10章所呈现的历史阶段，我们不难看到，诸如清末泉州超度仪式那样的文化复兴运动，与民国革命之间的重大差异在于：前者强调在一个等级性的象征秩序中，拯救受难的民众，维持社会的安宁；而后者则强调一种西方式的、平权式的民族国家一体化，进而强调通过暴力来营造新的秩序。推动这两种运动的社会群体也有很大不同：前者的组织者是生活在地方社会中的人们，而后者则主要是随祖先漂流于海外的移民。显然，后者的"异端性"和"革命性"要强于前者，他们从西方殖民地所获得的政治知识和政治影响也较为根深蒂固。而如果我们把视野拓展到更广泛的范围，那么就能够看到，平权主义的革命与明清的"海上异端"实际上是基于同样的文化地位而发挥作用的。因此，这场革命或许早已在"海禁"政策的年代中就注定要发生了。

那么，追求现代性的革命是否能够立刻创造出一种新的秩序？在第 11 章中，我试图展示这样一种矛盾现象：由于华侨和地方精英的推动，现代理性的历史观和文化观，在 1912 年至 1949 年之间已经成为地方社会的主流话语。无论是何种派系，拆除城墙、重新进行市政建设、建立学校、破除迷信等等，都是一种"进步"的行为。与此同时，不同的派系对于业已成为支配性话语的平权主义式民族主义表面上持一致的态度，但实质上为了派系的利益而出现了大量纷争。进而各种地方势力和军阀势力也借用现代性的口号营造自身的地位，使现代性的历史进步观一时成为政治争夺的策略。然而，本书叙述的最后时代，也就是一种平权主义式民族主义获得胜利的时代，而这个胜利，或许可以视为作为不同权力集团共同借口的意识形态在社会动荡中经由潜移默化而逐步获得的成果。

通过这些篇章的呈现，我试图陈述自己对泉州"古今之变"的认识。在各个章节的叙述中，我尽自己之所能揭示多线交错的历史之演绎。不过，我的专业不是历史学，我只是有人文倾向的社会科学研究者。为了使"古今之变"在自己所从事的学科里发生理论效用，我必须使自己所陈述的"历史事实"富有理论上和现实上的说明意义。为此，我不得不在复杂的多线交错的历史过程之上附加一个轮廓清晰的线条。在我的叙述中，20 世纪之前泉州的"古今之变"，大体可以说是一个从繁荣走向衰微的过程。明以前的数个世纪，确如许多学者指出的，泉州确实是个开放性程度极高的地方社会，明以后，虽也出现过复兴其开放传统的努力，但似乎已无法扭转其走向封闭的命运。有人兴许会把"罪过"归咎于15世纪起渐渐形成的、以海洋帝国为特征的欧洲中心的世界体系及其兼带的国族主义观念和制度。[32] 在本书中，我也无法不将作为地方的泉州关联到这个世界体系上。但是，对于世界体系和国族主义的解释力，我却并不那么迷信；我相信，这"体系"和"主义"虽在世界范围开创了一个新的"战国时代"，但它却不是没有前身，倘若在地球上的其他地方毫无它们的观念和制度土壤，那么，作为外来的文化因素，它便不可能滋长。而我在泉州看到的历史情况也告诉我们，泉州开放性之式微，及其连带产生的"乱局"，早已有其"伏笔"。与开放性相伴，早熟的绝对主义统治和比欧洲早出现的对"民族"普遍性知识的追求，表面上是"治乱"的方略，实际上却催发了封闭社会的诞生。而这种社会一旦变相，便能够迅速转变为类民族国家的体系。明统治者的理想，起码可以说正是这种体系的确立。对我来说，这意味着，19世纪末以后为国人所拥抱的民族国家观念，是有本土文化基础的。

我们叙述的旧事，背后兴许隐藏着一个区位类别的连续统，兴许是身处这一连续统内部的几类作为"角色"的区位搬演的一场"历史之剧"。

费孝通曾基于其在20世纪前期的经验，界定了这一连续统的诸区位类型，包括村、城、市、通商口岸。[33] 据其界定，这四种区位类型有这些特征：村，大小不一的自给自足的生活单位，是相互间区位和劳动分工不明显以至缺乏的乡民共居的聚落；城，出于政治和军事目的而兴建的由围墙包围的区位，既具有防卫功能，又是官僚的所在地和权力的象征，其内部分工明晰；市，由贸易发展而来，有的是临时性的，有的是固定性的，但都不是自上而下"规划"而来，发展受益于其联系乡村工业、商业和制造业的纽带角色；通商口岸，在近代外来工业势力进入过程中设立的为了以发达经济力量来支配不发达地区的城市,代表工业化经济对非工业化经济的入侵。

按照这个区位类型的区分,我们可以将泉州的"古今之变"界定为如下几个阶段:

(1) 3世纪至8世纪:村向市、市向城的过渡;

(2) 8世纪至14世纪前期:传统城市的"市"的因素的繁荣;

(3) 14世纪至18世纪:传统城市的再官僚化、再权力象征化、再军事化;

(4) 19世纪至20世纪前期:传统城市遭受通商口岸的挑战与入侵。

本书对3世纪至8世纪村向市、市向城的过渡,只给予背景性的交代,而将大部分篇幅集中在城市的内涵、情景和近代遭际的分析上。

当下,"城市"一词是对西文"city"的中译,其在古典时代的前身,有古希腊的"polis"、古拉丁的"civitas",而二者都含有与"citizen"(即市民、公民)相关的意思。经历了11世纪到14世纪中世纪城市的形成,及此后两个多世纪城市形态的完善,16世纪之后,西方(欧洲)城市进入世界化和工业化的进程。[34]当下我们理解的"city",可追溯到文艺复兴以至上古思想,但严格说来,这个概念实际上直到19世纪才获得明确定义,被广泛用来指称与乡村有明显区别的独特定居地,在这些区位里,生活方式具有现代意涵。

以"城市"来翻译"city",并以翻译过的"city"来反观城市,必定会淡化城与市本有的浓厚含义。考虑到这种可能,在本书中,我们一面在"城市"与"city"之间寻找平衡,一面通过城市的历史书写对"city"(在中国,这一概念象征的区位类型,首先是在通商口岸上建立的)加以反映。

本书的核心篇章可以说是对城与市关系的历史解释。必须指出,城与市之间,存在着众多杂糅、交织之处——没有一座城在其政治和军事秩序稳定之后,不演变为充满市的内涵的区位;也没有一个市在成熟之后，不引起朝廷重视，并因此成为所在区位网络内临近之城的"保护对象"，或者，成为城（镇）址的基地。在书中，我以城来形容传统城市的官僚性、军事性和秩序象征性，以市来形容农工商的互通。在我看来，明以前的泉州，尽管也为城墙所包围，但其市的一面更为突出；而明以后，尽管围城未扩大，但得到了加固，市这一面的重要性则退让于城这一面（此间，城市的军事性、官僚性和权力象征性特征得到了强化）。从这个背景理解近代化，我认为，可以把"近代"理解为，有城与市两面的传统城市受到通商口岸带来的"city"意象的侵袭的阶段。

我们深知，任何对"古今之变"的叙述，都不等于历史的"真面目"本身。然而，我们却应承认，从泉州城市的地方史中涌现出的那些复杂交错的纹样所能给予我们的启迪，却不会因为我们的表述局限而减少。就以上所述及的城与市关系的转化史而论，它含有的信息，无论是对于我们重新思考目的论的历史观，还是对于我们反身拷问民族主义的殖民现代性，都有着不可多得的意义。从泉州流淌过的往昔、轮替过的春秋，并没有遵照从"黑暗的中世纪"走向"光明的近代"的方向行进。在所谓的"中世纪"，它出现了堪与人本主义比拟的生活面貌和关系形态；在所谓的"近代"，这座古城正是在模拟象征现代的"city"的过程中丧失了它的城市性质；而介于两个"世代"之间，还有一个长期被视作集中代表中国史所有时代的"晚期帝制"阶段，此间，从"城"这个字所表示的那种对于安全感和稳定性的诉求露出了它的真面目，其单向度的"为人之道"，让性格曾经双向度（城与市）的泉州，因不再可能"兼容并蓄"，而为"近代"的入侵提供了本土条件。

如一般人类学作品，我写下的这些篇章充斥着对"文化"的论述，如"多元文化""官方化理学正统文化""民间文化""近代文化""现代性"等等；虽则前文已对"文化"概念的帝国主义和国族主义属性加以解释，在具体运用"文化"概念时，我时时显示出随意性。必须指出，尽管这种随意性不是刻意为之，却表现出我对"泉州文化"的复杂感受。在一定意义上，我写的这部地方史，乃是一部"文化的历史"，牵涉不同文化之间相处过程中出现的关系形态变化，如宋元的多元文化，之后的"本土主义文化"，及正统与非正统、理学与民间文化的交锋，近代文化或现代性在文化复合的地方史下展现自身的"实力"时表现出的强势，及这种强势的殖民现代性被甘愿接受的历程。

在现时代写历史，不免受社会科学的风气影响，而企图造就一种不同于旧史的叙述风格；我们的"前身"（旧史）似乎有这样的特征：

> 历史并不一定是实际社会事实演变的记录，它和神话是不分的。正因为这个缘故，理论、史实、神话混合的程度高，它们反映时代实际需要的程度也高。我们读一节记载，对于他的"寓意"应当看得比"事实"更重〔所谓"寓意"是指这故事在当时（说这故事的时候）社会上发生的作用，所谓事实是指故事内容的真实性〕。[35]

如果真是这样，那么，与其说本书追求的是"新史学"，毋宁说，它追求的是一种"新的旧史"——企图达到把握"事实"、梳理经验的目的，却排斥"理论、史实、神话"的混合。

我的论述终止于1949年。不过，这里所论述的历史却没有因为我论述的终止而不再产生影响。那些对宋元泉州开放时代的论述和文化展示，就是在复兴衰落的老城的希望中对历史的再度回归；那些对于一个古老的国度在革命和现代化建设中走向繁荣的想象，就是对于明以来持续升温的那种内向政治绥靖的因袭与反思性实践；而那些依然存留在民间的"迷信"，也就是对于过去的这些历史的不确定性的信仰。这些不同的历史感，贯穿在并存于一城的不同年度周期仪式的表演中，是现时的人所做的现时的事，但没有过去那 16 个世纪的历史，这些仪式便不可能具有它们的"社会价值"；同样地，现在的泉州老城，或许就不再与其自身有任何关系，而应另当别论了。

2. 历史的场景

关于泉州区位，顾祖禹在其《读史方舆纪要》卷九十九中说：

（泉州）府倚山为险，滨海称雄，北奠吴会之藩篱，西连岭粤之唇齿。

泉州的腹地广大，地势西北高东南低，地形复杂，多山地和丘陵，平原规模小（图2.1），地形自西北向东南由主峰海拔1856米的戴云山脉，地势较为开阔的山地、丘陵和河谷平原相间地带及海拔200米以下的低丘、台地和平原组成三级阶梯，其第三级阶梯向海面以下延伸，成大陆架。泉州城区（大致就是今之鲤城区），在省府福州以南约200公里。再往南约100公里之外，则有近代通商重镇厦门、古城漳州，其陆域面积近54平方公里，介于东经118°29′至118°37′、北纬24°52′至24°56′之间。泉州城所在地，为第二、第三阶梯交接处之晋江下游北部平原。晋江发源于戴云山脉东南坡，中上游分东西两溪，两溪汇于南安县丰州镇英兜村前的双溪口。晋江干流从双溪口流经丰州，进入城区，经北峰、浮桥、市区、东海，流入泉州湾，由此连接到东海及更宽阔的海域。

建制沿革

如众多志书所载[1]，泉州周时在七闽地，春秋战国时在越地，秦

图 2.1　清乾隆版《泉州府志》泉郡五邑图

时在闽中郡地，而在史书记载模糊的"史前时期"，此地的原住民为越人的一支。

汉高帝五年（前202年），无诸被立为闽越王，泉州在闽越国境内。《读史方舆纪要》卷九十九提及越王与泉山（清源山）之关系，谓泉山以山有孔泉而名，为东越王〔东越相传为越王勾践后裔，秦汉时分布在今浙南、闽北，汉武帝年间，东越王馀善反汉，不久被其部属所杀，余溃逃）居保之泉山。泉山上起三峰，俗名三台，中峰有清源洞，民间传为东瓯王〔汉惠帝三年（公元前192年），汉廷立欧摇为东海王，都东瓯，号为"东瓯王"〕"避汉兵处"，文士则称之为"纯阳洞"。

东汉泉州地属会稽郡。吴永安三年（260年），以南部为建安郡，增置东安县（即今泉属南安、晋江、同安），泉州为东安县地。晋太康三年（282年），三国时的建安郡析为建安、晋安两郡，改东安为晋安（晋安即今晋江、惠安），泉州为晋安县地。南朝宋泰始四年（468年），改晋安郡为晋平郡；齐仍为晋安郡；梁天监（502—519年）中，析晋安郡置南安郡，为南安郡。隋开皇九年（589年）改南安郡为南安县，隶属闽州。后闽州又改为建安郡，辖今之晋江、南安、惠安、安溪、永泰、德化、大田、长泰、同安、厦门、金门等，泉州为建安郡南安县地。唐武德元年（618年），改建安郡为建州，泉州为建州南安县地，五年（622年）析建州南安县置丰州，泉州为丰州南安县地，九年（626年）并丰州入泉州，泉州又为泉州南安县地。嗣圣中（684年）析泉州之南安、莆田、龙溪置武荣州，泉州为武荣州南安县地，后复于南安县十五里置武荣州（即今府治）。景云二年（711年）以武荣州为泉州。

自武荣州改为泉州之时起，州之领地屡有变动。

开元六年（718年），析南安东南地置晋江县，州领县五（晋江、南安、莆田、龙溪、清源），二十九年（741年）割所属龙溪归漳州，州领县四，天宝元年（742年）改为清源郡，清源县改为仙游县。乾元元年（758年）复改泉州。乾宁四年（897年），泉隶威武军。

五代十国后梁开平三年（909年）王审知为闽王，泉州为闽国地。后唐长兴三年（932年），王延钧以大同场置同安县，桃林场置桃源县（938年），南唐升泉州为清源军，改德化县隶焉（德化、同安）。后周显德二年（955年），以小溪场置清溪县。宋宣和二年（1120年）改清溪为安溪县，武场置长泰县，领县九。

宋乾德二年（964年）改为平海军。太平兴国二年复为州。六年（981年）析晋江地置惠安县，割所属莆田、仙游别为兴化军，长泰归漳州，时领县七（南安、晋江、永春、德化、安溪、同安、惠安）。

如元人庄弥邵所言，"世祖皇帝混一区宇，梯航万国，此其都会，始为东南巨镇"，元时，朝廷重其镇，而在泉州"或建省，或立宣慰司"（乾隆版《泉州府志》卷十一录庄弥邵《罗城外壕记》）。元至元十五年（1278年）升泉州为泉州路总管府，县如故，大德元年（1297年）置福建平海行中书省，以泉州为治所，辖诸州，二年改泉州为泉宁府，三年改行中书为宣慰使元帅府。至正十八年（1358年）复立泉州分省。

明洪武元年（1368年），泉州分省降为府，清因之，而雍正十二年（1734年），朝廷则又升永春为直隶州，割德化隶之，泉州领县仅五（晋江、南安、惠安、同安、安溪）。

表2.1　泉州所辖区域的演变

朝代	年　号	辖县数
唐	开元年间（公元713—741）	辖五县：晋江、南安、莆田、仙游、龙溪
	天宝年间（公元742—756）	辖四县：晋江、南安、莆田、仙游
	乾元年间（公元758—760）	（同上）
	元和年间（公元806—820）	（同上）
宋	太平兴国年间（公元976—984）	辖七县：晋江、南安、惠安、安溪、同安、永春、德化
	元丰年间（公元1078—1085）	（同上）
	淳祐年间（公元1241—1252）	（同上）
元	至元八年（公元1271）	（同上）
	至正年间（公元1341—1368）	（同上）
明	洪武十四年（公元1381）	（同上）
	嘉靖元年（公元1522）	（同上）
	嘉靖四十一年（公元1562）	（同上）
	万历三十六年（公元1608）	（同上）
清	顺治元年（公元1644）	（同上）
	康熙五十年（公元1711）	（同上）
	乾隆二十六年（公元1761）	辖五县：晋江、南安、惠安、同安、安溪
	道光十年（公元1830）	（同上）

民国废府州而于省内分道，泉州初归厦门道，后属兴泉永道（含兴泉永剿匪司令部，1934年1月1日改为兴泉永警备司令部，并移驻

泉州）。北伐战争期间，泉州处在北洋军阀统治之下，强者各霸一方，其中，陈国辉势力最大，统辖南安、安溪、永春、德化、晋江、同安、惠安、仙游等八县。1933年11月22日，中华共和国人民革命政府在福州成立，12月6日，人民革命政府划福建为四省，泉州为兴泉省，次年1月3日省政府成立，1934年7月，奉国民党中央军事委员会委员长南昌行营训令，按所谓豫鄂皖三省"剿匪"总司令之规定，设立专署，将福建划为十个行政督察区，泉属为第五区，驻同安，辖同安、晋江、南安、金门、安溪五县。1935年10月，改划七区，泉属为第四区，辖同安、晋江、南安、金门、安溪、永春、德化、惠安、仙游、莆田等十县。1938年4月，第四行政督察区驻地由同安移至永春。1943年9月，各专署辖区又加调整，析德化县归第六区，四区驻地由永春移至泉州。

1949年8月24日福建省人民政府成立，9月，全省划为八个行政督察专员公署，泉州为第五行政督察专员公署，驻地泉州，辖晋江、南安、同安、惠安、安溪、永春、仙游、莆田、金门（待回归）等九县。1950年3月14日，省人民政府命令更改本省各专署名称，第五专署改称为"福建省泉州行政督察专员公署"，其后亦屡次更动[2]，最后于1985年6月10日，撤销晋江地区，实行市管县体制，泉州市升为地级市，原泉州市的建制改设鲤城区，泉州市辖晋江、南安、惠安、安溪、永春、德化、金门[3]等七县和鲤城区。1997年6月，为城郊都市化，从鲤城区析出丰泽区、洛江区。

人口规模的变迁

近代以前，泉州的人口规模大致经历如下变动：

（1）唐末以前，逐步改变地广人稀的面貌；

(2) 唐末至元，人口出现漫长的高峰期；

(3) 明清以后，人口出现下降趋势。[4]

建制之前，泉州一带地广人稀，归属郡地频繁变更。当时从北向南，数度移民，泉州人为北方（如山西和河南）南下移民的后裔，其中不少恐亦与原住越人混杂而生。泉州府户口数据，最早者为唐开元年间（713—741年），其间，"泉州开元中户三万七千五十四"（乾隆版《泉州府志》卷十八）。当时泉州府领晋江、南安、莆田、清源（仙游）、龙溪五县，晋、南、莆并为上县。天宝元年（742年），泉州改为清源郡。《旧唐书》载："泉州……天宝领县四〔龙溪在开元十九年（731年）划归漳州〕，户二万三千八百九十五。"户口为开元年间60.9%，下降幅度较大。乾元元年（758年）复改清源郡为泉州，仍领四县，"户三万三千八百有奇"（《泉州府志》卷十八）。元和年间（806—820年），据《元和郡县志》载，泉州府四县"户三万五千五百七十一，口约三万八千四百"。自乾元始泉州人口曲线逐渐上升，元和六年（811年）泉州府升为"上州"（《唐会要》卷七十）。

唐以后，泉州人口从上下波动转为稳定增长，首要原因是，自唐后期至五代十国90余年间，北方战乱，民众不堪祸役而大量南迁。

唐景福二年（893年），王审知据福州，提倡节俭，减轻赋役，与民休息，境内安宁。王氏政权广收流亡之士，兴学辟港，奖励通商，使包括泉州在内的地区得到了发展机会。加之南唐原闽王部属留从效为清源节度使（领晋江、南安、莆田、仙游、同安、安溪、永春、德化、长泰九县），镇守泉州，将规模仅"周围三里"的唐旧城扩辟为"罗城周围二十里"的大都会。从唐末至五代后唐一百多年间，泉州经济繁荣、地方安宁，南下播迁士人与民众数量大幅增加，流寓不返，人口生息繁衍，数量迅速上升。历代量户口定州县等第，也量户口定州县废置。自后唐长兴三年（932年）至后周显德二年（955年）23

年之间，泉州府人丁兴旺，还先后建置了同安、桃源（永春）、清溪（安溪）、长泰四县。

宋太祖赵匡胤统一中原（960年）后，泉州府先改清源军为平海军，后又撤"军"仍复为泉州。太平兴国六年（981年）划莆田、仙游二县置兴化军，将长泰归改漳州，析晋江东北部置惠安县。泉州府辖七县（晋江、南安、惠安、同安、安溪、永春、德化），一直相沿至清雍正间，其间700余年基本不变。据宋《太平寰宇记》卷一二〇，泉州其时"主五万二千五十六，客四万四千五百二十五"（宋代户口分列主户、客户。有土地的是"主户"，其中包括地主和自耕农；没有土地的是"客户"，其中以佃农占多数）。宋元丰（1078—1085年）中，泉州府户口比宋初增加了一倍。据《元丰九域志》记载，当时全国户达20万以上地州府仅有八处〔汴京、京光府（西安）、杭州、南昌、庐陵、长沙、福州、泉州〕，泉州名列其中。南宋小朝廷偏安东南，中原不堪金朝统治之汉人，纷纷渡江南下，使泉州地区流动人口大幅增加。据《泉州府志》记载，淳祐年间泉州府"主户一十九万七千二百七十九，客户五万八千四百七十九；主丁二十二万六千六百一十七，客丁一十二万二千二百五十七"。府属比唐时少莆田、仙游、龙溪、长泰四县，人口却是唐开元的5.4倍，比北宋元丰年间约增20%，为宋初的2.5倍。南宋王象之在其《舆地纪胜》卷一三〇中引宋初皇祐年间（1049—1054年）陆守在《泉州修城记》中的记载云："泉州城内画坊八十，生齿无虑五十万。"这表明，泉州从唐乾元开始，伴随着社会经济的发展，经过490多年的发展，出现了第一次人口高峰。

宋谢履写有《泉南歌》，云：

　　泉州人稠山谷瘠，
　　　虽欲就耕无地辟。

州南有海浩无穷,

每岁造舟通异域。

  人口大幅增加,地方可耕土地又有限,而泉州临近海边,于是,人口中的不小部分,转移到了与异域交通互市的行业里。至宋末元初时期,泉州已成为与广州并驾齐驱的大商港,它港内樯林立,"舶司所在,诸蕃辐辏",货物堆山积海,城内"市井十洲人""还珠入贡频",来自异域者,聚居城南、仁风、浮桥等地,同本地民众互相通婚,不少人还建置田宅,成家立业,繁衍后代。元至元十二年(1275年),意大利旅行家马可波罗伴送元朝阔阔真公主远嫁波斯路经泉州后渚港登船远航,在其《马可波罗行记》中,认为当时的泉州港是"世界两个最大贸易港口之一",比亚历山大港更为繁盛;摩洛哥旅行家伊本·巴都他的旅行记,也记下了他在后渚港看到的"大海船百艘,小船无数",认为泉州的港口乃是"所有港口中最大的"。[5]

  至正十二年(1352年)监郡大兴土木,将泉州城垣扩建为30里,城市规模进一步扩大,囊括了周边民间商业繁盛地带。宋元交替过程中,蒙宋交战,人口有所耗损,但据史料推算,元初泉州府总人口仍达81万。

  元后期以后,泉州人口逐步进入了一个发展的低潮时期。至正(1341—1368年)中本路七县"大约户八万九千六十,口四十五万五千五百四十五",这时泉州人口比南宋中期降低了66%,主要原因估计有三:其一,长期战乱引起社会经济的严重破坏;其二,至正二年至十四年(1342—1354年),泉州地区自然灾害(水旱)频繁出现(仅水灾就达五次之多),出现"泉州旱,种不入土,人相食"的状况;其三,至正十七年(1357年),泉州地区爆发了一场农民起义,历时整十载,"哀鸿遍野,遗骸遍地"。

  明太祖朱元璋立国后,政治相对稳定,民众得以休养生息,但由于朝廷采取保守经济政策，泉州人口规模恢复缓慢。明初洪武十四年（1381年），泉州府七县人口总数为351,000左右。明中叶以后，泉州人口规模甚至出现衰降现象。嘉靖元年（1522年），"郡总户数为四万二千三百三十七，丁口二十一万二千九百零三"。嘉靖四十一年（1562年）"户四万八千二百四十三，丁口十六万九千九百三十五"，46年后〔明末万历三十六年（1608年）〕，泉州府七县亦不过"户四万八千七百零四，口十九万三百四十九"。[6]

清初，泉州府仍沿旧制，统领七县。根据目前掌握的人口资料推算，顺治元年（1644年），泉州府大约有人口182,600人。雍正十二年（1734年），永春、德化二县析出，另置永春州，泉州府改领五县（晋江、南安、惠安、同安、安溪）。清初由于长期战争创伤和清王朝因袭明制对人民重税盘剥，造成民生凋敝，再加上清朝统治阶级为了断绝沿海人民支援郑成功义师，曾实行残酷的迁界，使久经烽火战乱的泉州人口又受到一次巨大的损失。乾隆版《泉州府志》卷十一载："……方今兵燹之余，濒海之百姓，破家殒命者，已十去其五。"乾隆二十六年（1761年），泉州府五县总计约495,600人，人口为清初的2.7倍。从乾隆二十六年到道光九年，其间68年，人口增加了四倍，平均年增长率为2.4%。然而，道光以后，泉州地区人口便开始走下坡，出现负增长。民国年间，泉州曾是国民党第四行政区专员公署所在地，也是晋江县政府所在地。1937年1月1日《泉州日报》载，晋江县人口约67万人，比道光年间减少12万人，当时泉州城内人口约有20万人。抗战中人口有减无增，逐年下降。到1945年，人口减少了7万多。1949年，全市户45,849，人口总计198,463人。

区域发展周期

就可考史实看，与其他地方一样，泉州的区域体系，以水、人力、交通资源较为集中的地理位置为中心形成，其初级结晶体，是村落与集镇；而后，此类初级结晶体在相互关系中进一步凝结，形成地方性城镇；接着，在国家行政体系的促进下，地方性城镇转变为较为固定的中心区位。

对此类区域衍化史，美国汉学家施坚雅（G. William Skinner）的相关论述有重要说明意义。

在《中国农村的市场与社会结构》一文中，基于对市场在农村社会结构中的角色进行系统分析，施坚雅提出，传统中国的核心地点可以依据经济功能的级序来排比。市场级序的状态是，高层地点在一个较大体系内，容纳一系列低层地点，并为后者提供物品和服务。村社本身往往没有市场设施，也没有可供交易的商品，它们需要接受附近标准集镇的服务，从标准集镇获得工具，及非自产的粮食、水果和蔬菜。标准集镇是满足农户贸易需求的乡村贸易地点，是农户生产但自己不消费的产品出售地，也是农户不生产但需要消费的物品购买地。它们是农户与村落之上市场级序的最低一级地点。在标准集镇之上，有一系列较高层次的经济空间单位，它们包括中级集镇、核心集镇、地方性城市、区域性城市。中级集镇的服务对象是标准集镇，它们为标准集镇中居住的贵族、地主与官员提供奢侈品；而中级集镇的社交场所（如茶馆和庙宇），为士绅与地主提供活动空间。层次越高的地点所提供的物品和服务分类越细，越能符合不同社会群体的不同需要。因而，可依据三大标准来界定区位级序：（1）可获得的商品和服务；（2）区域内部人员市场行为的规律；（3）商人和卖货郎巡回流动的模式。施坚雅认为，贸易体系使区域中的城市、集镇、村落相联结，并使道路和交通起到地点间联络的作用。[7]

在《城市与区系级序》一文中[8]，施氏指出，每一层次的地点均由其独特的经济功能所界定，这些独特的经济功能指的是：所提供的物品种类的广度、市场交通网络中的位置、邮递服务的水平、市场日期、财政服务的水平。

区系级序并不是抽象的空间分布状态，它与一定交通格局有密切联系，交通的费用是经济的一个决定性因素，集镇的形成，必须考虑如何使交通费用最小化，这一考虑的直接结果是，高一层的区位总是被一组低一层的区位所围绕。

在论述村落、集镇与城市之间的关系时，施坚雅诉诸德国经济地理学理论，主张用一套经济关系概念对经济地理中的区位级序加以抽象表述，这些概念是基于交通费用、需求过渡段和物品的类型广度的核算而形成的。施坚雅把"需求过渡段"定义为"包含足以使产品提供者获得正常利润的消费需求领域"，把"物品的类型广度"定义为"买者不愿超出其范围到别处购物的限定区域"。需求过渡段的形成，依赖于每一地域单位购买力（也就是说，人口稀少、贫困的地区，对物品的需求较小；而人口密度高、财富充足的地区，对物品的需求较大）。从这些假设，施坚雅推导出核心地点空间组织的一般情况。假设村落和集镇分布在一片平展、无山而资源分布十分均衡的平原之上，那么无论从哪个方向运输物品，费用均是相对同等的，而且跨越整个平原，各地的需求强度都是一致的。因而，村落和集镇的分布就表现出一种独特的空间模式。核心地点的适度安排就是：集镇的四周一般有六个集市，村落一般以六角的方式围绕集镇分布。施坚雅认为，中国的农村社会空间布局典型地提供了一种二环结构的证据：一般而言，中国农村的集镇周围的内环包括六个村落，外环包括十二个村落，也就是说，一个集镇的涵盖面是十八个村落。此外，中间集镇周围的标准集镇、高层次集镇周围的中间集镇，也是呈六角形分布的。从理想状态看，这种地点分布的规律造成一种结果，即中国农村的空间包含一系列的六角形地点连线，这些地点连成了一个等级性的网络，形成高层地点与低层地点的差异，并促使高层地点（城市和高级集镇）服务于低层地点的市场需求。这一市场空间模型是从平原、需求强度一致、运输费用一致、空间上无边际的场合下想象出来的,因而不是现实本身。

为了把这一模型运用到中国农村的现实情况的分析中,施坚雅对支撑其模型的假设加以调整。他把中国划分为包括核心区与边际区的宏观区域(macro-regions),引入了边界性、需求差异、人口密度差异、运输效率差异等变项,对之加以分析。在他看来,运输费用的差异,对于理想型的集镇布局的调整起很大的作用。在传统中国,有些地区临近河流、运河、海路交通网络,物品运输方便,费用较山谷阻隔的内地小得多,集镇布局因之产生一些变异。另外,处于不同地理环境的区域,交通费用和消费强度也随之不同,集镇布局会产生变异。虽然许多地区受地形的影响,空间布局表现出独特性,但是二环六角形的集镇分布局势普遍存在。在施坚雅看来,核心地点是一种相对平衡的体系,是不同时代、不同力量结合过程中保留下来的组织。但是,是什么力量创造了核心地点体系?施氏认为,在正常的历史时期,新的聚落是人对土地资源、水源、交通方便程度的经济考虑的结果。在农村的土地不被大量吞噬之时,聚落的模式可以被视为是简单的增额过程,新家户、村落和集镇的建立,并没有改变原来的空间模式,而只是数量上的增加而已。

施坚雅勾勒的区位级序图景,已为我们复原泉州成为区域中心城市之前的社区、贸易和交通网络情况提供了重要启发。1984年,施坚雅就任美国亚洲研究学会主席,在发表主席演讲《中国历史的结构》(The Structure of Chinese History)[9]中,施坚雅提出了直接涉及东南沿海宏观经济区的看法。

在施坚雅看来,中国历史结构的基础单位是区域。区域有其自然地理外围,其形成的机理,与自然地理中的流域、盆地紧密相关。区域中心围绕可耕土地、交通枢纽、市场集中分布之所形成,这些中心,衍化为城市,从而使区域基本等同于独立的城市体系,这些体系具有高度复合性,其内部分化明显,但各部分之间相互依存,形成一体化。区域不同于帝国或帝国的行政区划,其发展周期也不同于帝国的朝代周期。朝代周期表面决定区域周期,实际却往往为区域周期所影响。

在《中国历史的结构》演讲中,施坚雅根据自己对区域经济空间的界定,把三国至清之间泉州所处的"漳泉区"经济区域形态的变迁分为如下几个阶段:

(1) 3 至 10 世纪以晋江和九龙江流域为主的汉人的农业开发、市场网络的形成和经济文化区的一体化;
(2) 10 至 14 世纪后期以泉州都市中心或海港为核心的海外商业文化交流的大发展;
(3) 14 世纪后期至 16 世纪初期,泉州经济圈的衰落、海外交通的倒退和政治控制的加强;
(4) 16 世纪中期至明末(1646—1658 年)海外商业势力的来临所导致的海澄商港和以漳州为中心的民间海外交流的发展;
(5) 清代为驱除郑成功势力而实行的海禁和迁界措施所导致的闽南经济区的衰落;
(6) 18 世纪上半叶之后珠江三角洲经济文化区的兴起对漳泉区的打击及鸦片战争以后通商口岸厦门对漳、泉经济文化中心的取代。

施坚雅在文中表明,东南区域的经济史大周期内,包含着三次小周期。11 世纪,东南区域海外贸易发达,此间,围绕东南区域沿海港口城市带,形成一体化的城市体系。但这个繁荣期由于明朝廷的"海禁"而于 14 世纪终结。持续在官府监控领域之外蔓延的走私贸易,到 16 世纪,借助了西班牙在马尼拉建立的海上贸易基地,得以将区域经济推向一个新的兴盛阶段,但好景不长,17 世纪中叶,正值明清易代,清廷为消除郑成功的海上势力,再次实施"海禁"政策,这给东南沿海地区的经济造成毁灭性打击。施坚雅把19世纪中叶开放的通商口岸（福州和厦门）视作一度给东南沿海宏观经济区海外贸易再度繁盛带来机会的动力，但这也表明，此次经济的复兴，带来了东南区域城市体系的根本调整。

如施坚雅承认的，14世纪中叶之前，东南沿海区系兴起和繁荣的阶段，远比后来两个短暂的"繁荣"阶段漫长。因而，从历史大势看，我们可以将施坚雅区分的小周期归并为区域形成、繁荣及衰落的"生命周期"。我们可以保留上述第1—2期的划分，而将第3期以后的各期归并为当地社会经济衰落的时期。倘若这个新的分期法可以接受，我们将可以把泉州的区域发展周期分为：

（1）汉人在边陲地带的内部拓殖；
（2）唐中后期至元代，在多重经济势力的中介状态中，泉州海外交通核心地位和内部政治经济中心地位的形成期；
（3）元末至清，区域性政治经济关系的变动引起的泉州核心地位的式微期。

第1期从三国延续到唐中期，主要的特征是大量南下华北移民的来临，以及随之而来的区域性农业开发、市场网络的形成及经济文化区的初步一体化。泉州位于东南沿海宏观经济区内，这个区域分布在戴云山脉之西南部，其核心地带在九龙江流域的漳州和由东、西溪汇流的晋江流域的泉州，以及较迟发展起来的厦门，其地域包括一片相当广大的内陆山地和滨临海岸的都市及近海岛屿，其原住民为广泛分布于福建各地的闽越人。闽越人的原有经济，适应于所在环境，而分化为随山而居的狩猎—采集和刀耕火种生活方式、沿海而居的自然渔业以及平原地区初步的小型稻作农业。华北汉人自三国以后入闽以来，把华北农业生产方式带到了当地，对这个区域的土地进行了进一步开拓。随着汉人农业的传播，闽越原住民的诸原始经济类型逐步被替代，同时汉人人口大量繁殖，原住民人口也被逐步边缘化，他们或在山区与部分汉人融合，形成杂糅的边缘族群，或在平原地带被汉族人口同化。到了唐初，从华北移入该地的汉人已成为该地区的主要居民。

内部拓殖绝对不简单是一个族群取代另一个族群的过程；与之相伴随的，还有施坚雅所论述的区域都市化进程。南来移民大幅度开发农业，创造了剩余的农产品，而剩余农产品的出现，要求这个广大的区域提供一定的市场交易和交通设施。为此，不同级别的集镇围绕着交通近便、人口集中的地区得以形成和扩大。在基层市镇发展的基础上，更高级别的城镇纷纷兴起，形成了为县城做基础铺垫的经济核心区位。这些更高级别城镇的兴起，促使泉州地区的城乡构成一个互通有无、社会分工明晰的网络。

到了唐景云二年（711年），以武荣州为泉州，朝廷通过行政建置，正式承认泉州所在地域的一体化区位体系；此后，泉州所指地域历有变动，但自开元六年（718年）析南安东南地置晋江县之后，泉州所领地域开始固定下来了。接着，从唐后期到宋初之间的这一段时间里，泉州作为一个经济文化区跨出了初步发展阶段，而出现一个向商业繁荣过渡的时期。这个过渡期对于城市在区域中核心地位的进一步确立，起到关键推动作用。美国历史学家克拉克（Hugh R. Clark）在论述这段时期时把它称为"政权的空白时期"，并认为从中唐的动乱，到宋朝的建立之间的300年，泉州所在的南方地区出现了分治政权为主导的时代，此间，集权性帝国统治暂时被"悬置"，分治诸国（如闽国）为了在不寻常状况下开拓生存空间，必须采取灵活的社会经济措施。区域民间商业本已活跃，此时得到分治政权的激励，而得到发展。与民间商业的发达同步，民间寺庙无论在数量还是在规模上都得以扩大，这些宗教性组织聚集了大量财力，在官府之外形成了各自的社会、经济、文化势力。在地方政权的特殊政策、民间工商力量、宗教社团的互动之下，泉州出现了一个相对独立于中央集权（甚至地方政权中心，如福州）的经济模式，这为后来泉州在宏观区域内核心地位的生成，起到了决定性的推动作用。[10]

此外，这个时期，泉州所处的东南沿海宏观区域正处在产业经济的上升阶段，山地盛产的茶叶，成为全国闻名的产品，全区的糖和水果等产品不仅在相邻区域拥有固定市场，在海外也颇受欢迎。几乎与此同时，造船业得以高度发展，船运贸易促进了沿海地区产业的专门化。纺织业、陶瓷业、铁器业在海外贸易中均占重要地位。到了12世纪，东南沿海地区的商业化程度达到相当的高度，人口大幅度增加；经济上，自给自足型的生产和消费不占主流，地方精英不只重商，而且还有前往海外寻求财运的风气。

泉州发展周期的第2期，从10世纪延伸到14世纪后期，是泉州都市中心或海港为核心的海外商业文化交流的大发展时期。从20世纪70年代初泉州宋代古船的发现以来，地方学界积累了大量考古与文献资料[11]，这些资料充分证明，这一时期泉州经济达到了空前的繁荣。当时的泉州，已是一个"东方大港"，其影响范围不局限在国内，而延伸到世界的几大洲，颇有世界性经济重镇的样貌。这一宏观区域经济体之所以繁荣，原因在于都市中心的特殊功能。北宋初期，东南区最重要的城市是福州与温州，而到了11世纪，漳泉地区成为该宏观区域内最发达的区位。这一地区的核心地带首先是泉州，该区域以宋代市舶司的成立（1087年）为标志，成为中国最大的外贸海港，并招待大量的中东客商。商业贸易把此一区域的海港塑造成一个相互联结的都市体系。到13世纪至14世纪初，泉州的区域经济达到了空前高涨的热点，政府一方面对区域贸易加以鼓励，另一方面为了控制其膨胀和财政收入的增加，对该区域施加了重税。

施坚雅对于泉州社会经济的衰落期（即此处所说的第3期），也做了深入分析。他指出，衰落期的到来是逐步的、经济日益恶化的过程。

明初（1371—1390年），泉州海外贸易被禁止，此后到15世纪，朝廷在整个东南宏观区域实施"海禁政策"，这项政策导致泉州开始进入衰落阶段，在这个阶段，港市地区经济走向萧条，人口急剧下降，同时区域核心腹地的商品农业生产转化为供一般生计的经济，合法的贸易成为非法的走私行为。在这个海外贸易经济衰落的状况下，泉州地区产生了一种新的适应方式，即大量海外（东南亚、中国台湾等地）谋生移民的出现。

泉州中心的经济周期，后来为另一个周期所继承。

从16世纪20年代开始，福建地区成为世界海上贸易剧增过程的一部分。此时，葡萄牙商人被赶出广州，迁移至漳州口岸之外的岛屿从商，在那里建立了外商据点。这一格局变化，导致了新的贸易体系的形成，而这一新的贸易体系的建立，吸引了菲律宾、西班牙、墨西哥等新贸易伙伴的加入。1567年，为了从这一区域经济动态中获益，朝廷部分放弃了海禁政策。

以漳州为中心的发展周期，同样导致了区域经济核心地带的人口成长、农业商品化、工业发展以及都市结构与核心地点级序的重新组合。这一系列发展所延续的时间，比泉州发展周期为短。明末海禁、明清之交郑成功势力与清军的冲突以及清初的强制性"迁界"政策，导致了以漳州为中心的周期的终结。进而到19世纪，西方深海航运高度发达，导致世界格局产生巨变，作为这一巨变的必然结果，厦门和福州于20世纪40年代成为通商口岸。此后，古代东南沿海宏观经济区，便再也不可能保持其原本体系的完整性了。

城市空间的变动

据庄为玑《泉州历代城址的探索》一文[12]，泉州城址在三国至隋唐之间经历了起源与迁建的过程。泉州城最初建在晋江中游的北岸，

图 2.2　从丰州九日山远眺晋江中下游（陈万里摄于 1926 年）

称为"丰州"，后来迁建到下游，才称为"泉州"。早在新石器时代，晋江中游北岸就已形成聚落，在这里生活的人们以渔猎为生。三国永安三年（260 年），孙吴在此地建立了一座小城，叫"东安"，这是"建安郡"九县之一的县城，可能是今南安县丰州的前身。古丰州城址在三国到唐朝约 500 年中延续存在[13]，以今丰州区为中心（图 2.2）。这个城址的名称，虽有东安、晋安、南安、丰州、武荣州，但其辖区不超过木兰溪、晋江、龙溪这三个流域所涉地带。

泉州城址经历过一个由北而南、由西而东逐渐向海湾方位趋近的过程。[14] 8 世纪初，泉州区域经济一体化初步形成，城址武荣州治向东迁移到今鲤城区所在地，不久又在南安县东增设晋江县，泉州领有晋江、南安、莆田、清源及龙溪五县。泉州从古丰州迁治，主要是为了适应海上交通发展的形势而做的选择。唐代是中外交通转变的关键时刻。汉唐以来，中外通商都是依靠西部的"大陆丝绸之路"，天宝之乱过后，陆路不靖，唐朝就改海路交通。在这个大背景下，东南沿海

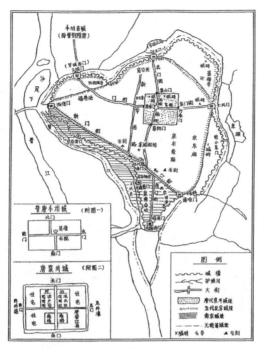

图 2.3 庄为玑笔下泉州历代城址的变迁

出现了四大海港（交州、广州、泉州、扬州），泉州是四港之一。唐代丰州位于晋江中游的内河港口，交通不便，便迁到晋江下游，在接近晋江入海口建立新城。

景云二年（711年）泉州迁治，开元六年（718年）晋江设县，政府机构完成以后，泉州从此成为一个新的政治中心（图2.2）。[15]

景云二年迁治后的泉州地方，5000多年前仅有西南升文山（今龙头山）伸出海面，其余地段尚在海中。西汉建元六年（公元前135年）汉武帝派兵由海路攻击闽越，后来的泉州城区仍是晋江入海口的一个小岛，处在大泽中，面积仅有2平方公里。到西晋太康中（280—289年），由于海拔持续上升，今市区沿江南北两岸大部分变成陆地，但湖泊分布广泛，泉州迁治时，城区处于清源山下至晋江之间的古河曲内

2. 历史的场景 | 95

弯处，此地冈陵密布，沟渠纵横，池塘繁多，水系构成天然的通道和排水网络。

据乾隆版《泉州府志》卷六十五（方外）载，晋武帝太康年间，泉州所在地面建有道观白云庙（后称"元妙观"）。这表明，在城市出现之前，此地曾以仪式活动中心会聚人群。而由于古代之市，多与庙会相关，因而泉州正式建城之前，此地很可能已凝聚了密集的人群和聚落。

《说文解字》称："城，以盛民也。"正是以在这块形成不久的地面上会集的人群和聚落为基础，为了"盛民"，隋唐泉州城得以营造。

起初，泉州建城，参照的是周代"面朝后市，左祖右社"的原则，并取法秦汉的东西二部（长安、洛阳）的体制，内分"宫城"（皇帝所居）和"皇城"（官府机构），其布局改为"前市后朝"，以适应区域都会经济功能的要求。

泉州唐城为四方形，周围三里，设有四门，以今"钟楼"前的双门前头为中心，政府机关设在钟楼以北，商场则在以南。所谓"双门"，就是唐代的"街坊制度"，大街道口，都设有"坊门"，早晚开关，夜禁通行。泉州坊门设在正中，有东西二门，故称为"双门前头"。在这十字路口以北，设立官衙，称为"唐六曹新都堂署"，分掌政府事务，曰司功、司户、司仓、司法、司兵、司田参军厅。[16]据道光版《晋江县志》卷二："子城周围三里，为门四，东曰行春、西曰肃清、南曰崇阳、北曰泉山。"当时城市布局以州衙为准，中轴线为南北大街，街坊具有整齐、对称的特色，与西安唐城布局类似。州治的十字路以南，有东西两坊，为工商业集中点。城建四门，城外有桥有壕。桥曰吊桥，以防敌人；壕即护城河，可以"通舟楫于城下"。[17]

10世纪到14世纪之间前后将近500年，泉州城经历了五代、宋、元三个阶段的改建和扩大，其规模从3平方里扩为30平方里，为唐城之10倍。

五代十国时期，福建在闽国王审知的小朝廷统治下相对安定，地方经济生机勃勃。为适应容纳更多"市民"的需要，应和生机勃勃的地方经济，闽国王氏统治时期，不仅已把子城外围扩大，而且还打破了唐城方形格局的局限，使城市从北到南、从小到大向四周拓展。

后晋开运四年（947年），闽国为南唐所灭，南唐把泉州升为"清源军"，至周显德二年（955年），领九县（即晋江、南安、莆田、仙游、德化、同安、清溪、永春、长泰）。南唐升留从效为"清源军节度使"（一说封为晋江王），自称"泉漳留后"。祖居泉州（永春县）的留从效，据有泉漳17年，其领地名义上隶属南唐，实为自治。留从效主政泉州期间，以勤俭养民为务，令士兵垦田，召游民种地，围垦海滩，兴修水利，泉郡农业产量剧增，"仓满岁丰"。此外，分治官府也鼓励工业（如外销陶瓷、冶炼业和丝织业等）开发、重视教育（留氏设有自己的考试制度），此外，更"招徕海上蛮夷商贾"，蠲除杂税，刺激对外贸易。后晋开运三年（946年），泉州城市扩建，城高增至一丈八尺，周长增至20里（为原有城墙总长度的七倍），设七个城门（仁风、义成、镇南、朝天、通淮、临漳、通津）。留从效喜爱这种主要分布于南亚、东南亚的刺桐树，因此，除了对城墙"重加版筑"之外，还"傍植刺桐环绕"。[18]在留从效主政17年里，泉州佛教寺院得以大大扩张，留氏于后周显德年间（954—960年）将自己的南园改建为佛寺，名"南禅寺"〔宋景德四年（1007年），赐名"承天寺"〕。

留从效把泉州城分为三层：中有"衙城"，为开府建衙的地方（在今泉州体育场北）；内为"子城"，即唐代城址，五代以后，子城改为鼓楼，以报时辰，俗称"四鼓楼"；外为"罗城"，是包围衙城和子城的外城。罗城有七个城门，即东门（仁风）、西门（义成）、南门（镇南）、北门（朝天），还有东南门（通淮）、西南门（临漳）、新南门（通津）。这七个城门的名称一直沿用到现在，称为"七城门头"。城门都有水关，可通江海。城内有两条十字街，顶十字街是子城四街的延长，从子城内延长到子城外。这个十字街，东通洛阳江，经城内东街西街，由西北通往南安丰州至永春县。中十字街从涂门进城，经涂门街、新门街，通溪美、安溪。从子城北门延长到罗城朝天门外，连接北上的古大路，又从子城南门延长到罗城镇南门，是五代最热闹的街市，这条大路以后南通到晋江边，经晋江通海。

北宋时，泉州城市空间规模与五代相比改变不大。此时，泉州只辖七县（建惠安县，而割莆田、仙游归兴化军，割长泰归漳州），但海外贸易持续发展。北宋城址与五代大体相似，南部仍由新门、南门、涂门街组成，北宋市舶司设在界外，以便利外商。南宋（1127—1279年），泉州城址变化较大。首先，城址从五代泉州城沿江而筑的城墙进一步向南扩大，新建南门城，这一段地带在泉州南部，故称为"泉南"，有城墙的保护，城墙从西南的新门（临漳门）为起始点，沿江筑城，经过水门、南门，到涂门城，连接了五代城址。据道光版《晋江县志》卷二，南宋市舶司收税很多，利用财政收入，六次修城。南宋泉州城的街道已有三条十字街，东到洛阳，西到丰州，南到江边，北到朋山岭，东南可通东海，西部可通安溪，七城门六条街通到国内外等地，起着物资交流的作用。水路自东边后渚港到晋江口，可直达泉州南门，交通亦便。东门、涂门陆路和南门水路，四通八达，构成中古时代商业城市的交通网。南宋泉州"城内画坊八十，生齿无虑五十万"，街坊有统于"五厢"。

元朝近百年间，泉州城在南宋城的基础上，更进一步地发展了。泉州城仍向四周扩展。同时，元泉州南城商业区深受政府重视，故特别改用"内外皆石"的做法，使城基更为坚固。

元泉州城门，仍为7城门，但位置有所调整，即废宋通津门（水门），另在临漳（新门）、德济（南门）之间新建一门，曰南熏门（俗称永门）。元时新水门名称已改，又把旧南门改名德济门（宋曰镇南门）。元朝七门，改名者二。就城形而论，元朝把五代梯形城改为不等边三角形，即今日的泉州城。从地图上看来，自中十字街以南，有3条自北向南平行的街道，主要的是中间偏西的南门新街（中山南路），以西有一堡街，以东有天后路，其间小巷密如蛛网，正是元代繁华的所在地。文献中常提到的通淮街、聚宝街、青龙街、排铺街，最后为新桥溪边的登瀛新迁走，都在"泉南"范围内。其中有外国宗教的古迹，如涂门清净寺、车站的蕃佛寺（即婆罗门教寺）、南门回教寺（石刻最近译出）、南教场棋盘园的蒲家花园（今花园头），都是外国人聚居之处，被称为"泉南蕃坊"。

明清500年中，泉州城址变化不大，仍维持宋元规模，但城之功能出现了一些变化。明初统一中国，泉州增建"月城"等新建筑。明代城内空宅废地特别多，如北门北山河岭过去有"六孔井"，说明过去人烟繁密。到明代则荒烟遍地，城内菜果园增多，显然出现了城市农耕化的迹象。明泉州"小东门"的开辟，使泉州扩建为八个城门，但这个城门实际意义不大，故不久之后便被政府封闭了。明代以后，泉州地区面临着倭寇频繁的侵扰，为了应对外来的社会动乱，政府不得不强化了城池的军事功用，如道光版《晋江县志》卷二所载，嘉靖三十七年（1558年），"倭寇煽乱，久益猖獗……万民英复以城北外壕，磐石不能通水，乃建小城楼，临濠围以木棚，筑羊马墙以备倭。后倭平无事，嫌压断龙脉撤去"。到了清代，泉州继续为军事要地。顺治十五年（1658年），为了军事需要，清政府下令修城，依"关东式"改建。所谓"关东式"，系指清初东三省的样式，有城堞、窝铺、敌楼、炮台等设备。

3. 边陲世界的拓殖

1990年，联合国教科文组织为了纪念"世界文化十年"，组织了"海上丝绸之路"综合考察活动。考察船于该年10月23日从意大利的威尼斯启程，经过亚得里亚海、地中海、爱琴海、苏伊士运河、红海、阿拉伯海、马六甲海峡、南中国海、朝鲜半岛，最后抵达大阪。为了迎接途经泉州的"海上丝绸之路"考察团，泉州海外交通史博物馆于1991年2月17日至20日组织了一次国际学术讨论会，主题为"中国与海上丝绸之路"。对于泉州文史界的学人而言，泉州是国际承认的"海上丝绸之路"枢纽，而这次学术活动能够充分展示它的历史地位。

也正是在筹划这次会议期间，一批地方文史界专家撰文提出，应像研究敦煌那样研究泉州，确立一门与敦煌学对等的"泉州学"学科。

不同的"泉州学"论述，有不同的旨趣，有的借此强调保护文物"家珍"、博古通今、教化育人、恢复儒学的重要性，有的侧重学术，强调通过地方研究唤起人们对于泉州在世界文化史上的特殊地位的意识，而它们共同倡导通过"探索名城兴衰"，复兴泉州历史曾经有过的那种"海上丝绸之路起点的雄风"。[1]

泉州文史界精英在倡导"泉州学"时，给人一种用历史去"想象共同体"的感觉[2]；他们对历史的言说，因侧重某种被选择的传统（如"海上丝绸之路"），而含有一定虚拟特性。然而，我们却难以否认，确如他们所言，在古代的一个特定时期，泉州曾有过与"失"相对的"得"的时代，居住在这里的官民（士农工商）领一代风骚，在远离"帝都"、临近"荒服"之地,面向大海,开拓出了一块本难为正统所兼容的跨文明沟通空间。

边陲的拓殖

无论是"海上丝绸之路",还是"泉州学",其说法都是重视泉州区域发展周期中衰落期(明清时期)来临之前那 10 个世纪的"过去"。如前文提到的,在施坚雅的叙述中,这 10 个世纪是以泉州为中心的东南宏观区发展周期的第 1 至 2 期,而这两个时期分别是:(1) 3 世纪至 10 世纪前期,区域社会经济一体性的形成期;(2) 10 世纪至 14 世纪早期泉州世界性贸易体系的形成期。在这两个时期中,泉州相继发生了如下值得关注的变迁:

其一,在"衣冠南渡"的名义下发生的大量北方汉人的迁入。

这个过程开始于秦的"南平百越"。秦为了统一中国,在百越地区荡平原始的越人部族势力之后,在南方山地及沿海地区输入汉人 50 万,其中一支,在福建"与越杂处"。[3] 秦开始的汉人迁入历史,在三国时期得到延续,但此时汉人主要开辟福建北部地区。第一次大规模汉人迁入的事件,发生于东晋"永嘉之乱"之后。那个阶段,"中州板荡",衣冠士族南向迁徙,进入福建者,据说有林、陈、黄、郑、詹、邱、何、胡等"八族"。这些迁徙氏族考虑到"中原多事",因此没有北向回归,而是在东南地区留居,使得东南沿海地区在六朝间"仕宦名绩"突现。北方汉人第二次大规模的入闽,发生在唐后期和五代期间。唐后期,北方地区再度出现战乱,一些人为了逃避官僚政治引起的冲突和强权混战引起的动荡,纷纷迁移到福建,这些人中,有富有士族,有平凡民众,也有流芳后世的流寓士人(如,为逃避奸臣迫害带着族人来泉的韩偓、避乱的罗隐、遁世隐逸的秦系);而与此同时,另一些在北方孕育出来的军事化势力,也来到闽南寻找开拓机会。

图 3.1　位于承天寺的闽国三王祠（作者摄于 2004 年）

唐时开发漳州地区的陈元光[4]，是一个很好的例证[5]，王潮、王审知兄弟，亦是如此。引来最多北方移民的是五代十国时期的闽国（909—945 年）（图 3.1），此国为王潮、王审知兄弟创建，王审知在其统治闽国期间，引来了大量中原移民。

据《旧五代史》卷一百三十四《僭伪列传一》，"王审知，字信通，光州固始人。父恁，世为农民。唐广明中，黄巢犯阙，江、淮盗贼蜂起。有贼帅王绪者，自称将军，陷固始县，审知兄潮时为县佐，绪署为军正。蔡贼秦宗权以绪为光州刺史，寻遣兵攻之，绪率众渡江，所在剽掠，自南康转至闽中，入临汀，自称刺史"。后来王潮取代王绪，成为统帅，在泉州引兵攻打"为政贪暴"的刺史廖彦若，"军民若之，闻潮为理整肃，耆老乃奉牛酒，遮道请留"，王潮始担泉州刺史。王潮、王审知在东南征战，大获胜利，"尽有闽、岭五州之地"，建威武军于福州，以潮为节度、福建管内观察使，审知为副。王潮过世后，王审知于唐末为威武军节度、福建观察使，累迁检校太保、封琅邪郡王；梁朝开国，又累加中书令、封闽王。据泉州期间，"闽中与中国隔越"，王审知"起自陇亩，以至富贵。每以节俭自处，选任良吏，省刑惜费，轻徭薄敛，与民休息。三十年间，一境晏然"。

王氏据有全闽，一时衣冠士族与之俱来，其后闽国政权折节下士，开四门学，以育才为急，礼遇唐末士大夫南来者，设招贤院以馆之，使大量北方氏族（有名者计五姓）随之南来，而福建北部氏族大姓（有名者计十一姓）亦纷纷南下，使泉州出现一个望族聚居的局面。[6]

王氏政权退出泉州后，在后唐"晋江王"留从效、陈洪进的统治下，士农工商各得其所，海外贸易持续升温。[7]

其二，南渡后，汉人在这个区域营造生产基地和居住聚落，营造"核心区位"。

泉州地区核心区位体系之形成，与北方汉人的迁入在时间上同步。3世纪至10世纪几度大规模北方望族南迁，在人口的社会组成上显然不仅包括望族的家族成员，而且还包括随这些望族南迁的平民家庭。社会身份不同、拥有财富有别的人口抵达泉州地区时，面对的是一大片有待开发的土地。为了在这个地区获得生计上的保障，南迁的北方氏族与家庭形成了较为紧密的合作关系和聚居群体，以集体力量来应对边陲处境。秦、汉、东晋期间的移民，既已开创分散的聚落，居住于这些聚落的人们也建立了以农产品和手工业剩余产品的交换为中心的初级集镇。到了隋唐时期，比初级集镇更高一级的核心区位得到进一步的建设，而到闽国时期，泉州地区已经具备了村落、市镇和城市的完整区位体系。

也就是说，3世纪至10世纪之间，泉州地区的区位体系经历了一个转型，从相对松散过渡到了隋唐的分布广泛、组织严密。在这个过程中，聚落社区之间的贸易对于泉州区位体系一体化起到关键作用，与此同时，行政建制一样起到关键作用。在秦平百越之前，泉州为越地，秦置闽中郡。这个地区虽为秦闽中郡地，但所受到的朝廷控制并不严密。汉立闽越王，泉为闽越国地，至东汉属会稽郡，三国属建安郡，而晋太康年间析建安郡为建安、晋安两郡，至隋末未有实质性改动。在以上诸时期，变动中的各种政权对于泉州区域的行政控制，显然十分微弱。随着社会经济区位体系的成熟，这个状况发生了改变。

施坚雅在比较中心和边缘地区的行政建制时说：

> 区位行政制度的基本策略是，把县级单位的规模调整为与宏观区域结构对称的形态，即把核心地带高收入区的人口数量最大化，把不安全的边陲地区的人口数量最小化，进而在府级单位的核心地建立多个县级单位（其目的是在朝廷财政收入所依靠的高税区用尽可能少的府包容尽可能多的县），在其边陲地区放置较小数量的县级单位（其目的是简化控制的环节并在危机时刻对地方官加以严密监视）。区位行政体系中首府的细部分类，完全反映区域核心——边际结构、行政首府在经济核心地点级序中的位置、控制的空间跨度、主要行政任务的明确性。这一包括官位设置、行政级别、品位的复杂制度，使中央政府有能力最大限度地利用其行政人员。[8]

从整体面貌来看，唐以前，泉州基本属于施坚雅所界定的那种边陲性的行政区域，即在州下设置少量县级行政单位来控制地方社会。但是，到了唐至五代，状况出现较大变化。唐景云二年（711年），以武荣州为泉州，开元六年（718年），州领五县。五代十国后梁开平三年（909年）王审知为闽王，泉州为闽王国重地，此后泉州的属地得以扩大，至宋太平兴国六年（981年），析晋江地置惠安县，割所属莆田、仙游别为兴化军，长泰归漳州，此时，泉州领七县（南安、晋江、永春、德化、安溪、同安、惠安）。与领地得到扩大同时，泉州下属县域的范围逐步得到确定。而地方行政区位体系的逐步确立，并没

3. 边陲世界的拓殖 | 105

有导致泉州变成以军事—行政监控意义上的"镇守"为目的的"城";相反,身处此间分合不定的"天下"中,泉州"市"的势力持续放大,民间积累大量财富,随之作为行政区位的泉州,也成为朝廷财政收入所依靠的高税区。

其三,在人口膨胀的压力下,区域交换体系得以形成,其中,海外贸易的发达成为"地方特色"。

北方的移民来到泉州地区,给当地原住民(闽越人)带来北方"农业革命"的成果。在汉人迁入闽越地区之前,在这里生活着的闽越人,拥有丰厚的自然资源,他们无须从事大规模农耕,便可生存。当闽越人以渔猎—采集和小规模农耕为生计之时,北方大地上,因数千年前早已出现过"农业革命",人们已脱离"自然经济";随着农业生产的持续发展,那里的人口大规模增长,早已超出本来的耕作方式所能供养的人口数量;为应对这一压力,生产关系和耕作技术进一步优化,造就第二场"农业革命"。迁入泉州地区的北方汉人,初到此地,带来效率较高的生产关系和耕作技术,在人口还未造成压力之前,他们依靠这种关系和技术,创造了大量盈余,为这个区域剩余产品的流通和产品流通中区域经济体系的一体化提供了前提条件。

然而,唐以前南迁的汉人,生活也并非一帆风顺。随着时间的推移,他们被迫面对如何适应当地地理和物产条件的挑战,这尤其在人口大量繁殖、会聚之后,更成为一个严重的问题。就福建的诸地区而言,泉州地区地理、气候条件与北方地区相对更为接近。这里山地居多,少有的可耕土地,或面积狭小,或贫瘠不堪;虽水涝频发,却属全年重干旱地带,为南方少有的适宜种植小麦、黍、豆类的地区。而小麦、黍、豆类正是北方汉人在"农业革命"以后长期习惯食用的农产品。出于对这个地理、物产条件的习惯性适应,迁入福建的北方汉人出现了向泉州地区聚居的倾向。起初,这个聚居的倾向对于当地的发展不但没有不利之处,反而促进了它的经济开发。但是,到了唐—

五代，人口聚居所造成的物产相对不足成了一个严重的问题：相对于人口的物产不足问题，在同一时期又为当时行政建制的改动所加重。唐后期至闽国时期，成为"以经济工作为中心"的州，政府在这里鼓励相对自由化的经济活动，从而进一步导致了附近州县人口向泉州的聚迁。例如，唐元和年间（806—820年），福建的福州、建州、漳州、汀州人口均大幅度下降，而唯独泉州出现了人口大量增加的现象。[9]这从一个侧面证明，当时泉州的特殊经济地位引起的人口聚迁，表现得十分明显。与人口压力的出现同时，农业的进一步开发也受阻于泉州地理环境的制约。历史上关于泉州农业环境的记载很多，而且大多持负面的评论。如乾隆版《泉州府志》卷十九《物产》云，"泉地斥卤"，"桑蚕不登于筐茧，田亩不足于耕耘"。除生产的条件局限之外，泉州长期遭受不利于农业的水、旱、风灾。

在上述背景下，泉州人面临着一个在经济上进行重新选择的机遇和压力，而在地理条件下，相比农业，这个地区一个较为有利的条件是处于华夏与海外"岛夷"之间，而且其沿海地区分布着天然良港。利用这个地理空间的交接地带优势，发展对外商业贸易，对于人口压力的解决和泉州的进一步发展，显然具有关键性的意义。与此同时，在边陲地带，商业没有像在政治中心那样受到人们的鄙视。因此，海外贸易的发展，已经成为不可避免的历史选择。

其四，地方政府和士绅合作的城建事业，适应商业贸易规模扩大的需要，而选择扩大城市地理覆盖面及"大都会"对区域经济一体化的影响力。

从时间上看，这个过程从唐后期延续至元末，是泉州历史上的黄金时代。从中国的"大历史"视野观之，这个阶段，历史出现了从统一到分裂再到统一的历史大循环，此间，先是出现了隋唐的统一，接着出现五代、宋、辽、金、西夏的分裂，最后出现元的大一统。在这个阶段中，治乱的统治者之族性并不固定。然而，就泉州地区自身的历史来看，这个时期的突出特点，是海上交通和贸易的发达。唐中期以后，中国对外陆路交通不便，中外商人越来越多利用海上交通进行贸易。[10] 这个对外交通路线的改变，促成了既有的中印交流路线向包括波斯（今伊朗）、大食（今阿拉伯世界）的更广泛的交流路线的转变。在这个转变过程中，泉州与交州、广州、扬州一道，作为中国南方四大港口，扮演着贸易的积极推动角色。在唐后期至北宋初期之间，泉州的民间商人已经积累了十分发达的航海知识及与海外诸国进行商品贸易的经验。[11] 不过在唐代，这个城市的对外合法贸易，都需通过广州的市舶司审批，因而在经济上形成了对广州的依赖。这一点在相当大的程度上制约了泉州海上贸易的进一步发展。闽国至南唐期间，在分治王国的治理下，泉州对广州的依赖关系逐步松懈。闽国的统治者王审知家族采取保境安民、奖励外贸的政策。接着，留从效为了保障泉州的对外贸易，也继承了王氏家族的治理传统，鼓励公平买卖，拓展泉州的商业活动。

  泉州的商业活动，重点是南洋转口贸易。在五代时期，这种贸易所带来的税收成为闽国的主要财政收入，因此得到官府鼓励。转口贸易要求有大量货物流动，也要求有成熟的市场，而满足这两项要求，就要求转口贸易枢纽地区将粮食从本地生产改为从域外和外地转运，从而使更多人力可以从事商业经营。而在当时的泉州，随着人口的增长，粮食生产已无法满足人口需求，转向贸易正符合这个地区的经济状况。转口贸易，使泉州的经济作物和手工业得到大幅度发展，也促使包括舟船、桥梁在内的交通运输设施建设，得到了空前改善。[12]

  到宋神宗（1068—1085年）时，泉州与海外的贸易物货之浩繁、频率之高，已经赶上广州，而广州官吏出于地方商业保护主义，对泉州海商加以刁难。为了独立处理海上贸易，泉州知州上奏"置市舶于泉"。宋哲宗在位期间，1087年，正式下令在泉州设立市舶司。此后，泉州的海上贸易获得了官方的认可和支持，也具备了对商贸有益的区域经济自主权。

尽管北宋在泉州设立市舶司之后不久就为金所灭，但其后偏安杭州的南宋和在跨越欧亚大陆的广大土地上建立的元帝国，出于不同的政治经济考虑，相继支持泉州海外贸易事业。南宋起，"帝都"所在地移至近处（杭州），因难舍泉州舶税之膏腴，朝廷于建炎三年（1129年）十二月，将宗室349人迁徙泉州，并设管理皇族宗室事务的"南外宗正司"。南宋来泉宗室生活的庞大费用，大部分由泉州地方财政承担；其在泉期间，从泉州的海外贸易获益甚丰，因之也加以鼓励。尤其是名儒真德秀以徽猷阁学士再知泉州〔绍定五年（1232年）〕期间，政府采取了有效措施振兴泉州港。真德秀在其"祈风文"（《西山先生真文忠公文集》卷五十）中有言曰，"惟泉为州，所恃以足公私之用，番舶也"，因而，他祈求神明"大彰厥灵"，"俾波涛晏清，舳舻安行，顺风扬飘，一日千里，毕至而无梗"。此间，泉州海商的海外活动范围，广达印度、阿拉伯世界、波斯、欧洲和东非沿海，到了元代，已经与这些地区形成较为固定和官方化的经济、文化关系。宋元之间，泉州与海外构成了一个紧密联系的网络，这个网络由几条海上航线为主干，维系着这个地区与世界的联系。其中第一条航线从泉州延展到爪哇岛或苏门答腊岛；第二条航线从泉州，经广州，再经南印度的故临，前往今之阿拉伯世界（古称"大食"）；第三条航线经阿拉伯世界，中转亚丁湾而进入东非沿海；第四条航线，也是经过阿拉伯世界西去而抵达地中海沿岸的欧洲地区。在此期间，从泉州外销的产品包括了当地出产和中国其他地区出产的丝绸、陶瓷、茶叶。在商品的大量外销中，泉州海商从海外带来了大量的金银、香料等财富。随着对外贸易的发展，大量外国商人、宗教团体也来到泉州，给这座城市带来了文明杂糅的景象。

元至元十二年（1275年），马可·波罗路过泉州，对当时的刺桐城记述如下：

离福州后，渡一河，在一甚美之处骑行五日，则抵刺桐（Caiton）城，城甚广大，隶属福州。此城臣属大汗。居民使用纸币而为偶像教徒。应知刺桐港即在此城，印度一切船舶运载香料及其他一切贵重货物咸莅于此港。是亦为一切蛮子商人常至之港，由是商货宝石珍珠输入之多竟至不可思议，然后由此港贩运蛮子境内。我敢言亚历山大（Alexandrie）或其他港运载胡椒一船赴诸基督教国，乃至此刺桐港者，则有船舶百余，所以大汗在此港征收税课，为额极巨。

凡输入之商货，包括宝石珍珠及细货在内，大汗课税额十分取一，胡椒值百取四十四，沉香檀香及其他粗货，值百取五十。

此处一切生活必需之食粮皆甚丰饶。并知此刺桐城附近有一别城，名称迪云州（tiunguy），制造碗及瓷器，既多且美。除此港外，他港皆不制此物，购价甚贱。此迪云州城，特有一种语言。大汗在此崇迦（Concha）国中征收课税甚巨，且逾于行在国。[13]

在论述世界性经济交往体系的形成史时，美国人类学家沃尔夫（Eric Wolf）主张，真正具有世界性意义的海外贸易，是15世纪欧洲势力兴起之后才出现的。他给出的理由是，从全球的海路交通条件看，欧洲与几大洋的交通最为方便，从地中海东部港口，欧洲可以通往中国，也可以顺另外一条航线通往东非和印度，此外地中海还可以通过陆路和河道的连接，与西非形成密切联系，而欧洲与东南亚的关系，更存在着许多海路的优势。据沃尔夫所言，15世纪欧洲人"发现新大陆"之后，之所以能够在世界性的范围内占有支配地位，一方面是因为工业革命和资本主义的发展为欧洲的扩张提供条件，另一方面则还因为欧洲在地理方面具有上述的优势。[14]

近代世界史研究者，固然能找到许多证据来证明此类观察的客观性。但是，涉及15世纪以前泉州地方开发史的史料却表明，这一看法存在西方中心主义的嫌疑。在西方为中心的世界经济体系形成之前，由一座中国东南沿海港城带动的海外贸易活动，其所跨越的空间范围，东达朝鲜、日本，西至阿拉伯半岛和非洲东海岸一些国家，中间范围包括南洋、印度等地，在此范围内流动的物品与符号，包括了东西方各主要文明的成就，其广度并不亚于近代西方资本主义世界体系。如侯仁之早就指出的，在15世纪90年代哥伦布、达·伽马"发现新航路"之前，亚非地区的航海家们早就发现了这些航路。早在公元前6—7世纪之间，腓尼基人即已沿着非洲东岸南航，绕过大陆南端而驶入大西洋；15世纪20年代，在哥伦布横渡大西洋之前70年，一些阿拉伯人已经沿非洲东岸自北而南航行，在一个遥远的异域建立了海上贸易（达·伽马正是从阿拉伯商人那里获取向北航行的情报的）；至于从非洲东岸横跨印度洋到达印度南部的航线，则早已为阿拉伯航海家伊本马季得（Ibn Madjid）发现。15世纪末欧洲人"发现新航路"之前，从中国南海到印度洋上的往来贸易规模巨大，繁荣程度极高。5世纪初僧人法显的西行，早已沟通了海陆两路；7世纪前半叶，大食帝国兴起，此后数个世纪，直到元朝时期，其余东南沿海之间的贸易极其密切。海上交通的发达，使广州和泉州相继成为外贸巨港。[15]

"朝代周期"的空隙

唐末一位曾在朝廷任过高职而对朝政深感不满的人士，受闽国感召来到泉州，王氏设招贤院礼遇之。一日登高远眺，一览泉南风光，这位名宦深有感慨地写下如下诗篇：[16]

> 无奈离肠日九回，强携怀抱立高台。
> 中华地向城边尽，外国云从岛上来。

四序有花长见雨,一冬无雪却闻雷。

日宫紫气生冠冕,试望扶桑病眼开。

在我们今天看来是"中世纪"、是"封建制度"的条件下,为什么能够出现泉州这样一座"外国云从岛上来"的城市?为什么能够出现这样一个重商且经济成果辉煌的港城?为什么这样一个偏离于"封建正统"的地方社会,能够引起一些不满于"封建正统"的名士的同情?

在分析中国东南沿海地区宗族制度的成因时,英国汉学人类学家弗里德曼(Maurice Freedman)把这个地区称为"边陲地区"(frontier region),他指出,在这个地区,作为一种民间社会组织、财产分配制度的宗族村落之所以广泛存在,是因为当地的民间社会处在一种"边陲状态"中,为了实现社会自治,民间需要一种组织严密的制度。然而,在这样一种地带,传统国家"天高皇帝远",受财政能力和人员资源的局限,无法提供这种制度的服务。因此,民间就借用传统宗法制度,创建民间化的宗族。[17]

弗里德曼的论点主要是针对宗族村落而论的,有其局限性,但其论述的国家与社会关系视野中民间社会力量发展的模式,对于我们理解泉州港城发达史,有着不可多得的启发。

泉州海外商业贸易的发达(或广而言之的泉州区域发展周期黄金时代的形成),也是在"天高皇帝远"的边陲条件下实现的。从政治地理上看,泉州位于帝国的边疆,它不仅远离滋养"帝都"的黄河流域,而且与后来起到把长江南岸诸地"糅合"到帝国体系中去的运河及水利设施也没有接邻的"缘分"。在这样一个不受朝廷重视的边陲地带,发展非正统的"地方制度",有其诸多便利之处。

这并不是说,由于地处边陲,泉州的发达与历史上的"朝代周期"毫无干系;相反,泉州之所以获得其边陲地位,之所以有机会自由生长,与其所处的"传统国家"(traditional state)治政制度之特征,是紧密相关的。

将泉州的发达史与中国的"朝代周期"这个更宏观的历史框架联系起来,即不难看到,3世纪至14世纪之间的那段光阴,既是泉州区域发展的黄金时代,也正处传统国家时代。历史社会学研究已表明,传统国家的突出特点之一是,国家与社会处于一种不对应的状态中。吉登斯综合历史社会学既有成果指出,传统国家(又包括城邦、封建国家、继嗣帝国、中央化官僚帝国)的主要特点在于:(1)其阶级分化十分明显,并表现在城乡之别,也就是说上层阶级居住在城市,下层阶级居住在乡村;(2)城乡之别不仅体现出阶级差异,而且还表示传统国家行政力量涵盖面的局限性:在任何形式的传统国家中,政府对社会的行政控制都被限制在城市之内,同时国家象征体系与宗教和一般人民的"民俗"保持着相当大的距离,这便导致监视力(surveillance)的软弱;(3)城乡之别与监视力的不发达证明,传统国家不是"权力集装器"(power container),那就是说,国家与社会的关系较松散,国家只有"边陲"(boundaries)而没有"疆界"(borders),也没有对军事力量的垄断权(大量的军事力量受军阀和民间力量操作);(4)在行为的规范方面,许多规矩只在贵族阶层有效,对一般人民毫无制约力。[18]吉登斯一再说明,传统上人们对于传统国家的理解需要一个重新的思考,因为有比较历史社会学的证据表明:传统国家远非人们想象的那种"集权国家",反而是国家力量有限,社会控制程度也不平衡。

为了进一步说明这个比较,吉登斯引证了一系列对于"东方专制主义"(Oriental despotism)理论的批判:

在某些农业国家中,对灌溉的规划是生产的重要特征之一。在《东方专制主义》一书中,魏特夫(Wittfogel)将传统国家的众多组织成就与灌溉规划的施行结合起来。然而，由于他没有再度仔细地研究迄今为止何种土地是得以高度开垦的土地，因而，很显然他不切实际地夸大了灌溉工程在建造或日常维护过程中的行政集中化程度。利奇（Leach）、爱伯华（Eberhard）以及其他一些学者，提出了与此相反的论点，这些论点比魏特夫的论点更具说服力。利奇指出，尽管斯里兰卡的僧迦罗地区的灌溉工程，已达相当规模而且十分复杂，但它们却仍未形成统一化的体系，它们既不是按总体的行政规划来建的，而且在其正规的使用中也没有能协调起来。这些工程是逐渐建成的，大约共花了1500年时间，但在此过程中却并未大规模地动员劳动力。爱伯华也指出，中国的灌溉系统同样也相当分散，灌溉工程的修建，不是由国家官僚，而是由地方社区所委任的长老来管理的。[19]

魏特夫之类学者对古代中国政治文化给出的结论，充满印象性。他们主张，中国自古以来是一个大一统的国家，因而其对社会（以及市场）的控制早已达到一个专制主义（totalitarianism）的高度。[20] 尽管在史学研究中这一结论长期流行，但相反的结论，也逐步得到重视，这些相反的结论表明，大一统的国家虽是中国历史上许多政治家的理想，但其事实的存在时间和广度却十分有限。例如，葛剑雄就据其研究指出：

> 如果以历史上中国最大的疆域为范围，统一的时间是81年。如果把基本上恢复前代的疆域、维持中原地区的和平安定作为标准，统一的时间是950年。这950年中有若干年，严格说不能算是统一的，如东汉的中期、明崇祯后期等。如果以秦始皇灭六国的公元前221年至清亡的1911年为计算阶段，第一标准的统一时间占总数的4%，第二标准的统一时间占总数的45%。如果从

有比较确切的纪年的西周共和（公元前 841 年）算起，前者约占 3%，后者约占 35%。[21]

急于对中国历史的现代启示下结论的人，可能立刻会想到重新认识中国政治的问题。然而对我而言，上述颇令人吃惊的数据，说明的正是传统国家的基本特点。传统国家与现代国家之间存在鲜明区别，前者不具备明确的疆界，也不构成国家垄断军事暴力工具的"权力集中器"，而后者二者兼备。这也就是为什么这一类型的国家时常在"统一与分裂"之间摆动，为什么即使这种国家创造了暂时的"一统天下"局面，仍然不能幸免于地方权力的分离。值得注意的还有，由于上述原因，也由于传统国家的社会维系依赖于在贵族与平民之间刻意维持的社会和文化距离，因此国家对于分布在城市以外（或"以下"）的社会群体和地理空间的控制和渗透，处于松散和浅层次状态之中。

夏商周三代，朝廷表面上是统一的，但天子的直辖区（内服）和诸侯国（外服）都是各有其主的统治实体，诸侯封君"各君其土，各役其民"，"名为天子之守臣"，实际上"自据为部落"。[22] 中央与地方的关系是以王室与诸侯国之间的松散联盟为途径的，封国式的地方分权十分普遍。地方诸侯在所辖范围内，拥有自己的军队和法律，依据自己的利益对土地进行再分配。天子的直辖地和诸侯国辖地的地方行政制度也各有所别。天子在王城的百里之内设立"六乡"，百里之外设"六遂"。"乡"的级别大略在当今的行政村和乡镇两级之间，均用军事组织的形式来设定社区管理和服务的单位，在设计上具有军事、教化和监控的功能。诸侯所设的地方行政制度，在名义上随国别的差异和时代的推移而有所变化，但内容基本相同。从理想的设计看，基层政权的建设在上古三代似乎已经十分完备了。但是，王室与诸侯之间的关系变换不定，使地方行政制度具有十分暂时的性质，这种组织通常更多地服务于不同地方势力之间的军事征战，尽管具有一定的社会控制功能,但并非严格意义上的地方行政制度。在春秋争霸和战国争雄的时代,此类制度与军事组织的关系就变得更为密切了。

秦始皇统一六国之后,出现了空前的中央集权,夏商周封国式(封建)地方分权制度被断然废去,战国时代商鞅创立的郡县制得以实施,地方官职由职业官僚担任,在郡级的官府之中设立分离的行政(守)、军事(尉)、监察(监御史),均服从中央的调动。统治只延续12年之久的秦朝,与欧洲的绝对主义国家有颇多相似之处,其著名的"书同文,车同轨"表现了一种对政权加以固定化的图谋。不过,秦朝的乡村社会控制是通过直接的镇压和奴役而得到实现的,严格的郡县制名义下,掩盖的是缺乏行政功能完整性的行政网络。[23]

两汉时期,中央与地方关系出现了恢复上古封国制的现象,受封诸侯享有地方行政和赋敛的自主权,拥有自己的军队和法度,与周代的诸侯十分相近。与此同时,也严格推行中央集权的郡县制,因袭秦朝,任命职业的地方行政长官,管理当地的政府、军事和监察事务。封国制和地方行政制的并行,表现出巨大的相互矛盾,使中央与地方关系出现频繁的波动。汉初,封国势力甚重,郡县行政的职业化发展受到严重阻碍。此后,为了解决诸侯"外重"的问题,中央采用了"内外相制"的策略,限制了诸侯的势力。可是,西汉后期至东汉,又重新出现诸侯、刺史等垄断地方军政、民政的分权自重的局面。

魏晋南北朝是分裂割据和若干区域性政权对峙的时期。历史学学者的研究证明,无论是短暂的西晋统一王朝,还是三国、东晋、南北朝等区域政权,有名无实的"中央"与地方的关系都表现为较强的地方分权。在此情况下,区域政权因守地自重、各务扩张,因而对于所控制的区域实行较强的人口和社会经济控制。此时期,地方行政建制是州、郡、县三级,表面上也属于十分严格的政府制度,但实际上地方官通常垄断各地的军事、政治、经济、社会的自主控制权。

隋至唐末,分合的关系出现了一个新的循环。隋朝继秦汉西晋之后，重新实行南北统一，推行了较彻底的中央集权制，消除地方分权的势力。唐朝的创建者在立国之后，以隋朝为借鉴，强化了君主制中央集权，削弱了地方割据势力。但"安史之乱"（755年）后出现了皇权旁落、地方藩镇专权，甚至割据分裂的局面。在地方行政上，隋唐两朝都实行州县制，废除郡的势力，力图提高中央对地方的直接控制，铲除世家大族的私人势力，设立户籍赋役制度。在县以下行政制度方面，隋朝开皇九年（589年）设立里（百家）乡（五里）制，唐朝因袭了旧制，并在里之下设邻、保两级管理单位。隋唐时期的里乡制与此前的地方行政制度的一大差别，在于强化了这些单位的税务、农事、户籍功能，弱化了它们的军事性。这似乎使中国历史上的地方行政初步出现"政府化"的苗头。然而，"安史之乱"之后，随着藩镇割据局面的出现，州县制出现危机，名义上属于中央管辖，实际上为地方军事势力所把持。此一问题在五代十国时期，变得更为严重。

尽管夏商周至五代十国期间，国家分分合合，中央与地方关系变化多端，地方行政制度和政府组织机构名目多样，但总结这一相当长时期的历史发展阶段，可以看到此时县以下基层政权组织具有如下共同的特点：夏商周以后，朝廷和地方分权的统治者都早已看到广大乡村地区的人口和社会经济资源的重要性，因此早已设立了县以下的社会控制单位，力图全面垄断分布于广阔的地理空间中的人力、物力、财力，并稳定国家和地方分权的政治秩序。然而，在这一段相当长的历史时期，不存在一个单一、稳定的垄断军事暴力的国家机器。由于存在过的统一国家都立刻面临分裂的威胁，因此都十分注重政治的稳定性。尽管有时处于征战和其他花费的需要，经济也被重视和提倡，但在大多数时间中，工业主义的生产组织方式是被禁用的。这就造成了中国农村长期停滞于军团组织类型的村社组织形态中。此外，虽然早在秦朝就开始出现统一全国的交通、沟通手段的努力，但是，为了保持统治者对于帝国符号体系和其他特权的垄断以及保持分权势力的权威，乡村小型社区通常无权运用这些手段，而驿站、道路、运河、文书大多只用于朝廷和地方分权的军事、财政以及政府的内部人事安排需要。上述因素致使当时的国家难以具备充分的配置性和权威性资源来构造一个统一的"权力集装器"，也致使对基层社会的监控处于一种相当松懈的状态。[24]

在国家权力对社会控制不完整的情况下，传统中国也就存在诸多的"变通"空间。这个空间主要分布在广大的乡村地区。传统中国的空间分化基本发生于城乡之间。然而，从历史事实出发，我们发现这个空间分化不局限于城乡的分化，而且还广泛存在于帝国权力中心与权力边缘地带之间。更进一步地，空间分化也不局限在肉眼可以识别的地理空间中，而且还广泛表现于军事、社会、象征、经济等非地理空间的制度空间上，致使中华帝国长期处于一个大一统国家和分裂型地方王国的交相替代过程之中，也给予地方社会经济及民间社团的自主发展创造了可能性（弗里德曼的宗族研究是这方面的例证之一）。

在3世纪至14世纪期间，泉州与传统国家之间的关系经历了几次变化。从三国到隋唐，中国处于分合不定的状态中，而无论是在唐以前的分裂性地方王国统治期间，还是在唐王朝的大一统国家统治期间，泉州在居住于权力和文化核心地带的上层阶级的眼中，都只不过是与"天涯海角"相差不多的边陲地带，即使在某些特定的历史时期对北方的一般民众和官员具有一定的吸引力，也是因为它是一个离"中央"甚为遥远的"避难场所"。这样一个场所不仅在行政监控上远离国家的控制，而且由于在文化上也被国家允许与正统意识形态形成一定差异，从而人的行为所受的制裁程度十分之低。泉州的早期开发和社会经济体系的区域性一体化发展，很大程度上受益于这样一种社会和文化的边缘特性。

在闽国时期，一个分治王国在福建得以建立，此时国家与地方社会之间的空间距离拉近了，结果泉州在闽国的领土中成为一个政治、经济、文化的"核心区位",其受国家的行政监控和政策影响的程度上升了。然而,替代大一统帝国的阶段性地方分权(闽国),本身就是一个远离集权政治的政体,为了维持分权势力的长治久安,它实行有利于地方经济繁荣的政策,并迫使地方分权与地方社会形成密切的配合性关系。在这种情况下,泉州得到了进一步发展的机遇。在北宋时期,泉州以地方分权的闽国核心区位的身份,重新转入受大一统宋朝的统治。然而,此时泉州没有因为国家权力中心的推远,而重新变成一个经济衰落的地区。在地方官员的帮助下,泉州商人利用了宋朝对于以贸易来增加国家财政收入的兴趣,巧妙地使地方海外贸易得以官方化,进一步促进了其在海外的经济实力的发展。在南宋偏安江南的情况下,泉州的官方化贸易港城的地位,得到了政府的再度认可和重视。

此外,在传统国家特别表现出一种"帝国"特点的情况下,边陲地区的社会经济也可能获得充分发挥其延伸的机会。到了元代,泉州面对的是一个向外扩张的蒙古大帝国,这个帝国与欧洲的古代罗马一样,视天下为其国土,缔造了一个跨越亚欧海陆的帝国。这个帝国,无疑是最典范的"传统国家"。

有关帝国,吉登斯指出:

> 帝国形态不管存在多长时间,都不能像当今的民族国家那样,毗邻于其他具备同等力量的领土。凡是毗邻其边陲的国家都是小国,而且一般说来,统治集团也都会把它们归入所有其他的野蛮民族。换言之,帝国在自己的版图之内具有普遍化的特征。比如,罗马人从不承认任一类国际权或国际法,他们认为,自己的制度原则上可普遍推行于世界上已知的所有其他地区。这一点看来是所有的非现代帝制所共同具有的特征,而且,它还在很大程度上解释了,凭借条约而和平地建立起来的边界之所以不稳固的原因。比如,奥斯曼帝国的官员们认为,其边陲地带正标识出"战场"

的边界，而且，很长时期内这些地方实质上就没有人居住过，这并不是因为这些地方的自然地理特征不适于居住，而是因为这些地区连续上演着几乎永无休止的小规模战斗。中国可能是这方面最为明确的范例。根据正统的学说（这一直成为很多个世纪的国家哲学），中国不必依赖于那些必须取自边界以外地区的商品和劳务。帝国版图以外的贸易通常与对纳贡的需求相伴而行。[25]

在元帝国统治期间，世界上不同种族的人，都被承认为这个帝国的子民，而帝国以外的族群和国家也被认为是这个帝国的组成部分。从一定意义上讲，元帝国的统治者不认为存在国家的边界，而只存在帝国向外延伸——包括军事和经济的延伸——过程中的"前线"。当时的泉州正好是这个"前线"的一个组成部分，在地理上符合元帝国在世界上建立支配权的需要，也符合元帝国"版图以外的贸易对纳贡的需求相伴而行"的需要。元代期间这个港城地位的上升，其社会经济的进一步发展，与这个帝国"前沿"地带地方利益和帝国利益的不谋而合，有着密切的关系。

宋元地方政府与商业社会

作为"朝代周期"主导因素的传统国家（在中国，则经常变异王者之族性，其疆域也没有固化），是边陲社会经济自由生长的政治环境。但是，发生于传统国家边陲地带空隙中的"自由化"，并不是政府缺乏组织性制约力的表现；我们毋宁说，这很可能是地方自主经济力量与政府组织制约力量之间"良性互动"的表现。[26]所谓"良性互动"，不外有两层意思，其一，即地方社会和政府各自形成相对分立的影响领域，容许地方社会更自主地存在；其二，在相对分立的领域之间，形成一种利益的双赢局面，使民间社会（含经济）实体和官府在考虑自身利益时，需要考虑对方的利益和"面子"，在必要时，相互做出一定的退让。

宋元时期，也就是在泉州海外贸易体系的发达期，政府与地方社会之间的这种"良性互动"表现得最为明显。

此时，泉州已经形成较为正式和固定的地方政府科层（官僚）体制，地方政府官员的任命需经一定的正规程序，而政府也设置了一系列相当成熟的财政、税务、军事、民事管理部门。宋代泉州地方政府为州县两级制，基层政权是县，县以上则为州，设知州、通判、签书判官、观察使、节度推官、观察推官等职，同时设有南外宗正司和提举市舶司等管理部门。元代泉州置总管府，增设军事长官达鲁花赤一员及同知、治中、判官等职，又设儒学提举司、市舶司。这些官职和政府管理部门的维持，依赖的是政府的财政开支，它们对上级政府负责，代理上级政府和朝廷管理下辖的行政区位。

尽管宋元时期的泉州政府已经具备了成熟的官僚（科层）体制的特征，但由于当时中国依旧是传统国家，因此，政府对在其之外存在的社会空间，并不实行全面监控。首先，在泉州府治和下属的县城以外，即广大的农村地区，只是象征性地归属于封建帝国，实际上，由于在这些地区居住和生产的人口远离政治文化核心区位，因此，即使他们的剩余产品必须通过官方行政机构网络的运行和协调来实现自身价值，但他们在具体社会经济活动方面，也具有巨大的自主余地。在这些地区形成的农业和手工业生产关系以及与此相联系的民间社会组织和信仰崇拜关系，大多能够超脱于政府的控制之外，而与一个非政府的区域性凝聚力形成稳定的互利关系网络。这个具有社会凝聚力的区域性网络，具有施坚雅所描述的那些市镇经济空间的主要特征，它的区域性代理团体，存在于泉州港城内外，依赖来自民间的社会经济支持，其属性为相对自主团体。宋代的泉州"画坊八十"，这些"画坊"中不少是市民和商人的聚居地点。商人之间的联系除了聚居之外，还通过行会组织得以实现。到元代，泉州行会极端成熟（据称当时有一百二十行）。行会的主要作用，在于保护同业，它们设有"行老"（即行头）、牙人等职务。除了乡村农业、手工业组织和城市的工商行会组织之外，还大量存在两类非政府的势力。其一，即集中于港口地带、并时常活动在海上的船运行业组织（舶商组织），这些组织后来在民间被称为"船帮"（尤其在明清时期海上贸易非法化之后，更是如此），它们起着航线调度、货运组织、船民之间关系的协调等作用。其二，即在泉州城内的一些区域里形成一定聚居形态的海外商人组织。元代来到泉州的外国商人大多在"泉南"这个商业区停留。乾隆版《泉州府志》卷十一引庄弥邵《罗城外壕记》云："一城要地，莫盛于南关，诸番琛贾，皆于是乎集。"

不受官府直接监控的对外贸易，可称为"私营"，它与"官营"相区分。"私营"海外贸易，则是民间商人独立进行的。对于此类贸易，官府实行税收政策。"官营"对外贸易，或称"朝贡"或称"交聘"，原则上，由各国对中国进奉礼物，由市舶司"作价回答"，官府回馈的礼物，价值应超过贡品，以显示朝廷的恩威。但实际上，宋元泉州"朝贡"或"交聘"，都有公私合营属性。当时，朝廷和地方官员都意识到，朝贡贸易其实不利于中国，因此，官府积极"选人入番贸易诸货"，以搜集和转卖珍稀外国物品。所以，除了地方民间商人和"番国客商"之外，宋元泉州还存在一种介于官民之间的官商阶层。其中，一类是负责番国朝贡的类似于外交使节的商业性质官员，另一类则是受官府差遣前往番国"勾招奉进"的官商。此外，与官商紧密结合的，还有凭借政治特权，专门享受官府特殊指派从事利润极高的商业、贡品运输的商人，他们往往有能力建立和维系大型的贸易网络和集团性经营机构，而把一般从事民间私商贸易的"舶户"控制在手中，使之成为被庇护的小型经营者。这一阶层的人员很有限，但在宋元时期的地方官商之间的互动中扮演着重要的中介性角色。

宋元泉州的政府、乡村与城市社会经济组织的关系图景，使我们对以往学界有关"前工业城市"经济功能局限性的论述产生了怀疑。斯沃伯格（Gideon Sjoberg）曾主张，传统国家的阶级分化特征在城市布局及其社会特征方面具有某种共通的表现形式。他认为："前工业时代的城市，不管是中世纪的欧洲、传统中国和印度，还是其他任何地方，在结构或形式上其相互之间都极度相似。"[27] 在斯沃伯格看来，非现代的城市几乎总会呈现出一定的特性，即它是有城墙的，而且城墙几乎总会是一系列更为全面的防御设施的一部分。其中心区域（包括衙门和宗教建筑），通常在空间轮廓方面占据主导地位，它还特别包括主要的市场，这种市场位于开阔的广场地带。精英们的居所也倾向位于这些城市的中心地带，而那些贫困群体则居于离主要区域最偏远的地带。[28] 斯沃伯格承认前工业城市存在市场，但坚信，商业活动的集中不可能成为传统城市产生或发展过程中的关键因素。[29] 尽管斯沃伯格所指出的传统城市特征确实不无道理，但他夸大了传统城市之间的一致性。[30] 斯沃伯格认为，非现代社会中的（包括欧洲的封建时代的）统治阶级总是居住在城市当中。这一论点有一定道理。一般说来，凡是已维持足够强度的内聚力因而值得完全称之为"国家"的那些地区，都是城市而非乡村成了统治阶级成员的首要居住地。在宋元泉州，统治者一般也住在城里。然而，斯沃伯格急于强调，农业国家中的城市作为行政中心具有独立、自足的特征。这一点完全不符合宋元泉州的情况，因为，一如前文指出的，泉州的城乡之间早已存在一种社会经济的联系，而在城里定位的团体，除了政府官员和政治上层人物之外，还有非政府的行业团体，甚至不受政府控制的外来商人团体。

诚然，指出宋元泉州政府与民间社会经济势力的分立状况，只不过是为了说明当时、当地在国家与社会之间存在一种相互"讨价还价"的可能性，这里的"讨价还价"指的就是上文提到的相对分立的势力之间形成一种互相考虑对方利益的互动。

关于这一点，我们首先可以从泉州市舶司与当地商人团体之间的互动模式来解释。据傅宗文，宋代泉州市舶司的设立，经历了一段艰难而富有意义的历程。[31] 宋太祖开宝四年（971年），已设立广州市舶司，太宗太平兴国三年（978年）至端拱二年（989年），又设立杭州、明州市舶司，之后朝廷才又迟迟于哲宗元祐二年（1087年）设立泉州市舶司。实际上，早在泉州市舶司正式设立以前，泉州地方官就已迫于地方商界的呼声二度提出了这个要求。宋熙宁五年（1072年）下发的诏书提到："诏发运使薛向曰：东南之利，船商居一。比言者请置司泉州，其创法讲求之。"（《宋史》卷一八六）因为当时朝廷中的市易司在广州市舶司设立之后，出现了后者拢括海外贸易利益的图谋，所以为了避免同样的状况再度在泉州出现，朝廷没有对这个"比言者"（很可能是受泉州地方商人委托的官员）提出的政策建议做出准许的批示。在实行广州市舶"条法"时，福建转运官对泉州舶商"觉察拘拦"。当时，泉州的海外贸易已经得到高度发展，但是在朝廷的限制下，来自泉州舶商进行的大宗买卖，都需要经过广州市舶司的抽解，凡未到广州抽解的住舶，福建转运官则"拘其货，止其舟"，"籍没连蔓，起数狱"。显然，转运官的行为引起了泉州商人的广泛反对。当时知州陈氏竟为了保护泉州地方商人的利益而与转运官发生人际冲突，在申辩疏文中向朝廷呼吁："自泉之海外，率岁一往复，今尊旨，广必两驻冬，阅三年而后返。又道有焦石浅沙之险，费重利薄，舟之南日少，而广之课岁亏。重以拘拦之弊，民益不堪，置市舶于泉，可以息弊止烦。未报。"（《永乐大典》卷三一四一）荒唐的是，由于转运官在朝廷有熟人，知州的这一次申请，再度被置之不理。泉州设立市舶司的圣旨，到了哲宗元祐二年才发下来。这次不再是对知州代表的舶商呼声的回应，却是一位认识泉州籍名士苏颂的户部掌权人帮了大忙。从泉州市舶司的设置过程来考察，即可看到当时在地方政府、地方（商人）利益和朝廷政策之间存在着协商的可能性，而介于朝廷和地方利益之间的地方官员，在关系到其所管辖的人口的利益之时,还是能够摆出地方社会"庇护者"的姿态"为民请命"的。在同一过程中,也能看到在宋代非正式的人际关系(如转运官与上级的人际关系、户部掌事者与苏颂的关系)的力量,远胜于正式的上下级官僚制度的行政沟通关系。

泉州市舶司设立以后,政府与海外贸易市场之间形成了一个较为稳定的关系。市舶司的主要任务是关税的执行和监督,承担着从商人当中收取关税、征收贡品的责任。此外,市舶司还承担着检查番国船只和货物的责任,对本国商船和商人,也例行严格的检查,对二者的出入港货物、人员等项进行监督和审批。元代仿宋法,在泉州立市舶司,这时税务制度也得到制度化。《元史·食货志二》云:

> 世祖既定江南,凡邻海诸郡与番国往还互易舶货者,其细货以十分取一,粗货十五分取一……大抵皆因宋代旧制,而为之法。

在宋元期间,关税的征收名义上主要还是出于"朝贡关系"的考虑,不过,当时市舶关税部分纳入朝廷财政,而税收以外,更大量的收入则保留在地方官府的掌握之中。这就使得地方政府能够保持一定的财政实力,而将部分财富投资在海港的建设和一些地方公益事业上,从而为宋元时期泉州城乡基础设施(如桥梁)建设打下了良好的基础。此外,尽管政府的市舶收入的本质目的还是为了在所管辖的范围内榨取财富,但由于当时存在一个人数不多但影响力强的商业特权阶层,因此政府在税收方面的榨取能力受到了相当大的限制。这也就意味着,商业特权阶层有可能通过巧妙的、非正式的手段积累大量的财富,成为不仅具有经济支配权而且还拥有政治影响力的地方权贵。

泉州蒲氏家族的历史,就是这种地方权贵发展的典型案例。蒲氏家族的先世,约在唐末自西域经南洋迁居广州,后又落籍于泉州。蒲氏家族专长于海舶贸易,亦受历代统治者重用。五代时,蒲氏家族中的蒲有良奉使占城，为西洋转运使。入宋以后，蒲氏家族逐渐汉化，也继承了先祖的海上经营。南宋绍定年间（1228—1233年），蒲氏家族中的蒲宗闵中进士，先后为官于岭南通判、督察院，后来连续奉命出使海外。端平三年（1236年），蒲宗闵奉使安南，两年后又奉使占城，后再奉使渤泥（文莱），卒于该地。至此，蒲氏家族已有人长期居住海外，有人居住泉州等地，他们利用在中国东南沿海和东南亚的有利地位，与阿拉伯世界和南亚保持密切的商贸联系。南宋绍熙年间（1190—1194年），蒲氏的一支蒲开宗家族从广州移居泉州。不久以后，蒲开宗在泉州下属的安溪县任职，并兼事海外贸易，在海外贸易中积累了大量财富，拥有大量船舶，甚至私养军队，于是逐渐在泉州发迹。宋咸淳十年（1274年），有海贼寇泉州，蒲开宗之子蒲寿庚兄弟率军击败之。不久，蒲寿庚被升任泉州提举市舶，成为掌握泉州财权并拥有私人军队的地方权贵。南宋末，元军攻克临安，南宋朝廷残余势力南逃泉州。然而，如乾隆版《泉州府志·拾遗》所记，"宋主昺舟至泉，寿庚来谒，请驻跸，张世杰不可。或劝世杰留寿庚，则凡海舶不令自随，世杰不从，纵之归。继而舟不足，共掠其货，寿庚怒杀诸宗室及士大夫与淮兵之在泉者"。蒲寿庚动用私人军队杀了南宋宗室、朝廷大员及军队，投降元朝大将，将所控制军队加入元军，使元军顺利扑灭了南宋残余势力，从而受到了元朝的高度信任。[32]元初，蒲寿庚授官闽广都督兵马招讨使并参知政事，累官直至泉州行省平章政事，其长子蒲师文继承其父为正奉大夫宣慰使左副元帅兼福建道市舶提举。在元朝统治期间，蒲氏家族承办泉州市舶招商的重任，利用权力进一步积累了大量财富，拥有80艘海船，在商业上极其成功，其政治影响范围也大大扩张。[33]

文化多元时代

3世纪以后汉人迁入泉州，使这个地区经济得到了开发，也给它带来了早已在中原地区成熟了的传统国家行政网络（这也就是史志所谓"建制沿革"的成果）。传统国家行政网络在泉州的植入，除增强政府对社会的监控之外，还带来了朝廷积累的文化符号体系，这一体系显示着朝廷的在场，它以地方政府定期组织的坛、庙祭祀为核心，在城市空间里占据显赫位置。[34] 在文明的核心地带，这一体系具有相当大的排他性，它虽屡遭民间文化和外来宗教的冲击，但却维持着自己的文化独特性。相比之下，在泉州这个"天高皇帝远"的地带，情况却有所不同。在泉州商业社会力量发达的历史情景下，比起中原，这些仪式典章和实践，时时调整着自己，对种种强大的非官方势力做出"让步"。

宋元时期泉州地方政府对市舶祈风仪式和天后仪式的提倡，就是这种"让步"的表现之一。

泉州市舶祈风仪式在两宋间于夏初（四月）、冬初（十一月）出海及返程的时刻举行，由市舶官员主持对海神"通远王"的祭祀。据民国《永春县志》卷十六载：通远王即广福王，"庙在乐山，盖山神也。宋赐额昭惠。泉守蔡襄祷雨有应，以状闻，封善利王，累加广福显济王号"。泉州历史学家陈泗东考证，市舶祈风的主神通远王原为唐朝永春乐山的一个老隐士，死后被民间奉为山神。[35] 此神后来被永春人移至泉州九日山，建庙祭祀，"水旱病疫，海舶祈风"（康熙《南安县志》卷二），皆灵验有应。宋时泉州大旱，太守蔡襄祷雨有效，故推广为神力繁多的崇拜模式，在泉州桥梁建设、市舶祈风中，受到官方的直接奉祀。在泉州九日山的市舶祈风，留下不少纪念性的石刻文字（图3.2），今存最早的为淳熙十二年（1185年），最晚的为咸淳二年（1266年），最典型的文字为："舶司岁两祈风于通远王庙。祀事既毕，登山泛溪，因为一日之欵。"落款人均为泉州地方政府官员、转运使及市舶司官员。[36] 市舶祈风的制度，是在两宋期间泉州官方海外贸易最发达的时期发展的，它的信仰背景不是朝廷原来提供的那一套正统符号体系，而是来自民间山神信仰的变种。从这些记载中，我们似乎可以看

图 3.2　九日山祈风石刻（作者摄于 2004 年）

到，通远王的市舶祈风仪式起源于民间，在民间从一个地方性山神逐步转变为保佑海上远行安全的崇拜对象，首先受泉州舶商的信仰，后来被地方政府改造成为官方化的崇拜对象。

与市舶祈风的通远王一样，天后也是从起源于民间的信仰转变为服务于官方海外贸易的仪式崇拜的。天后（图 3.3）的民间名称为"妈祖"，原为北宋太平兴国年间莆田湄洲湾林家少女，名"默娘"，因救助商船、舍己救人、行善济世，死后被民间尊为"湄洲妈""灵女""妈祖娘"，也得到东南沿海渔民、舶商及市民的崇拜。乾隆版《泉州府志》卷十六引隆庆府志云："宋庆元二年（1196 年），泉州浯浦海潮庵僧觉全，梦神命作宫，乃推里人徐世昌倡建。实当笋江巽水二流之汇，番舶客航聚集之地。"泉州天后宫建于宋代，为民间庙宇。两宋时期，朝廷多次对天后封加显耀的名号，而自元至元十五年（1278 年）起，泉州天后宫就多正式受到朝廷的敕封。在天后信仰的官方化过程中，蒲寿庚家族起了很重要的作用，如至元十八年（1281 年）"封护

图 3.3　天后（作者摄于 2004 年）

国明著天妃"，即为蒲寿庚之子蒲师文（时任福建道市舶提举）受遣宣布的。[37] 元代历次的制封诏书，都强调天后保护海道的作用，按其指示，地方官员每年致祭。

　　通远王和天后在宋元时代的官方化，充分说明这个时期政府在商业社会的影响下，从制度上对一些与官方正统不相匹配的文化符号形式积极加以吸收。然而必须指出，作为"让步"的吸收，不过是当年文化意义上"官民互动"场景的一个组成部分。在那个时代，不仅民俗文化的符号得到了政府的礼遇，而且异域的族群和宗教文化也为地方政府所接受。在宋元泉州城的街道上，人们不仅可以面对面地与不同种族的"番国来客"进行经济和社会的交往，而且还可以在这样一个小小的空间里体认来自世界不同地区的宗教。[38] 时代似乎赋予泉州一个世界文化聚集点的地位，使来自世界各地的宗教之流，从阿拉伯世界、从印度、从欧洲，纷纷向这个城市汇聚，使这座城市成为一个兼容不同文化的空间。如张星烺所言，"泉州外国侨民若是之多"，在

3．边陲世界的拓殖　│　129

泉州形成一股巨大的势力，又给泉州带来各种外来宗教，这些宗教共处一城的不完整面貌如下：

> 佛教最早最大之寺，在西门内，创始于唐中宗垂拱年间，规模宏大。前院东西两塔为南宋时之建筑。元时高僧额多力克（Ordoric）之《游记》尝记谓有僧三千人，佛像一万一千座。其大可知矣。基督教堂元末时有三座。地址何在，皆不可考。今府学街奏魁宫有石刻小神像，头项与胸有十字架，背又有翼，其为基督教徒遗物无疑。回回教之遗迹则有府学街之古代清净寺，及东门外灵山之古先贤塚。清净寺为北宋时建筑，亦规模宏大。可知古时回教徒在此方之富厚殷实。先贤塚前回回墓累累，皆昔时活动于此方之外侨骸骨也。有元时摩尼教（Manichaeism）遗址在泉城南门外四十余里之华表山。其处有石峰，玉泉，石刻，及云梯百级诸胜，尤为全国独一无二之遗迹，至明末万历时尚存。[39]

成立于1959年的泉州海外交通史博物馆，集考古学家、历史学家和人类学家数十年研究之功，专设展示古代宗教石刻、"阿拉伯—波斯人在泉州"、"泉州湾古船"等文物的分馆，生动展示了泉州的文化多元。不少本地和外地宗教史研究者，则通过深入考证，分门别类地辨析出这一文化多元状况的宗教基础。相关成果，汇集到诸如泉州历史学家吴幼雄先生所著《泉州宗教文化》[40]之类综合性作品中，为我们重访远去的历史现场，提供了导引。

到泉州访古的人可以看到，这个地区广泛分布着古代阿拉伯、波斯穆斯林的石墓。宋元时代穆斯林的石墓有两种，一种为须弥座式石墓，分三层、四层、五层等，第一至四层为一石凿成，第五层墓顶石作尖拱状或圆拱状，正面浮刻阿拉伯伊斯兰的标志"云月"，墓前竖立刻有阿拉伯文的墓碑，内容一般为死者生卒年月、姓名、籍贯

图3.4 清净寺（正原摄于2015年）

和《古兰经》等。另一种形式则是须弥座祭坛式石墓，由多块石垛围成，石垛间有间柱隔开，石垛上刻有"云月"或阿拉伯文书写的《古兰经》句，有的则刻有死者姓名和过世年月等。[41] 穆斯林墓葬区，遍布城市东郊和东南郊，在城区也有分布〔一些名望高的教长或长老死后，葬于清净寺（图3.4）附近或围墙内，另一些有产业的穆斯林"归真"后，葬于自家花园〕。泉州东门外灵山圣墓，由花岗岩雕成，须弥座式，分三层，其最古文字记载为元代阿拉伯文碑记（刻于1318年），上刻云：两位穆斯林传教士于法克富尔〔Faghfur，或译作铁格木尔(Teghmur)〕[42] 时代到这个国度，有善行，后寿终，葬于此，每届冬季人们前来朝拜，无不得益以归。明崇祯二年（1629年）何乔远《闽书》之《方域志》云：默德那国有吗喊叭德圣人，"门徒有大贤四人，唐武德中来朝，遂传教中国，一贤传教广州，二贤传教杨州，三贤、四贤传教泉州，卒葬此山……二人自葬是山，夜光显发，人异而灵之，名曰圣墓，曰西方圣人之墓也"。[43]

大量"阿拉伯番客"安息泉州，由此足以推断，其生前曾在此地

3. 边陲世界的拓殖 | 131

安居乐业。宋元时期，居住在泉州的穆斯林，有的对泉州海上市舶贸易有功而获得官职，有的因军功显赫而得以升迁，有的出资从官府买得官位。[44] 其中，元大德六年（1302 年），异密·乌马儿由福建行省平章政事，调任江浙行省平章政事，就在他离任泉州时，他的儿子杜安子杜安沙去世（其阿拉伯文墓碑 20 世纪 50 年代在泉州发现）。在泉州，还有"色目人"任县达鲁花赤（掌印官）者。不少穆斯林在泉州经商，与泉州人成婚，其后裔成为"半南番"（"混血儿"）。

宋元时期，穆斯林不仅在泉州自由从商、任官、传宗接代，而且还在这个地区自由传播其宗教。泉州通淮街清净寺，为宋绍兴元年（1131 年）来自中东的纳只卜穆兹喜鲁丁从商舶来泉所创。据《泉州府志》载，波斯开才龙城（Kazeruh）人夏不鲁罕丁，于元代皇庆间（1312—1313 年），随贡使来泉（住排铺街），修回回教，泉人延之，住持礼拜寺，寺宋绍兴创也。夏不鲁罕丁住持这座寺长达 60 年。1347 年，摩洛哥大游历家伊本·巴都他来泉州，曾会见过夏不鲁罕丁，同时会见泉州地方大商人塔伯利兹城（Tabriz）人舍刺甫丁（Serafeddin）等多人。[45]

除了伊斯兰教之外，古基督教在宋元时期也得到了传播。泉州古基督教派别，有聂斯脱里派（Nestorian Christians）和天主教的圣方济各会派（Francicans Mission）。聂斯脱里派传入中国，后称景教，为叙利亚人聂斯脱里氏所创。[46] 景教于唐中叶的 8 世纪以前即传入泉州，唐会昌五年（845 年）被禁止，但未消灭，而至北宋太宗（976—983 年）时，景教教主派僧侣及修士六人到中国探查，发现教堂衰落者众多。元兴以后，景教借蒙古兵力由叙利亚和波斯再度入华，改称"也里可温教"，不属罗马教皇，在东方自设大总管，委任各处总主教及主教。元代也里可温教在泉州设立主教区，并派"管领江南诸路"也里可温教教务部管驻。

泉州出土众多古基督教墓碑（图 3.5），其中多数属于也里可温教。

图 3.5　元十字架石刻（正原摄于 2015 年）

这些墓碑，有的雕刻由叙利亚文字拼写的中亚地区方言，有的还掺杂蒙古语，有的是回鹘文字拼写的当地方言，有的则雕刻两行由蒙古的八思巴文字拼写的汉语。

元代在泉州的古基督教，除也里可温教外，还有圣方济各派，此派于元中期传入北京，之后向东南传播至泉州。在元代，欧洲人往返中国，从海路多先在泉州登陆，经福州，溯闽江，越仙霞岭，达钱塘江，然后溯运河北上至汗八里（北京）。从陆路则由北京居庸关，经大同、河套、宁夏、凉州、甘州、肃州、嘉峪关往西域。元代基督教亦循海陆二路传来泉州。意大利人圣方济各会派僧约翰孟德高维奴，受东罗马教皇尼古拉斯四世（Nicholas IV）派遣，往东方传教，至元二十八年（1291 年），由塔伯利兹城动身，经印度抵中国，先到刺桐（泉州）港，后达汗八里（北京）任总主教。1313 年，在福建刺桐城添设一个主教区，派日辣多（Gerado）为第一任主教。

唐时欧亚之间来往频繁，犹太教传入中国，宋时已有犹太人"进

3. 边陲世界的拓殖　｜　133

图3.6　石笋（作者摄于2004年）

贡西洋布"，受帝命而"遵守祖风留遗汴梁"。开封有碑称犹太教为"一赐乐业教"，据陈垣，"一赐乐业"即"以色列"。[47]《元史·文宗本纪》称犹太教为"术忽"，《元典章》称"斡脱"，犹太教经典、碑石使用之文字，似波斯体书法。据史载，开封、苏州、扬州、杭州、广州都有犹太教遗迹。元代泉州，也有犹太人与圣方济各会派共居一城。

古婆罗门教（印度教），上古产生于印度河平原，其在泉州的主要遗迹，为北宋临漳门外的石笋（图3.6）。泉州发现的印度教石雕以数百方计，其中有毗湿奴立雕造像、毗湿奴的信士象和鳄鱼互斗的神话故事及毗湿奴骑金翅鸟救象的故事等雕刻。这些石雕艺术创意归属印度僧人，但工艺却来自当地匠人，它糅合了中国、印度、埃及和希腊的艺术（图3.7）。

佛教大约创立于公元前5世纪的印度北部，秦汉已传入中国，魏晋南北朝兴盛，也于此间进入泉州（图3.8，图3.9）。据乾隆版《泉州府志》所录宋曾会《修延福寺碑铭》云："造寺也，始晋太康九年（288年）。"泉州最著名佛教胜迹为开元寺，该寺创建于唐垂拱二年

图 3.7 印度教石刻（作者摄于 2004 年）

(686 年)，初称"莲花道场"，后改"兴教寺""龙兴寺"，开元二十六年（738 年），改名开元寺。另外，还有泉州西门发现的唐大中八年（854 年）之尊胜陀罗尼经幢、唐乾宁四年（897 年）黄滔所撰《泉州开元寺佛殿碑记》，都证明唐泉州佛教之兴盛。五代至两宋，商人、官员、百姓之家佛教信徒大量增加，寺院积累了大量寺产，寺产不仅用于进一步扩大佛教的影响，还用于地方公益事业的大规模投资（两宋时期，泉州兴建的 10 座大桥中，就有 7 座是寺产资助的）。到了元代，朝廷采用"以儒治国，以佛治心"的意识形态策略，各级地方政府对佛教寺院给予大量施舍，在这个时期，泉州佛教得到了进一步的传播。

摩尼教综合佛教、景教和拜火教等内容形成，于 3 世纪为波斯人摩尼所创立，唐以前已传入中国，在福建称为"明教"。[48]《闽书》卷一至三十一《方域志》云："唐会昌中汰僧，明教在汰教中。有呼禄法师者，来入福唐，受侣三山，游方泉郡，卒葬郡北山下。"元代，泉州明教极盛，皇庆二年（1313 年），有了派遣明教教务大总管来管领

3．边陲世界的拓殖 | 135

图 3.8 "泉南佛国"石刻(作者摄于 2004 年)

图 3.9 开元寺(正原摄于 2015 年)

教务的需要。泉州南门外草庵摩尼教遗址（图 3.10，图 3.11）中刻有"摩尼光佛"雕像，高 1.54 米，佛跌坐，发披肩，有两道长须，背有两道佛光。佛像两边各有一段元代后至元间的碑记，庵前有一块自然大岩石，上刻"清净光明，大力智慧，无上至真，摩尼光佛"，此乃摩尼教教义。

宋元泉州出现了一个宗教文化多元并存的局面，此间，不同宗教共处一城，互相交流、融合、吸收。佛教与道教之融合，早已成熟，而理学又提倡儒、道、释结合，进一步促进了三教合流。在一些教义差异甚大的宗教之间，也出现了融合之势。泉州佛教寺院承天寺存有一座元代石炉，炉盖上刻"泉城孙府前保信士蒲力目，偕室李二娘仔，与十方檀信，同发诚心共成佛果，喜舍朝天炉入于灵应禅寺，永充供养，祈求现世康安，预布来生福果者。时大元至正丁未年（1367 年）四月吉日"。如泉州历史学家吴幼雄指出，这里有两点值得注意，其一是，"祈求现世康安，预布来生福果者"一句，说明佛教在元代泉州的世俗化倾向；其二是，"信士蒲力目"显然不为汉人，而应是阿拉伯人、波斯人或"土生番客"，但肯定是伊斯兰信徒。后一点证明即使本来相互排斥的伊斯兰教与佛教也出现了民间融合趋势。[49]

与上述中外宗教文化多元格局的出现同时，泉州地区汉人民间文化的发展，也出现了缤纷多彩的局面。流传至今的泉州南戏，出现于宋代，此后即在泉州城乡地区广泛传播，为地方社会各阶层所喜爱。尽管在当时的情况下，某些推崇官方正统观念的官员主张禁止演出民间戏曲，但当地民间歌舞和地方音乐体系"南音"还是得到了很大发展，在这一发展的基础上，出现了"优人互凑诸乡保"的文化盛况。宋人陈淳《北溪大全集》卷四十七记载，南宋时演男女爱情题材的所谓"淫戏"，不但在"秋收之后"的"乞冬"演出，而且"自七八月以来，乡下诸村正当其时，此风在在滋炽"。宋代泉州一带戏班一般把唐之"梨园"沿用在戏文之中，故其戏剧被称为"梨园戏"。梨园戏有大梨

图 3.10　摩尼教草庵（作者摄于 2004 年）

图 3.11　摩尼光佛复件（正原 2015 年摄于泉州海外交通史博物馆）

园和小梨园之分，大梨园又分"下南""上路"两支，三种流派都有各自的"十八棚头"（专有剧目）和专用唱腔曲牌。[50]小梨园最初是豪门富室的家班，历代沿袭班主都是以契约形式收买七八岁至十二三岁的儿童组班，年限5至10年，保留其童龄的演出阵容，以适合深闺于内院垂帘观赏。在同一时期或更早一些，傀儡戏在泉州也开始发达。据传，唐末王审知入闽称王时，大建宫院，由中州聘请不少名士学子，并携带傀儡戏具，置于宫中以供娱乐，木偶戏即为此时传入，故"嘉礼戏"（傀儡戏）的道白有"中州音"。南宋时期陈淳《上傅寺丞书》云："举陈漳州陋俗，每当春秋之际，诸乡保少年，遂结集浮浪，无赖数十辈共率，号曰'戏头'，逐家敛钱，豢优人作淫戏，或开傀儡，筑棚于居民丛萃之地为之，毫无顾忌，其名曰'戏乐'……"陈淳系宋时漳州人，从他给傅寺丞的建议禁戏书来看，当时漳州已有"弄傀儡"。与漳州地理位置和文化相近的泉州，情况类似。民间戏曲流行到如此程度，以致南宋泉州太守真德秀劝谕百姓"勿看百戏"，而诗人刘克庄则在其《后村全集·观社行》一诗中说："郭老一断事都休，却了衣冠反沐猴；棚上偃师何处去，误他棚下几人愁。"

对于一些学者来说，宋元时期泉州宗教文化的多元并存面貌，正反映着前文论及的传统国家文化形态的基本特征。历史社会学研究表明，在传统国家中，统治阶级维护一个将大多数臣民排除在外的政治思考和论辩的"话语领域"，为此，他们通常在城市环境中鼓励一小部分精英成为具有"文化世界主义"观念的人物，与此同时，他们把大多数人排除在政治的话语领域之外。换言之，传统国家的社会一体化，并不依赖于观念形态一致性，而主要依赖统治者和国家机构的上层精英对统治阶级的其他成员和行政官员行使观念形态的潜移默化影响。尽管统治集团及其臣民之间也具有互惠性和自主性，但这种互惠性主要是政治经济上的。在其自身的地方生活及传统的行为模式等诸多方面，被排除在外的"民间"农民生产者保有高度自主性。这就使朝廷的观念形态控制，局限于内宫、世袭贵族阶层的上层及军事首领阶层。如果这一点确实反映了传统国家的文化特征的话，那么，我们又该如何理解宋元时期泉州宗教观念形态的多元性？显然，这个时代、这个城市所含有的符号文化，接近于历史社会学所描述的城市环境中的"文化世界主义"，不过这种文化世界主义却不为小部分社会上层所独占，而蔓延到社会的各阶层。从另一个角度看，我们也断不能认为，泉州的文化多元性符合了历史社会学所描述的农民生产者的文化自主性，因为这一系列的信仰模式已经超离了农村社区的民间信仰模式，而具备了现代都市的文化复杂性，如傅金星所说："宋元时代的泉州，就像今天美国的纽约，荷兰的鹿特丹，中国的上海……当时的泉州，有来自欧、亚几十个乃至上百个国家和地区的商人、旅行家、传教士，各种宗教、文化、科学技术都被消化和吸收。"[51] 倘若说宋元泉州给了我们一个理论挑战，那么这个挑战正在于，在传统国家的这一别致的边陲，文化多元曾达到的程度，大大出乎习惯于将传统国家与封闭社会对等看待的学者的意料之外。[52]

"新世界"的发现

随着海外交通的发达，穿行于各地的泉州舶商早就接触到了"新世界"。这些早期异国见闻，没有在文字体系里得到系统保留，但可以想见，其地理、人种、风物及文化的视野，早已超出了一般范围，而成其"天下"。早期舶商视野的拓宽及对不同世界的逐步认识和适应，使泉州人比那些受正统世界观制约的人们，更易于接受来自异国的风物与文化，而正是这个超越正统的文化观念，为后来泉州海外贸易视野的进一步拓展奠定了知识基础。宋元时期，泉州地方的官员、文人、商人、一般民众已经对异国情调更加熟悉和习惯，在这个时期，对海外世界和文化的系统描述也出现了。

赵汝适的《诸蕃志》是广为人知的南宋地理名著，这部作品成书于宝庆元年（1225年），是作者任职泉州时所写的一部关于海外地理与文化的专著。赵汝适为宋太宗八世孙，生于乾道六年（1170年），嘉定十七年（1224年）提举泉州市舶司，宝庆元年（1225年）兼权知泉州，接着兼知南外宗正司。他在宋室南渡以后任职泉州，其时泉州海外贸易十分兴旺，来自世界不同地区的人种、物品、习俗在泉州都能亲眼见到。赵汝适在泉州时，勤办市舶事务，广泛接触番商，从外来的商人和泉州舶商那里了解到许多有关海外人文地理的知识。《诸蕃志》就是根据间接得到的海外知识写成的著作。在这部书的序言中，作为帝国正统的传承者，赵汝适竟宣称，不了解海外风物，就是君子的羞耻。他说："山海有经，博物有志，一物不知，君子所耻"，"乃询诸贾胡，俾列其国名，道其风土，与夫道里联属、山泽之蓄产。译以华言，删其秽芜，存其事实。"

《诸蕃志》全书约9万字，记录与泉州有贸易关系的58个地区、族群、国家的情况，所涉货物种类47种。书分上下卷，上卷记"诸番"风土人情，下卷记海外诸国物产资源。其触及的地理视野，东自日本，西至东非索马里、北非摩洛哥及地中海东岸诸国，作者估测了自中国沿海至海外各国的里程及所需日月。《诸蕃志》卷上志国，记述占城国、真腊国、宾瞳龙国、登留眉国、蒲甘国、三佛齐国、单马令国、凌牙斯加国、佛罗安国、新拖国、监篦国、兰无里国、细兰、苏吉丹、南毗国、故临国、胡茶辣国、麻啰华国、注辇国、鹏茄罗国、南尼华啰国、大秦国、大食国、麻嘉国、弼琶啰国、层拔国、中理国、瓮蛮国、白达国、吉兹尼国、忽厮离国、木兰皮国、遏根陀国、茶弼沙国、斯伽里野国、默伽猎国、渤泥国、麻逸国、三屿国、蒲哩鲁国、流求国、毗舍耶国、新罗国、倭国等，其中的斯伽里野国篇记述的是西西里岛的地理和岛上的活火山，为中文典籍中最早记述意大利西西里岛和埃特纳火山的著作。《诸蕃志》卷下志物，计有脑子、乳香、没药、血碣、金颜香、笃褥香、苏合香油、安息香、栀子花、蔷薇水、沉香、速暂香、黄熟香、生香、檀香、丁香、肉豆蔻、降真香、麝香木、波罗蜜、槟榔、椰子、没石子、吉贝、椰心簟、木香、白豆蔻、胡椒、荜澄茄、阿魏、芦荟、珊瑚树、琉璃、猫儿睛、砗磲、象牙、犀角、腽肭脐、鹦鹉、蚌珺、龙涎、黄蜡等。

《诸蕃志》可以说是依据对海外来客的"访谈"写成的地理学专著，它的特点是从一个世界性贸易港口放眼世界。到了14世纪初期，在这个基础上，泉州还出现了依据亲自展开的海外探险写出的同类志书。汪大渊，字焕章，江西南昌人，生于元至大四年（1311年），自少年时期便景慕司马迁而爱好游历世界，到了海外交往极度发达的泉州。至顺年间（1330—1331年），汪大渊年仅二十，即随泉州商船远航，经过内南海，过马六甲海峡，入孟加拉湾，绕印度半岛，经阿拉伯湾，进入波斯湾，南下经亚丁湾、红海，沿非洲东岸南下至坦桑尼亚，元统二年（1334年）返回泉州。至元三年（1337年），汪大渊第二次从泉州起航，经南洋群岛诸国，穿过马六甲海峡，绕过苏门答腊岛，北至万年港，东至古里地闷、文老古，向北至苏禄岛，最后经中沙、西沙群岛返航，至元五年（1339年）夏秋间抵达泉州。汪大渊两次远航探险，历时8年，航程数万里，到过220多个国家和地区，沿途所闻所见十分广博，至正九年（1349年）修《岛夷志略》。

汪大渊《岛夷志略》全书一卷，分百条记述，每国一篇，大多为汪大渊亲身经历和见闻的各国山川、道里、国情、民俗、物产、贸易等方面的情况。全书涉及亚、非、澳各洲的国家与地区达220多个，其中主要包括澎湖、琉球、三岛、麻逸、无枝拔、龙涎屿、交趾、占城、民多郎、宾童龙、真腊、丹马令、日丽、麻里鲁、遐来忽、彭坑、吉兰丹、丁家卢、戎、罗卫、罗斛、东冲古剌、苏洛鬲、针路、八都马、淡邈、尖山、八节那间、三佛齐、啸喷、浡泥、明家罗、暹、爪哇、重迦罗、都督岸、文诞、苏禄、龙牙犀角、苏门傍、旧港、龙牙菩提、毗舍耶、班卒、蒲奔、假里马打、文老古、古里地闷、龙牙门、东西竺、急水湾、花面、淡洋、须文答剌、僧加剌、勾栏山、特番里、班达里、曼佗郎、喃诬哩、北溜、下里、高郎步、沙里八丹、金塔、东淡邈、大八丹、加里那、土塔、第三港、华罗、麻那里、加将门里、波斯离、挞吉那、千里马、大佛山、须文那、万里石塘、小㖼喃、古里佛、朋加剌、巴南巴西、放拜、大乌爹、万年港、马八儿屿、阿里思、哩伽塔、天堂、天竺、层摇罗、马鲁涧、甘埋里、麻呵斯离、罗婆斯、乌爹等地，内容包括地理位置、风土人情、物产、贸易等。

　　汪大渊第一次远航是在1331年，比哥伦布最早世界之行（1492年）早161年。这一点说明这位中国青年航海家的创新精神，更说明中国在西方对"新世界"的发现以前已经出现了一种"商业主义"的世界眼光，这种世界眼光含有一种类似于后来在西方出现的"东方学"（Orientalism）的文化地理表述风格，因而也自然而然地具有了某种类似于"东方学"的文化霸权主义因素。据萨义德的研究，在西方，东方学正式产生于1312年。当年，维也纳教会通过一个提案，决定在巴黎、牛津等地建立有关中东和近东语言与文化研究的科系。从此以后，出现了一大批被西方社会承认的"东方学专家"。在14至16世纪之间，东方学的主要任务是，搜集有关西方宗教的源头（近东和埃及）及其对立体系（伊斯兰世界）的文化资料。直到18世纪中叶，东方学仍然是附属于教会的知识结构。在几百年里，"东方学学者"一直是指圣经学学者、闪米特语系专家、伊斯兰学学者，以及稍后成长起来的研究汉语的汉学家，其研究东方的目的是为了扩张西方教会的势力。18世纪末期至19世纪中叶，东方学的范畴逐步扩大到整个亚洲，它的走出教会，影响了整个西方文化界。19世纪的东方学学者，主要包括两类，一类是专业化和职业化的学者（如汉学家、伊斯兰学家、印欧学家），另一类是有天才的业余热心人士（如文学家雨果和歌德都曾写过有关东方的书），更多的是学者和热心于东方文化的名人。[53]

回过头去看，宋元泉州从边陲地带放眼世界的《诸蕃志》和《岛夷志略》，代表的似乎是一种与西方的东方学相反的一种表述体系，即以东方为中心来观察海外世界的文本体系。与西方的东方学不同的是，汉语世界海外描述的起源与宗教的传播没有任何关系，反而首先与海外贸易和中华帝国朝贡体系的向外延伸的需要密切相关。在西方，东方学与世界性贸易体系的关系，到15世纪以后才初步出现，到18世纪才成熟。相比之下，《诸蕃志》和《岛夷志略》比西方早数个世纪就包含了一种以商业利益为核心的海外地理文化关注。这一点在汪大渊《岛夷志略》的后序（即所谓"跋"）中展示得最为清晰：

> 皇元混一，声教无远弗届，区宇之广，旷古所未闻。海外岛夷无虑数千国，莫不执玉贡琛，以修民职，梯山航海，以通互市。

4. 海禁的绥靖实质

在 15 世纪之前，欧洲有了"地理大发现"，是假，但出现一系列对世界有深刻影响的变化，是真。[1] 首先，海上航运有了重大发展，欧洲替代亚洲，获得在海上交通的领先地位。其次，小型领主国逐步演变为在政治、经济和军事力量都得到大大提升的王国，这些王国形成实力和文明上的竞赛，使欧洲百花齐放。第三，几个实现自强的王国（如葡萄牙、西班牙、法国、英国等），为了对内绥靖、对外扩张，增强了国家组织战争的能力，加深了商人之间的关系。[2] 这一系列历史性变化，把欧洲带入了一个内部凝聚力和对外扩张力双强的时代。而正是在这个阶段中，跨越欧亚海陆的蒙古帝国之超级大一统已难维系，其下属汗国分崩离析；在欧亚大陆东部，被元朝归为最低等级的南人，在广大的区域内展开抗争，实现了改朝换代的理想，建立了明朝。在推翻一个跨越洲界的超大帝国过程中，其下属区域（东南沿海）一度在海上贸易中占主导地位的中国，失去了其在这一领域中的地位，逐步退居"二线"，变更身份，最终变成受东西洋海上势力挑战的被动一方。

在这样的历史大背景下，泉州从"东方第一大港"沦为了一座滨海边城。

明清时期的海禁政策

在涉及中国在世界权力格局变动中地位的变化时，沃尔夫提到：

"1367年蒙古人的被驱逐和明朝的当权,把中国与外部世界紧密联系的过程颠倒过来了。中国蜷缩在自己的圈子里,切断了对外联系。这可能是因为明势力本身具有的本土主义性格(the nativistic character)所致,明势力试图在外族侵入的400年之后重新回归到自己的文化之根中去。"[3]

"本土主义性格"指的是什么?沃尔夫欲言又止,在我看来,它应当是指与汪大渊在《岛夷志略》中说到的"皇元混一,声教无远弗届"愿景对反的"心境"。这种"心境"萌生于先秦民本政治学说,衍化为帝王之学,在因游牧民族侵扰而被迫由北方南下的文人士子当中,将之与佛教、道教、禅学融合,又在两宋内忧外患的背景下,进一步在士人亦道德亦宗教的"性理之学"中转化为"内圣之学"(一种追求内在作圣贤工夫、完善德性和人格的主张,其所界定的"成德",目标为个人有限生命的道德圆满)。

"性理之学"作为儒学的一个改良分支,以其广泛的综合超越了学究式儒学,成为有形而上学内涵的系统哲学,被士人广为接受,在民间广为流传。但在北宋期间,这种道学的地位却不稳定,它时而被接受以至推崇,时而遭压制;在南宋与蒙古相争期间,它一度短暂地被奉为官方正统,但从宋元两代总体看,却未曾成为融政统和道统为一体的官方话语。元末,"性理之学"依旧有广泛民间基础,尤其是在南宋遗民当中作为"私学"存在,其中的一部分内容,被糅合到"南人"的反元思想中,并在元以后成为官方政治观念形态。

在元末推翻异族统治的过程中,明之建国先驱有恢复宋之河山的追求,也部分吸收了"性理之学"的理想,但他们选择更有利于凝聚社会力量的明教(摩尼教)。摩尼教3世纪时由波斯人摩尼(Manes)创立,由祆教、基督教、佛教因素混合而成,约于6世纪后由新疆传入中国。唐武宗会昌五年(845年)灭佛后,摩尼教转入"地下",成为秘密宗教,此后吸收道教和民间信仰成分,改称"明教"。这种宗教

图 4.1 《平海寇升赏图》(明苏愚《三省备边图志》)

在宋元时期曾作为多元中的一元在泉州与其他宗教并存；而此间，它也正在产生新的变化。南宋以后，明教和白莲教结合，成为起义的红巾军的号召力源泉，其首领韩林儿又称"小明王"，这个"明"与明教有关。如吴晗所言，朱元璋称帝，定国号为"大明"，纪元洪武，与明教有密切关系。[4] 然而，兴许是他深知明教的反叛性格，朱元璋称帝后，迅即下诏严禁，同时转而诉诸"内圣之学"，以获得治政纲领上的启迪。

成为观念形态的"本土主义性格"并不能独立发挥作用；我们也不能简单地说，在元以后诸如泉州之类地方海外贸易区域的衰落中，"本土主义性格"是唯一的罪魁（世界总体格局的变动，也许与这种"朝代文化性格"的更替一样重要）。然而难以否认的是，明朝建立后，与教化主义的"内圣之学"相关的海禁、内部绥靖、社区教化政策即得以提出并实施（图4.1）。

对于东南沿海活跃于海内外之间的人们来说，明朝廷的"第一号令",是海禁这一有悖于他们与"洋夷"竞争的政策。[5]

明朝1368年建国,之后,迅即对本国商人的出海与从商严加禁止,这使宋元以来发展起来的"官商合营"航海贸易遭到致命打击。作为一个实例,泉州蒲氏家族的遭遇,充分说明了明初朝廷"以夏变夷"、禁止通海的政治取向。原为色目人的蒲氏家族,在南宋至元期间,以善于经营海外贸易而闻名,他们拥有大量海船和家产,成为闽南以至东南沿海地区的富商之一,也拥有相当强的军事实力。南宋期间,蒲寿庚由于协助政府平定海寇有功得到朝廷重用,任职泉州市舶司提举,掌握了海外贸易大权。蒲寿庚降元后,又得到元朝政府的重用,负责恢复因战争而中断的海外贸易。蒲寿庚之子蒲师文,曾受命到海外招商并担任福建市舶司提举。南宋至元朝,泉州海外贸易的兴旺,与蒲氏家族的卓越经营有密切的关系。

这个著名的华化波斯儒商家族,在明初遭到沉重打击。《福建通志》卷二七四云:"蒲寿庚以有功于元,子孙多显达。泉人畏其熏炙,元亡乃已。明太祖时,禁蒲姓者不得入士。"陈懋仁《泉南杂志》卷下云:"我太祖皇帝禁泉州蒲寿庚、孙胜夫之子(孙),不得齿于士。"如《永春龙溪蒲氏族谱》所言:"大明建极之后,劫数难逃,阖族惨遭兵燹,流离失所,靡有孑遗。"1926年张星烺、陈万里来泉访古之时,曾搜寻蒲寿庚后裔踪迹,在泉州只听说南门外浦口有黄姓,为蒲氏改姓而来,忠所地方有蒲姓伊斯兰教徒仅一人,因其居住地临近蒲寿庚府第棋盘园而疑为蒲寿庚后裔。在乡间,如永春,则有蒲氏家族聚居一村。陈万里听说,泉州后渚港附近浔浦乡居民,男子在家照顾儿女,不与外人往来,妇女则负责家庭一切对外买卖事务。这个风俗的由来,传说与蒲寿庚家族在明以后受到的打击有关。如陈万里所载,这些人自称是明初蒲姓子孙,还说:"因太祖欲治其先世导元倾宋之罪,不得读书入士,致有易姓者。"易姓之后,他们还害怕秘密泄露,男性终身家居,不敢外出,女性负责家庭"外事",相沿成习,形成特殊风俗。[6]

蒲氏家族在泉州政治、经济、社会舞台上的失落，不仅是蒲氏一个家族的问题，而是海商的明朝命运问题。

据《明太祖实录》卷二三一，明太祖考虑到"海外诸夷多诈，绝其往来，唯琉球、真腊、暹罗许入贡。而缘海上之人往往私下诸蕃，贸易香货，因诱蛮夷为盗，命礼部严禁绝之"，他指示："敢有私下诸蕃互市者，必置之重法。"

《明太宗实录》卷二十七载，永乐二年，"禁民下海"，这是因为，"时福建濒海居民，私载海船交通外国，因而为寇"，具体政策是，"下令禁民间海船，原有海船者悉改为平头船，所在有司防其出入"。

除处罚从事海外贸易的商人以外，明中期以后为了彻底清除海外贸易势力，朝廷还施用原用于镇压土匪的保甲法对海商社区进行严密监视。何乔远《闽书》卷六十四载："（谢）骞，当涂人，正统乙丑进士，历监察御史，政尚严明。月港、海沧诸处居民，多侦蕃且善盗，骞编甲置总联属作户，约五日赍牌赴府点验；近海桅式大船，悉令毁之，度可五尺、六尺烙以官印，许朝出暮归。不归者，甲总以告；不告连坐之。"嘉靖年间，福建海道副使谭纶在福建地区全面推广保甲连坐法，居民每十户编为一牌，每户轮流值日。郑若曾《筹海图编》卷十二云："其中若有远出不归或私收丝绵火药等物，假名走广，潜往通蕃或遁逃海外久不还乡者，许牌内值日之人抱牌赴首，官为拿究。敢有隐不举，一家有犯，十家连坐。"

从观念根源看，明政府采取严厉的"海禁"政策，是传统的重农抑商思想在多元时代过后出现的回光返照。[7]《明太祖实录》卷一七五载，明太祖曾对户部官员说："人皆言农桑衣食之本，然弃本逐末，鲜有救其弊者。先王之时，野无不耕之民，室无不蚕之女，水旱无虞，饥寒不至。自什一之涂开，奇巧之技作，而后农桑之业废，一农执耒而百家待食，一女事执而百夫待衣，欲人无贫，得乎？朕思足食在于禁末作，足衣在于禁华靡。"[8]《明经世文编》卷十二又云：

"以农为本,故常厚子;以商贾为末,故常抑之。"为了重建以农为本的社会,朝廷采取了一些"抑商"措施,规定出外经商者必须事先向政府申请"路引",注明外出者的姓名、乡贯、去向、外出原因、日期和外出者体貌特征等,以备沿途各地官府查验,凡无路引者和路引不待者,官府都要逮捕治罪。为了降低商人的社会地位和名望,明政府还规定,禁商人穿着丝绸。据《明太祖实录》卷二〇八,明太祖甚至曾下令:"若有不务耕种专事末作者,是为游民,则逮捕之。"

泉州港官办贸易停禁以后,明政府在漳州月港开放"海禁"。但此时抑商思想依然钳制着明朝海外贸易。[9]

过分肯定泉州以至中国海外交流史在明朝时期的延伸的学者,向来认为明朝"郑和下西洋"这个历史事件,足以证明当时中国海上丝绸之路不仅没有衰落,而且还有扩大之势。[10]郑和于永乐、宣德年间(1405—1433年)奉命统率一支庞大的船队7次远航,每次包括宝船和各种大小船只200余艘、船员27,000余人。郑和海船纵横于西太平洋与北印度洋,远达赤道非洲以南的广阔海域,前后长达28年之久,遍访了亚非30多个国家和地区。郑和下西洋从泉州出发时,曾模仿宋元政府官员到当地穆斯林圣地和海上航行的保护神天后的宫庙中行香,一来企求保护,二来对海神和异域文化致敬。然而这些举动似乎流于表面,因为郑和这7次远航,承担着另一种使命。关于郑和下西洋的动机,有不同猜测,有的认为,郑和是奉皇命去搜寻本应得到皇位的皇侄;有的认为,这些行动旨在扩大帝国的疆域。永乐皇帝命郑和下西洋,原因错综复杂,可能包括寻找海外宝藏、炫富、宣威,及侧面阻止元朝遗留势力与中西亚势力结合的局势。但其追求,更重要的可能是,通过特殊的征程"示无外",表现明朝的慷慨,要求"诸番"承认其恩威。

郑和下西洋在中国的"地理发现史"上的意义,与其说是开创性的,不如说是继承性的,因为这些行动是对之前遗留的海上交通知识的朝贡主义运用。

为了灭绝私商的海外贸易，明政府特别重视恢复异邦他国对于华夏的"朝贡"关系。据《明太祖实录》卷一五四，明太祖曾专门吩咐主管外交事务的礼部官员："诸蛮夷酋长来朝，涉履山海，动经数万里。彼既慕义来归，则赉予之物宜厚，以示怀柔之意。"又据《明太祖实录》卷二十四，明成祖也强调："商税者，国家以抑逐末之民，岂以为利。今夷人慕义远来，乃欲侵其利，所得几何，而亏辱大体万万矣。"这种强调朝贡而禁绝市舶的政策，是明朝统治者意图表明其有"怀柔远人"的传统礼教。《礼记》中就已倡导"柔远人则四方归之，怀诸侯则天下畏之"，强调以安抚的手段来协调帝国与域外"远人"（如"天朝"与"夷狄"）之间的等级关系。

郑和率领庞大船队7次下西洋，履行的正是"怀柔远人"的使命，因为他的远航绝对不是为了通商，而为的是在外族面前显示帝国的恩威，所以他的船队和使团每次都"厚往薄来"，把大量财富送给海外王公贵族，以获取他们对中华帝国的尊重和承认，正如当时的翰林李时勉传（传见《明史》卷一六三）所云，郑和船队使"连年四方蛮夷朝贡之使，相望于道，实罢中国"（《明太宗实录》卷二三六）。

成化以后，由于财力的限制，大规模远航不得已终止，但朝廷依然采用"怀柔"政策来对待海外商人。据《明英宗实录》卷二三七记载，景泰四年（1453年），日本朝贡使团抵华，明朝礼部官员对其所带来的货物稍加压价，日本使团即表示，如明朝不按拟定价格收购货物，他们将不归国。出于"怀柔"考虑，景泰帝竟不顾财富价值而指示礼部官员"远夷当优待之，加铜钱一万贯"。后来日本使团仍不满足再求明朝政府加价，景泰帝又指示给日本使团绢五百匹及布一千匹。[11]

在清政府进入北京之后，历史似乎出现了一次反复，类似于市舶税收制度的"権关"制度得以出台。据《皇朝掌故汇编·钱法一》，顺治二年（1646年），清政府为了获得铸造钱币的铜料，敕令："凡商贾有挟重资愿航海市铜者，官给符为信，听其出洋，往市于东南、日本诸夷。舟回，司关者按时值收之，以供官用。"可见，在顺治（1644—1661）初年，管理本国商民海外贸易事务的榷关制就已建立了。然而，该制度建立不久，郑成功海上抗清势力在东南沿海得以扩张并给清政府的统治带来威胁。为了稳定其统治，清政府实行"海禁"，企图通过这项政策的实行来切断郑成功集团的物资供应。《清世祖实录》卷九十二载，顺治十一年（1654年），朝廷强令中止出海贸易，令沿海地区"无许片帆入海，违者立置重典"。翌年进一步规定："自今以后，各该督抚镇著申饬沿海一带文武各官，严禁商民船只私自出海。有将一切粮食货物等项，与逆贼贸易者，或地方官察出，或被人告发，即将贸易之人，不论官民，俱行奏闻正法，货物入官。本犯家产，尽给告民之人。其该管地方文武各官，不行盘诘擒缉，皆革职，从重治罪，地方保甲，通同容隐，不行举道，皆论死。"（《清世祖实录》卷一〇二）直到郑成功势力被消灭，清政府的"海禁"政策才被撤销。

康熙二十二年（1683年），朝廷决定开放民间出海贸易，并为此设立征收贸易关税和管理海外贸易事务的闽、粤、江、浙四个海关。在康熙二十二年以后的一段时间里，清政府允准本国商民出海贸易，但在沿海地区社会动乱、内地物价波动、中外有争端之时，清政府便可能采取"海禁"，改变海外贸易的许可政策。康熙在位的最后一年（1722年），鉴于"海外有吕宋、噶喇吧等处，常留汉人，自明代以来有之，此即海贼之薮也"（《清圣祖实录》卷二七〇），为防范海外汉人集结势力抗清，决定采取"南洋之禁"的政策，规定如下："凡商船照旧东洋贸易外，其南洋吕宋、噶啰吧等处，不许商船前往贸易。于南澳等地方截住，令广东、福建沿海一带水师各营巡查，违禁者严拿治罪。"（《清圣祖实录》卷二七一）直到乾隆十八年（1753年），清政府才在地方官员的巨大压力下规定"凡出洋贸易之人，无论年分远近，概准回籍"（《清高宗实录》卷四七二）。

从乾隆十八年以后，清政府对于本国商民的出海贸易许可政策才得以固定化。然而史学家陈尚胜指出，即使在此后，清政府海外贸易的具体管理措施一直带有"抑商"性质，其表现有如下几方面[12]：

其一，对本国海商出海船只加以严格限制。清政府禁止打造五百石双桅大船出海，违反者"不论官兵民人俱发边卫弃军"，又严禁内地商人在外国打造船只。此后，清政府时而允许双桅大船出海贸易，时而对出海大船的尺寸加以限制，时而规定如将船卖与外国者，造船人与卖船之人皆立斩。在闽南沿海地区为了"重海防"，禁绝"福建省仔头"型船只的制造。

其二，对本国海商出海的粮食和武器加以限制。清政府在开海初期曾规定，海商出海，各种武器"概行禁止携带"。雍正时期（1723—1735年），清政府又改为按船只大小和航行地点来限定海商航海所需的粮食。

其三，对本国海商经销货物加以限制。清政府对海商出口丝、茶的限制，致使丝农手中积压大量生丝，清朝政府不得不在翌年解除对前往日本贸易商船的丝斤禁令。清政府对于大宗出口物资茶叶也十分重视，认为它是"制夷"的重要武器。为了使外国商船只能从广州才能得到中国茶叶，清政府下达禁止本国商人把茶叶直接从闽浙海上销往海外的谕令。

其四，对本国海商出海时间加以限制。起初，清政府要求海商每年都要及时回国，不得在外国侨居。"南洋之禁"解除后，清政府又规定，海商出洋贸易，应在每年四月间申报，回港船只，应在九月间申报。

绝对主义统治

元之后，朝廷持续严令禁止沿海地区的海外交通、对外贸易及跨境迁徙，不是偶然的。

无论是海禁，还是本土主义意识形态，都不过是一个国家与社会关系转型过程的组成部分。到了明代，国家与社会关系，已经从朝廷对其天下实行较为松散的统治，使天下留有政民、政商"良性互动"的空间，转向国家直接干预、监控社会。

明代国家与社会关系的这一转变，似乎与两个多世纪后出现的绝对主义王权统治形态类似，似乎标志着传统国家蜕变为"绝对主义国家"（absolutist state）。

一般说来，绝对主义国家时期的国家与社会关系，表现为传统国家时代诸特征，如阶级分化、城乡之别、国家行政力量涵盖面的局限性、国家象征体系和宗教与一般人民的"民俗"之间的距离、有"边陲"而没有"疆界"的领土形态、军事力量垄断权的分散、行为规范的低制约力等方面的变化。在欧洲，绝对主义国家出现在16—17世纪，其首要的表现是大型帝国和超国家的教会，逐步为王权国家所排斥，如民族与民族之间的"自然边陲"被定为"疆界"，"主权"观念出现，神异性的国王变成国家主权神圣性和分立性的代理人和象征，法律成为全民性的规范，直接界定个人与国家之间的关系以及制裁制度。与此同时，军事技术的发展为暴力扩张提供条件，军队内部行政管理手段高度发达并为社会秩序控制提供可借用的体系，海军力量的成长为全球化创造了必备的前提。[13]

就欧洲的情况看，在传统国家时代，"欧洲"，或者更准确地说，"基督教世界"，神圣罗马帝国和教皇赋予政治统治以合法性，但严格说来，神圣罗马帝国并不是一种帝制国家，而欧洲封建国家也不是自成体系的文明。罗马帝国的统治中心在地中海地区，它占领了亚洲和非洲的大片地区，而不列颠诸岛、斯堪的纳维亚半岛以及德意志并不在其版图之内。中世纪的拉丁语在欧陆的某些地区只是一种业已建立起来并持久存在的文化要素，教皇统治和神圣罗马帝国从来都没有完全真正诉诸拉丁语。拜占庭帝国是权力巩固的主要中心区域，它居于后来成为"欧洲"的那些地区的边缘地带。绝对主义体系改变了这一局面，但它没有带来一个统一的欧洲，恰恰相反，它导致欧洲国家之间的分化及战争，使欧洲再度分裂，使其绝对王权国家成为民族国家的前身。正如吉登斯所说：

> 封建国家体系下的欧陆公国星罗棋布，但大多数都是小公国。不管是和平还是战争，它们之间的关系主要都是统治阶级内部的关系，那时的统治阶级总的来说与各种阶级分化社会一样，与其他人口的文化和实践活动保持着莫大的距离。在绝对主义体制下，尽管绝大多数臣民仍然像以往一样生活，但国家已开始更具"金字塔"的特征。国家的内部巩固措施开始更为明确地用于强化它的版图，而且也正是在绝对主义期间，欧洲各国家的边界才开始发生变化。封建时代的欧洲，边界就是边陲，边界争端长期存在，界线划分也不甚明确。那时确实存在"外交"，但都属于外交的传统形式。换句话说，所谓"外交"，等于通过提供商品和奖赏来收买其他集团或者向那些名义上隶属于自己的集团强行征集贡品。虽然常设性外交在封建时代就已有一些先例，但是，绝大多数外交仍只是在16世纪及以后才开始发展起来的，这最为简洁地说明了这样一个事实：新型的国家体系刚刚开始形成。在这种新型的国家体系中，战争如同它在传统国家中那样，占据着主导地位，但与此同时，新的体系的形成也依赖于国家之间相互承认对方拥有合法的自主性领土。[14]

也就是说，正是在绝对主义时代，帝国的松散统治体系转变为国家体系。尽管绝对主义时期国家之间仍保有变动不居的边疆，但此时国界开始确立，"国家"渐渐被用来指在其版图之内拥有排他性权力，这种权力由君王授予并可以由他撤回。基于这一准则，欧洲不同国家的政府权威得以明确地区分，从而赋予国家之间的领土划分以新的含义。欧洲中世纪统治者的领地不一定连成一片；相反，它经常支离破碎。在封建诸侯国的领主声明属于自己的领地内，有很大一片区域可能根本就不承认国王的令状，或者是从未有效地重视过这一令状。在绝对主义国家时期诸侯国边界的重组过程中，先前的边陲地带不仅被改变了，而且这一改变的意义也异常深远，它们在向前文所界定的国界转变。在欧洲，这一过程直至19世纪后期才达到巅峰，而那些人口稀少地区的转变则更为缓慢。17世纪，许多边陲地带仍保持着传统的模样，它们非常分散，同毗邻国的政治和经济活动并无直接的关联。[15]

随着有边界的国家体系的产生，欧洲国家也开始在内部组织上与传统国家时期形成明显的差异。欧洲君主统治所具有的某些独特性，在很大程度上都是围绕着主权（sovereignty）观念及现实而展现出来的。[16] 绝对主义观念把君主个人拥有无上权力的主张同对国家权力的普遍化解释糅合起来，使主权观被有效地转化为政府的原则，使国家权力某些新的特征得以形成，如行政力量的集中和扩张，新的法律机构的建设，财政管理模式的交替运用。在整个欧洲，国家权力的协调和集中致使君主直接面对着合作组织，包括这些组织的所在地，城市、国会和议会。国王不得不定期既同牧师集会，又同地方王国的精英进行磋商。在许多情况下，君主也不得已在保留先前的官员位置而不是完全取代它们的前提下创建新的职位。结果，一个由互相交织的权力关系所组成的复杂网络得以建立，这个网络既按纵向等级又按横向关系分布。为争取巩固更宽泛的法律构架，城市在行政上的某些自主性被放弃了。绝对主义国家时代，传统上占有土地的少数人组成的阶级所实施的永久性统治出现了实质性变化，而这种变化之所以出现，很大程度上是因为，对来自内部和外部威胁的反应造就了一种意料之外的后果。在新兴国家体系形成过程中，最重要的动力可能来自统治上层,他们为了处理变迁,而消解了农民社区的自主性,其结果是,"上层人士的更替"相当程度地强化了中央集权的王权机构。而具有部分自主性的城市公社(以及其他一些"欧洲"或"西方"所特有的因素)的存在,对于防止后封建国家继续以由来已久的方式去压榨农民,至关重要。由此,一种截然不同的政治秩序得以建立。

从比较的观点看,元向明的转折,接近于欧洲绝对主义国家的转变。但这一转变,在两大方面有其特殊性:其一,从宏大而外部延展力强的元帝国,转向日益注重领土和边界之界定的明朝;其二,出现了类似欧洲绝对主义统治的行政力量强化(即王亚南分析的官僚政治)和社会控制体系。

明朝疆土的内缩和元帝国外部延展力的式微,是不辩自明的史实;而明以后朝廷对内施行行政控制、政治迫害和镇压力的强化,也向来广为人知。从泉州区域发展周期来看,这两个绝对主义统治的基本要点,表现为上文论述的海禁政策的长期延续,而同等重要的,还表现在沿海边防军事防线的大幅度增强以及城乡行政监控体系的完善方面。

在宋元时期,无论是朝廷,是地方官员,还是私商和市民,都把泉州的沿海边陲地位视为地理优势,他们各自企图从中获利。至于自海上而来的东、西、南洋诸色人等,也大多被认为是带来高度商业利益的"番商"。到了明朝,这个商业主义观念为一种官方对于海洋世界的恐惧所取代。此时,"盗"的概念一跃成为取代"商"的概念。《明太祖实录》卷一三九引及的明太祖"禁民间用蕃货、蕃香""以海外诸夷多诈,绝其往来"的海禁之令,本身就明确地体现了这个转变。

为了防范从海上带来的内乱,明朝廷启动在东南沿海地区广泛建设海防军镇的计划,以防范"倭寇"为名,在北起辽宁南迄广东沿海地带这一漫长的海岸线上,大量设置营、卫、所、寨等军事据点。据不完全统计,其时共设181处卫所,下辖堡、寨、墩、关隘等达1,622处。[17]这些卫所,每百户配置船二艘,以"巡逻海上盗贼"(《明太祖实录》卷二〇一），永乐元年，"命福建都司造海船百三十七艘"（《明太祖实录》卷二十上）。

明洪武年间，朝廷命官周德兴入闽设置卫所，坚强海防，继之在沿海地带设立河泊所。嘉靖四十一年（1562年），总兵俞大猷请修沿海兵台。明代卫所中，泉州卫守兵6,147名，永宁卫6,935名，另设立民兵万户府，选取壮年20岁以上、50岁以下者，月操二次。此外，设水寨军兵（舟师）防守海疆，共有12要冲，分布于安海、永宁、福全、围头、祥芝、深沪、乌浔、蚶江、日湖、法石、东石、乌屿等处，设寨27处，分布于同一沿海线上。在泉州沿海防线的基础上，明政府系统地建立了沿海城堡（分镇、卫、司、所城诸类），包括安海镇城、永宁卫城、福全所城、祥芝司城、深沪司城、崇武所城（图4.2）。

这些城堡，都位于沿海交通要地上，有的曾为发达的集市，即使是在建立镇、卫、司后，军事化的镇守功能也没有彻底替代"市"。据顾祖禹《读史方舆纪要》卷九十九："安海镇，府南二十里。古名弯海，宋初始改弯为安，曰安海市。西曰新市，东曰旧市。海舶至州，遣吏榷税于此，号石井津。建炎四年，置石井镇。"安海镇宋元时已有海寇入侵，所以先后筑土城和巡司防守，明初洪武二十年，巡司迁于同安县东坑镇，安海保留了"商民辏集处"的角色。

然而，多数堡垒设立的目的，为抵御"海寇"。据顾祖禹：

> 永宁卫，府东南六十里。宋乾道八年，置水澳寨。元为永宁寨。洪武二十年，改建今卫。二十七年，以卫濒海，乃筑城以备倭，周不及五里。领守御千户所五。
>
> 守御福全千户所，府东南八十里，北距卫城二十里。洪武二十年，置有城，周不及四里，后以时修筑，领潘径寨。《海防考》：所西南接深沪巡司，与围头、峰上诸处并为番舶停留避风之门户，哨守最切。福全、深沪有备，寇不能犯矣。

图 4.2 明崇武所城（作者摄于 2004 年）

守御中左千户所，在同安县西南五十里。本名嘉禾屿，为厦门海滨。洪武二十七年，移永宁卫中左所官兵于此，筑城戍守，周二里有奇。永乐、正统以后，不时修筑，辖县西南东澳、伍通二寨……

守御金门千户所，在同安县东南五十里。本浯州屿，洪武二十年置。筑城周三里有奇，辖县东刘五店等五寨，县西洪山等三寨。《海防考》：所东有官澳巡司，相近又有料罗、乌沙诸处，皆番舶入犯之径。其控扼要害，则在官澳、金门。

守御高浦千户所，在同安县西南六十里。洪武二十三年，徙永宁卫中右所官兵戍此，更今名。筑城周不及三里，辖县西高浦、大圆堂、马銮等三寨。《海防考》：所西有松屿，与海澄县之月港相接，为滨海要冲。

守御崇武千户所，在惠安县南七十里，西去府城八十里……洪武二十年，江夏侯周德兴经略沿海地方，设立城池……城周四里有奇，后不时修筑……

据明万历《泉州府志》卷四，这些卫所之城，均为江夏侯周德兴一手策划营造，它们是以不同名目命名的军镇，建筑坚固，如永宁卫"基广一丈五尺、高二丈一尺"，内部军事化守卫严密，有"窝铺三十一"，为了防卫需要，永乐间又对城墙进行加宽加高，四个城门增筑月城，所城有士兵把守，居民半军事。又据明嘉靖1541年成书的《崇武所城志》，崇武所军镇情况如下：

> 宋太平兴国六年，置惠安县，分拆此地，名曰崇武乡守节里……明初，倭夷入寇，沿海患之。洪武二十年丁卯，江夏侯周德兴奉命经略海基，置卫所以备防御……乃至崇武千户所……周围七百三十七丈，军房九百八十七间，设军以守之。其城厚一丈五尺，城面即马路也。

据同书介绍，崇武所城内设窝铺26座，敌台1座，有馆驿沟通内外消息，有中军台供军事指挥，有战船10艘，快艇2艘。城外设捍寨多个。城内居民均以民兵制管理，亦农亦兵，有粮仓，能自给自足。所城虽小，但与大城市一样建有文武庙等供官、军、民祭祀。

与泉州沿海外围军事防线的修建同时，泉州城也在明清时期为军事目的而得到加固。道光版《晋江县志》卷九云：

> 明洪武初，指挥李山复增高五尺，基广丈四尺，凡内外皆甃以石。建月城六，惟南薰无月城。门各有楼。又东有楼曰望海，北有楼曰望山。窝铺凡百四十。又于仁风通淮之间，辟小东门。自天顺至成化间……相继修葺。弘治十三年，临漳门东半里许，水啮城下路数丈，将及城，知府张濂筑二坝障之。嘉靖三

年，门楼窝铺多坏，知府高越、同知李缉大修之。三十七年，倭寇煽乱，久益猖獗，拥众直抵城下，昼夜戒严，城闭数日。是年，德济门灾，守熊汝达重建之，改通淮门曰迎春，改南薰门曰通津，余仍存旧名。并修各月城，兵备佥事，万民英复。以城北外壕磐石不能通水，乃建小城楼，临壕围以木棚，筑羊马墙以备倭。后倭平无事，嫌压断龙脉，撤去。万历三十二年十一月，地大震，楼、铺、雉、堞倾圮殆尽。副使姚尚德、守姜志礼请帑金修复，委生员詹仰宪、千户张振宗等董其役，旬月告成。城旧有用砖处，至此尽易以石。国朝顺治十五年，总督李率泰檄各府城，依关东式改造。时提督马得功、兴泉道叶灼棠、知府陈秉直改筑堞二千三百一十五，月城堞二百有五，每堞长七尺、厚三尺、宽一丈五尺，垛口宽一尺八寸。康熙三年被水，四年重修，窝铺再增高，厂九十有四，敌楼六处，炮台十二位。十七年，海寇围城，德济门一带颇多坍塌，知府张仲举、知县沈朝聘重修。

从泉州放眼整个明朝，可以发现，沿海边疆概念及与之对应的海防军事城镇的建设，并不是孤立的现象。据美国汉学家林蔚（Arthur Waldron）对长城史的研究，明以后，朝廷对于中国的北方边界一直存在兴趣，在大量的官方讨论中，长城的防守作用持续得到强调。[18]在东北地区，明中叶以后，为了抵御"夷狄"，明政府也在这里"切肤要镇"，加强军镇的建设。在西南少数民族地区，"改土归流"和"平定土司"之后，明清朝廷相继在这个地方以军户驻守，建立守卫功能很强的村寨和边城。[19]虽然古代中国的边疆和"国界"从来都不稳定，也因而长期以来得到不同朝代的统治者的关注，但是明清朝廷对国界严格认定和军事保护的极度重视，却是十分具有时代特征的举措。

从世界视野来看，所有这一切，与欧洲绝对主义国家体系中主权概念和制度的出现是同时的。然而值得注意的是，当时的中国与欧洲，还是有着很大不同。中国边界体系的发育，并不是在欧洲式的君主国之间的外交制度中实现的，其疆界确定，几乎可以说是接续元帝国的新朝代在国土内缩状态下做出的被动反应。明朝管控的疆域，远远大于任何欧洲君主国，却缺乏后者那样的世界扩张意识。

欧洲的国家基本上可以被归为两类，第一类是能够利用新的教条以及能通过外交和战争而得以扩张的国家，第二类是丧失了大片领土或者彻底分裂的国家。然而，国家体系在欧洲的形成过程，不是对绝对主义具有根本意义的唯一外部变迁，它的发展与某些欧洲国家海上力量的扩张同步发生。与东部地区的帝国相比，演变成"欧洲"的那些地区显得异常狭小。欧洲原来是由一些七拼八凑而又彼此孤立的诸侯国组成的，但后来这些诸侯国竟日益征服并控制地球上其他大量的地区。这一事实使我们看到，绝对主义时代的欧洲国家已不再仅仅是七拼八凑的诸侯国。那些在经过几个世纪的战争和领土再分配过程后依然能幸存下来的国家，其独立主权的巩固过程同时也是国家间全面整合过程的一部分。

13世纪时，欧洲人曾同中国进行一定的丝绸、香料以及极少数其他商品的远距离贸易，他们对中国的了解要比印度多，这是因为某些旅行者早已为了商业目的穿越了亚洲大陆，而阿拉伯商人却控制着自印度港口经中东至欧洲的贸易。随着鞑靼汗国的分裂，这种状况发生了质的变化。中国在明朝时期也开始日益同外部隔离开来。由于奥斯曼突厥的入侵破坏了其他一些贸易途径，欧洲此时与世界其他地区的割裂程度比以往任何时候都要高。部分出于这个原因，欧洲冒险家们只是在更晚近的时期才开始出现，开始探寻从世界其他地区通往欧洲的新途径。

欧洲的航海发现以及对地球各大陆的主要地理形态的认知，都恰好发生在绝对主义时代。从前的欧洲大帝国，不管其气势上多么恢宏、地域上多么广大，总的说来都从未对全球有真正的认知。直至绝对主义时代，欧洲才开始第一次生活于拥有"普遍性知识"的世界中。随后，海上军事力量和商业力量的扩张，把欧洲带入了另一个时代。凡是大型帝国（如元帝国）都拥有某种远距离贸易体系，而且与它们并存的还有许多小型国家，其繁荣几乎完全依赖于商业和海上力量的共同作用。然而，以往主要的"世界文明"都不是只靠海上力量才建立起来，它们不像西方这样，依赖于全球规模的海上贸易以及殖民主义的发展。之所以如此，是因为在绝对主义时代，欧洲除开创了主权君主国体系以外，还创发了"普遍主义"文化，进而在这种观念体系的基础上获得海上力量的优势，促使商业资本主义大规模地扩展至全球的许多地区。

相比之下，中国在欧洲绝对主义时代出现的同一时期，虽然也采取了重大措施来界定主权，却抛弃了宋元时期发育起来的普遍性知识体系和海上势力拓展机制。朝廷在宋元的普遍性知识体系发育之后，试图恢复此前的"夷夏格局"。这就使其与欧洲君主国分道扬镳了：这个东方帝国以朝贡礼仪代替主权国之间的外交，拒绝承认国与国之间在权力面前的"残酷平等地位"。或许正是出于这个原因，元以后，朝廷在处理西来商人时，才会时而"抑商"，时而"怀柔远人"。

在治理其疆域涵盖的"长城内外"的疆土时，清政府采取一种接近于文化多元主义的方略，但对于海外贸易，却依赖从明因袭而来的"抑商"政策，按照国家的类别和传统采取了两种处理模式，一种是"朝贡"贸易模式，主要对象是海上近邻，如琉球、安南、暹罗等国；另一种是港口贸易模式，主要对象是西方国家的来华商船。除许可葡萄牙人继续居留澳门经营海上贸易外，其他的西方国家如荷兰、英国、西班牙、法国、瑞典、丹麦、美国等国，则可以在清朝政府设有海关的港口进行贸易。从清朝政府对于海外国家来华贸易政策的演变情况看，"朝贡"贸易基本上没有变化，周边邻国的朝贡使团在北京接受皇帝颁赏后，就被许可与中国商人交易。在清代相当长的时期里，清政府对西方国家的来华贸易，不断加强管理措施。按照康熙时期（1662—1722 年）的惯例，西方来华贸易商船可在广州、厦门、宁波等港口停泊贸易。乾隆二十一年（1756 年），清高宗决定限制西方商船在华的活动范围，并通知有关官员"晓谕蕃商将来只许在广东收泊"，不得再进入福建和浙江的口岸，从此出现了西方商船在广州一口通商的局面。清朝政府又规定，西方商船来到广州后，中国的行商必须为他们担保，承担对所保的西方商人在华行为的责任。同时，行商还要为西方商人到海关代纳进出口关税，并承销西方商人所输入的主要货物，代购西方商人所需的回程物资。据成书于嘉庆时期（1796—1820 年）的《粤海关志》卷二十八，为了明确对来广州的西方商人的管理责任，两广总督李侍尧于乾隆二十三年（1758 年）制定《防范外夷规条》五项，经清廷批准成为清政府管理西方商人来广州贸易的正式章程：

一、夷商在省住冬，应请永行禁止。外洋夷船向系五六月收泊，九十月归国，即间有因事住冬，亦澳门居住，乃近来多有藉称货物未销，潜留省会，难免勾结生事。请嗣后夷船到粤销货后，令其依限回国，即有行欠未清，亦请在澳门居住，将货物交行商代售，下年顺搭回国。

二、夷人到粤，宜令寓居行商管束稽查。历来夷商到广，俱系寓歇行商馆内。乃近来嗜利之徒，多将房屋改造华丽，招留夷商，图得厚租，任听汉奸出入教唆引诱，纵令出外闲行，以致私行交易，走漏税饷，无弊不作，请嗣后凡非开洋行之家，概不许寓歇；其买卖货物必令行商经手，方许交易。如有纵夷人出入，以致作奸犯法者，分别究拟；地方官不卖力稽查饬禁，一并参处。

三、借领外夷资本及雇请汉人役使，并应查禁。查近年夷商多将所余资本，雇请内地经营之人立约承领，出省贩运，则本地行店亦向伊借领本银生息，互相勾结。请嗣后内地民人倘敢故违，将借领之人从重究拟。

四、外夷雇人传递信息之弊，宜请永除。夷商购买货物，分遣多人前往浙江等省，不时雇觅"千里马"往来探听货价低昂……严谕行商以及"千里马"脚夫人等，嗣后一切事务俱呈地方官，听其酌量查办。如有不遵禁约，仍前雇请往来，即将代为雇觅及递送之人，一并严拿究治。

五、夷船进泊处，应请酌拨营员弹压稽查。夷船进口之后，向系收泊黄浦地方，每船夷梢多至百余名或二百名不等，均应防范。向例酌拨广州协标外委带兵搭寮防守，但外委职分卑微，不足以资弹压。请嗣后于臣标候补守备内酌拨一员，督同稽查。其米薪日用，请于粤海关平余项内，每月酌给银八两，并令附近之新塘营，酌拨桨船一只，与该处原设左翼镇中军桨船会同稽查，俟洋船出口即行撤回。

清政府海外贸易政策也强调"怀柔"的一面。对于西方商人所制定的各种管理章程，清政府有时追求"怀柔之中"，或者更恰当地说，"于怀柔之中"而"不失天朝体制"。例如，据《清高宗实录》卷一四三五，清高宗在谕英吉利（即英国）国王的敕书中说："天朝物产丰盈，无所不有，原不藉外夷货物以通有无。特天朝所产茶叶、瓷器、丝斤，为西洋各国及尔国必需之物，是以加恩体恤，在澳门开设洋行，俾得日用有资，并沾余润。"从而，在某些时期，出现了偏向西方商人的贸易政策。据陈尚胜先生的分析，在"怀柔"政策占上风时，清政府对西方商人的偏向包括两个方面：其一，从清朝政府所制定的具体限制措施看，本国商民出海贸易所受的限制要远远甚于西方商人来华贸易所受的限制。其二，从中、西商人所缴纳的关税看，本国商民所承担的关税率也要高于西方商人。[20]

内部监控体系的早熟

明代出现的东方式绝对主义国家，只是在有限意义上类似于欧洲同一时期的同类国家。在对国家的自我定位和与异邦的关系两方面，这个东方式绝对主义国家因具有符号和姿态上的自我尊大与实际势力上的委屈内缩特性，而与具有政治经济的实利主义追求与对外侵略性的欧洲绝对主义王权国家形成鲜明差异。然而，这个东方式绝对主义王权国家（尤其是明），在另外一个方面的发展，却大大超出欧洲诸国。这个方面就是国家内部监控体系的成熟。

在欧洲，绝对主义国家的发展为现代民族国家提供了疆域概念和主权性。不过，现代民族国家只是到 19 世纪初才开始在欧洲出现，其推动力在于行政力量、公民观以及全球化，而国内主要的基础是配置性资源（allocative resources）和权威性资源（authoritative resources）的增长。

所谓"配置性资源"，指的就是物质资源，而"权威性资源"指的是行政力量的源泉。[21] 在绝对主义时代，以行政监控体系为特征的权威性资源，就已得到了初步发展。尤其是在战争频繁的欧洲，为了组织队伍，军队内部的行政管理得到了大幅度发展，这为后来行政权力的扩张提供了历史性的准备。然而，行政监控的发展与工业化密切相关。工业化不仅推动物质资源的增长，而且还导致"工业主义"作为一种行政力量和个人行为取向的发展以及权威性资源的开发。进一步地，商品化使法律成为全民准则、税务成为国家控制工业的手段、劳动力成为"工作区位"的附属品、国家成为世界体系的一员。此外，传播媒体、交通、邮电等资源的开发，使国家更容易渗透到社会中，强化其监视力。在欧洲，这一切是在现代民族国家的营造中成熟起来的。[22]

相比之下，中国的行政监控权力体系早熟得多。可以认为，以行政监控权力体系为核心内容的官僚政治,与中国传统国家的历史一样悠久,在秦实行郡县制以后,便连续发挥着它的作用。唐末以后,统一为分裂所替代,到了五代十国以后,历史"轮回"到秦汉以后的情势,出现了接近于欧洲中世纪末的王国分立状态。尽管相对于五代十国,宋朝是一个有"大一统"特征的国度,但其时的境况,与分治的欧洲君主国有类似之处,并且,那个时代欧亚大陆的东端,政权并立,而诸分立政权有以"民族文化"形塑自身一体性的共同特征。宋、辽、西夏、金、蒙古各族政权相继建立,它们相互之间既频繁互动融合,又战争不断。此外,宋朝西北有喀喇汗、于阗、高昌政权和回鹘势力,西南有吐蕃各部和大理国,这些政权与宋之间关系密切,但这一关系是外交性质的。[23]在各族政权并立的大背景下,宋朝很难不采取接近于绝对主义国家以至民族国家的体制。早在宋初,有鉴于立国前百余年"方镇之重,君弱臣强"的教训,朝廷一改前代统治者开疆拓土的风气,把政治关注点转移到"安内靖国""守内虚外"的策略中。宋朝政府强调国家对军队的直接控制,因而把地方所属的军权收归皇帝和中央政府直接管辖。宋代出现的皇帝和中央直接垄断军权的制度,部分地被本来具有帝国和军事封国特质的元朝所吸收。元朝设立了强大的行省制度,这是一种以行政为中心的政府制度,受中央委派的行省直接管辖财政、军队和运输。行省在提调军队时,直接受中央的制约,戍兵和军队的征调,则更完全由朝廷直接安排和负责,而皇子宗子在需要时被皇帝授予"总兵出镇"的权力,以辖制军队中的精英。

在许多方面,明朝比此前所有朝代更具有绝对主义国家的特点,它在政治制度上废除了宰相制,把所有权力集中在皇帝身上;在地方行政方面实行了"三司—督抚制",强化中央对地方的控制;在军事方面先后用"卫所制"和"镇戍兵制",强化了"疆界"的概念和对疆界的军事维持,此外也创造了强大的监察和厂卫等社会监控制度。清朝是满族贵族入主中原所建立的统一王朝,它给东亚大陆再次带来一个规模巨大的帝国。在治理方式上，表现出对于"封建大一统"的向往，尤其是在西部边疆民族统治政策方面，采取"因俗以治"、和亲等策略；在处理文明关系方面，借助藏传佛教和汉族儒道等观念形态因素，形成一个接近于开放的政治文化体系。然而与此同时，处在传统帝国向现代国家的过渡时期，清朝也致力于对军队加以直接控制。努尔哈赤建国初，满洲八旗为旗主私有，旗主是世袭制，统领旗内的军事、行政和经济。皇太极即位后，展开了提高皇权、抑制旗主势力的活动，通过调换旗色，削弱旗军的势力。顺治亲政后，进一步把旗军据为己有。此后至咸丰年间，经过一系列改革，八旗兵由旗主分领制过渡到直属国家所有，由皇帝直接统辖，消除了政权上宗室分权的状况。

一如学界所知，宋以后诸朝，县以下社会控制的发展，首先开始于熙宁二年（1069年）以后王安石的改革。王安石改革包括政治、军事、社会、经济等方面[24]，其中的"保甲法"是一个重要的组成部分。保甲法规定十家为保、五十家为大保、五百家为都保。"保"基本上属于地方性的公共治安和准军事（民兵）保护组织，也扮演维持地方道德伦理秩序的角色。"甲"则是乡村敛收青苗和收纳租税的单位。保、甲均设有不固定的领导职位。在保甲法实行数年之后，北宋还发明了乡约制度。严格说来，这并不是一种行政制度，它是地方士绅自愿帮助朝廷维系地方道德规范和社会秩序的"非政府组织"，主要是通过乡规民约的制定促使民间社会"德业相劝、过失相规、礼俗相交、患难相恤"。

由于这两种相互配合的制度符合了理学的政治伦理观念，因此尽管在宋末受到冲击，南宋以后却大受儒者推崇，到了明清时期，已经成为民间化了的制度。乡约制中的"乡"指的大略是秦汉时代即已成为惯用单位名词的"乡"，级别为今之大村、乡镇。后来各朝代虽数次改变乡村基层管理单位的名称，宋之保甲和乡约制度却实质上被长期沿袭。金、元两朝均沿袭了乡的制度，在乡之下设"社"（一社包含五十家），其功能结合了保甲制和乡约制的主要内容。元在一些地方（尤其是需要军队卫戍之处）改乡为"都"、改社为"图"，强化了基层组织的军事性，但在其统治的大多数时间里，类似于保甲乡约制的乡社制打破了元帝国的种族分化格局，成为约制民间社会的主要工具。明代的乡村基层组织更明确地因袭了宋的制度，在社会较不安定的地区实行严格的军事化保甲制度，强化其户籍管理和联防训练，在一般地区因袭元朝的社制，提倡乡约、社学、社仓制度。到了清代，朝廷在西南"改土归流"，对元朝建立的土官制度实施"改革"，对许多土司区直接委派"流官"，使西南"内属"出现"内地化"的变迁。与此同时，朝廷沿用元明地方行政体制，并将保甲制改为村甲制，十家设一甲，百甲设一总甲，继续推行国家权力"下乡"的政策。宋以后写在纸面上的基层地方行政制度如此规整，以至汉学家达顿（Michael Dutton）得出中国自古有监控制度的结论[25]，认为中国古代的保甲制与法国社会理论家福柯（Michel Foucault）所描述的西方近代监控制度同等完善。笔者也认为，宋以后中华帝国对地方社会的控制已经达到了"前无古人"的程度，尤其是明清时期城乡地区信息控制和厂卫的发展，更反映了此一时期权威性资源的高度集中倾向。[26]

正是在此背景下，从明朝起，与海防建设同步展开，泉州出现基层社会行政监控体系的大幅度建设。这项建设与海禁及对外防守相联系，服务的是当时朝廷对于地方社会的控制。如果说对海禁和对外防守的重视，为的是把朝廷主权管理下的所有百姓限制在国土之内，是排除外来隐患对于内部社会秩序的干扰，那么，行政监控制度的高度发达，则是为了通过人身监视，保证朝廷统治下的社会稳定。此二者"异曲同工"，在泉州造就了一个空前封闭的空间。

在宋元时期，基层社会的控制相对薄弱，并让位于商业贸易所要求的宽松的人员流动环境。宋代，尽管朝廷在一些内地社会不稳定地区设立严格的保甲制度，但在泉州只设立松散的社区管理制度，在城外乡村地区设立"五乡"，在泉州城区依方位设"厢"，"厢"下设"坊"。据杨宽对北宋"厢坊制"的研究，"厢"与"坊"都是基层行政单位，"厢"设有官吏（低于县），负责户籍、街道管理等事务，一"坊"约有千户以上人口，则不设官吏。[27] 元时，在泉州城区设立三个"隅"，以下的基层单位没有详细记载。"隅"以下也设一定的基层管理单位，然而在大多数时间里无法控制当地的市民。一些巨姓大族（如蒲寿庚家族）在商业和政治上权力都很大，竟能把整个街区列入自己的势力范围，把街区所设的社区大门改成私家宅院之门。[28]

泉州的城市基层政权建设到明代以后得到了很大发展，从而把泉州城区改造成了空前封闭的空间。这是经由类似于保甲制度的"铺境"体系建构起来的。所谓"铺境"，实为明清泉州城区的行政区划。在明清时期，泉州城外设"都"，"都"下统数"图"；城内则以城墙为基本的范围，城下设"隅"，"隅"下设"铺"，"铺"下设"境"，民间简称"铺境"。铺、境、都、图之设的本意是沟通不同地点的信息，实为权威性资源的"信息储存"功能之体现。但是，这些空间距离的单位，也被用来形容类似于保甲的基层管理单位。

关于这一基层行政单位的功能，乾隆版《泉州府志》卷五云：

> 周礼司徒所属乡大夫、里宰司、市廛人诸官类，以辩民数之盈虚，而审其财蓄之聚耗。抚之版籍，富庶为先也。泉自宋初，始分乡里，元明以来复有坊、隅、都、甲之制。或异名而同实，或统属而分并。年岁丰凶、兵疫动定，增之减之所不能无耳。

至于这些空间划分单位的作用和具体安排情况，道光版《晋江县志》卷二十一《铺递志》在乾隆版"府志"的基础上做了比较详细的解释：

《周官》体国经野，近设比、闾、族、党、州、乡，达立邻、里、酂、鄙、县，遂举闾阎、耕桑、畜牧、士女、工贾，休戚利病可考。而知今之坊、隅、都、甲亦犹是也。而官府经历必立铺递，以计行程而通声教。都里制，宋元各异，明如元。国朝间有增改，铺递则无或殊。守土者，由铺递而周知都里、稽其版籍、察其隆替、锄其莠而安其良，俾各得其隐愿。则治教礼政刑事之施……

本县宋分五乡，统二十三里。元分在城为三隅，改为四十七都，共统一百三十五图，图各各十甲。明因之。国朝增在城北隅为四隅，都如故。顺治年间，迁滨海居民入内地，图甲稍减。康熙十九年，复旧。三十五年，令民归宗，遂有虚甲，其外籍未编入之户，更立官甲、附甲、军甲、寄甲诸名目。后增场一图，有立僧家分干一图。共一百三十七图。

城中及附城四隅十六图。旧志载三十六铺，今增二铺，合为三十八铺：

东隅统图四（内中华、行春、衮绣、胜果，外驿路，共五铺）；

西隅统图四（明统图十，内清平、文锦、曾井、奉圣、铁炉、三朝、万厚、华仕、节孝，外锦墩，共十铺）；

南隅统图四（明统图三，内阳义、崇名、大门、南岳、溪亭、登贤、集贤、三教、宽仁、惠义、胜得、善济、育才，外浯渡、聚津，共十五铺）；

北隅统图四（国朝增，内云山、萼辉、清源、盛贤，外泉山，共五铺）；

又新门外（柳通铺）、水门外（慈济铺）、涂门外（新溪铺）。

城内三十铺，附城外八铺所统乡街（驿路铺、锦墩铺、浯渡铺、聚津铺、泉山铺、柳通铺、慈济铺、新溪铺）。

城外分四十七都，一百一十九图，一千六百余乡……

摘自方志的上述两段文字，已经把"铺境"制度的功能说得很清楚。《泉州府志》界定的"铺境制"功能有三：（1）"以辩民数之盈虚"；（2）"审其财蓄之聚耗"；（3）反映"年岁丰凶、兵疫动定"。《晋江县志》界定的"铺境制"功能类似，而有（1）"考闾阎、耕桑、畜牧、士女、工贾"之"休戚利病"；（2）"立铺递，以计行程而通声教"；（3）"稽其版籍"；（4）"察其隆替"；（5）"锄其莠而安其良，俾各得其隐愿"；（6）为"治教礼政刑事之施"。可见，明清时期的基层建制，强调的是用正统的礼教来统治民心，用严格的监察制度来维系地方社会的稳定，用周密的信息管理制度来检查、抽取民间财富，从而达到减少民间资产扩张的目的。从这些方面来看，当时国家权力对地方社会的控制已经得到大幅上升，而这种控制，服务的是一个正统化地方城市的维持，其与宋元那种宽松的"厢坊"和"三隅"制度已相去甚远。

由于历史上留下来的记载十分之少，因此很难知道"铺境制"在城区的具体运作情形。不过，成书于明朝隆庆年间（1567—1572年）的《惠安政书》，从一个侧面反映了帝制晚期朝廷急于加强行政监控的迫切愿望，在相当程度上，也反映了"铺境"的制度设计与实践。

书中卷九及卷十二详细记录了保甲制度在当地的规定。据此我们得知，里甲的头人不是地方老者，尽管照规定要尊重老人，但在正式场合的坐席，可"坐于老人之上"。而保甲及里社的功能在于：（1）礼俗、婚丧的登记和仪式组织；（2）伦理纲常的宣扬；（3）务本、节用的提倡；（4）户籍登记和当地社会治安管理；（5）对扰乱纲常、治安秩序者的处罚等。

此外，据该书，明朝基层政权建设的基本设计是要恢复周代"政农合一"的里社制。这一点在《泉州府志》和《晋江县志》也有明确的论述。《惠安政书》卷十进一步论述了与里社制合一的"社"祭的情况（图4.3）：

惟皇制治，建府置县，书乡分里，以奠民庶；乃立社稷，以教民事鬼神。

社，土神也；稷，谷神也。民非谷不养，非土则谷无所殖，是以圣王修之，所从来尚矣。我高皇帝即位，尤敬鬼神之祀，立大社稷，统天下司、府、州、县。县有社稷，统各里，里各有社稷，具洪武礼制。又惧民不知报，作《大诰》以戒谕之。敬而不黩，故神降之嘉生。今有司惟祀县社稷，各里多废，乃立淫宇，一里至数十区，借而名之曰：上谷之神。家为巫史，享祀无度。

夫国制、坛而不屋。天子为百神宗，祀典不载，孰敢冒而享之乎？故余毁之尽，立里神如故。呜呼！民有候、禳、禬、荣之事，亦不患无所矣。

兆社壝于里，辨方、正位，因其树而封之？按洪礼制，每里一百户内，立坛一所。祀五土、五谷之神。州县坛制，东西二丈五尺，南北如之，高三尺（用营造尺）。四出陛各三级，坛下，前十二丈，或九丈五尺，东、西、南各五丈。今不能然，宜因地而广狭之。坛，广则一丈二尺，狭则六尺，以法地数。坛前，不过六丈可也。缭以周垣，四门，红之。北门入，地狭，随宜一门，常扃钥之。石主，长二尺五寸，方一尺，埋于坛南正中，去坛二尺五寸，上露员尖，余入土中。神牌二，以木为之，高二尺二寸，阔四寸五分，厚九分；座，高四寸五分，阔八寸五分，厚四寸五分，朱漆、青书。祭，设于坛，乘以凡，祭毕，藏之。几，高一尺九寸，广一尺九寸，长二尺三寸。坛前悬鼓，以备集众行事，社祝守之。以二祭礼神：一曰祈，二曰报。

仲春社日，行祈礼，宿眠涤濯，省牲镬，三献、祝、瘗，乃燕而誓。

每岁轮一户为会首（见役里长）。主坛事。遇社（大统历社日），先期率办祭物：羊一、豕一、酒、果、香、烛随宜。前祭一日，会首及预祭之人各齐。会首先遣执事者扫除，为瘗坎于西北隅，深取容物。会首洗涤厨房、馔器，以净室为馔所。至晚宰牲，执事者取毛血与祭器，置于馔所（器用瓷瓦）。祭日未明，执事者于厨烹牲。设神位于坛上，五土居东，五谷居西；设读祝位于坛上居中；设会首拜位于坛下，俱南向；设预祭人位于其后，引礼及诸执事人位，又于其后。执事者，实祭物于器，解牲体置于二俎，置酒于尊，书祝于版。祭物既备，执事者各举于神位前，燃香明烛。会首以下，各常服，盥手，就拜位。执事者尊中取酒，立于五土神位之左。通赞唱：鞠躬、拜、兴、拜、兴、平身。会首以下，鞠躬、拜、兴、拜、兴、平身。唱：瘗毛血。执事者取毛血瘗于坎中，引礼引会首诣五土神位前，唱：跪。会首诣五土神位前，跪，举杯，执壶者斟酒。引礼唱：三祭酒。会首三祭酒讫，引礼唱：俯伏，兴，平身。执壶者诣五谷神位左，引礼引会首诣五谷神位前。唱：跪。会首诣五谷神位前，跪、举杯，执壶者斟酒。引礼唱：三祭酒。会首三祭酒讫。引礼唱：俯伏，兴，平身。会首俯伏，兴，平身。引礼唱：诣读祝位。读祝者取祝立于读祝位之左，会首诣读祝位。引礼唱：跪。会首跪。唱：读祝。读祝者跪读讫，兴，置祝于案。引礼唱：俯伏，兴，平身。会首俯伏，兴，平身。引礼唱：复位。会首复位。通赞唱：鞠躬，拜、兴，拜，兴，平身。会首以下皆鞠躬，拜、兴，拜，兴，平身。执事者撤祭物。读祝者取祭文，焚瘗于坎。礼毕，会饮。先令一人读抑强扶弱之誓。其词曰：“凡我同里之人，各遵守礼法，毋恃力凌弱。"违者，先共制之，然后经官。或贫无赡，周给其家，三年不立，不使与会。其婚姻丧葬有乏，随力相助。如不从□及犯奸

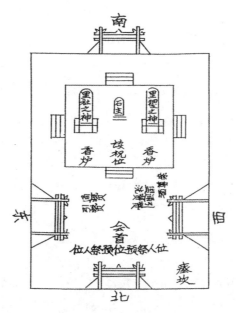

图 4.3 《惠安政书》中的社之设计

盗诈伪一切非为之人,并不许入会。读誓词毕,长幼依次就坐,尽欢而退。务在恭敬神明,和睦乡里,以厚风俗。

……

仲秋社日,行报礼如春。亦用大统历社日,祝词改"东作方兴"为"岁事有成";改"祈告"为"报祭"。

祭器:用牲桶二,锅五,牲匣二,祝板一,酒尊三,各连幕,酒勺一,瓷觳六,瓷楪十二,香炉一,盥盘一,帨巾一。祭品丰俭随宜。人不过出银二分,贫者半分,极贫者勿强,仍令与会。

以六号事神:一曰告,二曰祷,三曰誓,四曰罚,五曰禳,六曰会。[29]

除了社区祭祀组织的作用之外,"社"还起着类似于"乡约"的作用。同书云:

有事则告

凡立乡约、延教读、编保甲等，皆告于社。民自他境来，初预乡约保甲者，谓之入社，亦以告，告毕，即书姓名于籍。其有过，罚而不悛者，逐之出社，亦以告之，告毕，约正会众，于籍除名。凡告，社祝鸣□□□约众皆至，立于坛前，社祝唱：跪。约正以下皆跪。社祝抗声告曰："某年月日，约正某等为某事，敢告于神，惟神聪明正直，好善恶恶，凡食此土之谷者，孰不昭鉴。尚冀默相，以底成功，使善者受福，恶者受殃，无作神羞！"告毕，约正以下，皆再拜而出。

有求则祷

凡民有水、火、盗贼、疾疬、刑狱等事，必祷于社。其系一乡福祥痛苦者，约正令教读为文，付社祝行祷礼。

凡祷雨，先一日斋戒，约正等禁乡内屠宰。黎明，帅约众诣社取齐，社祝伐鼓十二声，用牲于社。唱：鞠躬，再拜，平身。约正以下皆鞠躬，再拜，平身。约正诣读祝位，跪。社祝读祝文曰："惟某月日，乡约正某等，敢祷时雨于五土之神、五谷之神。皇皇上天，照临下土，集地之灵，神降甘雨，庶物群生，咸得其所。惟神俯从民愿，某等不胜瞻望哀恳之至！"祝毕，唱：鞠躬，再拜，平身。约正以下皆再拜而出。次早，祷亦如之，惟不用牲。必得雨乃止。若雨多，求止雨，则鸣鼓百声，用牲于社。祝曰："雨已太多，五谷不和，人民失养，伤如之何！社灵社灵，幸为止雨，调燮阴阳，除民所苦。"礼亦如之，谢得雨。及雨止，俱用牲于社。

有疑则誓

父老听一乡之讼，如户婚、田土、财货、交易等不肯输服，与凡疑难之事，皆要质于社而誓之。凡誓，鸣鼓七声，社祝唱：跪。誓者皆跪。社祝宣誓词曰："某人为某事，若有某情，敬誓于神，甘受天殃，惟神其照察之！"誓毕，誓者三顿首而退。

有过则罚

凡乡约内，有违六谕，悖四礼，纠而不悛，及社学、保甲、诸人有犯者，约正等会众，以其人拱立于社，伐鼓十声，社祝唱：跪。犯者跪。抗者攻之曰："某有某过，不悛，告罚于神，尚冀自今改于其德，神降之休。"……再拜而退。既罚，复不悛，约众告于神，逐之出社，除名于籍。若不肯罚与事情重者，约正等闻于有司，不闻，发觉连坐。

有患则禳

淫祠既废，修斋、念经、咒水、书符、师巫之徒，终不可化者，难以诛戮，皆分遣各社，充社夫。每遇水旱疠疫为人患害之时，使之行禳礼。鬼有所归，乃不为厉。遵洪武礼制，每里一百户内立坛一所，祭无祀鬼神。岁三祭：春清明，秋七月十五日，冬十月一日。祭物牲酒随俗。其轮会首，及祭比会饮，读誓等仪如里社。

有庆则会

春秋祭比，行会饮礼，已见前。正月元夕为岁始，腊月大傩为岁终，亦许会饮于社。教读制相戒之词，以见无己太康之义。或令童生歌《七月》之诗一阕，或习士相见礼，或行投壶礼，或行乡射礼，务以雍容揖逊，敦崇古雅，须用歌咏劝酬，使人观感。不得酣唱邪典，演戏杂剧，以导子弟未萌之欲。[30]

据泉州地方史界陈垂成、林胜利二先生的文献与实地考察[31]，泉州铺境都设庙。这些铺境庙后来供奉了不同的地方神，与《惠安政书》记载的"里社"制的"社"有很大不同。但参考《惠安政书》的记载，我们能够断定，在"铺境制"初设之时，其庙的组织原来应该与里社中社坛或社庙相一致，只是到了后来才被一般百姓改变成为民间化的神庙。而在功能上，铺境庙也应与里社坛、庙一样，起着存放户籍、组织社区大会、举行赏罚会议、办理一年数度的社区仪式的地点。如果这一点属实，那么"铺境制"所代表的基层行政体系已经发达到如此程度，以至能够包罗社会监控和思想统治之万象。

5. 正统的空间扩张

从明朝开始，泉州经历了"城"与"市"关系格局的一次大变动。从结构上讲，"城"与"市"，或者说，城市的镇守—统治功能与交换功能，是任何"城市"不可或缺的两个方面。然而，"城"与"市"构成的对立统一体并不是一成不变的；相反，二者之间势力此消彼长，使这个对立统一体的内容与形式持续转型。从历史大势看，五代至元这一政体分合不一的漫长阶段中，"城"与"市"相互化育，且"市"这方面所占比重较为突出；而自明初起，"城"则形成了对"市"的压倒之势，虽不可能彻底取消"市"，但其势力增长却极其明显。结果，泉州从一个相对自由的帝国边陲港市，转变为国家监控地方社会、限制其自由生长的权力集中器。这个角色转变的一个重要方面，是国家权力的下伸及对于地方社会的强制性控制。但严格说来，我们所说的"城"，不单是指这一强制性控制，还指有着"柔性"文化内涵的文明教化，它含有与外显的强制性控制不同的"内圣秩序"。为了确立这一秩序，朝廷在城里设立了铺境制度，在乡村设立了里社制度，空前重视劝说一般民众共享朝廷欣赏的"雅文化"象征资源。或许正是出于对这个矛盾的历史事实的考虑，钱穆在论述明季的"国史"变迁时，才会一面强调明朝一立国就开启了"传统政治之恶化"的"暴君统治"进程；一面重申，明朝时期有一个注重教育文化普及的"好制度"。[1]

明清两代在传统国家内部出现了一个与此前阶段不同的状况，即一个一体化的正统符号体系在朝廷统治的地域范围内得到充分扩张，并似乎形成了欧洲到了工业化之后才有的"普遍性知识"。[2] 从这个角度看，这给人一种印象深刻的"文化进步"的印象。然而从另一个角度看，正统符号体系的扩张，也可谓是"文化落后"的表现。与绝对主义国家的早熟紧密相关，这种"普遍性知识"的播化，是在境内工业化尚未充分展开、对外贸易尚未充分拓展的情况下进行的，并且，它的势力之勃发，又是以工商业的被压抑为代价的。

理学与文化一元化

在元朝，蒙古人和色目人联手统治中国，南方汉人（南人）被列为最低等级。当时的泉州所处的地方，正是"南人"的传统聚居地，理论上讲，其自主性也会因之受到限制，但情况并非如此。元朝在地方治政层面上，对泉州的开放性加以鼓励和利用，朝廷也将当地发达的海上交通业融入到南北漕运系统中，这就给这座城市带来繁荣的新机遇。然而，泉州的主体居民，毕竟是3世纪之后由北南迁而来的汉人，对他们而言，无论是元朝统治者，还是管理地方的色目人，都不是"同乡"，而是对他们自己大有殖民者意味的"陌生人"。景炎元年（1276年），蒲寿庚与元朝势力结盟，至元十五年（1278年），得到福建行省中书左丞一职。终元代一朝，其家族掌控泉州，垄断市舶。如《清源金氏族谱》载，蒲寿庚"父子继世特宠专制，峻法严刑，以遂征科，人苦薰炎"。而如庄为玑指出的，"元初的政策是依靠色目人，歧视汉人，特别是最后投降的汉人，成为'南人'。不管是官吏、义务，总是不平等的。每县设一达鲁花赤，作为监县长，色目人做同知，少数汉人只能充总管。其他官员也是这样。利用色目人来控制汉人。又把汉人胡乱分为十等。色目人与北人以右族贵族自居，视汉人为奴隶。这种不合理的待遇，是历代少见的"。[3] 因而，对其反抗也早已出现。更严重的是，元末统治集团内部出现了权力纷争，据《元史》卷四十五，至正十七年（1357年）"三月乙亥，义兵万户赛甫丁、阿迷里丁叛据泉州"。至正二十三年（1363年），市舶司提举那兀纳，忽然起兵杀死阿迷里丁，那氏后与从福州南逃的燕只平章勾结，攻打兴化，引起元廷不满。至正二十五年（1365年），效忠元廷的福建参政陈友定派人从水路攻打泉州，色目人金吉开西门纳陈军入城，那兀纳被捕，元末十年战乱才结束。[4]

元末，全国范围的异族压抑的"意味"，进一步带来关系紧张，从而诱发了新一轮改朝换代斗争，通过"斗争"建立明朝者，继之对夷夏矛盾加以利用，不仅排斥外来的非汉民族，而且还试图消除元朝"以夷变夏"的影响（所谓"以夷变夏"，是指属于文化多元格局的内在组成部分的"外来文化"对华夏文明的"替代"）。以改变现实状况为号召，朝廷恩威并施，一面强力清洗"夷"的种族因素，一面推崇其所择定的理学，赋予其意识形态地位。

据泉州《清源金氏族谱》，明兵入泉州时，"凡西域人尽歼之，胡发高鼻有误杀者，闭门行诛三日。凡蒲尸皆裸体，面西方……悉具五刑而诛之，弃其肉于猪槽中，报在宋行弑逆也"。在泉州的阿拉伯人、波斯人、蒙古人及其混血的后代，或被杀灭，或被迫逃亡，其宗教崇拜场所、居住区、墓园也广泛受到破坏。同时，明太祖还规定诸如曾帮助元灭宋的泉州蒲氏之类家族集团永世不得为士。在国家压力的迫使之下，阿拉伯、波斯商人及其后代不得已逃离泉州城区，向山区和海边的荒僻乡村迁徙，甚至离开泉州，逃往别的州县。明永乐五年（1407），朝廷曾修改对伊斯兰教的政策，提出要保护各地的清真寺。不过，在明朝的大部分时间里，伊斯兰教众（也就是来自阿拉伯世界和波斯地区民族的后裔）大幅减少，信仰委身于社会的角落。"色目人"除去被杀或逃离者，不仅在经济和政治领域地位低下，而且在文化领域也被排挤到了主流之外。到了清代，中国再度出现了非汉统治，但这个时期的到来，并没有改变已然在泉州立足的种族—文化排外政策。尽管清代在福建任高职的部分官员（如康熙年间的陈有功、陈美来，同治年间的江长贵等）曾经在当权时给予伊斯兰教民和清真寺一定的关照，但随着这些官员的离职，伊斯兰教民及其寺院也很快落入被遗弃的命运中。

明清时期受到官方强制性压制的，显然不局限于曾经支持元推翻宋朝的伊斯兰教各族。此时，一度在泉州得以兴旺发达的印度婆罗门教、欧洲的景教、中东的摩尼教，也由于官方的压力而渐次衰落。

为了一改元朝"夷夏"关系中"以夷变夏"的状况、恢复正统，朝廷赋予理学以文化支配地位。应该指出，对于居住在泉州的汉人来说，理学并不陌生。事实上，从宋代开始，福建的理学首先就是以闽学为名得到发展的。关于其源流，清后期泉州人陈步蟾的《闽学源流考》〔收录于（清）陈国仕编《丰州集稿》卷十二〕一文做了如下比较详细的考述：

  闽，边境也，山势崔巍，川流浩渺。其间钟毓伟人，以肩圣学统，绪作儒林圭臬者，代有传人。

  昔者明道程子送杨文靖而叹曰：吾道南矣。是濂、洛之学又衍于闽，其源正也。夫文靖再学于伊川益恭，一传而为潜思力行之罗豫章，再传而为充养真粹之李延平，又传而为朱子。朱始学于籍溪胡原仲、白水刘致中、屏山刘彦冲。登第后为同安主簿，徒步谒愿中于延平。精思实体，所造益深，而闽学于是大著。此所以绍勋华之命脉，接孔孟之薪传，实为敌派，后之人以朱子为小孔子，不诚然哉！

  夫源之远者流必长，流之长者，虽百川支分，究之师承一致，俗学无能鼓其波澜，异学无由阻其趋向。欢迎江淮河汉，其流汤汤，总以朝宗于海，而知道学犹是耳。夫明道伊川倡道东南时，有与文靖同师，称程门四先生之二者，为崇安游酢定夫立雪之勤，与文靖并著，其后学益进。朱子称为清德重望，皎如日星。又如崇安之胡安国康侯，性本刚急，比老而风度端凝，气貌雍穆。入仕四十年，讲学论政，以及行已大致去就，语默之机如人之饮食，饥饱必自斟酌。所以渡江以来，儒者出处合义，秘以彦明及康侯为首称。

其时游朱门者五十二人……其最高焉者也，而莫著于闽县之黄直卿，龙溪之陈安卿。又若建阳之蔡季通，八岁能诗，长则于书无所不读。朱子一叩其所学，辄曰：吾老友也，不当在弟子之列。其四代相承名儒有九：元定，父发，字神，与号牧堂；三子：渊、沇、沈；四孙：格、模、杭、权，皆能以道自任。乃宋史列元定于儒林，而不列于道学，可谓疏矣。

真西山大儒，仁于泉州，未竟其因，而所著之书，皆有关于心性治术。有明一代，若晋江之蔡文庄，发明心学，与其徒陈紫峰琛，精深理奥，皆能阐明圣道。漳之黄石斋道周晚出，虽承姚江之派，而实于紫阳独真传，故能学贯天人，节坚金石，可以接朱子之绪，而衍文靖之传者也。我朝崇儒重道，如蔡漳浦，李安溪，一代伟人，仔肩所任，不愧海内大儒。

理学的成长，与唐以后汉人思想的变迁有着密切的关系。在南北朝及隋唐时期，汉人学者大致分为两类，一类入世而主张强化家庭、政府、国家伦理典章制度化，二类出世而主张采用佛、道的禅与长生。据钱穆，这两类的思想文化路线后面，均带着一种"狭义性的贵族气味"[5]，与一般社会的文化相隔离，超然独立。到了宋代，华夏的思想文化出现了一次大变动。在理学创始人的倡导下，出现了一个讲求接近平民的普遍主义追求，在宗教批判和政治批判的过程中，形成了一套关涉人生、社会与宇宙之间关系的学说。理学学说在理学家的大量"讲学"活动中，通过接近平民的"道"与"理"的阐述，而逐步形成系统的见解和哲学，在学者和汉人民众中间呼声极高。在南宋时期，儒士讲学之风更盛，从在私人寺庙讲学，逐步建立独立的书院，并在政府官员协力之下，进入州学和太学。理学家讲学的目的，是通过开发民智，陶育人才，来达到改进政治、创造理想社会的最终目的。因而，在理学的传播过程中，也出现了与这个学说的社会政治理想相配合的社会改革制度，如适应于官民关系改造的义仓、社仓、保甲、书院、乡约等等。[6]

在官方化之前，理学在泉州地区已经有了相当巨大的影响，其讲学活动，甚至可以说早在五代十国之闽国就已出现。当时北方儒士在社会动乱和战争的状况下，不满朝政的黑暗，而有了避世修学的风气。闽国统治者利用北方人才的这种心态，乘机招贤纳士，为其设立书院，供其讲学。北宋末期至南宋，北方民族关系复杂，战争连年，朝廷风气不正，民间生活受到极大的影响。在"夷狄之耻未雪"的集体心态背景下，理学家朱熹在福建地区广泛游学，主张励精图治，格物致知以极夫事物之变，应天下之务。[7] 朱熹（图5.1）的父亲镇守过泉州石井，他考中进士后，即任官在泉州同安县，以主簿兼管学事，建"经史阁"于大成殿，设"教思堂"于明伦堂，广访名士，并与之相论于"高士轩"，引诸生从游。在泉州期间，朱熹深读《孟子》，在"小山丛竹"讲学，与友人游于郡城之西九日山，在那里留下诸如"因依古佛居，结屋寒林抄"之类的诗句。在接下来的若干年中，朱子访张敬夫于潭州、会吕祖谦于寒泉精舍、与陆九渊辩论于信州鹅湖寺、接待陈同甫于浙东官廨，之后"起向泉州觅旧游"，千里迢迢从武夷到温陵（泉州），为当年与之同游的挚友傅自得吊丧。朱熹共在泉州生活四年[8]，泉州各县均以"朱子过化"为荣，而朱熹题写的"此地古称佛国，满街都是圣人"，也表达了其对教化泉州的期许。南宋时期，在泉州任职的高层官员有不少接受了朱熹和其他理学大师的思想。真德秀，字实夫，号西山，福建浦城人，生于南宋淳熙五年（1178

图 5.1　朱子像（明郭诩绘）

年），卒于端平二年（1235 年），庆元五年（1199 年）进士（传见《宋史》列传之第一九六），为有巨大理论贡献的理学家。他学宗朱熹，所修《大学衍义》，广为流传，被视作《大学章句》之佐。真德秀于嘉定十二年（1219 年）及绍定五年（1232 年）两度知泉州，实行重视民生、鼓励贸易的政策，在当地广受赞誉。元朝虽然实行压制汉人的等级主义民族统治政策，但朝廷也鼓励理学。在泉州，理学身居当时的文化多元格局之中，在士农工商中得以进一步传播，包括蒲寿庚家族在内的色目人，也借之使自身"华化"。然而，宋元时期之理学，绝非朝廷所立之唯一正统。由于朝政变动频繁、民族势力竞争激烈，理学在宋代只不过部分地受到政府肯定，其传播主要是在民间展开；在元朝，虽部分为朝廷所用，却不过是当时文化多元体系中的一元，为维护帝国的"多元一体格局"，元廷对东西方诸宗教，如藏传佛教、伊斯兰教、基督教，也多有利用。

然而，明以后理学的地位骤然攀升。明朝是在驱逐异族统治者的过程中建立起来的。为了把一般人民的思想统一到其界定的正统中来，统治者把孔孟之道及作为其继承形态的理学推崇为理想，承袭唐朝的科举制度，将理学中朱熹的《四书五经》之学，列为科举考试的主要内容。在明初的半个多世纪，除了大量重印《四书五经》之外，朝廷直接组织了理学著作的编修、出版，使程朱理学成为官方话语的核心内容。

新成立的明朝，在几年内就重订礼制，如《明会要》卷六所述：

> 太祖初定天下，首开礼乐二局，广征耆儒，分曹究讨。洪武元年，命中书省暨翰林院、太常寺定拟祀典，乃历叙沿革之由，酌定郊庙宗社议以进。礼官及诸儒臣又编集郊庙山川等仪，及古帝王祭祀感格可垂鉴戒者，名曰《存心录》。
>
> 二年，诏诸儒臣修礼书，明年告成，赐名《大明集礼》……昌诏郡县举高洁博雅之士徐一夔、梁寅、周子谅、胡行简、刘宗弼、董彝、蔡深、滕公琰至京，同修礼书。若夫厘正祀典，凡天皇、太乙、六天、五帝之类，皆为革除，而诸神封号悉改从本称，一洗矫诬陋习，其度越汉唐远矣。
>
> 洪武六年三月申辰，礼官上所定礼仪。帝谓尚书牛谅曰："元世废弃礼教，因循百年，中国之礼，变易几尽。朕即位以来，夙夜不忘，思有以振举之，以洗污染之习。常命尔礼部定著礼仪。今虽已成，宜更与诸儒参详考议，斟酌先王之典，务合人情，永为定式。"

在这一新出现的治政"心境"下，理学不仅成为政统的核心内容，而且进入了官府祭祀空间，其情景如下：

> 孔子删述六经，垂宪万世，实后学之所发。朱子注释六经，

折衷群言，乃后学之所宗。天生圣贤，扶植纲常，传续斯道，莫有盛于孔子、朱子者也。洪惟我朝，继天立极，圣圣相承，崇尚儒道，内自太学，外及府州县学，咸立庙祀先圣先贤，又于先圣孔子阙里立庙，皆以春秋致祭，设教授以训其子孙，建公爵以贵其嫡嗣，尊崇之典无以复加。(《明宣宗实录》卷四十三)

嘉靖年间（1522—1566年），明代思想文化出现了一个王阳明心学的支配时期。王阳明主张个性解放，企图突破理学一统天下的纲常伦理，重新启蒙民智。明后期由于王阳明思想的出现，全国范围内程朱理学开始式微。然而，本来十分强调个性解放和人文多元的泉州地区，此时却已经深受明初理学文化支配的禁锢，而出现了陈琛等人"以程朱为宗"的学派。

对于汉人而言，清朝之立国，与元朝一样，是"外族统治"的又一轮周期性复归。不过，这个朝代与元朝之间存在的一个大差异在于，它不再具有元帝国那样的外部延展特征，而仅能在明朝留下的疆域范围内施展它的威力（尽管清之疆域有所拓展，但前朝遗留的格局，未有根本改变）。在文化上，为了维持其统治，清朝不得已采用高压和利诱并重的策略，统治者重新吸收了元朝统治经验，不仅重视藏传佛教，而且也重视汉族的政治文化，并因袭明朝，视朱子之学为治国纲领。有清一代，汉满民族关系也时而平顺时而紧张。不过，面对一个在治国方略方面已然成熟的文明体系，统治者还是能够尽其所能接纳"被征服的"汉人文化。有了这样一个政策，宋明理学便能在一个"夷人"统治的时代中继续发挥作用。不过，清代对宋明理学的继承和政治发挥，不能说完全是文化层次较低的统治民族对于文化相对发达的被统治民族的"谦卑心态"，其中所包含的，恐怕更多的是绝对主义国家时代来临以后，不同族别的统治者，对于正统文化建构的共同重视。换言之，到了明清时期，无论是汉人，还是满人，朝廷都已经无法避免用"普遍性知识"来统治社会了。在这一点上,一个处于相反地位的集团在文化上所做的选择,也许能作为说明的有力佐证。明末清初,与欧洲海洋帝国有竞争关系的郑芝龙集团,身处两个朝廷之外,有时因其海盗习性而受明朝征讨,有时因有"反满"情绪,而受晚明朝廷招安。无论如何,这个集团超离于中央集权的正统之外。兴许是为了展现这一立场,它的领袖郑芝龙于明天启元年(1621年)在澳门接受天主教的洗礼、领圣餐,并于此后在安海家中供奉圣母像。[9]郑芝龙选择殖民者带来的天主教,既体现他内在具有宋元泉州的多元文化性格,又表明明末清初在他的故乡,信仰的多元选择,已为他超脱在外的正统所成功排斥。

就泉州这个空间范围而言,理学的官方化,在政治文化中影响深远。这一点,可以从四个方面来考察。首先,由于明清时期在科举制中规定理学(当时的新儒学)为考试的主要内容,因此这个时期在泉州任职的大多数官员都程度不同地受到这种政治思想的影响,从而使理学间接或直接地制约了当时的政府行为。从某一角度来看,以思想制约政府行为,根本目的在于促使政府官员在社会治理方略上更加注重庶民利益。然而,理学固有一种以心性修养来压制"利"与"欲"的倾向,到了明清时期,这一倾向得到发扬,而理学原本具有的以道统制约政统的理念,却丧失了用武之地。当时握有至高无上权力的朝廷,把精力放在借助理学创造一种正统,以束缚民心(尤其是所谓的"人欲"),而不再致力于营造宋元式的地方性的开放经济环境。这种地方性的开放经济,已被认定为"利"和"欲"的表现。

理学对于"利"和"欲"的压制,在它形成时就已经得到充分的强调。南宋理学家真德秀,就曾专门撰文论述他反对"利"和"欲"的看法,同时在许多场合提出用"劝农"和"谕俗"来改造当地的商业主义社会。但在当时的情况下,泉州商业在政府中并不被排斥,毋宁说是偏安一隅的宋廷国库收入的主要来源之一。因而,即使真德秀内在地反对

"利"和"欲"，在一些正式的场合中，却还需要鼓励商业和减轻税收。如《宋史》真德秀传所载，"德秀以右文殿修撰知泉州。番舶畏苛征，至者岁不三四，德秀首宽之，至者骤增至三十六艘"。数年后，真德秀再进徽猷阁、知泉州，"迎者塞路，深村百岁老人亦扶杖而出，城中欢声动地。诸邑二税法预借至六七年，德秀入境，首禁预借"。

相比之下，到了明清时期，理学主义的官员再也没有必要对"理"和"利"做真德秀式的综合了。这当然并不意味着他们毫无通过当权来谋取私人利益的欲望，而毋宁说在政府形象的营造上，他们已经自居正统，从而无法宽容民间商业主义。

其次，理学的官方化也为官方话语提供了对历史加以正统化解释的可能，这造成了复古主义思潮在社会上层的盛行。在这一方面，陈琛的历史解释是一个很好的例子。明代泉州著名理学家陈琛，字思献，因结庐于紫帽峰下，号紫峰，人称紫峰先生。他生于明成化十三年（1477年），卒于嘉靖二十四年（1545年）。陈琛受教于朱子学家蔡清，正德十二年（1517年）进士，历官刑部、户部主事，吏部考功郎中等。32岁时，陈琛设讲席于泉州学宫，后又结庐紫帽峰下授徒，"乐道著书""而授道理"。陈琛用上古的元气学说来解释泉州一带的社会历史："余尝阅古今英伟奇杰之生，知天地有至清之气，周流运转无处无之，第其积而发之人也，先后迟速异耳……吾闽与蜀及岭南百粤，则又夷之极远而不数者也。迨汉而唐而宋以迄于今，则兹数邦人物之盛何如哉！岂非天地至清之气磅礴郁积至久而始大发欤！"（陈琛《河桥清饯图诗序》）可见，这位明代理学家用的虽是一种"元气"学说，但字里行间表现出对三代礼教在闽粤等地迟迟"不发"的关注，他真正关心的实际上是这个帝国边陲地区应如何在正统宇宙观的教化中实现上古之礼的途径。陈琛的教化中心主义，在当时并非少数人的论调，而是广泛地反映了明朝汉人学者的思想观念，这就是"克己复礼"的理学社会史观。

再次，通过官方的推行，理学所倡导的社会实践，在民间被普及为正统行为和社会规范的理想模式。关于这一方面，理学所倡导的适应于官民关系改造的义仓、社仓、保甲、书院、乡约等等社会事业，在明代泉州县级地方官叶春及所著《惠安政书》中的全面提倡，是一个例证。而清代泉州人氏李光地的思想与行动则是又一个例证。李光地，字晋卿，号厚庵，别号榕村，泉州安溪县人，生于明崇祯十五年（1642年），卒于清康熙五十七年（1718年），康熙九年（1670年）进士，历任朝廷高官。此人除在全国范围内致力于朱子之学的复兴、广泛传播理学思想之外，在泉州也帮助修复学府，兴建书院，在家乡安溪县湖头确立乡约，为李氏家族制定家族规范。李光地一生的追求，可以说是要把圣人之道延伸于一般民众中间，曾说："圣人非无过，有过而改，方是可为千百世法。若圣人必定要无过，天下后世人，皆要学圣人无过，则圣人果难学，而文过者更多矣。"（《榕村续语录》卷八）在《榕村语录》《榕村续语录》中，李光地的论说大多集中在上古之礼、孝、道、治、家等概念上。他的平生要旨即致力于志、敬、知、行。这是要自下而上、从个人到社会，营造一个知行合一的秩序。

最后，为了营造一个大一统文化，理学家们极力对当地的"其他文化"做出正统化的解释，以本土的儒、道、佛思想来吸纳非本土的宗教，如伊斯兰教、摩尼教和基督教。在这方面，明万历年间倡修泉州清真寺的儒士李光缙的言论，是一个很好的说明。万历三十五年（1607年），泉州大地震，涂门街伊斯兰教中心崇拜场所清净寺部分遭毁。住持夏日禹率众求泉州名儒李光缙发起修缮。李光缙认为这是"公役"，符合儒家社会事业的思想，而且伊斯兰教主张净心，与理学之慎修同理；提倡薄葬，又与墨子之节丧同理，故可以变成与儒、佛、道相通的宗教，于社会有益，因此同意倡修。为此，他专门撰文论述伊斯兰教建筑与中国宇宙观思想的一致性，在万历三十七年（1609年）的《重修清净寺碑记》中说：清净寺的建筑空间布局，完全符合中国"太极""两仪""四象""八卦""乾元"之说。又云:"儒道如日中天,释道如月照地,余谓净教亦然。"正是在儒士倡导"以儒化夷"的文化吸纳策略的影响下,明清泉州伊斯兰教徒出现了"汉化"倾向,一些穆斯林聚落竟然与当地汉人一样形成家族村落并创修族谱,而明代宣德年间在伊斯兰教信徒内部也出现了主张伊斯兰儒化[10]和反对儒化的"回儒之争"。[11]到了明末,著名思想家、泉州回汉通婚的后代李贽,违反作为伊斯兰教信徒的祖母的遗训,以儒家的孝道取代伊斯兰教的教规,并力图综合儒、道、释三教来解放自己的思想。到这个时候,这种儒化的行为和思想方式,在泉州已经不足为怪了。

明清时期的泉州,基本处于理学(及儒学)成为所谓"文化霸权"(hegemony)的时代。这也就是说,作为一种思想和行为文化的理学,无论在社会的上层还是下层,都起着潜移默化的作用。正是在这样一个时代的文化背景下,宋元泉州的文化多元模式,逐渐失去了它的影响力,代之而起的,一方面是华夏早期经典制度的"庶民化",如将古代宗法制度"庶民化"为村落宗族制度,就是一个典型结果。[12]另一方面,一些从异邦传入泉州的非汉人文化(此时汉人文化已经包含了中国化了的佛教),在严重的政治文化霸权的压力下,纷纷向偏僻地带撤退,或戴上儒、道、佛的面具。到了明朝,摩尼教被民间当成"佛"来崇拜,这充分说明,理学容纳的"佛"已取得文化霸权地位。当然,在比泉州更广阔的范围内,基督教和天主教传教士在朝廷和地方官府面前,被迫以服从中华帝国礼俗为前提才能进行传教的众多事实,更能说明文化中心主义意识在当时的中国社会已经占据了显要地位。

理学在明清两代的官方意识形态中获得支配地位,其所产生的历史影响是深远的。正如王赓武指出的,明清两代海禁政策的实行以及该政策引起的中国沿海贸易的衰落,主要就是因为理学意识形态致使官方对商业产生极大的戒备心态,对海内外的货物流动进行道德层面的否定。这样的心态和道德理念,又直接促使朝廷放弃明朝立国以前十分发达的官商贸易，为了防范民间商业对正统意识形态的冲击，变本加厉地限制私商贸易活动。[13]王赓武坦言："随着理学的兴起，'官'商贸易几乎完全消失了，而'私'商贸易则只被允许在严格限度内得到发展，以防其对理学思想体系造成矛盾和威胁。"[14]这也就意味着，明清时期泉州多元文化状态的消亡，与理学对商业发展的蔑视和防范有密切关系。

此外，明清意识形态中正统主义的出现，与当时中国从传统国家转向专制型的绝对主义统治模式，也有着密切关系，而无论是意识形态，还是政治统治模式，其重新建构的目的，皆为营造稳定秩序。

城市空间的象征营造

理学所力图创造的，是一个新人文秩序。在理论上，这个秩序无须政府的外在强制，即可通过"私学"，由内在格物、省思与感知实现。在理学家的本来设想中，秩序，为天、地、人"三才"的自然联系，学者只不过是在非政治行动软弱无力之时，才不得不参政，以实现其理想。然而，任何秩序学说一旦得到朝廷采纳，被改造成政治话语，就再也无法逃脱成为强制秩序的命运了。在这一方面，社里、铺境等基层社会组织和教化单位中隐藏的理学理论，又是一个很好的说明。而官方化理学的秩序建构，其运用并不局限于这些方面。

从明初起，这一秩序建构被全面运用于对城市空间的再设计和再解释中（图5.2）。

在理学官方化之前，在都城和其他城市的营造中，建筑空间与周天之度的对应原则，早已得到广泛遵循。在建造城市时，古代建筑师注重天、地、人的和谐一致，他们把城市看作宇宙中秩序垂范的体现。中国最古老的典籍之一《周礼》卷十六《考工记》便云："匠人建国，水地以县，置槷以县，视以景，为规，识日出之景与日入之景，昼参

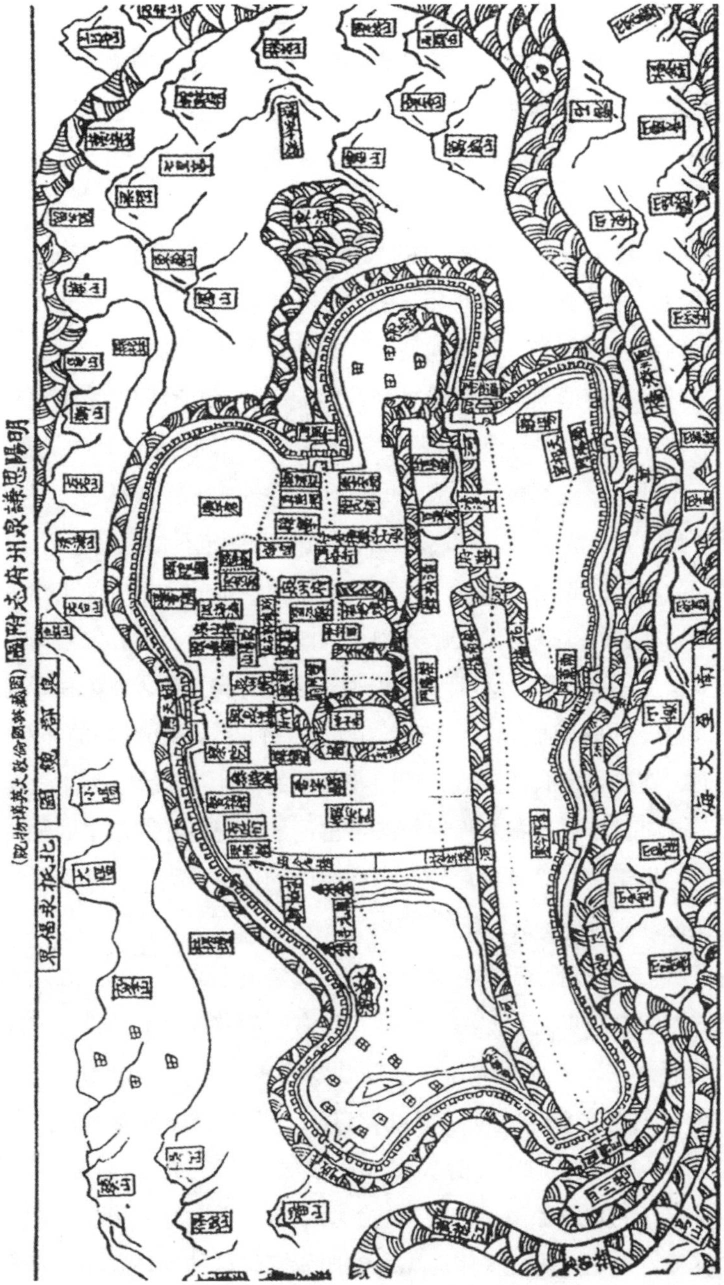

图 5.2 明万历版《泉州府志》州城图

5. 正统的空间扩张

诸日中之景，夜考之极星，以正朝夕。"《考工记》所言并非仅是修辞，而是一种传统。城市建设与宇宙观思想体系之间的相互辉映关系，在古代史中贯穿始终，其具体内容为符号化的空间设置，而总体诉求在于构造一个天、地、人和谐相处的居处，以期使居者透过它"以通神明之德，以类万物之情"（《周易·系辞下》）。

泉州城始建于唐代中叶，至明时，已出现过不少变化。应该承认，这一空间设置的宇宙观传统并非到明朝才开始得到运用，而是在泉州城始建之时便得以遵守，否则我们无法解释泉州唐城的方形结构。不过，明以前，宇宙论建筑规范对泉州的影响，并不那么明显，特别是城市的对称性、一致性与轴向性特征等方面，泉州城的形象黯然得多。在古代宇宙观中，空间被想象成由一系列的同轴之方被圆形之天架构而成（外圆内方）的图景。但是，五代至元在泉州进行的大规模拓城，大多是应收罗周边聚落、市场、寺庙的需要而实施的。拓城使泉州极其不规则，在总体外观上缺乏整齐划一的四方围绕中心的五方格局形象，最多像是"鲤鱼形"。尽管其官府所在区位保持了代表政治秩序的四方形，但泉州的平面布局，却难以让人联想到其与宇宙秩序的关系。与此同时，在这个漫长的阶段，伴随着频繁的商业往来，各种宗教汇聚一城。其时，官府承担着捍卫经典宇宙论建筑规范在城市中的地位之使命，但由于它并没有排斥异族信仰空间的任务，因此，显现正统的那些建筑象征，没有取得压倒之势。

到了明初，泉州已积累了历史上多次扩建留下的遗产，而难以改变"围城"的原有形态；此时，朝廷和官府所能做的，似乎只是加固城墙。然而，在城市周边海岸，在朝廷命官的设计和建设之下，增添了一条由卫所之城构成的边界线，这条边界线捍卫着府城，阻隔"倭""夷"与边界之内居民的来往。而地方官似乎也已深刻意识到，城池虽是安全的建筑保障，但城内的社会是否稳定，却仰赖"质朴人心"的养成。如明万历《泉州府志》卷四所言，这种质朴人心，应该有"上下相安,大小相恤"的内涵。然而,元末明初,泉州"侈竞成俗,强能侵弱,贱亦妨贵,闾里之间无赖成群",倘若"小奸大奸之伏万一有他",则可能爆发动乱。因此,加固城墙、增设卫所虽然重要,但"宁城急务",却是在居民间"禁奢、止竞、辨分、定志"。

为清除乱象横生的不良风俗,地方官们除了实施相关旨在移风易俗的朝廷指令之外,还持续致力于系统发挥城市宇宙观秩序化作用的工作。

乾隆版《晋江县志》卷二《规制志》载:

> 都邑之建,首举大端,而后次第,因之相及。阴阳和会之乡,风萦水聚,必树城郭,以为因是,以一室鸣琴。四方向化,自驿会市尘,以圣表厥宅里。

从泉州地方史家所收集的历史考古资料[15]看,尽管这座古城的实际形态与经典定义中的城市宇宙秩序理想之间存在着诸多脱节之处,但这座古城却似乎空前需要被重新想象为以上理想的"真实实现"。

是什么东西赋予地方官员以能力,将有活力而无秩序的泉州,与正统城市宇宙观的理想模式联系在一起?在官方看来,给旧的地理空间以符合正统的理论阐发,在既定城市空间格局中通过"神圣"区位的重新配置,创造出一套空间象征语言,以发挥礼仪的作用,这些已足以使城市空间获得正统内涵,而它是官府在没有大兴土木的情况下可以做到的。

地理象征、"神圣"建筑、礼仪手段的综合,使泉州可以被"阅读"成一种自然而然的、由其创造者本身的现实生活转化而来的秩序。这种空间设置的符号化的目的,就是构造一个天、地、人和谐相处的居处,透过它,人可以"仰则观象于天,俯则观法于地",从而认识到,"天则有日月,地则有阴阳,天有五星,地有五行,天则有列宿,地则有州域。三光者，阴阳之精，气本在地，而圣人统理之"（《史记·天官书》第五）。

泉州儒士李光缙曾用中华正统宇宙观来"解读"伊斯兰清净寺的空间，在《重修清净寺碑记》中，用"太极""两仪""四象""八卦""乾元"等概念来解释这座伊斯兰教崇拜场所。他说，清净寺"中圜象太极，左右二门象两仪，西四门象四象，南八门象八卦，北一门象乾元"。

这样的形容用在清净寺上，可见当时泉州主流的空间阐释方式已经深深地浸透在理学化的"易学"宇宙观中了。

在明清方志中，泉州地理往往被划分为五个部分，即官方用语所谓的"星野""山川""封域""城池"以及"铺驿"或"市里"。以此为名目的地域等级体系，就是泉州府的行政空间范围。"星野"是指这一行政区的外围空间，"山川"指在此一行政管辖范围内的山脉与河流，"封域"指附属于此州的县、村、里等乡村地区，"城池"表示州府与外界的界线，"铺里"指的是城墙之内的地区。可以认为，泉州这五层划分是"五服"——即帝都以外的甸服、侯服、绥服、要服、荒服——古制的城市空间缩影。这种划分是同轴的，并为世界，即天（星野）、地（山川、封域）与天下中心或国家（城乡地区）之间的和谐关系设计了一个理想模式。

从这个理想模式来看方志中的泉州地图，即可发现它与太极图的基本结构是相似的。太极图的中心意涵，在于宇宙的起源与演化规律的抽象演示，这个规律就是太极生阴阳、阴阳生四象、四象生八卦。依照这个规律来类推，泉州城市的构筑模式则依循如下等式：政府＝太极或宇宙一体，城市及其辖区＝阴阳，"封域"＝皇权行政地理＝四象，"星野"＝八卦。除此之外，明清泉州的空间象征，也很强调帝国"分野"系统。"分野"建立在三个系统之上：一是代表着天之九域与九州相一致的周礼系统，二是代表着行星轨道十二站与十二地支相类

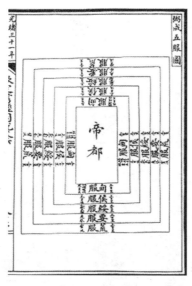

图 5.3 五服图

的系统,三是地界二十八区与天界二十八宿的系统。"分野"的划分,同时还是一种对宇宙的想象和一张把华夏当作世界"中国"来描绘的地图。这些类比还可进一步地与天、地、人的古老三分模式相联系,即:"星野"=天,"封域"=地,城市=人。

在既有宇宙观的基础上,明清泉州城的空间象征设置,进一步强调一种二元结构,即"内"与"外"的程式化辩证关系。"星野"就是与指称"内"的"封域"相对的"外"。但应说明的是,对于"城池"范围之内的空间而言,"星野"和"封域"则成为其"外",只有城墙之内是其"内"。考察"五服"观念的演变(图5.3),我们发现"内"与"外"所传达的是"开化"相对于"未开化"以及"中心"相对于"边缘"的概念,"内"的空间代表开化之地,即帝国行政中心;而"外"的空间则为野蛮、未开化之地,即行政统治的边缘,即乡村。在明清时期,泉州城的城墙被加厚,而且用石头来巩固它的强度,从而

5. 正统的空间扩张 | 197

图 5.4 清乾隆版《晋江县志》县疆域图

成为一个"石头城"。官方的解释认为,石头城墙是为了抵御"倭寇"的侵略而建造的。但从宇宙观来看,这同时也意味着对"内"与"外"之间差异的重视。更值得强调的是,这个时代的内外之别,已经不局限在以前的城乡差异,而更多代指"华"与"夷"的划界,而划界显然与海禁政策相一致(图5.4)。

不过,内外之别也为"上"与"下"之间的沟通创造了一个中间范围。官员虽归属中心,但他们掌握着进入各外层空间的通道。在"上"与"下"之别的意义上,外层空间包括五岳、寺庙、神祇以及在"星野"与"封域"之间进行的祭拜活动[16];"封域"作为外层空间(农村及城外)与"墙内之城"之间的七道城门(明为八道),以及官府衙门与城区之间的内城墙四座拱门。五岳、寺庙和官方的礼仪祭典是地方官在"上"(天、神与皇帝)面前充当人民代表的工具和手段。城与其外部世界的连接点(城门)是军队出征保卫城市以及皇帝旨令传入城市的通道,也是统治者的权力施达农村的通道;而通过四道拱门,地方官可以视察他的子民,在城内产生的争端也由此纳入官府加以处理解决。作为"上"(帝国象征与统治)与"下"(地方社会)之间以及地方官与平民百姓之间的"沟通"渠道,这些"媒介"也是试图强化等级与秩序的严密强权的工具,城门的官方名称就为这些媒介的功能做了生动的描绘(见表5.1),例如,北城门被称为"朝天门",它反映了把城市看作受天支配之地的思想,城中居民因此而安于接受皇帝的权威。

表5.1 城门的隐义(据乾隆《泉州府志》卷十一)

地点	名称	解称	隐义
内城门			
北	泉山	泉州之山	国家主权
南	崇阳	朝向阴阳之阳	统治权之认可
东	行春	春之行进	帝国时代之引入
西	肃清	平安与纯洁	稳定与秩序
外城门			
北	朝天	朝向天	皇权之认可
南	德济	道德支持	作为帝国权力组成部分的个人自我修养
东	仁风	仁慈之风	吉祥的帝国时代
西	义成	义德之达成	道德修养之成功
东南	通淮	通河之道	皇权之能量源泉
西南1	南薰	南方之薰香	仪式与民众支持
西南2	临漳	临近河流	护卫帝国

除寺庙和城门外，泉州作为一个整体还通过一个特殊的媒介——坛，来与外界、上、天、山脉、国家交流，这些坛坐落在泉州城的外围，包括社稷坛、山川坛和厉坛，官府每年在社稷坛（城外）和山川坛（城南）举行两次祭典，在厉坛举行一次（道光版《晋江县志》卷十五），这些祭典所祭奠的内容包括社稷神、山川雷雨和鬼神。在《北平的封禅文化》一文中，民族学家凌纯声指出，坛是古代祭祀鬼神的露天祭坛，历史可上溯到新石器时代，历朝历代均有设立，但明朝在北京建立的祭坛体系更为系统，这个体系在明定都南京时期已很完善，北京搬用的就是南京体系。[17]英国人类学家王斯福（Stephan Feuchtwang）认为，这些坛和仪式是与皇帝本身的特权——拥有天下之土地、五谷、山脉、江河、雨水和臣民（鬼神）——相对应的[18]，它们也可能被看成连接帝王与地方世界之间的桥梁。也就是说，如果组织祭典的各级地方政府是那些把帝国宇宙移植到地方地形之中的人，那么，坛则象征着宇宙的含义——社稷坛代表国家，山川坛代表皇朝的"自然君权"（合法性），厉坛则代表惩罚的戒律（厉）。城门与坛这两种媒介，说明了城市与"上"（帝国）之间的联系，也说明了帝国统治的建立与确认。

明清泉州城的宇宙观，在城区结构上得到了重新展示，以营造君权的地形象征。泉州府城池图强调了水（包括海、河、湖、渠）和山这两种地形特征。毫无疑问，这些符号体现了以风水来规划城市的结果。在风水学中，水代表"气"，山则代表地形之"龙"。在风水师看来，水和山是一个吉利之地的两个重要组成部分。然而，这种观念却被帝国官吏们利用来创立君权的宇宙景观，因此水与山的符号就不仅仅是风水上的特征，而且还把泉州变成一个中国的微观宇宙的象征，泉州的小山、湖泊与河流也就成了国家权力的隐喻。在中华帝国的象征系统中，水是指海（海渎）与河（江或川），具体包括四海（东海、西海、北海和南海）与四河（黄河、长江、洛水和淮河）；山是指五座圣山，即五岳。水指代传统中国边界概念中的两个重要因素——土地之脉（穴）与作为世界中心的中国疆域。[19]地形象征中的山属于"地"的范畴，因其"高"而成为连接天与地的桥梁或是两者相连的纽带。因此，"江山"（水与山）象征着中国一个政治与仪式的活体，水控制着地与人，山则帮助统治者与天相通并使其统治合法化。一般而言，"江"与"山"的关系表现为："江"即四海与四河＝疆界＝脉＝国家政治实体；"山"即地＝五岳＝天与地之桥＝仪式。明清泉州空间设置中的"江"的形象，得之于同样的联想。城墙外的"江"（即本章所说的"水"）没有延伸入海，它只包括一个小湖即东湖和绕城（池）之水（护城河），东湖相当于东海[20]，它是对外的第一道防线。明清泉州"江"的另外两个组成部分是护城河（池）与"八卦沟"。围绕城墙的护城河建于明代之前，八卦沟则是宋至明逐渐建立起来的排水沟。若不考虑其实际用途，护城河与沟渠即是四渎的一系列类比。[21]与海、河一样，五岳中的每座都能在泉州找到对应者。地图上的五岳，是指东岳、西岳、南岳、北岳和中岳，在明清泉州有五座小山以五岳命名，每座山有各自的神与庙[22]，它们与五岳一样也代表着五个方位（每一方位均以月宿为符号指称）。

分别代表河与山的四与五两个数字不仅与方位相关，而且还象征着宇宙的四周与中心。这些数字概念与关于宇宙中的平衡和集中的思想相结合，反过来又在帝国控制的形成中扮演重要角色，因此它们在帝国寺庙与行政区域的界定中再现也就不足为怪了。根据道光版《晋江县志》，明清泉州官府每年祭拜四个神，即城隍、文圣（孔夫子）、武圣（关帝）与天后。一年两次的祭仪，于春秋两季在不同的神庙中举行，这些神庙分别坐落于城中的北（城隍）、南（天后）、东（武圣）、西（文圣）四个方位。[23]每一个神都有不同的正式头衔，在官方的宗教中具有不同的地位。城隍是国家权力及其相应的象征，文圣是对"文能定国"思想的倡导，武圣昭示着"武能安邦"，天后则代表着贸易繁荣与海岸太平。官方仪式是被作为帝国形象的一部分来组织的，它们所围绕的中心是被内城墙与护城河所护卫着的府、县衙署。以"四方"的和谐秩序安置的寺庙，是帝国等级统治的翻版，城隍庙与天后庙之间的差异反映出统治者（国家和政治）与被统治者（经济和人民）之间的对立，文圣与武圣庙的两相并立则相当于人的双手，并被看作国家的两个职能"部门"。从另一角度看，这四座神庙也体现了社会分层的帝国理想模式的构成——城隍、文圣、武圣与天后分别对应着政、学、军、商工。

"四方围绕中心"观念的另一种运用，是依此把城市定向划分为可控的居住区、行政区或地方所称的"铺境"。正如前文论述的，明清时期，泉州被划分为"四隅"和"铺境"。泉州铺境系统的数字式形态，反映出广泛应用于风水学中的宇宙观。根据周制的土地划分（井田制），理想中每一方（隅）可进一步分割成九个区（铺），每个区（铺）又可分为一个以上的次级区（境）（乾隆版《泉州府志》卷五；乾隆版《晋江县志》卷一；道光版《晋江县志》卷二十一）。因而，泉州城市空间的行政区划分采取的是 $4 \times 9 = 36$（铺）和 $36 \times 2 = 72$（境）的形式。然而，泉州城区的实际划分，与铺境系统的理想图式并不一致。造成这种不一致的原因是，泉州城的规划受到当地地理特征的限制。更重要的是，铺境的宇宙观形式与街区的管理和监督紧密相连。作为一种宇宙观形式，铺境可以被设计成一个"宇宙和谐的理想反映"；但作为一种行政区划，铺境系统的建立必然要考虑到明之前的人口分配、安置和街区组成等现实情况，而其后的地方官是不必把这些情况列入规划的。当与衙署相关联，铺境系统与从帝国中心向外的辐射概念"五服"是一致的。实际上，铺境系统是把城市街区与城市中心或政府相连的一种相当重要的方式。道光版《晋江县志》卷二十一《铺递志》载："守土者由铺递以周知都里，稽其版籍，察其隆替，锄其莠而安其良，俾各得其隐愿，则治教、礼政、刑事之施可以烛照数计，而龟卜、心膂、臂指之效无难也。"[24]

在房屋建筑方面，外围绕内的象征也得以再度展示。明清泉州的建筑包括三种主要类型：房屋、寺庙和衙门。这些不同类型建筑物的构造，在很大程度上取决于为选址与确定方位朝向提供主要依据的风水术，但在安排建筑物内部空间时，空间的方位划分则显得比风水更直观且更重要。在当地，典型的房屋布局被称作"四房看厅"，这与城市行政空间和寺庙配给的皇权布局中所包含的"四方围绕中心"的概念相似。尽管房屋建筑的目的与帝国控制没有太大关联，但房屋结构仍然与帝国宇宙有许多相似之处。其居住者——包括生者与死者——与房屋的关系是由空间方位形式所规定的。中厅用以辟置祖祠和神龛，四个房间住着父母及其后代。房屋北半部是祖祠、神龛、父母及长子住所，南半部则居住着幼子及其家庭。南北轴线上的三点（北、中和南门）被设定为家庭成员隶属于包括神、祖和天在内的"上"的一系列点，中心点是"天井"，它是拜天之所；祭鬼则在大门附近的屋外进行。房屋结构所展示的权力关系可被看作：北＝祖先，南＝次、幼子，东、西＝父母、长子、中＝天。

衙门的建筑结构中也运用了类似的方位模式。明清两朝的泉州衙门采取"部署围绕大堂（即县衙主厅）"的形式。与普通房屋结构稍有不同的是，衙门似乎更加强调突出中轴线，这种差别可能是由于衙门比房屋更要显示直接而明确的权力结构所造成的。衙门建筑空间的方位关系表现为：北＝官方＝统治，南＝平民＝隶属，东、西＝部署＝协从，中＝地上之天＝皇帝＝太极。

寺庙的空间布局与衙门非常相似，也设计成长方形，内室分成若干方块，主要的点都被赋予了等级意义。"中厅"是供奉神像之地，一些寺庙在中厅周围设有"辅祀"的帝室。主神坐北朝南，意味着对仪式臣民的统治（与衙门意味着对百姓的统治一样）。有时私宅中的"天井"在寺庙中也有保留，有时寺庙本身就是一个"天井"，通过它天神被请入寺庙中。[25]

我们可以把这些建筑看成撮合神与人的"世界中心",在这个中心展开的,包括建筑空间范围内不同等级之间的差异。房屋结构所代表的三个"等级"是祖先(天)、父母(地)和儿子(人),在衙门中则是国家崇拜(天)、府衙与部署(地)和百姓(人),而在寺庙里,这些等级则是神(天)、仪式专职人员(地)和参拜者(人)。私宅以祖祠为中心并向四周分出父母和儿子的卧室,衙门以北或府衙为中心辐射出部署与百姓,寺庙则从主神与辅神之位向南面参拜者伸展。建筑物的设计与城市的建造一样采取了宇宙观模式,三种类型的建筑都有墙并都含有如"流水"(字面意义上的"水流"和实际上的房屋排水系统)等的"护城河"象征,墙与沟渠又标划出了内(家、神灵居所、政府)与外(街坊与城市、社区与府县)之间的界线。水与山的区别也被用于建筑物,建筑物本身被看作山,屋外则可被看作海,其内的排水系统则类似于风水中的脉与河流。一座建筑物,其外相当于"星野",其内与"封域"相似,其中(厅堂)则类同于"中国"。

李约瑟(Joseph Needham)在论及中国的地图绘制"科学"时指出,中国的象形文字特征对于任何制图都有其普遍意义,它表明了在中国文明中宇宙与地图的密不可分性。[26] 由李约瑟的观察深入一层,我们还可以看到,要把中国的图或地图与其所代表的视野区分开来是很困难的。例如,一幅山的地图是一幅图,而这座山本身也是一幅图,因为它又映射着其他的东西。在泉州,可以发现,城市宇宙观的地形形貌与"图"的观念非常一致;另一方面,文中所附之图代表了从宇宙到住房的不同测绘空间,而它们的外形与内涵却很相似。正如我们不易界定房屋设计与城市地图之间的区别一样,也不易在城市形貌与宇宙图像之间做截然的划分。此外,我们还注意到泉州城的形态具有双重角色,它得自于帝国城市的重建、重释、隐喻和规划,因而,它不仅代表着这座城市的形态,而且还充当着宇宙观映射的某种手段。

应当承认,与建立在对社会经济资源供给和政治功能的经验观察及现实考虑的基础之上一样,明清泉州的城区规划也建立在宗教式宇宙观基础之上。然而,在中国城市中重现出来的宇宙观景象,显然代表着一种不仅把政治、经济现实与其影响范围相结合,而且把宇宙秩序赋予社会组织与政治的整合力量。用社会学家布迪厄（Pierre Bourdieu）的话来说,宇宙观为"组织的客观秩序与主观原则"的高度一致性做出了解释。[27] 具体而言,明清泉州城的象征设计,展示了城市在使地（社会）之力与天（神灵及隐喻性的皇帝）之力相关联中所充当的角色。作为一个宇宙图像系统,城市主要是一系列的文化创造,但它也提供了一种政治上、思想上和经济上具启示性的模式。例如,在宇宙观上,南北中轴线具有某种阴阳关系；在政治地理中,它反映出处于统治地位的皇权国家（北）与处于被统治地位的臣民（南）之间的等级关系；在经济上,南面是一个在代表着权的北面监督之下的重要市场；在思想意识上,南面市场与北面政权之间的关系,在经济性的天后与政治性的城隍之间的反差中得到了重申。

诸如此类的一致性并非偶然出现,而是为使权威的世界自然化而有意制造出来的,它们是把传统中国观念中物质环境与人类本质的深层关系,移植入政治机体与社会和谐构想中的宇宙观手段。换言之,作为一种宇宙图像,泉州这个城市既是"理念",又是"现实",它不仅是一种明显的建筑秩序,而且还是一种把统治者及其臣民以及社会经济构成重新置于宇宙观空间的文化系统重建。正如司马迁所言,城市的角色犹如天上的月宿系统。"天有五星,地有五行；天则有列宿,地则有州域。"（《史记·天官书》第五）

官方正统祠、庙、坛的仪式组合

在这个象征的营造过程中,城市空间作为规定性的结构,起了一个定式化的作用。具体而言,它的作用在于通过天、地、人之间和谐关系的象征和隐喻的展示,来为世俗权力格局提供非世俗的范型。为了达到同一个目的,政府还依照传统规范重新设计了官方仪式体系。在宋元时期,为了通商而举办的市舶祈风仪式,在政府的年度祭祀中占有显要地位。元以后,随着海外贸易的禁绝,这个仪式自然也就被淘汰了;代之而起的,是一系列为明清两代政府相继提倡的祠、庙、坛祭祀仪式。这些仪式的主要作用,如同城市空间的正统宇宙观设置一样,在于构造一种和谐的秩序,也就是说,通过象征的展现,在民众面前宣扬道德伦理的规范和明清正统意识形态的权威。

明清两代,泉州城内持续设有祠、庙、坛,并有时间规律地在这些神圣场所中举办祭祀活动。关于祠、庙、坛建设的目的,道光版《晋江县志》卷十六《祠庙志》云:"祠庙之设,所以崇德报功也。天神、地祇、人鬼,凡有功德于民者,祠焉。聚其精神,而使之凭依,即以聚人之精神,而使之敬畏。地位之弗宜、规模之弗备、栋宇之弗崇、涤除之弗洁,不足奉神灵,而肃观瞻奚,以明礼法而通冥……其举之莫可废也……朝廷所尊政教,攸系可听。其址败、垣颓、堂鼠雀而庭草莱哉,是故有司修举废坠以是为先士庶赞襄建筑。"这就是说,政府认识到祠庙之设有几个好处:(1)能使民众"崇德报功";(2)能使民众因景仰神灵,而产生对政府威严的敬畏;(3)能使正统的礼法得到宣扬。"祠庙志"也承认,尽管宋代类似的祭祀场所和仪式即已存在,但到明代它们已经"址败、垣颓、堂鼠雀而庭草莱哉"。因此,需要建设一系列地点、规模合适的优良而洁净的祠庙,从而"有司修举废坠以是为先士庶赞襄建筑"。

据"祠庙志",泉州的祠、庙、坛的组织情况如下:

(1)文庙及与文庙系统相匹配的祠:崇圣祠、名宦祠、乡贤祠、名宦乡贤专祠、忠义孝悌祠、节孝祠。

(2)关帝庙:"明嘉靖间长史李一德重修,万历间复于庙右塑帝及汉昭烈帝、张西乡侯诸葛丞相像。国朝顺治九年,封忠义神武关圣大帝。雍正五年，敕封神曾祖光昭公祖裕昌公父成忠公，设神牌，增祀于右殿之后。九年辛亥，邑人捐修。乾隆四十三年，戊戌郡绅士捐修。嘉庆十九年闰三月，奉旨加封忠义神武灵佑仁勇。道光三年，复劝捐修葺。八年正月奉旨加封忠义神武灵佑仁勇威显。"

（3）武庙："在萼辉铺提署之左，前系提督东教场。康熙二十七年，提帅张云翼建，称武庙朔望行香，春秋致祭，而秩祀之典尚在涂门街庙。至嘉庆间，提帅颜城守英始移秩祀之祭于此庙。后中殿坏，嘉庆十八年，伯爵军门许文谟捐修，住持僧然中董其役。"

（4）社稷坛："在府治北朝天门外田庵乡。《八闽通志》云，宋时社稷坛在府治西南净明坊内。元因之。明洪武二年，知府常性移建今所。晋江县宋元时本有社稷坛，在元妙观。南明时，以县附郭，统祭于此，不别为坛，其制累石为坛，高三尺四寸，纵横各二丈五尺。以北为前，南为后，东西北出陛各三级，坛下前九丈，东西南各五丈，缭以垣，由北门入立二石主于坛上，长二尺五寸，方一尺一寸，圆其顶，埋于坛土之正中，近后北向上露圆尖，余瘗于下以依神。于平日别立二木，立藏于城隍庙，祭日迎木主于坛左稷右社，在二石主之前，以依神。于祭时，坛旁设神库、神厨、宰牲所、洗牲池、斋房。国（清）朝雍正九年，知县王之琦重修。乾隆二年，奉文再修。"

（5）风云雷雨境内山川、城隍神坛："在府治西南临漳门外柳通铺。《八闽通志》云，宋初以风雨雷师附祭社稷坛。嘉定十四年，郡守宋均复别建于仁惠坊内东仓之隙地。元因之。明时，故址并入府治。洪武二年，知府常性建今所晋江县附郭，统祭于此，不别为坛。其制累石为之，南向纵横各二丈五尺，高三尺四寸，缭以周垣、门、阶、厨、库等所如社稷制。设神位三，中风云雷雨之神，左境内山川之神，右府县城隍之神。国朝雍正九年，知县王之琦重修。乾隆二年，奉文再修。"

（6）先农坛："在府治东仁风门外东禅乡藉田后。国朝雍正五年，奉文创建。其制累石为之，高二尺一寸，宽二丈五尺。坛之正北中一室，奉先农神牌，东房贮祭器、农具，西房收藉田、米、谷，东配房置祭器，西配房给看守农户居之，外缭以垣门，南向藉田之制四亩九分。八蜡附祭于先农，不别为坛。"

（7）常雩坛："亦在先农坛内。"

（8）文昌坛："在城内阳义铺玉犀巷内，原为镇雅宫。国朝嘉庆六年，守冯国柄令徐汝澜奉文特设。以是宫近府县治，改立为坛。道光八年，令卢择元倡修。"

（9）天后庙："在府治南德济门内。宋庆元间建。明永乐十三年，奉文修葺。嘉靖间，郡人徐毓重修。国朝乾隆元年，邑人捐修。神为莆田林氏女。宋宣和四年，赐额顺济。绍兴二十五年，封崇福夫人；二十六年，封灵惠；二十七年，封灵惠昭应。淳熙十年，封灵惠昭应崇善福利夫人。绍熙元年，封进爵灵惠妃。庆元四年，封助顺；六年，封护国庇民，追封一家。开熙元年，封显卫。嘉定元年，封助顺英烈妃。宝祐元年，封嘉应英烈。协正三年，封慈济。四年，封善庆。开庆元年，封显济妃。至元十八年，封护国明著天妃；二十六年，封显佑。大德三年，封辅圣庇民。延祐元年，封广济。天历二年，以怒涛拯溺，加封灵感助顺福惠徽烈，赐额云慈，遣官致祭。明洪武五年，封昭孝纯正孚济感应圣妃；六年遣官致祭。永乐七年，封护国庇民妙灵昭应宏仁普济天妃。国朝康熙十九年，平定台湾，神涌潮济师，敕封护国庇民妙灵昭应宏仁普济天妃；二十三年，封天后；五十九年，始定春秋致祭。雍正元年，御书匾额曰神昭海表。乾隆间，御书匾额曰：恬澜昭，于后殿祀后之父母。嘉庆二十一年，署郡守徐汝澜倡捐，重修撤庙口对面倚城小屋，即于其地立碑。又一在南门外厂口，一在十五都围头。将军施琅征海，师次于此，神有助顺功。康熙二十四年，遣礼部郎中雅虎致祭。"

（10）府城隍庙："在府治北，即资寿寺。故址旧在治东萼辉铺。宋嘉祐二年，侍郎赵涯建，名明烈王庙。明洪武二年，封鉴察司民显佑伯；三年，改称城隍之神；四年，知府常性重建。永乐间，晋江知县宋仲祥，正统间知府熊尚初，正德间知府葛恒，相继修。嘉靖二十三年，庙改参将署，知府俞咨伯改建今所。国朝岁增春秋二祭。乾隆间，修中前二殿东西两屋及六贤祠；三十四年己丑，再修山门移水沟。兹又朽蠹，道光十年，邑绅士劝捐重修，现在兴工未竣。"

（11）县城隍庙："在府治北云山铺。旧附祀于生韩古庙。国朝乾隆十七年，知县黄昌遇建今所。嘉庆九年，邑人捐修，并设产东西驷厩；二十二年，复捐补葺。道光八年，邑人复捐修，僧循扶复募建山门，改照墙及两边门为前进，而门居中，縻白镪七百余载。"

（12）东狱行宫："在府治仁风门外凤山之阳。宋绍兴二十二年，尚书张汝锡建。明万历三十五年，副使姚尚德知府姜志礼重建。国朝康熙三十年，提督张云翼祷雨于此。乾隆间，门内及两廊悉坏；二十五年，雒阳司林懋懿捐银二百五十余两，请之府县，倡诸僚属，绅士捐助修建。嘉庆年间，守徐汝澜修青帝行宫前进。道光三年，邑人陈维达、林振美、邱克捷修两廊及后殿以北三宫，妆饰八十六位诸神像，林嘉尤独修殿内女官像……"

（13）风神庙："在府治东北虎头山。嘉庆二十四年，守徐汝澜建龙神庙，在府治东登贤铺承天寺内。乾隆间，奉文崇祀。"

（14）昭忠祠："附祀惠义铺涂门街三义庙。因乾隆间征台匪，文官员、乡勇兵丁死难，于嘉庆二十年，奉文建祠，择地未定，暂附此庙。文武官员在庙后左右二龛，乡勇兵丁在庙前东西二龛。嘉庆十三年，增设浙江提督李长庚牌位，计祀文武官员六位、乡勇二位、兵丁一百五十九位。"[28]

（15）旗纛庙："旧在城北七里许。明洪武二年，知府常性建。嘉靖间，徙建城北泉山铺赐恩山下。国朝因之。晋江县附郭统祭于此，不别为坛。今废，故址尚存。嘉庆间徙在东门外驿路铺李公名宦祠外亭。"

这些祠、庙、坛的建设，与上文分析的那种宇宙观象征相一致，即致力于建构"寺庙围绕政府"的秩序。与上述祠、庙、坛相对应，政府每年举行一系列祭祀仪式。据《晋江县志》卷十五《祀典志》记载，举办仪式的总目的，在于使"圣王之制，明有礼乐，幽则鬼神"，而祭祀的典章设计是为了"仿古矣"，由"国家怀柔百神"，传官民"（尊）先圣、先贤、忠孙、贞女、节妇"。

关于祭祀的基本情况，该志有较为详细的记载，兹引证如下：

（1）社稷（亡祭）："岁颁行祭费银十两正，于春秋二仲上□□□□。用黑色。白磁爵三，铏一，簋二，簠二，笾四，酒樽一，行三跪九叩礼。祝文：维神奠安九土，粒食万邦，分五色以表封圻，育三农而蕃稼穑，恭承守土，肃展明禋，时届仲（春、秋），敬修祀典，庶丸丸松柏，巩磐于无疆，翼黍苗，佐神仓于不匮。尚飨。"

（2）风云雷雨境内山川、城隍神坛之祭："宋初奉行，每岁颁行祭费银十两正，于春秋二仲月上戊日致祭。帛一、白瓷爵二十，礼与社稷坛同。祝文：维神赞襄□□□□苍黎，佐灵化以流形，生成永赖，乘气机而□□□□磅礴高深，长保安贞之告，凭依巩固□□□□民俗之殷盈，仰神明之庇护，恭修岁祀，□□□□豆笾祇，陈牲币，尚飨。先□□□□岁仲春辛日致祭，帛一用青色，礼与社稷坛同。祝文：维神肇兴稼穑，粒我蒸民，颂思文之，德克配彼天。念率育之功，常陈时夏，兹当东作，咸服先畴。洪惟九五之尊，岁举三推之典，恭膺守土，敢忘劳民，谨奉彝章，聿修祀事，惟愿五风十雨，嘉祥恒沐于神庥，庶几九穗双歧，上瑞频书于大有。尚飨。礼毕，耕籍田。知府秉耒，佐贰执青箱，晋江县知县播种，耆老一人牵牛，农夫二人执犁，九推九反，农夫终亩耕毕，官率耆老农夫望阙，行礼。农具用□色牛，黑色，箱青色，籽种以土之所宜。"

（3）常雩坛之祭："岁颁行祭费银六两，于四月择吉日致祭。□□□白瓷爵十五，一铏、二簋、二簠、二笾、十豆、豕一、羊一、酒樽一，行三跪九叩礼。祝文：恭膺诏命抚育群黎，仰体彤廷保赤之诚，勤农劝稼，俯惟部屋资生之本，力穑服田，令甲爰颁，肃举祈年之典，惟寅将事用，申守土之忱，黍稷惟馨，尚冀明昭之受赐，来牟率育，庶俾丰裕于盖藏。尚飨。"

（4）八蜡之祭："国朝雍正十一年，奉文，令有司岁十二月上戊日致祭……不别为坛，晋江县附郭统祭于此。"

（5）厉坛之祭："先期具牒告城隍祭之日，迎城隍神位于坛上，无祀鬼神等位于坛下之东西。岁以清明日、七月十五日、十月朔日致祭。祝文：普天之下，后□□上，无不有人，无不有鬼神。人鬼之道，幽明虽殊，其理则一。故制有治人之法，即制有事神之道，念厥冥冥之中，无祝鬼神，昔为生民，未知何故而殁。其间有遭兵□□损伤者，有死于水火盗贼者，有被人取财而逼死者，有被人强夺妻妾而死者，有遭刑祸而负屈死者，有天灾流行而疫死者，有为猛虎毒虫所害者，有为饥饿冻死者，有因战斗而殒身者，有因危急而自缢者，有因墙屋倾颓而压死者，有死后无子孙者。此等孤魂，死无所依，最堪怜悯。或依草附木，或作妖为怪，徘徊于星月之下，悲号于风雨之中。今迎尊神以主此祭，谨设坛于城西。兹当月（上、中、下）、元佳节，谨备牲醴羹饭，专祭本（郡县）阖境无祀鬼神等众灵，其不昧来享此祭。凡或一县人民倘有不孝、不睦、侮法、欺善种种奸邪不良之徒，神必报于城隍，发露其事，使遭官府，轻则笞决杖断，重则徒流绞斩。若事未发露，必遭阴谴，使举家并遭灾害。如有克孝、克睦、守法、为善、正直之人，神必达于城隍，阴加护佑，使其家道安和，农事顺遂，父母妻子□守乡里。我等官府如有上欺朝廷、下枉良善、□作弊蠹政害民者，灵必无枉一体，昭报如此则鬼神有鉴察之明，官府非谄谀之祭。尚飨。"

（6）至圣先师孔子之祭："崇圣王祠之祭、名宦祠之祭、乡贤祠之祭、名宦乡贤诸专祠之祭、忠义孝悌祠之祭、节孝祠之祭（俱详见《学校》）。"

（7）关圣之祭："每岁颁行祭费银二十四两正，于春秋二仲月吉日及五月十三日致祭。帛一、白色，白瓷爵三、登一、铏二、簋二、簠

二、笾十、豆十、牛一、羊一、豕一、酒樽一,行三跪九叩礼。祝文：维帝浩气凌霄,丹心贯日,扶正统而彰信义,威震九州,完大节以笃忠贞,名高三国。神明如在,遍祠宇于寰区；灵应丕昭,荐馨香于历代,屡征异迹,显佑群生。恭值嘉辰,遵行祀典筵陈笾豆,几奠牲醴。尚飨。雍正五年,敕封神曾祖、光昭公、祖裕昌公、父成忠公,增设神牌,奉行附祀于右殿之后,同日致祭。祝文：维公世泽贻庥,灵源积庆,德能昌后,笃生神武之英；善则归亲,宜享尊崇之报,列上公之封爵,锡命优隆合三世以肇禋,典章明备,恭逢诹吉,祗事存馨。尚飨。"

(8) 文昌帝君之祭："国朝嘉庆六年五月二十日,知府冯国柄、晋江知县徐汝澜奉文恭设崇祀。每颁行祭费银十六两,于春秋二仲月吉日致祭。帛一、白色,白瓷爵三、登一、铏二、簠二、簋二、笾十、豆十、犊一、羊一、豕一、酒樽一,行三跪九叩礼。祝文：惟神绩著西垣,枢环北极,六匡丽曜,协昌运之光华,累代垂灵,为人文之主宰,扶正久彰,夫感召荐馨,宜致其尊崇。兹届仲（春、秋）,用昭时祀,尚其歆格,鉴此精虔。尚飨。同日致祭,文昌帝君先代之文曰：祭引先河之义,礼崇反本之思。矧夫世德弥光,延赏斯及。祥钟累代,炯列宿之精灵,化被千秋,纬人文之主宰。是尊后殿,用答前庥。兹值仲（春、秋）,肃将时事用申告,洁神其格歆。尚飨。"

(9) 天上圣母之祭："历代遣官赍香,诣庙致祭。明永乐五年,以出使西洋太监郑和奏令福建守镇官重新其庙。自是,节遣内官及给事中行人等官出使琉球、暹罗、爪哇、满刺加等国,率以祭告祈祷为常。康熙五十九年,奉行始入祀典。每岁颁行祭费银四两二钱,于春秋仲月吉日致祭。帛一、白色,白瓷爵三、铏一、簠二、簋二、笾四、豆四、羊一、豕一,行三跪九叩礼。祝文：维,神菩萨化身,至圣至诚、主宰四渎,统御百灵,海不扬波,浪静风平,舟航稳载,悉伏慈仁。奉旨崇祀,永享尝蒸。屈兹仲（春、秋）,敬荐豆馨,希神庇佑,海晏河清。尚飨。同日致祭：天后之父积庆公、母积庆公夫人。祝文：维公德能昌后，笃生神圣之英，泽足贻庥，宜享尊崇之报。诞祥钟乎宋代，孝行聿昭，灵迹著于海邦，安澜胥庆，是尊后殿，用答前庥。兹值仲（春、秋），敬荐豆馨，虔申告洁神其格歆，飨。"

（10）府县城隍之祭："每岁各颁行祭费银三两，于春秋二仲月吉日致祭，礼与风云雷雨同。祝文：维神赫濯，炳古烁今，聪明正直，民社攸凭。理阴辅阳，福善祸淫，是是非非，炳若日星。兹届仲（春、秋），致荐豆馨，希神昭格，庇民蒸民，五谷丰登，家给人足，永享升平。尚飨。"

（11）东岳泰山之祭："每岁春秋致祭。曰：圣朝御宇怀柔百神。维神灵应锡福全闽。位居东岱，惟岳之尊，德隆下土，泽配上穹。出云降雨，物阜时丰。康慈兆姓，食报宜宗，（春秋）仲享祀，万福攸同。灵其陟降，格此菲封。尚飨。"

（12）龙王神之祭："乾隆间，奉文崇祀，历任晋江知县捐祭费银三两五钱正，每岁春秋二仲月吉日致祭。帛一、白色，白瓷爵三、铏一、簠二、簋二、笾四、豆四、羊一、豕一、酒樽一，行二跪六叩礼。祝文：维神德洋寰海，泽润苍生，允襄水土之平，经流顺轨，广济泉源之用，膏雨及时，绩奏安澜，占大川之利涉，功资育物，欣庶类之蕃昌。仰藉神庥，宜隆报享。谨遵祀典，式协良辰，敬布几筵，肃陈牲币。尚飨。"

（13）昭忠公之祭："嘉庆二十年奉行秋祭为始，就于建圹项下开销，每岁颁行祭费银七两五钱，春秋二仲月吉日委员致祭。祝文：维灵志坚探穴，念切请英，勇以赴义，烈以成贞，或乘风而破浪，竟葬骨于沧瀛；或披坚而执锐，洒碧血于铙钲，缅雄姿之卓荦，虽既殁其如生，慰忠魂于故土。荷盛世之褒旌，荐馨香于令序，为桑梓之光荣，生为烈士，死作干城，式昭秩祀，永播芳声。尚飨。"

（14）旗纛之祭："每岁霜降日，用小牢礼，设军牙六纛神位致祭。"

上面列举的祠、庙、坛和官方的年度春秋祭祀制度，背后隐藏着一整套自然秩序理论，这个理论阐述的是天、地、人三界和谐沟通的必要性，它们的具体内容与城市空间象征一样，是帝国与五服的对应、国家与江山的对应、政府与宗教的对应、武与文的对应，等等。从起源来看，这些象征性的对应关系和仪式处理，早在《诗经》时代便已经确立了。法国人类学家葛兰言（Marcel Granet）指出，《诗经》描述的那些仪式活动所隐含的基本象征结构是生命世界的"生"与"死"之间的对立与统一关系。这种关系的背景，是先秦农业社区的农业生产和人口生产的季节性总结。但是，早在先秦时期，中国的农民已经把这种生产的"栽种"（生）与"收获"（死）的逻辑广泛推及到对于整个宇宙和社会的制度设计上，用一种"泛生论"的观点来解释生活。到了汉代，儒生和方士把这套远古时代的文化重新加工，并将之改造成了为早期中华帝国朝廷所用的正统宇宙观。[29] 直到宋代，汉代创立的帝国正统宇宙观被历朝历代所用。宋代理学所起的作用，就是把这套长期代表正统的宇宙观，在理论上延伸为一种"庶民化"的生活模式。明景泰至正德年间，泉州理学家蔡清（1452—1508年）即在其《太极图解》一书中云："浑然太极之全体，无不各具于一物之中……各一其太极者，比如日月之光辉也，或在水或在庭或在屋，同一日月之光辉也。以水得之而为水之光也，庭户得之而为庭户之光也，屋瓦得之而为屋瓦之光。"这毋宁是说，世上万事万物同处在一个远古太极的笼罩之下。如果蔡清的这一说法不仅是这位理学家的独白，而是明清两朝相继视为正统的"学说"，那么，对于明清时期的祠、庙、坛及其制度化仪式的本质，我们就比较容易理解了。这些场所和仪式制度，是通过理学而得以正统化的宇宙观在一个一度是边陲地带的呈现，而这一呈现，与绝对主义国家监控制度的发展并行不悖。

方志中记载的明清官方仪式场所和祭祀制度，是国家正统符号体系在泉州毫不隐讳地大幅度扩张的具体表现和结果。在一年一度举行的官方"迎春"仪式中，帝国正统符号被重复引进泉州的情景，得到了淋漓尽致的展现。

按照明清两代朝廷的规定，立春日全国各地府、县均要举行"迎春"仪式，以官员鞭打春牛来表达官府"重农"的政策，同时通过迎接春牛入衙门的仪式，表现官方一年一度的行政周期的开始。"迎春"或"鞭春"的仪式，每年于立春日举行。明至清初，泉州官府"迎春"仪式在东郊迎春亭举行，亭名仁风亭，原在东华门，因康熙五十六年地震，亭圮，后移于迎春门（即涂门，门外新建迎春亭俗呼为"春牛亭"）。[30] 所迎的便是春牛及太岁（芒神）。

陈德商《温陵岁时记》描述如下：

> 土牛以桑柘木为胎骨。身高四尺，按四时；长三尺六寸，按三百六十日；头至尾长八尺，按八节；尾长一尺二寸，按十二时；鞭用柳枝，长二尺四寸，按二十四气。以本年天干为头角耳，地支为身，纳音为蹄尾肚。如甲子年干属木。头角耳皆青，支属水，身黑，纳音属金，蹄肚尾白色是也。以立春日干为笼头，如甲日青笼头之类。以立春日支为拘索，寅申巳亥日用麻，子午卯酉日用苎，辰戌丑未日用丝。凡土牛皆以冬至后辰日，取水土于岁德方造之。如甲己年东方甲位，乙庚年西方庚位，丙辛年南方丙位，丁壬年北方壬位，戊癸年东方戊位是也。
>
> 芒神高三尺六寸，按一年三百六十日。以立春之年定其老少，寅申巳亥老，子午卯酉壮，辰戌丑未幼。以立春日支受克为衣，克衣为系。如子日立春属水，土克水，衣黄，木克土，系青带是也。用立春日纳音，为头髻，金日平梳两髻在耳前；木日平梳两髻在耳后；水日平梳左髻在耳前，右髻在耳后；火日平梳，右髻在耳前，左髻在耳后；土日平梳两髻在顶直上。如甲子日纳音属金，平梳两髻在耳前是也。用立春时为罨耳。卯时至戌两时，罨耳用手提，阳时左手，阴时右手。子丑二髻全戴，寅时揭起左边，亥时揭起右边。盖子时为严凝，寅亥为通气也。以立春纳音，为

鞋裤行缠，金木皆系行缠鞋裤。金行缠左关，悬在腰左；木行缠右关，系在腰右。水日具全，火日具无，土日着裤，无行缠鞋子。

……

又据陈允敦先生追忆[31]，清末迎春仪式情形如下：

在迎春牛以前，牛及太岁，大清早就被抬往迎春吊桥东头，静候文武百官到齐，按品穿戴，到齐之后，才由春官（以府衙役充当）手执红绿鞭（细茸染制）向牛背抽打，谓之"鞭春"。之后，春官们便抬牛返登迎春门楼，是日就该楼大排春宴，文武百官按品入席。宴毕，整队从迎春门沿涂门街西进，游行行列有一定次序规定。据清时的惯例，"泉州府迎春仪式"七字大旗居先，大哨角二支及二三对次级哨角继之。第三是步兵队伍，继之以马兵。第四是六营：中营参将署，左营、右营、前营、后营皆游击署，加上一个城守营参将署，是为六营。第五是六厅即府志中之六曹文职的：司功、司户、司仓、司法、司田、司兵。第六散卫队。第七扛春牛与太岁，二者同装于一棚板之上，棚板规定挪用县署门板代之，棚原由衙役四人抬着游行。[32]第七大牌执事，牌上写"肃静""回避"。"晋江县正堂"等七八面，杂有穿皂服，戴高竹帽，口喊"威呵"！第八打大锣，锣凡四个，分悬于两木架，各由二人抬着行进，边行边打，每打七下（不多不少，指县官级），杂以侍从，或骑马，或步行，又有"副轿"，内坐略卑于县知事的官员，如县丞等，后面来辆八佐轿，才是"县知事正堂的"坐的。第九另一套人马亦是大牌执事，喊"威呵"，持戒棍，扛大锣，锣每次连打几响（符合府级规定）；又杂以侍从、马、轿。最后才是"泉州府正堂"，仍是八佐轿，但质量较高，轿后另有随行侍从，又随以"细乐队"，终以散行衙役。

6. 风水传说的真相

　　元以后，中国确实出现了类似于欧洲的国界勘定、全权式行政和一体化文化统治。然而，与欧洲王权国家不同，欧亚大陆东部的帝国，放弃了之前与海商的合作，这就使其在海上力量竞争中处于弱势地位，失去了从海上扩张中得到财富的机会，无以形成充分储备，以为其持续实施文明计划提供充分支持（在近代欧洲，这种文明表现为对世界万物和文化的博物学式兼收，及对超越所有这一切的境界的求索）。明并不是一个永久朝廷，在其国运消逝之后，为清所替代，两代之间，治政理念有差异（清给人的印象更像是多元主义的帝国），但统治者在维持其天下秩序时，似乎持续依赖"内圣之学"。这就使这个时期的中国，没有衍化成真正意义上的"绝对主义国家"。历史充满复杂性，如我在上一章指出的，比之欧洲，中国的绝对统治与普遍性知识，很早萌芽和成熟，但到了元以后，这些似乎都通过官方化而演变成为传统国家统治的器具，在这些器具构成的面纱背后，隐藏着诸多传统国家的特征。也正是由于此，国家对社会的全景式控制确已出现，但相比于欧洲，国家渐渐显示出其在维持这种控制方面的无力。国土之内，城乡和等级之别依旧明显，"内圣之学"无法实现士绅文化的庶民化或庶民的士绅化，更无法化臣民为公民，造就一个国家直接面对公民个人的体制。此间，民众的政治参与有明显的地方色彩，在地方之外，他们依旧被动接受着自上而下传递的法令与礼教，并对这些法令和礼教做出自己的解释。在这一状况下，外在于朝廷的社会，便获得机会在朝廷管控的范围之外，发挥其固有的自主性，为自身利益与旨趣拓展存在空间。

明末顾炎武在《日知录》卷十二提到他目睹的社会变迁："少时见山野之氓，有白首不见官长，安于畎亩，不至城中者"，后来情形发生了巨变，老百姓不再安居乐业，他们"泊于末造，役繁讼多，终岁之功半在官府"，"而小民有'家有二顷田，头枕衙门眠'之谚，已而山有负隅，林多伏莽，遂舍其田园，徙于城郭。又一变而求名之士，诉枉之人，悉至京师，辇毂之间易于郊坰之路矣，锥刀之末将尽争之"。

同样的情形必定也存在于晚明泉州，而当时泉州肯定也有不少文化精英与顾炎武一样感叹世风日下——顾炎武曾道："五十年来，风俗遂至于此，今将静百姓之心而改其行，必在制民之产，使之甘其食、美其服，而后教化可行风俗可善乎？"同时文化精英中也肯定有不少人接受他重新实行乡治的主张，相信"人聚于乡而治，聚于城而乱。聚于乡则土地辟、田野治，欲民之无恒心，不可得也。聚于城则徭役繁，狱讼多，欲民之有恒心，不可得也"。然而比起顾炎武的老家江苏昆山，有过高度发达海外贸易活动的泉州，出现与"内圣"、"无欲"、"静心"者不同的人物，怕要多得多，并且他们的身心流动，必定不限于城乡之间，而超出卫所划定的文明圈，他们在内图谋逃匿于"围城"之外，在外成为"海盗"和明之"海外弃民"。倘若顾炎武知悉他们的所言所思、所作所为，一定会平添更多怨言。

风水传说中的抗争

在漫长的帝制晚期，非官方、非正统文化空间的存在，首先表现于富有讽刺意味的民间传说的广泛流传，其中对明代重要官员周德兴的讽刺，就是一个重要的证据。

在正史当中，周德兴被描述为一个贡献巨大的英雄。《明史》卷

一三二 《周德兴传》云：

> 周德兴，濠人。与太祖同里。少相得。从定滁、和。渡江，累战皆有功。迁左翼大元帅。从取金华、安庆、高邮。援安丰，征庐州，进指挥使。从讨赣州、安福、永新，拔吉安，再进湖广行省左丞。同杨璟讨广西，攻永州。元平章阿思兰及周文贵自全州来援。德兴再击败之，斩朱院判，追奔至全州，遂克之。道州、宁州、蓝山皆下。进克武冈州，分兵据险，绝靖江声援。广西平，功多。洪武三年，封江夏侯，岁禄千五百石，予世券。是岁，慈利土酋覃垕连茅冈诸寨为乱，长沙洞苗俱煽动。太祖命德兴为征蛮将军，帅师讨平之。明年伐蜀，副汤和为征西左将军，克保宁。先是，傅友德已克阶、文，而和所帅舟师未进。及保宁下，两路军始合。蜀平，论功，帝以和功由德兴，赏德兴而面责和，且追数征蛮事……复副邓愈为征南左将军，帅赵庸、左君弼出南宁。平楚凤、安田诸州蛮，克泗城州，功复出诸将上。赏倍于大将，命署中立府，行大都督府事。德兴功既盛，且恃帝故人，营第宅逾制。有司列其罪，诏持宥之。十三年，命理福建军务，旋召还。明年，五溪蛮乱，德兴已老，力请行。帝壮而遣之，赐手书曰："赵充国图征西羌，马援请讨交趾，朕常嘉其事，谓今人所难。卿忠勤不怠，何忝前贤，靖乱安民，在此行也。"至五溪，蛮悉散走。会四川水尽源、通塔平诸洞作乱，仍命德兴讨平之。十八年，楚王桢讨思州五开蛮，复以德兴为副将军。德兴在楚久，所用皆楚卒，威震蛮中。定武昌等十五卫，岁练军士四万四千八百人。决荆山岳山坝以溉田，岁增官租四千三百石。楚人德之。还乡，赐黄金二百两，白金二千两，文绮百匹。居无何，帝谓德兴："福建功未竟，卿虽老，尚勉为朕行。"德兴至闽，按籍佥练，得民兵十万余人。相视要害，筑城一十六，置巡司四十有五，防海之策

始备。逾三年，归第，复令节制凤阳留守司，并训练属卫军士。诸勋臣存者。德兴年最高，岁时入朝，赐予不绝。二十五年八月，以其子骥乱宫，并坐诛死。

周德兴晚年不幸因"其子骥乱宫"而与之"并坐诛死"，但正史对他的评价总体是正面的。在福建，方志也都把周德兴描述为一个有高等爵位、苦心"经略海疆"的英雄。正如前文提及的，周德兴确是受明代朝廷之令前来福建沿海建立海疆军事防线（卫所）的。在泉州地区，他所创设的卫、所、寨，成为明清时期的重要军事要地和帝国象征，从而历来受到地方官员和御用文人的褒扬。

然而，在民间传说中，周德兴却被描述成一个不折不扣的"坏蛋"。在泉州访问文史界的老者，依旧可以从他们那里听到许多关于周德兴的民间传说。据说，现在泉州人大多已经无法说清它们的细节，但这些民间传说在历史上一度十分流行。这个故事从风水的角度生动而富有隐喻色彩地描述了泉州的兴衰史。1940年，泉州民间文化的著名研究者吴藻汀先生整理如下[1]：

> 江夏侯姓周名德兴，人们盛传他是一个有名的看风水的地理先生。明朝皇帝——洪武——恐怕民间有了好风水，百姓祖先葬下去，子孙假使做起帝王来，那么皇帝的子孙的皇位就会被夺去；因此，就异想天开，找了这个精通地形学的江夏侯，遍游天下名山，遇有结穴的天子地，把它断坏，使地脉不灵，以后就可高枕无忧了。江夏侯奉了圣旨，历尽名山，依着他预定的路程，巡游到泉州。虽然皇帝所吩咐他的是断毁天子地，而他所做的竟超出指定的范围。他一到泉州，见了山川秀丽，名穴吉地，比较别处为多，于是大破坏而特破坏：凡遇墓地或名胜，能够钟着地灵，受着气脉，能出一品人才的，无不把它捣毁，或用其他的建

筑给它断坏。

开元寺的东西塔，为泉州最著的名胜之一，当然避不了他的破坏的计划。他一到泉州，就命人抬了许多柴草，装入塔里，放火焚烧。但这双塔没有被烧倒。后来人们不说这双塔建筑坚固，却说当时乃有神明护持，所以当他焚烧的当儿，大雨如注，把火灭了，以致高耸的东西塔没有倒塌。直至今天，塔的下层依然黝色苍然，石块崩裂，那就是江夏侯焚毁经过的证据。

泉州城建筑的形势，为一条鲤鱼模样，周围共凿八个城门（已经填塞的小东门计算在内）。小东门地形是鲤鱼的嘴。小东门前头的东湖，是鲤鱼的珠。城啦，湖啦，连成起来，恰似鲤鱼吐珠。这个穴形如果活着，泉城不知要出多少名贵（图6.1）。可是和泉州毗连的永春州，州城建筑形成一领网，举网网鱼，鲤鱼自不能多大活动。幸好泉州筑有东西塔，把永春州的网凿破了，鲤鱼穴的泉州，仍然可以自由自适。江夏侯知道泉永这个关系，一意要把双塔弄倒，简直是要把鲤鱼网住。谁知焚毁之时，被雨伯牵制，竟使他不能遂其破坏的目的，因此索性把鱼嘴塞住，破坏鲤鱼穴。这是江夏侯破坏泉州阖城风水的第一步。

那时，泉州城内有一个粘国舅，和一个史国老，俱是势炎非常。正值他们两家结联秦晋之好的当儿，江夏侯心中想起了他俩会这样显达必定有优异的风水。他想，尽他的眼力所至，或许有遗漏不周的地方，由是乘他们两家嫁娶的时候，备了两笔的盛礼分送他们——一千两银子送粘国舅，一千两银子送史国老——借这机会和他们两家接触，为的是要侦探他俩的风水在哪里。结果被他探出两姓各有墓地在惠安的某山。那山有两块"日月石"是活穴，所以他俩一个做国舅，一个做国老，无非受着"日月石"的感应。

某山之下有一处地名叫驿坂，那里有一条溪，本来两岸通过的是用木桥。江夏侯立意要破坏史、粘的风水,于是上章请建驿坂桥。洪武帝是特命他来破坏风水的,知他这么请求必有缘故,哪有不准的道理,马上降旨江夏侯建造驿坂桥。江夏侯既奉命造桥,附近的石头自当任凭他采取应用,谁也不敢道一声不字。命石工开凿"日月石",要把它用作桥板,那不消说是要破坏史、粘风水的手段罢了。

这两块石头有点古怪,任凭石工用尽千方百计都不能劈开,累得这位专施破坏的周德兴愁眉不展,徒唤奈何。也许是史、粘的气运盛极必衰:有一次石工们劈打石头,觉得太疲乏,躺在石上昏昏睡去,忽地听见有两个人对话道:"我们不怕千针万锤,只怕红丹鸟狗血。"石工于睡梦中听了这些话,赶快来报告江夏侯。江夏侯就用了红丹鸟狗血洒在石上,果然这次一劈便开了。

自从"日月石"弄坏,史、粘的势力日渐衰颓。据说驿坂桥的石板,日月形至今还可辨认呢。

上述江夏侯破坏泉州风水,还是从传说最著的举出来,其余如山脉,水道,第宅,街巷,被他断坏的,却不胜枚举。江夏侯的罪行,泉人虽然明白,但因为他是奉旨而来的,以致敢怒而不敢言。有些迷信牢固的泉人,见他破坏他们视同生命的风水,无不痛恨入骨。

江夏侯把泉州的风水破坏完后,预备回京复命。在他起程的那天,泉州民众一肚子气无从发泄,互相约定备办许多阵鼓钹——泉俗出殡用的乐器,在他坐的轿前轿后打着送他。江夏侯不知这是故意要倒他的彩,反以为泉州人士这般有礼,心里暗自想道:"我来断坏他们许多风水,他们不但不怨恨我,并且这么热烈地欢送。"他扪心自问着实过不去,下轿向众人道:"诸位这般的盛意,真是不敢当。我奉旨而来,断坏贵处的风水甚多,事已做过,无法挽回,惟最关键的就是你们的泉城的鲤鱼穴被我弄坏,此后怕会遭着瘟疫。如今看你们这么敬意，我特地替你们想个挽救办法：你们回去传诸父老，叫他们鸠资，在七个城门近旁，建起七座庙宇，奉祀关帝，并于七城庙边开凿七个大井。这样祭压，才可保无事呢。"

据说泉州七个城门近旁，的确有七座关帝庙和七口大井，那就是江夏侯临去所交代而建设的。

江夏侯回到朝内，便被皇帝召见。江夏侯把破坏风水的经过情形，一一面奏皇上。皇帝问道："卿这次为朕宣劳，好风水都已断坏，但不知是否见过最坏的？"

江夏侯奏道："既有最好，便有最坏，怎没有见过？"

"最坏的在何处？倘若葬下去便会怎样？"

"臣在泉州，曾见着东门外七里庵地方，有一穴地是最坏的。这地如果葬下去，他的子孙便绝灭！"

"为何如此利害？"

"因为那个穴叫做剪刀芙蓉，尸体葬在鞭蓉穴里，本来是再好没有的，可是前面有一剪刀形的山，把鞭蓉剪断，使好的变为坏的了。"

"那么这块地赐卿葬吧！"

江夏侯一听这话，好似冷水浇背。他自以为这次为皇帝卖尽气力，奉着旨意，替他断了不少的风水，论功行赏，不知要如何升字赐爵，哪里料到竟把这一葬便绝的墓地来赏给他呢？

专制时代，君赐臣死，臣不敢不死。这块绝地既是皇帝要赐他，哪里有容他求免的余地？好在他的形学高明，虽则是死绝之地，却还有一些补救的办法。他一面叩头谢恩，一面哭着向皇帝哀求道："陛下既然要把绝地赏赐微臣，微臣怎敢不承恩，只求陛下哀怜，许臣他日安葬，棺材竖立。"

皇帝又问了棺材为何要竖立的理由，他便如此这般的说明，

6. 风水传说的真相 | 223

皇帝也就应允了。

原来那墓地既是结穴为剪刀鞭蓉，一葬便会致了子孙绝灭，只是变更葬法，把棺材直竖，那穴形就变做"孩儿吸乳"。这样变通，还可于无可奈何之中，求得单丁过代。

至于江夏侯为明朝朱洪武效劳，不但无赏，反而吃了这大亏！此中的理由很简单：就是朱洪武晓得江夏侯精通地形学，恐怕他到泉州找着天子地，私自匿着，以后自己用了，真的出个天子，夺取朱姓的江山。所以，诱骗他自己说出最坏的墓地，索性赐他作终来葬身之地，以绝后患。可怜江夏侯甘心为那时皇帝的家奴走狗，最后竟得到这个结局。

钦赐的墓地，竖葬的棺材，经过泉州城东门外七里庵的人，都能看着明代堪舆家江夏侯周德兴的封冢。江夏侯死后，不知历若干年，他的后裔不至于绝灭，而子孙式微，倒是实事。迷信风水的都说这是孩儿吸乳墓形，该有这样的效验。后来有一个和尚募捐一笔款，在江夏侯墓前建一座石坊，表面上恭维江夏侯如何有功，实际上却是把这个"孩儿吸乳"加上一座石坊，就是在孩儿的头上挂了一面枷子。吸乳的孩儿被挂上枷子，便不会吸——死了。

江夏侯墓前有一座坊，据说是这个过路和尚所建的。

这个传说首先在朝廷和泉州地方之间被设定成了一个二元对立的关系，接着把泉州在历史上的兴盛归结为当地风水的作用，把这座城市后来的衰落归咎到洪武皇帝——象征性的皇权——"钦差大臣"江夏侯的破坏，并在最后以民间的讽刺形容了皇权在这座城市中压制地方发展的失败后果。

传说不是史实，但在我看来，它却以典型的民间反讽（irony），道出了一种心灵上的史实，反映了泉州城的历史命运：在历史上，泉州

图 6.1　一座小庙中的鲤鱼跃龙门壁画（作者 2004 年摄）

确曾独立自主，也在皇权的强制性统治下，出现过衰微，而要对它的衰微负责的，正是那些把边陲化作疆界的"大人物"。

海上商盗势力的发展

民间抵抗，不仅隐含于风水传说的政治讽刺之中，而且表现为实际行动。官府焦虑地期待着泉州出现井然有序的社会，但等来的却是大量的"异端"。其中，非法海上商业（走私）和商业与军事结合的海盗集团，就是"异端"的重要组成部分。

关于泉州以至闽南地区民间秘密海上贸易的情况，《明世宗实录》卷五十四云："漳泉等府黠猾军民，私造双桅大舡下海。"《明经世文编》卷二八〇云："泉漳……今虽重以充军处死之条，尚犹结党成风，造舡出海，私相贸易，恬无畏忌。"同书卷二八三云："漳泉各澳之民，僻处海隅，俗如化外，而势豪数姓人家，又从而把持之，以故羽翼众多，蕃船联络。"《明世宗实录》卷三二一云："沿海奸民犯禁，福建尤

6. 风水传说的真相　｜　225

甚,往往为外国所获,有伤国体。"

当时,泉州城区已演化成官府实施监控、播化礼教的场所,非法海上贸易难以在此进行。然而,泉州周边的港口,则悄悄兴起。尤其值得注意的是泉州晋江县境内的深沪湾的祥芝、永宁、深沪、福全诸港,围头湾的金井、围头、石井、安海诸港。这些港口在泉州港市鼎盛时期依附后渚港、法石港得到发展,到了明初,它们被改造成海疆军事防守据点。起初,这些据点的功能还比较单纯——抗拒倭寇、洋夷对海疆的骚扰。但军人也需要生活,而自明中叶以后即面临财政危机的政府,无力供养数量庞大的军队。由于政府财力不足,也由于卫、所、寨守军为了生存而必须仰赖与地方官员、绅商、士庶的合作,从明中叶开始,商、军、官三者为了牟利形成联合势力。在这个背景下,私商贸易的复兴,势所必然。[2] 如此一来,卫所出现了重新转变为市镇的倾向。军镇中的安海,便是如此。

安海古名弯海,宋初贸易就很发达,有新市、旧市,"海舶至,州遣使榷税于此"。明初,海禁政策实施,泉州港的经济地位下降,安海则依赖私商而处于上升态势。关于明代泉州与安海之间的差异,明代泉州儒士李光缙的《景璧集》卷四叙说如下:

> 吾温陵(泉州)里中家弦户诵,人喜儒不矜贾,安平(安海)市独矜贾,逐什一趋利。然亦不倚市门,丈夫子生及已牟,往往废著鬻财,贾行遍郡国,北贾燕,南贾吴,东贾粤,西贾巴蜀,或冲风突浪,争利于海岛绝夷之墟。近者岁一归,远者数岁始归,过邑不入门,以异域为家,壸以内之政,妇人秉之,此其俗之大都也。

明代何乔远在其《镜山全集》卷五十二中亦云:

> 安平（安海）一镇……濒于海上，人户且十余万，诗书冠绅等一大邑。其民啬，力耕织，多服贾两京都、齐、汴、吴、越、岭以外，航海贸诸夷，致其财力，相生泉一郡人。

处于泉州海疆线上的安海镇，在朝廷控制较弱的地带逐步开拓了一个自由经商的空间，而在当时这个空间已如此巩固，以致不同层次的人物可以通过从事小型商业贸易逐步向中型、大型的商业贸易趋近，从而使安海出现小贾、中贾、大贾的名堂，诸如"孺人""处士"等社会阶层的人士均可能从商。李光缙的《景璧集》卷十四描述了如下案例：

> 处士（陈斗岩）甫垂髫，避乱入安平市，市人亡知之者。颜君道谋睹其状貌，大奇之，遂许以季女……多挈金钱财帛以畀之，处士藉以运筹鼓策……处士其初斗智，最后争时，行财币或如流水，若猛兽鸷鸟之发，人虽与共用事，终不如之矣。故人或折阅，而处士收息而反倍之。处士行贾，北走齐吴，南走粤。吕宋洋开，鬻财吕宋，转贩所致，人多重之，倚所祭酒。竟以致富……

除了像安海这样在宋元时期即已发育、到明以后乘泉州官港衰落之机而兴旺起来的港口外，另外还有一些更为小型的私商海港是在明海禁以后才得到开发的。在这些小港口发展起来之后，地方政府出于发展的需要和为与海商势力关系密切的地方权贵的利益考虑，申办了通津官署加以官方化的控制。其中如蚶江。清嘉庆十一年（1806年）《新建蚶江海防官署碑记》云：

> 蚶江为泉州总口，与台湾之鹿仔港对渡。上襟崇武、獭窟，下带祥芝、永宁。以日湖为门户，以大小坠山为藩篱，内则洛

阳、浦内、法石诸港,直通双江。大小商渔,往来利涉,其视鹿仔港,直户庭耳。利之所在,群趋若鹜,于是揽载商越,弊窦滋焉。岁甲辰,当事者条其利弊上诸朝,议设正口,乃移福宁府通判于蚶江,专管挂验巡防,督催台运,暨近辖词讼,而以鹬鹚巡检隶属……且当洋匪滋蔓,防守尤难刻离……方今圣天子加意海疆,简舟师,将以肃清巨浸,奠安商渔……

从经济的角度看,15—16世纪,泉州民间贸易(包括海上和陆上贸易)的发展,主要有两大条件。其一,从东洋和西洋来的海上贸易在此期间开始扩大,其对于中国产品和财富的需求,随之增加。东洋的日本1477年至1583年间处于"战国时代",封建主之间的战争连年不断。封建主为了支持战争的开支、弥补在战争中的损失,对海外贸易有了要求;此外,破产的农民为了求生,纷纷到海外,而中国成为其主要目的地。从日本来的"倭寇"至15世纪即已相当强悍,到了16世纪,更因为明朝海疆管理的不力而与沿海民间势力勾结,大有长驱直入之势。与此同时,欧洲的殖民势力开始致力于打通世界各大洲之间航海通道的"事业"。16世纪初葡萄牙在印度的柯钦建立贸易商站并进行军事扩张,对中国虎视眈眈。不久,其势力到达马六甲,开始与华商接触,后又于1517年占据珠江口上的屯门岛。鉴于广东海禁政策的严厉,他们转为北上,进入闽海。步葡萄牙后尘,西班牙于1565年远征菲律宾群岛,对东南亚形成全面攻势,也把触角延伸到中国沿海地区。由葡萄牙和西班牙强制打开的亚洲海上世界性市场,促发了欧洲对中国沿海地区的生丝、丝绸、陶瓷、茶叶、食糖、药材和各种手工业制品的贸易需求,为沿海私商贸易提供了重操旧业的机会。

不少"非法"贸易活动,以倭夷为名。《明世宗实录》卷三八四载:"漳、泉海贼勾引倭奴万余人,驾船千余艘。"《明世宗实录》卷四二二载南京湖广御史屠仲律条上御倭五事，首条云：

> 夫海贼称乱，起于闽海奸民通番互市，夷人十一，流人十二，宁绍十五，漳、泉、福人十九，虽概称倭夷，其实多编户之齐民也。臣闻海上豪势为贼腹心，标立旗帜，勾引深入，阴相窝藏，辗转贸易，此所谓乱之源也。曩岁漳、泉滨海居民，各造巨舟，人谓明春倭必大至，臣初未信，既乃果然。

显然，当时许多闽南海商，正是嘉靖年间冲击泉州沿海城乡地区的"倭寇之乱"的一部分。

泉州沿海一带的海上贸易，更加倚重"奸人"与红毛夷和倭的势力合并。据《明熹宗实录》卷五十八，天启间福建巡抚报告说：

> 闽越三吴之人住于倭岛者，不知几千百家与倭婚媾、长子孙，名曰唐市，此数千百家之宗族婚识潜与之通者，实繁有徒。其往来之船名曰唐船……而又益之以红毛夷，奸人群而附之，教倭助夷，引夷附倭，夷以所得接济汉物……而夷与倭及海中之寇合并，以成负嵎之势。

当时泉州商民"乘春水"赴吕宋者甚多，私商与菲律宾吕宋岛频繁的商贸往来，有时受到驾驶大船的"红毛夷"的威胁，但也不乏有人慢慢与占领菲律宾的西班牙军队、海盗及商人形成了贸易关系。

其二，明代以后泉州民间（非法）贸易发展的另一大条件在于，东部沿海地区农、工、商业的发展，要求扩大这些地区相互之间以及这些地区与域外之间的贸易联系。从明清泉州私商的贸易范围来看，他们的地区性贸易对象北部以山东地区为重点，东部以江浙地区为重点，南部以广东地区为重点，对外通商的对象包括日本和欧洲殖民势力。国内的几个地区都是当时经济发达的区域，尤其是其中的江浙一带，到明代时市镇已经构成星罗棋布的网络，把广大的农村地区联系起来，沟通了整个区域的经济，使农家经济出现商业化的倾向，其所生产的丝绸、棉布等名声远扬，但却与海外无法进行直接的贸易。

从其贸易对象的空间分布规律来看，泉州私商之所以能够获得大量利润，主要是因为他们所处的地理位置正好介于农、工、商业发达的中国东部沿海地区和东西洋海上势力之间。

当然，倘若明清两代政府能够允许海上贸易，像宋元两代那样鼓励政府机构参与市场，那么，私商也就可能被财力、控制力强大的官商所吞并。然而，历史的选择，与此恰恰相反。在明清时期海禁及重农抑商政策的压力下，沿海的商人不可能开展合法性的商业贸易，只能依靠走私和"海盗"行为来组织货源和交易。因而民间非法商业的出现，成为一个必然的历史现象。沿海商人与日本、葡萄牙、西班牙以及后来的荷兰海上势力的所谓"勾结"，也必然成为"以贩海为生"的沿海居民之生计。正如明隆庆二年（1568年），福建巡抚谭纶在《条陈善后未尽事宜以备远略以图治安疏》中指出的：

> 闽人滨海而居者，不知其凡几也，大抵非为生于海，则不得食。海上之国方千里者，不知其凡几也，无中国绫棉丝帛，则不可以为国。御之愈严，则其值愈厚，而趋之愈众。私通不得，即攘夺随之。

明代泉州上层人物傅夏器在《袁裁溪泉州府节推序》一文〔载（清）陈国仕编《丰州集稿》卷七〕中对于当时泉州海盗的状况述说如下：

> ……维泉介在海隅，去京师八千里而遥。其去藩城，亦无虑

三百里。故下民之困，仰不得其平者，上不能直之于辇毂，次不能直之于台省，皆求诸府而直焉。

又其地阻山跨海，奸宄剽盗，出没滨海。航渔之民，习见击刺，武勇鸷悍，动以忿悁相刃相靡，杀伤不避诛，其于狱讼为繁。

鉴于"奸宄剽盗""出没滨海""相刃相靡"等情状，傅夏器建议政府官员严格实施法制：

节推司刑，绣衣使者行部，辄以节推随。凡民间狱讼，皆先以节推讯服，而后上之台，故节推代两台莅事，其断狱又为繁。

夫典型者，民之司命也。君非泉之司命，而泉民之所为生死耶？言刑则律令具矣，岂其所以具哉？

昔者圣人议事以制，不为刑辟世之伪也滋甚。提防不能也，乃征于书，而律令定非圣人之得已也。故提得其好生之意，即法令具备，而不为苛，不得其意而惟法是徇。是执盈尺之纸，锻炼囹圄中，罪状某也当某律令，某也当某律例，格式具备，不过费一朝检阅而已也。

如此则一吏可矣，果菜之馈，集之可以成赃，言矣之微，摘之可以为罪，诚所谓大可论，而小可斩者，而民殆无所措手足。

……

世常酷赵禹、张汤。夫见知腹诽之法，自汤作始深文巧诋，得酷名宜矣。禹常据法守正，亦不免焉者。夫不得其意，而惟文法是绳，虽以萧何之律案劾，民之不聊生者，已过半矣，虽比之汤亦可也。

清朝洪科捷《防海议》一文〔载（清）陈国仕编《丰州集稿》卷十一〕也专门提到泉州海盗问题的起源：

> 盗贼之所恃者以大海风波不恻，瞬息万状。彼以生以长，委身一叶，固于磐石，乘风破浪，杀人劫货，如探囊取物。彼弁将安享富贵，一遇飘摇，头眩目晕，安能与之争舟楫之利哉？
> ……
> 至于清盗之源，又莫若弛晒盐私贩之禁……闽省土地半没于海，半填于山，田园不满三之一，其所以借盐以生者，无虑数百万家。盐禁不弛，则晒者贩者坐而待毙，而生业落矣。商船一只，内有管船搭客，柁工水手数十人。闽之商船不下数万，此其所借以生者，又何止数百万家！
> ……生业既落，啼饥呼寒，聚而为盗，兼之军法严重，商船不许载寸铁，是所谓借寇兵而赍盗粮，如之何其可也之二者。其利与害，较然易辨也，而当事不行者，动以盐饷奸究为辞。岂知国家盐课，岁有定额，就各处盐埕计区均配，令盐丁自为输纳易易耳。纷纷盘诘，何为乎？
> 盗之与商，行踪既异，而商船重载，行每舒迟，盗船轻扬，动辄剽疾，一望可知，又何必以器械为厉禁乎？夫生其地者习其俗，睹其弊者谙其情。

面对闽南沿海商民依托地理优势进行频繁的走私活动，明朝廷也曾试图通过掌握某些港口来化解其他走私港口的非法贸易。嘉靖八年（1529年），福建巡海道移驻漳州，在漳州月港东北边设立安边馆，打击漳泉非法海上贸易活动，抓捕海盗。嘉靖十四年（1535年），官府放松了对商民近海贸易的控制，但依然禁止民众入海通商。几番周折，却一直无法禁绝海上贸易。嘉靖三十五年（1556年），海盗势力闹月港,迫使福建巡抚实行招抚政策。政府曾在港口附近设县以加强统治威力,但无济于事。明隆庆元年(1567年),政府不得已宣布开放月港,向海盗势力有限退让,以期稳定海疆局势。

为什么在高压政策之下,民间商人和海盗这些"异端"会"顽固不化"?诚然,如前文指出的,这是因为当时的城乡行政、军事控制体系虽然严密,却因财力不足而逐步松懈。[3] 然而除此之外,显然还有别的原因。

其一,民间商人和海盗之所以置政府禁令而不顾,还因为非法经商和海盗行为具有某种"官逼民反"的性质。《明经世文编》卷二六六引平倭指挥胡宗宪的评论云:

> 我民之变为盗,叛而从贼者,日益众,此其何故也?推而求之,其说有二:一以被掳之民……官并但获此辈,不以为从贼,则以为奸细;而主将方且利之以为首功,冀掩其失事之罪,又安望与之昭雪乎?是以此辈一被污染,皆绝归正之念,而坚从逆之心,宁九死而不悔也。一以……自用兵以来,连岁荒旱,民多艰食,而军需百务,皆取足焉……奈之何民不穷而且盗也。

其二,所谓"商盗"势力之所以蓬勃,更因为这些势力已经在恶劣政治贸易环境下实现了集团化,成为具有强大"团队精神"的"商盗"集团。[4] 到16世纪末至17世纪,在泉州沿海地区通过从事非法海上活动而组织起大型海盗集团的人物可谓数不胜数(如王直、李光头、许二、吴平、曾一本等等),而其中最有名望的,恐怕还是起源于安海镇的郑芝龙集团。这个海上商业兼军事集团形成于明末,斡旋于海内外霸权之间,明末清初支配着闽台之间的海域,势力如此之强大,以致在改朝换代过程中左右了福建地区的形势。

郑芝龙生于明万历三十一年(1603年),为南安县石井乡人。[5]

17岁时，郑芝龙前往澳门投奔在那里经商的母舅黄程。在澳门，他接触到各国海商，学会了葡萄牙语，有了经商的本领。天启三年（1623年），郑芝龙为母舅押运一批货物到日本，与一位泉州驻日海商之日本养女田川氏成婚（翌年生下后来鼎鼎有名的郑成功），并结识早已往来于台湾和日本之间的海商领袖泉州人李旦、漳州人颜思齐，取得他们的信任，后来继承了他们的家业，成为这个海上贸易集团的头人。在郑芝龙领导下，这个海上贸易集团穿行在东南沿海、台湾和日本之间。为了发展自己的实力，避免明朝的缉捕，抵御其他海上势力的劫掠，郑芝龙还组织自己的武装力量。他对部下纪律严明："凡我内地之虚实，了然于胸。加以岁月招徕，金钱所诱饵，聚艇数百，聚徒数万……礼贤而下士，劫富而施贫，来者不拒，而去者不追。"（江日升《台湾外纪》卷一）

为扩充实力，郑芝龙曾依附荷兰势力，于天启四年（1624年）一月至天启五年（1625年）五月间，任荷兰东印度公司通事。但是，之后其势力越来越大，时常拦截进入中国海域的荷兰船，给荷兰殖民势力造成了很大威胁。天启七年（1627年），荷兰驻台长官集结所有在台战舰和士兵攻打郑芝龙，结果以惨败告终。郑芝龙海上势力的日益扩张，也引起了明朝廷的恐惧，而多次派兵追剿，却无以打败这个海上生力军。天启七年（1627年）十二月，郑芝龙乘胜长驱，入厦门中卫所，捣毁官兵船器，震动朝野。明廷鉴于无力剿灭郑芝龙，转而采取利用这股海上势力的策略。为驱逐据台荷兰势力、镇压其他海上势力，朝廷于崇祯元年（1628年）招抚郑芝龙，任之为"五虎游击将军"，后累晋升为福建都督，尊号"太师"。受招抚之后，郑芝龙剪除旧日海上同伙，实力更盛。崇祯七年（1634年），再创荷兰军队，使后者于崇祯十二年（1639年）与郑氏签署海上航行贸易协议，规定荷兰对日贸易需由郑氏控制的台湾转手，且必须是中国产品。

郑芝龙扫清了海上障碍以后，几乎垄断了中国与海外诸国的贸易，岁入千万计，富可敌国，在明末清初之际视政府海禁政策于不见，航行于中国沿海、台湾岛、澳门地区及日本、菲律宾等东南亚各地之间，武装船队旗帜鲜明，戈甲坚利。[6]

在清朝立国之初两年，这个海上王国仍居有大片海域和东南沿海的大片地区。清顺治三年（1646年），郑芝龙已看清清朝具备改朝换代、统一江山的实力，于四月尽撤水军回安海镇。八月清兵攻陷福州，郑芝龙仍有数百战舰，军容赫赫。此间，他幻想利用清朝帮助继续通海。受清朝利诱，于该年十一月不顾长子郑成功的反对前往福州降清，同月，清兵入安海，清洗郑芝龙势力。[7]

郑芝龙降清后，其子郑成功遁兵金门，与清朝和荷兰殖民者同时展开斗争，多次挫败清军，以台湾为基地开拓生存空间，接纳福建沿海民众到台湾开垦，并于顺治十八年（1661年）将荷兰人驱逐出赤崁城。[8]

郑芝龙集团可以说是泉州民间海上"扩张"的一个极端事例，它的势力扩张到如此地步，以致明清两代朝廷都被迫以招抚的手段来"制服"之，而即使在名义上的"制服"以后，政府仍不得已给这个海上王国留出巨大的空间。对于一般的海上势力而言，这一切可望而不可即。不过，那些规模较小的集团，也有自己的生存之道。海上走私者，需与陆上同事配合。朝廷因自明初起即实行海禁，未能积累充分的海上控制力，对海上走私者来说，海洋就是他们的天然屏障。然而在交易过程中，他们的陆上配合者，面对监控严密的官府，却需要谨慎行事。陆上走私者大多需要掌握一定的权势和财力，并精通在官府监控体制空隙中行动的手法。他们不仅需要依赖地方富人阶层，而且也需要在官府内部找到秘密的代理者。这些陆上走私者后来成为占据大量财富的"窝主"，而他们在地方社会和官府内部的"内线"，也从配合行动当中获取一定的钱财。因此，在明清两代，泉州地区大量涌现隐蔽的官商、官"盗"勾结，这种"勾结"形成网络，势力巨大。

私商和海盗对于地方权贵的依赖，同时也表明当时的海外贸易有沉重的政治及意识形态负担，从而有其局限性。傅衣凌先生在分析安海商人的"性格"时，隐含了一项对明清时期泉州海上的历史局限性的思考。他认为，泉州（以安海或安平为例）明清海商有以下几个特点：

> 第一，欧洲中古后期的商人，以冒险远征为目的，有开辟新天地的宏愿，安平商人则刚刚相反，而以收为主，这是中外海商性格的不同点……第二，中国商人有与官僚勾结的一面，也有不勾结的另一面。这个不勾结，固能摆脱封建特权的纠缠，然他们没有政治上的凭借，每易起落无常，不似徽、苏、山、陕大贾之以盐筴为本业，有某些政治奥援，故仍能在中国封建社会里维持其地位于不坠……第三，安平商人与乡族势力关系的密切，这亦造成安平商人身上所具有脆弱的性格……第四，安平人虽善服贾……他们还是农贾兼业，以农为本。就是说，中国的商人资本始终没有脱离土地权力的羁绊。[9]

对于一些大型的海商、海盗集团而言，傅衣凌的反思，也许并不完全符合实际。例如，必须承认，郑芝龙集团初期势力的发展，就具有与欧洲海商相类似的冒险精神，而即使到了受明朝招抚之后，他也还能够利用各方面的优势来迫使政府允许海上贸易的存在，这表明他并没有那么保守。只不过当时的政治和意识形态的压力巨大，商人在从业之时因无法逃避一系列的制约，方带有这几个局限性。从这个意义上讲，傅衣凌列举的观点是能够反映泉州海商性格的总体情况的。的确，明清泉州海商之受国家体制和民间乡族势力的羁縻，甚至在郑芝龙的性格里也得到充分的体现。在一篇为《石井本郑氏宗谱》写的序言中，郑芝龙说："芝龙不肖，浪迹江湖，时发犹被面，属海波不靖，雈苻以梗，慷慨挥戈，次就芟夷。尔时沐雨餐风，冒矢石，躬之不阅，遑恤后人，编于万中之一生，上报朝廷，下延宗祧，公余之暇，托处聚庐，非邀天地祖宗之灵，曷其有今日乎？"[10] 早年不愿习儒的郑芝龙在晚年竟能发此番言论，看来在朝廷和家族的双向"感召"之下，这个海盗出身的权贵在思想和行为上已经与理学倡导的忠孝两全的人格理想毫无差别了。

由于官方对于海外贸易的压制，及对于正统社会模式的强制性灌输，元以后泉州地区的商业还具有另外一些局限性。这个时期，宋元市舶官商制度已沦落，商贸不仅主要为"民私"，而且被朝廷视作"非法"，因而其海上力量实有局限。在宋元时期，泉州能够海上主动出击，势力波及欧洲、阿拉伯世界及非洲沿海，而明清时期活跃于海上的"商盗"只能被动应战，利用来自东西洋的日本和欧洲海上势力来展开贸易。此外，由于政府严格禁止海外商人登陆贸易，因此，宋元时期"市井十洲人"之胜景已黯然消退。再者，对于广大乡村地区而言，宋元时期官府鼓励下的海外贸易，为城乡居民创造了良好生产机会，而随着明清时期海外贸易的"走私化"，这个地区的农产品和手工业产品的生产，已不能成规模展开，海上"商盗"只好到泉州以外的地区（如山东和江苏）寻找可供给外国的产品。在这样一个经济对外（区域）依赖的状况下，泉州私商与活跃于浙江沿海的私商形成了超地区联盟。这在一定意义上起着拓展区域经济活动空间的作用。然而，对于泉州区域的发展而言，却是一个沉重打击。加之官府坚持在一个农业资源匮乏的区域强制实行重农政策，乡村地区贫困化，显然已难以避免。

漂流于海外的平民

与海上私商和海盗势力的兴起同时，对于明清两代的海禁和抑商政策，民间出现了第二种反应，这就是向海外移民。明清时期泉州海外移民，是这个地区人口移动历程的第二次重大变动。追溯到以前的时代，泉州人口移动的第一个重大变动，实际上是由多次南下移民运动组合而成的，即由北方社会动乱引起的大量人口入泉。这种变动引发了泉州区域发展周期的第一阶段。相比而言，明清时期的第二次人口移动的重大事件，不但不是该区域社会经济的开发性动力，反而是泉州社会经济发展周期步入式微阶段的社会反弹。在中国移民史上，大规模的向外（一般意义上的居住地之外）移民，大多是因为区域内部的生存压力太大而引起的。秦汉至隋唐，大量北方汉人人口迁入泉州这个边陲之地，就是因为当时战争动乱、自然灾害、土地矛盾、人口压力等频繁发生，迫使民众向未开发之地寻求更好的生活环境和发展机会。明清时期泉州之所以出现海外移民的潮流，也正是因为到了这个时期泉州已经再也不是一个能够提供良好生活环境和发展机会的地方了，恰好相反，它既有类似于北方的动乱，也不缺乏各种政治、经济、社会问题导致的矛盾。因而，向统治越来越全权化的帝国之外部空间迁移，成为许多人寻找生存空间的基本手段。

这样说并不意味着泉州海外移民（包括侨居东南亚和移民台湾）是到了明朝实行海禁和其他相关政策以后才发生的。有充分的证据说明，明以前泉州向海外迁移者大有人在。早在宋代，就已经有泉州人向印度尼西亚、菲律宾、越南等地迁移。而元征爪哇时，自泉州出航，作战失败，军中病卒数百人均留在当地，成为华侨。当时，在东南亚从商的泉州人，有的也在"蕃国"成家立业，开店贸易。在明初郑和下西洋时，已经发现三佛齐（印度尼西亚）有"闽粤人"侨居。《明史》卷三二三云：在菲律宾，"闽人以其地近，且饶富，商贩至者万人，往往久居不返，至长子孙"。近年，德国汉学家傅吾康（Wolfgang Franke）利用所搜集的东南亚古代汉文碑刻资料论述泉州海外交流的盛况。据他所陈述的资料，元时东南亚早有中国人的墓碑、庙亭、碑刻，充分证明当时在东南亚留居的泉州人已经不少。[11]

然而，需要引起关注的是，在明朝以前泉州海外贸易的黄金时期，泉州人侨居海外有其时代的特点。首先，这个时期侨居海外的泉州人，大多是临时性的，而且除了特别的原因（如元兵因失败、重病而无法回国）以外，移民的目的主要是寻求发展。因为当时的朝廷并不禁止海外移民，也允许商人自由活动，他们从海外重新返回故里的可能性比较大。到了明以后，宋元时期那种人口在海外自由流动的环境不存在了，而海外移民无论在目的上，还是在方式上，都起了很大变化。

明清时期的泉州海外移民，大致可以分为三个阶段：(1) 明初中期；(2) 明晚期延续到清初的郑芝龙—郑成功海上霸权时期；(3) 清康熙以后。这三个阶段各有各的特点。明初中期不仅实行海禁，而且也禁止海外移民。因此，这个时期的移民与海上私商和海盗势力的发展关系最为密切，而且与国内政治压力下出洋寻求发展机会的目的息息相关。移民的目的地主要包括菲律宾和日本。在16世纪后期西班牙占领菲律宾群岛以前，中国商人早已有侨居菲律宾的，这些商侨主要来自泉州、漳州和江浙一带，散居于菲律宾岛屿之间，从事的主要是商业贸易。16世纪后期，中国前往菲律宾的侨商人数大增，既有商人，也有工商业者和渔民。为了在海外保护自身的利益，当时的泉州侨民已经在马尼拉等地成立了自己的社区。到16世纪70年代以后，华侨的势力在菲律宾已经发展到如此程度，以致引起了西班牙殖民当局的恐慌，为了控制华侨，他们利用传教向华侨灌输殖民主义文化，同时禁止华人经营零售商业。当然，当时菲律宾的西班牙殖民当局也面对着来自中国沿海商盗的挑战。嘉靖以后，尽管明政府加强了海防控制，这些商盗集团在势力上还是得到了很大的扩张，一些集团甚至在东南亚各地拓展自己的势力范围。为了压制中国商盗的海外扩张力，欧洲殖民主义势力处处设防，勾结明政府对他们加以围剿。[12] 在同一时期，泉州向日本的移民也很重要。向日本迁移的泉州人，大多是经过南洋诸国间接周转而去的。当时，明朝政府严格禁止商民与日本进行任何形式的交流。因此，泉州人经常以下南洋为借口，获得官府的出境许可，然后辗转到日本。在日本，许多泉州商民与当地人结为夫妻，也有许多在当地定居并发展家业。他们利用与居住在泉州各地的家属和家族亲缘关系，与内地形成相对稳定的贸易关系。

明末清初，郑芝龙为首的海上集团逐步形成。这个集团利用海上通道促成一些泉州商民的外迁。明天启年间（1621—1627年），郑芝龙占据台湾北港。崇祯元年，郑芝龙接受明朝的招抚，正值福建饥荒，遂在台湾巡抚的支持下招集沿海灾区饥民数万人前往台湾开垦，为迁台泉州地区饥民配给银两和耕牛，鼓励开发台湾，使泉州出现第一次移民台湾的高潮。[13] 去台的泉州移民有的携带家眷，有的返回原籍而留家眷于台，有的单身前往而在台长住。清初，郑成功于1661年4月驱逐荷兰殖民者，收复台湾。此时，清政府在北起辽东、南至广东的范围内，对沿海居民实行野蛮的"迁界"政策，把各省沿海30里居民一律迁居内地，并禁止船只出海，在沿海地区发兵戍守，使泉州沿海居民受到了一次空前的劫难，父子兄弟妻女流离失所者众多。郑成功在台湾一方面实行军屯，另一方面从福建沿海招集"迁界"后流离失所的"流民"到台湾参加开垦，给予经济的鼓励政策，从而使泉州出现了迁台的第二次高潮。当然，在同一时期，向东南亚各国的移民依然持续，只不过这个时期的移民大多是身受"迁界"之害的沿海民众，与海上商盗关系已经不是很大了。

清朝康熙二十年（1681年），三藩之乱平定，海上郑氏集团政权已陷入败局，朝廷开始在沿海地区复界，重新从内地把人民迁到沿海居住。康熙二十四年（1685年），曾经在江苏松江、浙江宁波、福建泉州、广东广州四口岸开放对外贸易港口，并对海外商船减少关税。然而，这些政策只维持了三十多年，康熙五十五年（1716年）之后，即重新对海上贸易加以严厉打击，也对海外移民实行严厉的限制政策。在康熙（1662—1722年）、雍正（1723—1735年）年间三次严申禁令，企图杜绝沿海人民"偷渡"去台。直至乾隆二十五年（1760年），这个禁令一直为朝廷重申,但实际上已经无法阻止泉州的去台移民,清政府不得已开放泉台通航对渡。在政府控制放松的情况下,泉州向台湾的移民出现了第三次高潮。这次移民高潮的出现,使台湾得到了开发。[14]与此同时,随着汉人移民入台,清政府把海疆的概念延伸到台湾,确立"以台治台"的政策,把郑成功遗留势力迁回大陆,命福建派兵驻守台岛,对台湾行政制度实行特殊政策,将其列于福建属下,对人员进行频繁调动,在民政方面广泛实行保甲、里社制,在海防方面大力建设军事防线。[15]在康、雍、乾三朝的移民有的单身前往,有的举家入台,而移民社会身份也从"流民"转变为士绅阶层。[16]随着台湾地方政府的设立和士绅阶层的入台,清代正统制度和文化也逐步被移植到台湾。例如,台湾科举制的实施,吸引了大批城乡居民追求功名,促使以"四书五经"为象征的国家正统观念体系成为渗透性很强的主流文化。

从上述三阶段的明清海外移民历程来看,第一阶段的特点是与海上商盗集团关系十分密切的商民移民,其移民的主要目的地是南洋(尤其是菲律宾)和日本,其总的发展趋势与海上商盗集团的发展趋势相一致,在性质上属于寻求发展的海外移民运动。第二阶段的海外移民目的地集中在台湾,主要是受郑芝龙势力的影响,移民的主要社会成分是受到明末饥荒和清初"迁界"波及的下层人民(如"流民")。第三阶段除了延续第二阶段的若干特征以外,还出现社会中间阶层人士向外移民的新倾向。尽管这三个阶段各有不同特点,但其总体特征却可以概括为为了争取生存空间而展开的海外移民运动。也就是说,无论海外移民的促成者是海上商盗、是海上霸权力量郑芝龙集团、还是其他团体,明清时期泉州海外移民潮流之所以会出现,是因为这个时期泉州本地所提供的生存机会大幅度下降,生存空间大幅度缩小。至此,泉州移民史已经经历了两个重大的周期性事件,而正如第一个周期性事件促使中华帝国的边陲得到开发一样,第二个事件也不可否认的是东南亚和台湾开发的主要动因之一。这两个周期性事件的另一个共同点是,移民运动的兴起与移民对生存空间的需求有密切的关系,只不过在前一个事件中,这个需求是因为战乱和灾害引发的,而在后一个事件中,则是由明清时期那种类似于绝对主义的国家统治引发的。〔17〕

回到前文引述的泉州风水传说,我们看到,民间通过口头的传闻来评论明朝政府在泉州的"新政"。这个传说隐含的意思是,明朝对泉州采取的强制性控制政策,主要是因为皇帝害怕这个地方既有的好风水会培育出一个取而代之的人物。在这个意义上,明朝后政府"经略海疆"、巩固泉州城防,目的在于用一种风水的手段来断送泉州的人文经济繁荣。所以,在这则传说中,"经略海疆"的周德兴,被描述为一个有名的看风水的地理先生。而他来泉州也不在于正史所说的"经略海疆"、使市民免于海寇的骚扰,而正在于以其所精通的风水地形学,来侦察泉州这个"天子地",并通过重建这个边城来"断坏"它的地脉。

与所有的民间传说一样,周德兴与泉州风水的传说,包含着一种民众对于统治者的讽刺,也包含着一种民众在其政治无力感深重的条件下以隐秘的形式来反叛的精神。因此,我们可以认为,这种传说是一种"神话事实",即用虚幻的想象所表述的民众对现实不满的历史事实。然而,这个事实并不局限于传说的文本。事实上,在明清强制性统治的状况下,民众除了通过传说来表述自己的心声以外,同等重要的,还通过实际行动来抒发深藏于内心的对抗情绪。海外移民运动,就是这种实际行动的主要方面之一。如果我们把民间传说延伸开来,那么海外移民恰好可以被解释为对于被"断坏"了的泉州风水的逃避:在周德兴的破坏下,这个城市再也不具备培育"天子"(实为民间理想中的豪杰)的功用了,于是到这个城市之外去寻求新的风水秩序,或者去寻求风水的残酷逻辑所无法波及的空间,成为民众的新理想。至于那些商盗集团，他们漂泊于华夷的山海之间，或以商战与殖民者斡旋，或以不符合正统儒家伦理的强盗精神来应对时运，或搜刮财富，或亡命天涯，他们不也一样是为了在那个已被禁锢的空间之外去实现他们的新理想？

7. 民间仪式的秩序

元以后,中国迈入的,是一个相对内向、非竞争性、停滞的政治"内圣时代"。[1] 对于其他地方而言,这个时代的来临,兴许可能意味着文明的重建所可能带来的好处,但对泉州而言,则意味着开放、繁荣、文化多元的港市,向相对封闭、衰退、文化单一的"围城"蜕变。从文化的后果来看,它意味着本土主义世界观获得意识形态霸权地位。如果说,"海上异端"群体的发育,是在反叛或逃避这个"围城"中形成的话,那么,文化领域里,一样也会出现与正统世界观反其道而行之的行动。在官方化理学及其社会秩序符号体系占支配地位的年代,地方民间以推衍正统为理由,更新自身传统,使官方拟定的教化蓝图派上了"设计之外的用途"。

"江夏侯"的讽刺性民间传说,意味深长,它既呼应着"海上异端"的"匪乱"的涌现,又为我们揭露出官方拟定的教化蓝图的漏洞。

正统符号的异端潜势

教化蓝图中的宇宙风貌与人间秩序之对应性得以呈现,依赖的是官府的话语与仪式,这些话语与仪式,赋予城市空间以"神圣性"(之所以带上引号,是因为这种神圣性,与一神教中作为"绝对他者"的神性不同),这一"神圣性",也集中表达在重新设置的神庙和神统上,它与基层社会的教化体系相协调,改变着城乡地区的文化面貌。

教化蓝图的本来目的，在于营造一个标准化、符合正统、方便政府把握的社会。然而，在这个社会的营造过程中，名目上顺应官方"文明"、实际上自成一体的民间文化也随之活跃起来。

在泉州，这个自成一体的民间文化，也是一系列组织复杂、形态各异的仪式。从总体符号类别上看，这个非官方文化形式的基本架构就是天、神、祖先和鬼的信仰；从仪式制度的特征看，它以年度周期的运转为轴心，具体体现为系统化的岁时风俗；从社会空间看，它的主要依据是官方设置的铺境制和与之相关的教化场所；从宇宙和人间秩序的角度看，它似乎也呼应着官方化理学中的天、地、人三才之说；从历史记忆的内涵上看，民间文化的信仰成分，与官方崇拜若不是相同那也至少是相关或相通。

然而，民间文化动辄引起"狂"、"迷"、"乱"，从而易于引起衙门焦虑。由于它不归属于官方设计之内的社会和文化形态，因此，被政府和某些以"教化之儒"自居的地方文化精英群体蔑称为"淫祠"和"淫祀"。这给人们造成一种印象，似乎民间文化完全与官方的正统无关，而纯属一些地方"下九流之辈"制造出来的俗物俗事。可是，事实却与人们的印象相反——非正统的民间文化，与官方正统之间，关系至为密切。

为了理解这个时代成为突出问题的正统—非正统文化源流关系，我们应先回到宋明理学的时代特征这个问题上。

宋明理学的核心思想来自于儒学对于合理、有效的治人之道的论述。但是，这种新的儒学具有与以往所有时代的类似思想体系不同的特点。其中，最显著的差异在于，以往儒学处于与政府关系的不稳定状态之中，尽管这个思想体系本身注重政治，但不同朝代的统治者对它的政治作用有着不同的态度，元亡以后，理学才被官方化，成为朝廷的政治纲领。在明朝把理学确立为正统意识形态之后，这个学说的政治地位获得了提升。值得注意的是，尽管理学是一种官方采纳和推崇的模式，但它已不再是"王者之儒学"，而是含有"庶民化"的因素。宋以前的儒学，大多是"王者之儒学"，也就是说，它基本是在其所服务的统治阶层和贵族内部起作用的，除了这些少数阶层，它并没有得到推行，这也就是所谓"礼不下庶人"的意思。比较而言，明初得到官方化的理学，似乎与朝廷和上层缘分至深，但已不再是"王者之儒学"，而是一种"教化之儒学"了。后者注重"普及"理想的宇宙与人间关系秩序模式，主张通过"教化"——包括以科举考试为核心的教育、以书院为核心的思想传播、以基层社会的"社学"为核心的训诫以及以仪式礼仪为核心的象征——来获得一种全社会的内聚性秩序。这也就是说，宋明理学的第一特征，在于它是一种官方化的"教化之儒学"。所以，钱穆论及宋明理学时指出，这个新学派的出现带来一个新的风气，即通过"在野传播学术"，来开发民智，陶育人才，进而改进政治，创造一个理想的世界。[2]

除了"教化之儒学"这一特征以外，宋明理学的第二个特征，在于它的包容面比以前的儒学大大拓宽。[3]从整体面貌上看，这个时代，理学是一种包罗万象的开放体系，它不仅包容早期儒学的核心内容，还容纳了易学、道学以及华化佛教的许多内容，甚至与其他宗教的某些成分也有关。从易学那里，理学接受了宇宙观的学说，从而把儒学关于"道"的论述与上古时代的"太极"概念，甚至秦汉方士的巫术模式相糅合，重新阐发天、地、人之间的关系。为此，理学也吸收了道学的许多内容。在之前的"古典学说"中，儒学是"入世派"，它的关注点是通过参与实践来优化政治，而道学则与此相对立，主张用"出世"的态度来对待世间的政治。宋明两代，这种对立的思想格局出现了一个变化。理学不仅主张在官方的政治环境中寻求实现理想的途径，而且其实践者大多还追求与一般的官僚之间形成一定的距离，通过内省式的人之自觉来实现教化的目的，从而能够以一般官僚无法做到的方式来相对避开国家权力的支配，而建构一种社会化的"以身作则"——这一点得益于道学"修身养性"之理想——的从政模式。比较易学和道学而言，佛教的禅宗对于理学的影响可以说同等重大。禅宗打通宗教的制度性与弥散性的努力，为理学对思想普及的追求树立了一个典范，不仅对理学的话语框架形成产生深刻影响，而且对于理学的"知行合一"的实践也有着启发作用。

正是在开放思想体系的框架内，儒学出现了地方化倾向，容许古典儒学体系不断由不同区域中具有不同人文取向的士绅和官僚阶层加以再解释。

明清时期，宋明理学被官方立为正统之后，对于政府行为产生了巨大影响，主要表现在两个方面：其一，为了营造一个一体化的理想社会，朝廷及在朝廷授意下的地方政府需要不断通过树立为政和为人的模范来确立自身为民众认可的权威；其二，为了同一个目的，朝廷及受命于朝廷的地方政府也积极从民间文化中吸收具有范型意义的文化形式。泉州城市象征体系的宇宙观和官方仪式设置，就可以说是为了表现为政的理想模型而展开的。城市宇宙观的设置，把政府置于"星野"的中心地位，它的周边符号环境则是以江山为象征的祠、庙、坛体系，这样的中心—外围的秩序，一方面显示了政府对自身权威角色的符号展示，另一方面显示了政府对于其统治下的空间的回馈，其总的象征就是政府对应于民众的政治互动理想模式。泉州祠、庙、坛的设置，集中体现了政府对于为政和为人的范型的重视，其所供奉的神灵，有的是沟通天、地、人的媒介，有的是体现政府理想中的正统的历史人物，有的则是曾经为地方社会做出巨大贡献的超自然力量。把政府权威的象征和地方公益性神明糅合起来，政府营造出来的显然是一种具有范型意义的符号体系。

这个符号体系的形成，得益于理学所提供的哲学思想，包括气本论、天理论、心为本原说、心—性—天统一说、性情体用说、"格物致知"、"即物穷理"等。与此同时，为了树立为政和为人的范型，政府不断从民间吸收被认为适用的符号，把它们纳入官方正统。这个文化吸收的工程，早在宋代就已启动，经历元朝到明清，一直作为泉州地方官员的重要工作之一发挥着作用。广为学界关注的民间女神妈祖（天后）在宋、元、明、清几十次受封、加封，就是这种文化吸收的重要证据之一。[4] 保生大帝吴本（音滔）的信仰官方化，是又一个证据。保生大帝吴本为宋泉州同安县人，原为名医，逝世以后于景祐年间（1034—1038年）被泉州、漳州一带民众崇奉为地方神明。这个信仰首先发起于泉州同安县乡村地区，宋绍兴年间（1131—1162年），泉州城区花桥创建真人庙，供奉吴本。真人庙设立以后，宋元两代除民众的祭祀以外，地方官员在"或遇水旱"之时，也在此祀奉。宋嘉定十年（1217年）及绍定五年（1232年），理学家真德秀两度知泉州，多次到真人庙致祭，并"著为定例，一岁两祠于神"，他还宣扬说："此邦之民，不幸有疾，求救于神者"，故"岁时当祀"（《真西山文集》卷四十八《慈济庙祝文》）。据加拿大中国学家丁荷生（Kenneth Dean）的统计，自宋至明，吴本受朝廷直接褒封共达28次。[5]

除了吸收民间崇拜神来宣扬官方正统意识形态之外，政府还经常把历代的好官、名儒、义士、英烈、烈女等等推崇为神，设祠庙致祭。[6] 乾隆版《泉州府志》卷五列举的"祠"数以百计，分类包括名宦祠、乡贤祠、忠义孝悌祠、贞烈节孝祠共5大类，各类当中又分"祠"和"专祠"。据乾隆版《泉州府志》卷五，"祠"的沿革情况如下：

名宦祠。"旧名先贤祠，在府治东。明成化十一年守徐缘迁于府学。礼殿东，明伦堂西。嘉靖三年守高越始以名宦乡贤合祀于育英门西之六贤守祠。隆庆间改建于明伦堂，东尊经阁，西分名宦、乡贤为二。国朝乾隆年间重修。"

乡贤祠。"宋真德秀建忠孝祠于府学，礼殿东，以祀唐义关林公，攒宋司空苏公缄，德秀为记。明成化十年守徐源重修。嘉靖三年改为乡贤祠……国朝乾隆二十年知府顾、知县于从濂委裔孙李保、王世科、黄河清、林元俊捐银重修。"

忠义孝悌祠。"在晋江县学西。国朝雍正四年，知县叶祖烈奉文建。"

贞烈节孝祠。"在文山铺旧社学地，原名二烈祠，祀陈、立二氏。明嘉靖间，李银建、推官张元清记。国朝方鼎倡捐。祠内子孙重修。"

可见，各类的祠，都是知府或知县直接倡建，甚至"奉文"兴建的，而在重修中，所祀名宦、乡贤、义士、烈女的后裔才参与捐建。

祠和专祠，祀奉的神位十分之多。其中，名宦祠共供奉141位泉州历史上的好官，包括本府（泉州）和直辖县（晋江）人士85位，外地人士56位；乡贤祠共供奉198位泉州历史上的名儒，包括本府（泉州）及直辖县（晋江）188位，外地10位；忠义孝悌祠共供奉128位当地百姓和军士出身的忠义、孝悌人物；贞烈节孝祠共供奉143位当地符合礼教的妇女亡灵。供奉的所有神位竟达610位。[7]

表7.1 明清泉州官办祠祭数量表

类别	神位数	本地籍神位数	外地籍神位数
名宦祠	141	85	56
乡贤祠	198	188	10
忠义孝悌祠	128	128	0
贞烈节孝祠	143	143	0
总数	610	544	66

为了普及理学的教化，明清时期泉州一些基层政权单位（即铺和境）设有"社学"。上文引及乾隆版《泉州府志》云"贞烈节孝祠"，"在文山铺旧社学地"。可见，社学和某些祠是合一的。依明清两代相继执行的制度，社学的主要功能在于由地方官员宣教来执行教化。明洪武年间，敕令全国各地举办一种称为"乡饮"的仪式，这种仪式在乡村是由知县亲自主持的。在泉州，"乡饮"的实际情况没有记载。但

综合下属各县的志书来看,"乡饮"应是在各铺境的"社坛""社学"结合的场所举办。据乾隆版《德化县志》卷七记载,"乡饮"每年正月十五与十月十五举行,是一种官办的、由广大民众参与的仪式,主要作用是促使民间了解官僚的等级,同时造成一种官民合作的机制。此外,每月各社(在泉州城区则为铺境)还须举办"乡约讲读",均为皇帝的直接圣谕。据《德化县志》卷七,"乡约讲读"内容如下:

> 一敦孝弟以重人伦;一笃宗族以昭雍睦;
> 一和乡党以息争讼;一重农桑以足衣食;
> 一尚节俭以惜财用;一隆学校以端士习;
> 一黜异端以崇正学;一讲法律以儆愚顽;
> 一明礼让以厚风俗;一务本业以定民志;
> 一训子弟以禁非为;一息诬告以全良善;
> 一戒窝逃以免株连;一完钱粮以省催科;
> 一联保甲以弥盗贼;一截仇忿以重身命。

配合基层社会教化的工作,明清两代政府还用"孝"的观念来推行一种民间自主性的和谐社会秩序。"孝"的观念早在先秦时期就已由儒家提出。但在宋以前,这种"孝"与宗法制度的祭祀原则是相区别的。[8] 尽管当时"尽孝"确实含有尊敬先辈的意思,但独占祭祀曾祖以上的祖先、设立大型宗族亲缘团体(家族)特权的只有社会的上层,一般的庶民被禁止"享用"上层社会的"礼"。先秦时代,从天子到士有一系列等级不一的庙制,把庶人排挤在外,只允许他们"祭其父于寝"。秦汉以后,宗法制度有所改变,但以社会等级为核心的区分依然存在。宋明理学从根本上改变了这种"精英主义"的社会观,主张在民间推行以前只局限于社会上层的宗法制度。如程颐主张,"天子至于庶人,五服不异,祭亦如之",朱熹更推行祠堂,把小宗之祭推行于民间。

宋儒在言论中对于宗法制的改弦更张，已经在明以前逐步瓦解了贵贱两分的祖先崇拜制度。到了明清时期，虽然朝廷为了维持古制而仍然保留对品官以外的民众"敬宗收族"的限制，但是在基层社会的组织中却已经通过里社、乡约等形式承认了民间化宗族组织存在的合理性了。

正统符号与秩序在广大社会中的推行，与当时政府财政能力之间，显然存在着深刻矛盾。尽管明清两代实行强制性的税收政策，但由于朝廷抑商，拒绝用宋元时期的"官商合营"模式来经营市场，因此，这个时期的财政收入，完全无法支付政府建构和维系社会伦理秩序所需要的超大财政需求。与以前的朝代一样，明清两代的政府财政分配也局限在县级以上的单位。然而，政府却试图把一套官方的社会模式推行到县以下的层次（在泉州城区为隅、铺、境；在乡村为都、里社，或保甲）。为了避免财政支出的大幅度上升，朝廷把基层社会的大多数事务留给士绅和乡族势力来承担。这样做的结果是，介于政府和民众之间的社会中间层——士绅——的势力在明清两代骤然膨胀起来，他们既能对官方的事务起辅助的作用，也能为民间公益事业的建设向官府提出申请，从而使自身在社会中的影响达到了高峰。对于政府来说，士绅地位的上升可以说是政府控制社会的策略，同时也可以说是政府实行专制型的全权控制的一个巨大代价。这是因为士绅阶层既可能是政府在社会中的向心力，也可以说是它的离心力。

正统秩序营造所付出的代价，绝对不限于那个"漫游"于政府与民间社会之间的士绅阶层的出现，更严重的问题是，地方社会出现了以配合这个营造计划为借口而展开的民间文化自我营造运动，这是政府把理学官方化过程中付出的一个远比士绅阶层的势力膨胀更为严重的代价，它具体表现为如下几个方面：

其一，明清两代政府所接受的理学，实际上已经不是一种封闭型的文化体系。正如上文指出的，宋明理学的发育恰恰是在广泛吸收儒学以外的各种因素的前提下实现的。因此，把这样一种学统定为官方正统,也就意味着正统必须吸收纷繁多样的世界观、社会观、人生观体系。道学和禅学,是其中两种被顺带吸收的因素,而与这两个思想体系密切相关的,自然还有早已经成熟的道教和佛教信仰。

宋元两代,政府对于不同的宗教采取宽容态度,因此,道教和佛教十分兴旺。朝廷感兴趣的,实际上不过是理学这个繁杂体系中的正统因素,它对于道、佛两教中的有组织派别比较能够接受,但对于与各种民间组织杂糅在一起的地方道、佛势力,则力图加以严格限制。据《续通志·职官志》,洪武十五年(1382年),中央置"道录司",各府置"道纪司",各州置"道正司",各县置"道会司"。其官吏由道士充任,只给官职,不予俸禄。类似的,对佛教设立"僧纲司"加以管理。在泉州,道纪司设在道教名观元妙观,并同时派人进驻开元寺管理当地佛教事务。

这些机构的设立,本来的目的在于用严格的制度来限制两教的蔓延。然而不久,泉州的道教便已逐步脱离道纪司的控制,连元妙观的道纪司官员,也与一些地方性道教团体形成相互保护、共同发展的关系。与此同时,列为官寺的开元寺等佛教寺院也不甘寂寞,支持了一些小型寺院的发展。到了清代,朝廷立佛教为国教,地方佛教势力得到了进一步发展,甚至在铺境这一级别的社区中,也有大量的寺院产生。与佛教的发展同时,道教则进一步与闽南民间的教派、术士以及民间地方神庙势力结合起来,为其发展提供顾问性的服务。[9]

其二,与上述"正规"宗教的地方化同时,明清泉州还出现了"淫祠"百出的现象。

"淫祠"这个词在历史上早已广泛存在,指的是接近于巫术而不合"雅文化"的祭祀崇拜对象、场所与活动(即所谓"淫祀")。正统意识形态的捍卫者对这种仪式—象征形态的反对,早在明以前就已存在。顾炎武《日知录之余》(补编)卷二,有"禁毁淫祠"条,该条录《宋书·礼志》云:"城阳国人以刘章有功于汉,为之立祠,青州诸郡转相仿效，济南尤甚。至魏武帝为济南相，皆毁绝之。及秉大政，普加除翦，世之淫祠遂绝。至文帝黄初五年十一月，诏曰：'先王制祠，所以昭法事祖，大则郊社，其次宗庙，三神五行，名山川泽，非此族也不在祀典。叔代衰乱，崇信巫史，至乃宫殿之内，户牖之间，无不沃酹，甚矣其惑也！自今其敢设非礼之祭、巫祝之言，皆以执左道论著为令。'明帝青龙元年，又诏：'郡国山川不在祀典者勿祀。'"以"非礼之祭、巫祝之言"化祠祭，到朝廷祀典之外的"郡国山川"朝拜，构成朝廷禁止的"淫祠"和"淫祀"。

一如其他地方的官员，宋代两度任泉州太守的理学家真德秀就曾在其劝农文中以引导民众的口吻说："莫喜饮酒，饮多失事；莫喜赌博，好赌坏人；莫习摩教，莫信邪师，莫贪浪游，莫看百戏……"（《西山文抄》卷七）引文内容大多与民间信仰和仪式表演有关，可见当时泉州不但存在"淫祠"，而且也已经引起了理学家和官员的反对。提倡程、朱之学的明太祖朱元璋更明文规定："天下神祠不应祀典者，即淫祠也，有司毋得致敬。"（《明史》卷五十）在福建地区，为了避免"风化混乱"，不断以"毁淫祠"来扫荡民间庙宇。[10] 不过，这些举动并没有很大效果。

明清泉州，"淫祠"包括两类，其中一类是模仿官办或官方认可的名宦祠、乡贤祠、忠义孝悌祠、贞烈节孝祠、社学等兴建的民间神庙，另一类则是原来官办或官方认可的各种祠、庙、社学改造成的非官方神庙。关于后一类，《晋江县志》卷五论述名宦专祠时提到："洪通判祠，在宣明坊铁炉庙，左祀明通判洪堡，今为淫祠，神牌久失。"也就是说，一个明朝建立来纪念洪通判的祠，到了清乾隆间已变为"淫祠"。又，《德化县志》卷七之"社学"篇提供了一个十分典型的案例："明洪武初，诏天下里社创立。正统间，复敕提学官及州县牧严加课督。嘉靖九年，许令仁请于提学副使贾享高公，斥各里团淫祠为之，并处置其资用。然贫儒衣食于书，每辗转求为教读，而奸巧之徒，且以社学与游士为市，渐致废弛。不数年，复转为梵宫道宇矣。"

看来，把官方祠庙改造为"淫祠"的现象，在泉州城乡地区广泛存在。至于泉州城区明末清初大量产生的铺境庙，则更为意味深长。这些庙宇可能就是发挥城区保甲编户作用的社庙—社学结合的场所的民间化，它们供奉的神明名目繁多，大多具有与名宦、乡贤、忠义孝悌、贞烈节孝类似的名堂。[11]例如，乡贤祠的建设就曾吸引一些私家违反政府祠庙制度而把自己的祖先列为地方先贤并立祠祭祀。这种模仿官方祠庙来发展民间庙宇的风气发展到如此程度，以至于乾隆版《泉州府志》的编写者在《秩祀志》的附注中禁不住发出如下议论："世人之欲崇高其祖考，倚势汇缘，滥登俎豆，岂惟夫子门墙容身无所，其受人之谤议抑其少哉！是欲崇高其祖考，不知反累其祖考也。是故乡贤议祀，在有司。固不可不慎。为人子孙尤不可不自量也。"随着淫祠的蔓延，与之相配合的祭祀仪式也必然得到扩张。每个民间"淫祠"都可能模仿官方对"正神"进行春秋二祭的制度而营造各自的祭祀制度，造成"淫祀泛滥"的现象。（图7.1）

迟至乾隆时代，非官方文化在官方教化体系以外的扩张已经发展到如此程度，以致正统的推行者对其理想中的秩序的效力产生了严重的疑虑。乾隆版《泉州府志》在论及"风俗"时说：

> 有教化而后有人心，有人心而后有风俗。泉自唐以来，席相、常衮倡导于前，蔡襄、王十朋诸贤激扬于后，重以紫阳过化之区，薪传不绝，乡先生所遗泽类足以陶淑后辈，海滨邹鲁之称，阙有由也。然而民风更变，近以十年升降，何常唯杜其渐，大醇不无，小疵盛极，或开流弊，整齐而作兴之机，一动而应如神，今昔宁有异轨哉？

其三，从社会组织及与其相联系的仪式制度来看，与第二点密切

图 7.1　一座恢复中的铺境庙（登贤古地）（作者摄于 2004 年）

相关，官方提倡用社里和铺境的组织来营造一个和谐的、符合正统的秩序，由于这个秩序的建构大大依赖于地方士绅和乡族的力量，因此也必定付出巨大的代价。在政府无法承担社里和铺境社区组织的财政开支的情况下，地方社会必然把这些逐步变得形同虚设的行政—教化功能合一的空间单位改造成为游离于政府监控体系之外的空间。类似的，为了教化和管理目的而得到提倡的"庶民化"宗族制度，也因为无法按照政府和理学社会模式拟制的蓝图实现社会运行。相反，到明清时期，泉州城乡地区的宗族势力以政府教化为借口系统化地营造了自身的财产分配、祭祀仪式和社会组织制度，构成了替代政府官定秩序的另一种自治型社会秩序。尤其是在当时社会矛盾激化、"倭寇"和"盗匪"活动频繁的情况下，这种自治型的社会组织形式扮演着重要的地方自我保护作用，因此能够得到普遍发展。[12]

可能是出于宗族组织在稳定地方社会中有一定作用，因而，除非出现乡族械斗扰乱治安的现象，一般而言，政府对于宗族组织的内部生活不多加干预。然而，"淫祠"和"淫祀"的问题，却引起了政府的重大关注。在政府的界定中,民间的庙宇和仪式是引起社会混乱、扰乱社会治安的根源之一,它们的最大特点在于"乱"。然而,从民间制度的内部来看,"淫祠"和"淫祀"的"乱",只不过是对政府而言的"乱",因为这些庙宇和仪式内部也具有系统化的规则,它们本身所代表的是一种官府规定之外相对自由的民间秩序。

民间化的天、神、祖先与鬼

汉人民间文化是一个难以切割的体系,而且,这个体系有其独特的社会逻辑。这一点,在近期闽台地区的人类学研究中得到充分证明。美国人类学家武雅士(Arthur Wolf)指出,汉人民间信仰以神、祖先和鬼这三类崇拜对象为轴心,营造出一个象征社会的上层、中层、下层的等级制度;英国人类学家王斯福指出,神、鬼、祖先这个体系,象征民间对社会关系的分类,神代表社区,祖先代表家和家族,鬼代表居于家族和社区之外的陌生人。[13] 在两位海外人类学家论述的神、祖先和鬼以外,民间崇拜对象还包括天。如台湾地区人类学家李亦园指出的,天、神、祖先和鬼这个崇拜体系,具有特定宇宙观内涵,因而,在祭祀这些超自然力的过程中,人们都十分谨慎地遵守着如下规则十分明确的制度:在祭品方面,天用全而生的食品,神明用大块、半生的食品,祖先用小块、煮熟、调味的食品,鬼用普通熟食;冥纸方面,天和神明用金,天用天金、盘金,神明用寿金、盘金,祖先用大银,鬼用小银;在火香形式方面,天用盘香,神明用三支,祖先用二支,鬼用一支;在分香方面,天无分香,神明有分香、割香,祖先亦如之,鬼无分香。[14]

民间文化与理学之间有鲜明差异,前者以对神异力量的崇拜为主要特征,后者是一种世界观、社会观、人生观的理性表述。然而,二者之间也存在相似之处:天、神、鬼、祖先这套民间崇拜体系与理学倡导的天、地、人关系逻辑是一致的，因为，这四类崇拜对象还可以依照宇宙观的逻辑还原为天、地（神与鬼对地域分野的界定）、人（祖先象征的家族、家庭及个人）。

然而，我们不能据此认为，民间文化是模仿理学天、地、人的概念得来的。原因十分简单，在理学产生之前的数千年，民间文化早已形成和流传。[15] 理学宇宙观和民间信仰之所以相似，主要是因为，这两套体系有一个共同的源，即可能可以追溯到新石器时代东亚大陆一个重要板块的人们对万物与亡灵的永恒生命力的信仰。就明清时期的状态看，二者的"虽源"同，却属于两个不同的"流"。官方化后，理学的仪式是通过官办的祠、庙、坛祭祀以及官僚的礼仪行为来实践的，而民间信仰的仪式，则是通过"弥散"于民间的岁时民俗周期性祭祀礼仪来实践的。

成书于乾隆年间的《泉州府志》卷二十详细记载了泉州岁时民俗，反映了清代前期泉州民间年度周期仪式的情况。该书引用了大量明代文献，其记载中的民间仪式制度，应当也反映了之前时代的情况。兹录如下（序号为作者所加）：

（1）元日

鸡初鸣，内外咸起，贴门帖及春胜，设茶果以献先祖，拜祠堂及尊长，戚友相过贺。日午，复献馔于先祖，明日乃撤，亦有晚即撤者。是日，人家皆以柑祭神及先，至元宵乃撤。宋《郡志》：元正贺礼，乡寓公相约聚拜，省往复之烦，郡守两司率僚属会焉。旧于贡闱，后于承天寺，至淳祐间乃即泮宫。邻里则各于侧近庵宇会集，齿长岁推一人，具酒果为礼。今此礼废。

（2）立春之日

家设香案。爆竹接春，贴春胜。

（3）人日

《闽书》：泉人以是日取菜果七样作羹，名七宝羹。

（4）初九日

《闽书》：泉人谓是日为天诞。道观多报赛，近则里巷有之，乡村之间无定日，谓之天香。

（5）上元

夜张灯，以米圆祭先及神，或以酒馔祀祠堂，谓之祭春。又，上元内外赛会迎神，乡村之间或于二月，谓之进香。隆庆《府志》：多者费数百金，少者亦不下十金。万历《府志》：妆饰神像，穷极珍贝，阅游衢路，因起争端。《闽书》：泉中上元后数日，大赛神像，妆扮故事，盛饰珠宝，钟鼓震鍧，一国若狂……

（6）二月初一前后，社师入学

弘治《省志》：宋盛时，泉乡里各有社学，岁前父兄商议择师表，至日，里推一人为东，以诸生姓名具关帖，启请入学。

（7）二月十五日

花朝。《闽书》：泉中林下诸老，有以是日饮酒赋诗者。宋《郡志》：仲春贵家开园囿，放游人赏玩，兼旬经月。又：东湖、北山多亭馆，游人相望，此节今废。

（8）清明

插杜鹃花，祭祖先，有粿以鼠曲和米粉为之，绿豆为馅。明日，扫墓培土挂楮币。亦有即清明日者，亦有迟之数日者。安溪《县志》：插柳于门。

（9）四月初一日

寺僧募化人家，名洗太子。

（10）初八日

浴佛。以香汤灌佛顶，分馈施主家，副以饼饵。

（11）五月初一日

采莲城中，神庙及乡村之人，以木刻龙头击鼓锣，迎于人家唱歌谣，劳以钱或酒米。

（12）端阳

龙舟竞渡。悬蒲艾及桃枝于门，贴符及门帖。小儿以五色丝系臂，曰长命缕。又，以通草象虎及诸毒物，插之。饮雄黄酒，且馈于房角及床下，云去五毒，小儿则擦其鼻，沐兰汤。作粽相馈遗。以米粉或面和物于油内煎之，谓之堆。合百药。《闽书》：泉、莆是日多食鹳鸰螺，以能明目，是月无定日，里社禳灾。先日延道设醮，至期以纸为大舟及五方瘟神，凡百器用皆备，陈鼓乐、仪仗、百戏，送水次焚之，近竟有以木舟具真器用以浮于海者。

（13）六月

荐新谷于祖先，献荔及时果，或副以筵。

（14）七夕

乞巧。陈瓜豆及粿，小儿拜天孙，去续命缕。

（15）中元

祀先。寺做盂兰会。《南国风俗》：中元夜，家户各具斋供罗于门外或街衢，祝祀伤亡野鬼。

（16）中秋

夜以月饼、番薯、芋魁祭先及神。前一二日，亲友以此相馈。

（17）八月

祭社。安溪《县志》：安溪以初一日祭社，又，是月多祭墓，俗云墓门开。十月中亦有祭墓者，名为送寒衣。惠安《县志》：酒食以祀土谷之神。按，此祭唯此二县行之，他县于割稻时报赛阡陌间而已。

（18）九日

登高，饮茱萸酒，唯士人间行之。

（19）冬至

州人不相贺，祭祠堂，舂米为圆餔之，谓之添岁，仍粘于门。

（20）腊月十六日

商贾皆祭土地神，牲醴极丰。

（21）二十四日

祀灶，或二十三日。俗谓灶神是夜上天，以一家所行善恶奏于天也。又言，此日百神有事上帝，画舆马仪从于楮。具牲馔，焚而送之，至正月四日乃迎而复之，如送之礼。

（22）二十五日

俗谓天神下降，设香案于神前。

（23）除夕

前一二日，以豚糕相遗，谓之馈岁。至夕，祭先及神，谓之辞岁。设酒席聚饮，达旦不寐，谓之守岁。炽炉炭，烧杂木爆竹于庭前，或趋而越之，谓之过炎。又，泉人度岁，皆以米为糕粿，饽饽之属，留宿饭于明日，谓之过年饭。[16]

上文描述的岁时风俗共23项，其中有几项表明，宋明理学的仪式曾一度对民间文化有过影响，但后来逐步为地方社会所废弃：其一，第1项中涉及一项"官俗"，就是正月初一为"省往复之烦"而在官府举办"乡寓公相"之"聚拜"活动，这项仪式曾于宋时流行于地方官员当中，但到《泉州府志》成书时，此礼已废。聚拜的仪式即我们今日所谓"团拜"，它的出现大抵与宋明理学的强大有密切关系。然而，最迟到了清初，这种为了节俭而举办的官僚拜年仪式成为过去，其原因恐怕与泉州民间仪式对于官僚的"侵袭"有莫大关系。其二，文中提到八月祭社的风俗，其本意应与宋明理学设置的里社制度有关，然而在泉州的实践局限于内地的安溪县和处于相对边缘沿海地带的惠安县，而在安溪，仪式的意义也已经变为"墓祭"了。其三，第6项中提到的二月初一前后举办的社师入学仪式，与第1项一样，在"宋盛时"，才于各社学择师表，启请入学，而最迟至明代中期，也就不再起作用了。其四，与此类似，二月十五日花朝，在宋代也曾流行于"贵家"当中，但后来"此节今废"。其五，第18项的"九日登高"，也局限于"士人间行之"，对于一般民众没有影响。同时值得注意的是，四月的"浴佛"，似乎也局限于僧寺的空间范围；而五月的小儿系续命缕和七月的去续命缕，则局限于儿童，与民间祭祀制度关系不大。

除了这些特别的仪式之外，其余岁时风俗的内容集中在民间对天、神、祖先、鬼的崇拜上。其中，天的崇拜于正月初九的"天诞日"举行；神的崇拜于正月十五各社区地方庙宇的神诞之日以及腊月的灶神和天神祭祀日期举行；祖先崇拜在全年的仪式日期中广泛分布，并于正月、清明、中秋、除夕等年节日期集中举行；鬼的崇拜主要于中元节（即七月十五的盂兰会）举行。对于天、神、祖先、鬼的周期性祭祀，意义不仅在于表现对于超自然力量的敬仰，而且在于共同认同的信仰来营造社会空间的运行逻辑。诚然，这些周期性仪式是年复一年、周而复始地在泉州城市空间内部举行的，它们可以说是这个城市共同的民间仪式制度。我们甚至可以看到，泉州岁时风俗与国内其他地区在基本框架上是相一致的，因而它们也可以说只不过是中华民族传统岁时风俗的一种地方性变种。然而，必须指出，从仪式的参与者和主办者的角度来看，这套仪式制度并非是超越人们日常生活的"纯符号"形式。这套仪式之所以为人们所遵循，正是因为它对于社会生活有着一定的作用。

如果这一点属实，那么，仪式的功效在人的行为中怎样被具体化？为了回答这个问题，我们有必要参考英国人类学家特纳（Victor Turner）对于仪式的社会作用的论述。特纳在《仪式的过程》一书中全面阐释了仪式的特征和意义。[17] 特纳认为，范吉纳普（Van

Gennep)的名作《过渡礼仪》开创性地指出了仪式和象征运作的社会逻辑。据范吉纳普，生活在不同文化中的人在其生命过程的重要转折点上总要安排出一些过渡性的仪式。特纳进一步延伸说，过渡仪式与社会结构之间存在一种功能关系，它们是"社会的戏剧"（social drama），是人类学学者观察社会的"剧场"。范吉纳普认为，过渡仪式的基本程序是分离、过渡和组合三大阶段，而特纳认为三阶段中的过渡阶段是仪式的核心。因为范吉纳普的分离、过渡和组合，实际上围绕的是过渡期中的阈限期（liminal phase）而展开的，所以这三段又可改称为阈限前、阈限、阈限后三阶段。阈限阶段在仪式过程中处于"结构"的交界处，是一种在两个稳定"状态"之间的转换过程，与基本社会模式的"位置结构"（structure of status）相区别。特纳的"位置"（status）指的是一种相对固定或稳定的社会关系状况，包括法权地位、职业、职务、等级等的社会常数，个人为社会所承认的成熟状况（如"已婚""单身"等）以及人在特定时间内的生理、心理或感情状态。过渡礼仪不仅可以在受文化规定的人生转折点上举行，而且还可以用于部落出征、年度性的节庆、政治职位的获得、秘密社团的加入等社会性活动中。而阈限阶段的象征特性有三：其一，它是一种模糊不定的时空；其二，在阈限期，受礼者进入了一种神圣的仪式时空，处于一种中间状态，此时世俗社会生活中的分类不复存在，加入仪式的年轻人可能象征性地被看作无男女性别的，也可能被看作一个新生儿或死人（如在有些男性成年仪式上，初行割礼的男孩被弄得像来月经的女人）；其三，在世俗的社会结构中存在地位和身份之别，但在阈限中这种区别与等级消失了，长者对晚辈的权威是建立在仪式和道德上的。

阈限阶段有公开性与隐秘性之别。公开性的阈限阶段，通常发生在季节性的庆典礼仪（如耕种礼仪、收获礼仪、节令庆典）当中，而隐秘性的阈限阶段，则通常发生在人生过渡礼仪和为社会地位晋升而举办的过渡礼仪中。但这两类礼仪都把受礼者或一般参与者隔离开来，或将之送到偏远的山野，或将之放置于山洞或专门建造的木屋中，并为其立下种种禁忌，甚至派人看守，防范别人入内亵渎。此外，在公开性阈限阶段，社会的每一个成员都成为阈限人，在礼仪过程中表现出社会正常关系的彻底颠倒（如穷人扮演富人，富人扮演穷人，王公暂失权势，民众作威作福等等）。然而，仪式一旦结束，任何人也没有获得地位的升级。相比之下，在隐秘性的阈限阶段，阈限人无贵贱之别，直到阈限时期结束后，地位和身份才重新发生变化：男孩成为成年汉子，普通人成为酋长等。可见，阈限过程具有三个相互交叉且相互区分的要素：(1)神圣性的交流活动，如展示能唤起回忆或感情的器具与圣物，史诗的演唱，长者的演说等；(2)组合游戏，即将文化分解成因素，然后再以各种可能的方式将之任意组合，使之成为有悖常理的事件，使对现实的扭曲可以赋予仪式以神秘感；(3)共同的情感表达。

围绕着阈限期而展开的仪式，是一个结构—反结构—结构（structure-antistructure-structure）的过渡期，它通过仪式过程中不平等的暂时消除，来重新构造和强化社会地位的差异结构。在阈限前后的阶段，"社会结构"存在于社会当中，规定着社会关系和社会地位。到了阈限阶段，人们之间形成了一种"特殊的关系"，使社会结构出现一时的空白，显示出反结构的主要特征（特纳称之为"communitas"）。然后，当仪式结束时，社会结构又重新恢复，把阈限阶段"特殊的关系"消弭了，从而使日常的社会结构重新确立。换言之，社会生活是由结构和反结构的二元对立构成的，社会结构的特征是异质、不平等、世俗、复杂、等级分明，反结构的特征则是同质、平等、信仰、简单、一视同仁。

在特纳看来，仪式的本质正在于它的反结构特性，它定期为人类对日常的结构加以反思提供特定的时空条件。也就是说，在特纳的眼中,仪式活动之外的社会生活基本上封闭和无人性,而人性大多只能在仪式中才得以发现。

特纳的仪式理论是在非洲部落社会的研究中提出来的,它是否能够被用来解释中国社会中的仪式,固然值得论辩;但是,如果我们不生搬硬套这个理论的话,它的某些合理因素对我们的分析会有所启发。泉州的岁时节庆之所以与人们的日常生活形成一定的区别,是因为它们与特纳理论中的非日常的"反结构"一样,具有把"常态"的社会结构颠倒过来的作用。在日常生活中,家庭和家庭之间、社会阶层和社会阶层之间,甚至个人和个人之间,形成一种"分"的局面,不同的家庭、社会阶层和个人各自以不同的方式来追求他们各自的利益,而由于社会阶层的属性不同,个人和家庭的"成就感"也就受到了不同程度的制约。相比之下,当岁时节庆来临的时候,社会的现实状况就发生一种逆转,即特纳所界定的"反结构"。这时,日常生活"常态"中的家庭、社会阶层和个人差异被节庆的仪式凝聚力所吸引,造成了一种社会结构差异的"空白期",即特纳所说的"communitas"。例如,在迎神赛会中,社会中的士绅阶层被要求出面、出钱组织,要求暂时去除他们平日在民众面前维持的士绅面子,"与民同乐"。在家庭的仪式中,长辈也需要与晚辈展开较之日常时期多得多的沟通,甚至家中当官的老爷,也要与其他家庭成员密切互动。在岁时节庆来临之时,特纳所分析的阈限过程的要素也得到充分的发挥:(1)与天、神、祖先、鬼的"神圣性的交流活动",展示出唤起人们之间感情的特征;(2)对于仪式制度加以年复一年的重复营造,使那些本来不可理喻的行为——如《泉州府志》所说的"一国若狂"的情形——以各种可能的方式被赋予一定的神秘意义;(3)而所有这一切都表现出仪式参与者之间某种共同的情感。

同时,对于明清泉州民间岁时仪式的分析,也使我们看到,特纳那种统而论之的仪式之于社会的对应式功能分析,无法体现这个

7. 民间仪式的秩序 | 265

地方社会的面貌。尽管所有的岁时仪式都服务于某种结构"空白期"的建构，但仪式参与者归属于不同的社会阶层和社会空间单位。上文提到的那些官府"聚拜"仪式，就不允许一般泉州人参与，而不同社区的迎神赛会也具有排外的倾向。换句话说，泉州民间岁时仪式的结构—反结构—结构的程序，必须在社会空间单位内部来考察才有意义。

在明清泉州，仪式所包容的社会空间层次可以分为如下几类：（1）家户；（2）宗族；（3）地缘性的社区（如铺境）；（4）城市整体空间单位。正是在这几个有所区分的层面中，仪式的"反结构"效力得以具体展示。具体言之，例如，正月初九"天诞"的祭祀，是在家户厅堂的外面或户外举行的，它的参与者或以家户为单位，或以聚族而居的宗族群体为单位；在正月十五和其他时间内组织的神明的崇拜仪式，分为两种，一种是以地缘性社区的庙宇为中心的祭祀，其参与者以地缘性社区为单位，另一种神的祭祀活动在整个城市共有且为政府承认的地方性大庙（如乾隆版《泉州府志》提到的天妃或天后宫）举行，其参与者可能包括城内的所有居民和来自城外的信徒；在七月的中元节举行的祀鬼活动，参与者既包括家户（宗族），也可以从家户（宗族）延伸到地缘性社区。

由于仪式包容的参与者群体有大小的差别，因此其"反结构"效力也只能在大小不一的群体中得到发挥。天和祖先的年度祭祀，促发的认同感是以家户和宗族为单位的共同体意识；神明的祭祀，则可能在地缘性社区和城市整体空间单位中构造其共同体的意识；鬼的祭祀，或成为家户（宗族）共同体意识的象征机制，或成为地缘性社区共同体意识的营造手段。[18] 同时要注意的是，所有这些社会空间单位都各自具有自己的"核心地点"，如，家户有中厅，宗族有祠堂，地缘性社区有各自的神庙，而城市也同样有作为中心点的大庙。

也就是说，从整体面貌看，明清泉州民间岁时仪式，并非是一种

"乱象",它们自有其内在的逻辑和秩序。这个仪式体系的核心作用,无非在于用"非官方"手段来营造家户、宗族、地缘性社区以及城市共同体秩序。这意味着,它与正统推行者所设计的秩序基本对应,本可和谐相处。因此,方志的编著者才不得已承认,泉州这个地方的民俗"多依朱子家礼"。

那么,这样井然有序的制度为什么却被明清官方称为"淫祠"和"淫祀"?显然,如果这个制度形式不包含对官方正统秩序和社会内部绥靖构成挑战的因素的话,那么,这个"淫"字就不可能被用来形容它的特征了。这个挑战是怎样构成的?上面所引关于"上元"的官方记载,已经包含一定的解释,它引明何乔远《闽书》云:"泉中上元后数日,大赛神像,妆扮故事,盛饰珠宝,钟鼓震鎗耳,一国若狂……"此外,这部方志还以"异饰花面,极为丑态"来形容某些迎神活动中的百戏。然而,地方精英贬斥型的解释恐怕只能反映地方非官方仪式的表面,而真正有意义的解释则依然需要我们首先考察它们的系统特征。

铺境宫庙及其祀神

明清时期被官方称为"淫祠"的庙宇,是元起渐次确立的铺境地缘组织单位的系统内部发育起来的铺境宫庙。据泉州地方史家傅金星先生的考证,这些宫庙到了清代初期已经极度发达而系统化。[19] 而鉴于傅先生引据的文献属于清乾隆年间成文的奏疏,因此铺境宫庙系统的发展应该大大早于这个时期。尽管我们没有直接的证据来论证这个系统的具体演变过程,但可以断定至迟到明代后期,它已经相当完整而活跃了。至于泉州铺境宫庙的具体情况,泉州道教文化研究中心陈垂成、林胜利先生做过一个系统化的调查。重新整理他们发表的资料,即可对明后期至清铺境宫庙和祀神的状况有一个较为清晰的了解。[20]

从资料比较清楚的城厢三十六铺合九十四境的情况看[21],铺境宫庙及其祀神的概貌如下:

东隅四铺十二境

中华铺

(1)壶中境 从钟楼的东街口至前巷口的东街两边,包括大道巷、邱厝巷。境庙为壶中庙,在前田巷口坐南朝北,面向东街,始建年代不详,祀关帝。

(2)中和境 从前田巷口至南俊巷口的东街两边。境庙在府后山麓,坐北朝南,面向东街,即古之巢籴庙,祀护国圣王,始建于唐代,清道光年间重修。

(3)妙华境 范围包括前田巷、观东巷、新府口及敷仁巷口以北的南俊巷两边。境庙在南俊巷,坐东朝西,面对新府口,始建年代不详,祀赵天君。

行春铺[22]

(4)行春境 从南俊巷口至相公巷口的东街两边,包括公廨巷、六楼巷。境庙在行春门楼上,始建年代不详,祀广平尊王,民国拆除行春门,遂废。

(5)桂香境 相公巷全段、糕包巷。境庙在相公巷南端,坐东朝西,始建年代不详,主祀紫微星君、相公爷,配祀金大巡。

衮绣铺[23]

(6)广灵境 从相公巷口至第三巷口的东街两边,包括何衙埕、洪衙埕、土地巷、后沟巷、金池巷以及何衙埕巷口以北的菜巷。境庙广灵宫在菜巷中段,坐东朝西,宋淳熙十三年(1186

年）始建，庙中奉祀万氏娘娘，俗称万氏妈。因"广施灵应"而得境名。

（7）忠义境　从第三巷口至二郎巷口的东街两边，包括第三巷、忠义巷、万厝埕、璇仔巷等。境庙忠义官，在忠义巷南端，面对该巷，庙中主祀关帝，广祀历代忠义国士，庙因而得名。

（8）通天境　何衙埕巷口至通天官的菜巷。境庙通天官，传建于清初，祀唐忠臣张巡、许远，位置面对洪衙埕。

（9）通源境　农校南边的通源巷。境庙通源官，在该巷东端，面对该巷，祀赵天君。

（10）圣公境　包括圣公巷、唐衙口、大菜园。境庙圣公官，在圣公巷南端，坐南朝北，面对该巷，祀昭福侯，始建年代不详，有清光绪十一年（1885年）壁画四幅，绘制照福侯生平故事。

胜果铺

（11）二郎境　二郎巷口至东城门的东街两边、二郎巷、雨亭井、二郎后街、红梅新村。境庙二郎庙，始建年代不详，在二郎巷东畔，东街北畔后面，坐北朝南，面向园地，祀清源妙道真君（二郎神）。

（12）执节境　包括执节巷、枯埔、梅石路中段和东段、蜂尾埔、崇福寺品、东西横的广平仓、五脚亭、中营下、庄厝埕。境庙执节官，始建年代不详，在顶埔东端临茫茫园，坐北进南，面向一峰书大沟，祀相公爷。

西隅十铺十二境

清平铺

（13）五显境　从钟楼下的西街口至台魁巷口的西街两边、

陈厝巷。境庙五显宫，始建年代不详，在西街头（今泉州影剧院），祀五显灵官。

（14）紫云境　从台魁巷口至文魁巷口的西街两边。境庙紫云宫，始建年代不详，在开元寺东畔，面向街道，斜对象峰巷口，祀始建年代不详，祀吴大帝。境内有大开元寺，因寺口有"紫云屏"得名。

文锦铺[24]

（15）联魁境　从文魁巷口五夫人巷口的西街两边、文魁巷、土地巷。境庙联魁宫，始建年代不详，在文魁巷口，祀相公爷。

（16）甲第境　五夫人巷口至甲第巷口的西街两边、五夫人巷、甲第巷全段、恭后巷、害博巷口至象峰巷西端（三朝口）、秦衙埕东段、塔仔顶、五塔巷南段。境庙甲第宫，始建年代不详，在甲第巷北段，坐东朝西，祀保生大帝，明清均有重修，现为街道办工厂。境内因有唐科甲及第进士欧阳詹故宅而得名。

（17）定应境　从甲第巷口至孝感巷口的西街两边。境庙定应宫，始建年代不详，在西街北圈，面向街，祀魁星。

曾井铺[25]

（18）妙因境　孝感巷口至甘棠巷口孝感巷、曾井巷、小督池、孝咸新村、花棚下、大春巷、五塔巷北段、甘棠巷北段。境庙妙因宫，始建年代不详，在孝感巷北端，坐西向东，祀保生大帝。

奉圣铺[26]

（19）奉圣境　从甘棠巷口至西城门的西街两边、胡内巷、胡尾巷、洋楼巷、何厝池、库房巷、奉圣巷、汤内、孟衙巷、大埕巷。境庙奉圣宫，始建年代不详，在西街，面对奉圣巷，祀关帝、相公爷。

(20) 进贤境　包括富厝埕、进贤（今岭巷西段）、康乐巷、雷公厅。境庙进贤宫，始建年代不详，在进贤东端，即三官庙，祀三官大帝、相公爷。

铁 炉 铺 [27]

(21) 铁炉境　铁炉庙附近。境庙铁炉庙，原在龙头山，宋嘉泰年间（1201—1204年）郡人状元庙坐东曾从龙重建，初祀应魁圣王，近代祀吕祖、观音、苏夫人，向西，范围包括老先生巷尾至龙山寺的新门后街西端（今粮食加工厂）。

(22) 芦荻境　甘棠巷南段至铁炉庙西南的马路头。境庙芦荻庙，始建年代不详，在甘棠巷中段，坐北朝南，祀五文昌夫子。

(23) 五魁境　铁炉庙以北至五塔巷南端，全境都在龙头山及其西麓（今面粉厂）。境庙五魁庙，始建年代不详，在该巷南端，坐北朝南，祀相公爷。

(24) 应魁境　老先生巷尾至崎羊庙的新门后街，即龙头山南麓一带（今油厂）。因铁炉庙古祀应魁圣王而得名。境庙应魁宫，始建年代不详，祀福佑帝君。

三 朝 铺 [28]

(25) 三朝境　三朝巷、宏博巷口以东的象峰巷。境庙三朝宫，始建年代不详，在三朝巷南段，坐东向西，祀玄天上帝。

(26) 宏博境　宏博巷，并起象峰巷，南抵通当桥，即象峰傅府山迤西至甲第巷一带。境庙宏博宫，始建年代不详，在巷北端，坐东向西，祀相公爷。

万厚铺

（27）古榕境　古榕巷全段、旧馆驿、汪衙埕、大船亭、小船亭、水陆池、锦芳留、火烧衙、境庙古榕宫，始建年代不详，在巷西端，坐西朝东，面对古榕巷，祀赵天君。

（28）高桂境　井亭巷全段、侍郎第、八间巷。境庙高桂宫，始建年代不详，在井亭巷中段，坐东向西，祀相公爷。

华仕铺

（29）奇仕境　台魁巷（奇仁巷）、路下埕、陈厝巷、路下埕口至裴巷南端的裴巷两边。境庙奇仕宫，始建年代不详，在台魁巷，面对路下埕，祀临水三夫人、妈祖。

（30）华仕境　大寺后、清军驿、草铺巷、古井巷、清军驿口至路下埕口的裴巷两边。境庙华仕宫，在清军驿口，面对清军驿，祀保生大帝。

节孝铺[29]

（31）会通境　会通巷（又名陈厝巷，古称仕曹巷）全段。境庙会通宫，始建年代不详，在巷北端西鼓楼边，坐北朝南，面对全巷，祀广平尊王。

锦墩铺[30]

（32）乌墩境　在西城墙至晋江溪流之间，北接白水营，南邻忠堡。境庙段湖宫，始建年代不详，在本境大路东畔，面对溪，祀玄天上帝、相公爷。

（33）忠堡境　乌墩迤南，防洪堤内外分成两个自然村。境庙忠堡宫，始建年代不详，在本境大路东北畔，坐北朝南，面对临漳门，祀相公爷。

(34) 白水营境 南邻乌墩，北近公路。境庙白水营宫，始建年代不详，在本境大路（新门通潘山的临溪古道）东畔，面临溪流，祀福佑帝君。

南隅十五铺十二境

阳义铺

(35) 熙春境 从钟楼下的南街头至奎霞巷口的南街两边、奎章巷（金砖巷）、帽巷、通政巷、螺珠巷、圆石巷（圆石巷口至奎霞巷口一段旧称之烧埔）、奎霞巷、九间巷、十八轧、玉犀巷、十五间巷。境庙熙春宫，始建年代不详，在通政巷西段螺珠巷口，坐北朝南，祀赵天君。

崇名铺

(36) 崇阳境 从奎霞巷口至花巷口的南街两边、承天巷西段。境庙广平宫，始建年代不详，在承天巷西端崇阳门楼边，坐南朝北，祀广平尊王。本境又称广平王。

(37) 凤春境 花巷口至庄府巷口的中山中路两边、庄府巷口至金鱼巷口的中山中路西畔。庄府巷、菜园头、谢衙、丁厝埕、济东巷。境庙凤春宫，始建年代不详，在庄府巷西端，北向，今市委大门口南边，祀赵天君。

(38) 凤阁境 金鱼巷口至十字街口的中山路西畔、金鱼巷全段、轧榜巷、山腰李、泮宫内（旧说"凤阁半境"）。境庙凤阁宫，始建年代不详，在金鱼巷东端阁楼上（今路中），面对泮宫，因朝凤（朝泮宫孔庙，孔子曾经自比为"凤"）而得名，祀相公爷。

7. 民间仪式的秩序 | 273

大门铺

（39）南岳境　从水门巷口至指挥巷口的中山南路两边、惠存巷（旧金刚巷）、胭脂巷、南岳后街、大郎巷、吴厝埕、富埕后、灶仔巷、南岳官巷、老庙巷（古有双忠庙，面对水门巷）。境庙南岳宫，始建年代不详，在南岳官巷东端，坐东朝西，面对该巷，旧祀宋节度使陈洪进，后祀赵天君。

溪亭铺[31]

（40）义全境　从指挥巷口至南门十字路口的中山南路东畔、指挥巷、义全后街、义全官巷、大隘门、寮仔街、花园头（天后路）、池仔（南菜市）、天妃官口。铺庙义全官，始建年代不详，在今第三幼儿园内，境庙在义全后街南端，祀相公爷。

登贤铺

（41）小泉涧境　包括镇抚巷全段、敷仁巷、后巷、沟尾下、承天巷东段、顾厝巷、敷仁巷口至承天巷尾的南俊巷、小泉涧巷。境庙登贤宫，俗称"小泉涧宫"，始建年代不详，在承天巷中段，坐南朝北，面对沟尾下，祀温星君。

集贤铺

（42）大泉涧境　包括打锡街全段、扶卿巷、一文巷。境庙溥泉宫，俗称"太子宫"，始建年代不详，在打锡街西段，坐北朝南，面对蓝桥巷，祀三太子哪吒、太乙真人。

（43）桂坛境　桂坛巷全段、伯府埕（五中门口）、西边巷、东边巷、海青亭（今华侨大厦与铜佛寺之间）、土地巷、黄门埕（九一路西段）、范志巷、道街（承天巷尾至海青亭的南俊巷两边）。境庙桂坛宫，始建年代不详，在桂坛巷口南畔，坐东朝西，祀保生大帝。

三教铺[32]

（44）文兴境　青云路、九使巷。境庙文兴宫，始建年代不详，在九使巷北端，面对府学的礼门，因在府学旁，故称文兴，祀文武尊王。

（45）后城境　后城街全街、梦麟巷、祖师巷、隐居桥巷、观音亭、小菜巷南段、舍人巷半段至濠沟。境庙后城宫，始建年代不详，在后城街东端，两面向，既向西面对后城街，又向南面对舍人巷，祀关帝（铺主）、杨家侯（境主）。

（46）百源境　百源村全境，环绕百源川池的东南北三边。境庙百源宫，始建年代不详，在百源村巷口南畔，坐东朝西，面临池，祀朱王爷。

（47）龙宫境　龙宫巷全段、小菜巷北段（今统称龙宫巷）。境庙龙宫庙，始建年代不详，在原龙宫巷东端，坐东朝西，面对该巷，原祀龙王，后祀城隍，清光绪十八年（1892年）加封为昭威侯。

（48）广教境　包括广孝巷、路下沟。本境在龙宫与百源之间。境庙广孝宫，祀神未详。地因古有广孝观而得名。

（49）宜春境　宜春巷及旁支小巷、全宜春村。境庙宜春宫，始建年代不详，在巷东端，西向，面对宜春巷，主祀相公爷，配祀四王府（即康、王、李、周）。

（50）玉霄境　礼让巷。境庙玉霄宫，始建年代不详，在巷东端，西向，面对该巷，祀平天圣母。

（51）上帝境　上帝宫巷，有南北纵和东西横二道，南北纵的上帝官巷旧称田中央，该境旧时还有角落之称，如杨厝、蔡厝。境庙上帝宫，始建年代不详，在东西横的上帝宫巷东段，南向，祀玄天上帝。

(52) 凤池境　包括凤池巷全段、登仞桥、释雅山脚、后尾池、草埔尾。境庙凤池宫，始建年代不详，在凤池巷东端，坐北朝南，祀白王爷。

宽仁铺

(53) 奏魁境　西起青云路口，东至讲武巷口的涂门街两边、羊公巷。境庙奏魁宫，始建年代不详，在大郎巷口的涂门街，坐南朝北，祀郑大帝。

惠义铺

(54) 龙会境　西起讲武巷口，东至涂门城的涂门街两边、东鲁巷、棋盘园、观音巷（民权路）、灵慈新巷东半段、金狮巷、讲武巷南半段、惠义巷、傅厝巷、池尾傅、后山巷。旧时所辖南教场有"龙会七个池"（蕃佛寺池、后濠池、放生池、宫后池等）的说法。境庙龙会宫，始建年代不详，在东鲁巷南端，北向，面对该巷，祀相公爷。

(55) 灵慈境　灵慈宫沟全段、灵慈新巷西半段、讲武巷北半段。境庙在讲武巷中段，西向，面对灵慈宫沟。境庙灵慈宫，始建年代不详，奉祀妈祖，因元朝皇帝曾赐额泉州天后宫曰灵慈宫，故名。另一说，灵慈属宽仁铺。

文山铺

东起中十字街头（涂门街头），西至叠芒桥巷口的新门街两边。铺庙文山铺主宫，在上帝宫巷口，临街，北向，祀玄天上帝。

胜得铺

(56) 昭惠境　北起五塔巷南端，南到新门后街的崎头库巷口、东折至文胜宫的新门后街、塔仔下、秦衙埕西段。境庙昭惠庙，或称"崎头庙"，始建年代不详，在崎头庙巷南端，东向，面对秦衙埕，祀福佑帝君。

(57) 佑圣境　新门城口至老先生巷口的新门街两边、老先生巷。境庙佑圣宫，始建年代不详，在老先生巷北端，面对该巷，祀杨大帝，同祀刘星主。

(58) 文胜境　老先生巷口至铺仔巷口的新门街两边、铺仔巷、文胜宫至甲第巷南端的新门后街。境庙文胜宫，始建年代不详，南向，面对文胜宫桥（铺仔巷桥），祀文武尊王。

(59) 仕公境　铺仔巷口至叠芳桥巷新门街两边、甲第巷南端至关刀埕的新门后街、叠芳桥巷。境庙仕公宫，始建年代不详，在古通津桥口，南向，临街，祀杨五郎。

(60) 松里境　在新门城兜街南一带，境庙未详。

善济铺[33]

(61) 水仙境　包括莲灯巷、水沟、上帝宫巷、舶怀库巷、竹街、水门巷、楼仔下、马坂巷、十字街头至水门巷口的大街两边（旧称花桥亭）。境庙水仙宫，始建年代不详，在水门小学内，西向，面对城濠，主祀相公爷，同祀文昌夫子、观音。

(62) 蓝桥境　包打锡街口至中十字街口镇南桥（蓝桥）的南大街东畔、蓝桥巷、米粉巷、剑象巷、鲍厝巷。境庙蓝桥宫，始建年代不详，在蓝桥巷北端，南向，面对全巷，祀昭国公。因古镇南门吊桥——蓝桥得名。

育才铺[34]

(63) 真济境　包括花巷、小黄门、下林庙、许厝埕、新路埕、留府埕、关刀埕（旧称真济七个埕，待考）。境庙真济宫，始建年代不详,在花巷中段,坐北朝南,址在今濠沟路上,祀赵天君。

慈济铺[35]

(64)浦西境 北起码头芸(青年乐园)的一堡街全段。柳厝巷。境庙浦西宫,俗称"一堡宫",始建年代不详,在元朝码头,坐东朝西,面临一堡溪,祀英烈侯。

(65)浦东境 紧接一堡的二堡街全段。旧时二堡轧角以西一段民居,一度荒废;后建的民居一部分归属三堡,一部分归属一堡,今无"二堡"地名。境庙浦东宫,俗称"二堡宫",始建年代不详,旧址未详,祀吴大帝。

(66)浦津境 紧接二堡(今接一堡)的三堡街全段、桥仔头、三堡后、三堡巷。境庙通津宫,始建年代不详,设在三堡街东端、通津门城濠桥上,东向,面临濠沟,祀文武尊王。

(67)永潮境 紧接三堡的四堡街全段、后尾城边、钱宅、砌仔下。境庙永潮宫,始建年代不详,俗称"四堡宫",在街中段轧角,四向,远临溪,原祀晏爷,后改祀康王爷、刘星主。

(68)紫江境 紧接四堡的五堡街全段、豆生巷、金刚巷(又名皇后巷,因巷里一度有"皇后大旅社")、指挥巷口至南门十字街口的中山南路西畔。境庙紫江宫,始建年代不详,在街南段,西向,临五堡溪(庙已拆,故址在今紫江小学),主祀保生大帝(铺主),同祀武德英侯(境主)。

浯渡铺

(69)浯江境 南门十字路口以下的新桥头全段、土地后全段、塔堂宫口全段、米埔巷、马房。境庙浯江宫,始建年代不详,在马房南端,坐东朝西,面临浯江(这里一段的晋江溪流,古称浯江），本境范围古称"浯浦"，又因浯江境庙奉祀土地公，故此一段街区称"土地后"。

北隅四铺十四境

云山铺[36]

(70) 生韩境　从钟楼至谯楼的中山北路两边、驿内巷、连理巷、米仓巷口以南的县后街、彩笔巷。境庙生韩庙，因北宋大臣韩琦出生于此而得名，明万历年间设神牌祀之，附以晋江县城隍，清乾隆十八年（1753 年），县城隍庙改建，改祀秦大帝，庙在连理巷口南畔，西向，面临街。

(71) 联墀境　包括镇抚司、箭刀巷、小城隍、新街全段、公亭顶、船肚、直一间林。境庙联墀宫，始建年代不详，在船肚，东向，临街，祀英烈侯，配祀丘星君。

萼辉铺

(72) 白耇庙境　西起北门街泉山宫口，东至白耇庙、米仓巷口以北的县后街、米仓巷、萧厝园、江厝池、模范巷、大城隍口、南北纵的广平仓。境庙白耇庙，始建年代不详，在白耇庙巷东端，面对县后街境内有府城隍庙，祀北郡王。

清源铺

(73) 约所境　上孝悌巷口至北城门的北门街两边、都督第、破柴巷、四中操场。境庙约所关帝庙，始建年代不详，在都督第巷口，西向，临街，主祀关帝，附祀狄娘娘。

(74) 文胜境　文胜巷西段。境庙文胜宫，始建年代不详，在巷中段，西向，面对该巷，祀相公爷。

（75）小希夷境　文胜巷东段（营房街）、曾过池南边。境庙元帅庙，始建年代不详，在池东南端，北向，祀杨六郎。

（76）大希夷境　花园后、梅石路西段。大小希夷两境之地古称希夷坊，有道观，因崇奉宋初道士陈希夷得名。境庙舍人宫，旧址、始建年代未详，祀舍人公。

（77）上乘境　上乘巷全段。境庙上乘宫，始建年代不详，在巷中段，南向，祀保生大帝。

（78）通天境　通天巷全段、菜园顶、芉埔公产、冯厝、六井空。境庙通天宫，始建年代不详，在巷西端，东向，前殿祀张真君，后殿祀张巡，附祀吴夫人、韦夫人。

（79）孝悌境　包括上孝悌、下孝悌、纱帽石、蔡厝、公园顶、上下孝悌之间的北门街两边。境庙孝悌宫，始建年代不详，原在泉山门楼，后移下孝悌巷口，东向，临街，祀伍子胥。

盛贤铺

（80）彩华境　清军驿巷口至裴巷顶的裴巷、土窟、平水庙。境庙彩华宫，始建年代不详，在裴巷中段，面对平水庙，祀文武尊王。

（81）河岭境　东接华侨新村，西至进贤的河岭巷全段。境庙河岭宫，始建年代不详，在巷东端，北向，面对北山，祀伍大帝。

（82）北山境　北山巷全段，南接河岭、孝悌，北临城墙，东接孝友、北山井巷。境庙北山宫，始建年代不详，在北山巷中段，南向，祀保生大帝。

（83）孝友境　西南临北山，东接上乘，包括顶孝友、下孝友、窟仔池、目镜池、本厅街。境庙孝友宫，始建年代不详，在窟仔池西畔，南向，祀伍大帝。

附郭十境

东门驿路铺[37]

（84）仁风境　西起东门吊桥的仁风街全段、湖岸头。境庙仁风宫，始建年代不详，在仁风村北，北向，临田，祀相公爷。

（85）东禅境　全东禅村，南起仁风街尾许盛石坊，北至金厝围李公祠（今汽车保修厂）。本境内因有东禅寺而得名。境庙东头宫，始建年代不详，在本村大路南段，东向，临街，祀相公爷。

（86）岳口境　全岳口村，南起李公祠，北至七里庵。境庙正顺宫，始建年代不详，在东岳行宫路口，祀金元帅。

南门聚津铺

（87）水仙境　范围包括南门兜、城楼巷、公婆巷、天王城边、湖岸头、横街、路角头。境庙水仙宫，始建年代不详，在南门兜濠沟上，西向，面临街上的水仙宫桥（今振兴小学内），祀水仙。

（88）富美境　范围包括水巷全段（古称榉水巷）、竹树港、海关口、烘炉埕、八舍后尾、水巷尾（万寿路西南端至车桥头）。境庙富美宫，明正德年间（1506—1521年）建，在水巷尾西端，南向，临晋江大溪，有码头，主祀萧太傅，同祀文武尊王，配祀诸王爷。

（89）聚宝境　聚宝街全段。境庙聚宝宫，始建年代不详，在街北段，东向，祀文昌帝君。

（90）青龙境　青龙街（新巷）全段、道才巷、斗门头。境庙青龙宫，始建年代不详，在青龙街北端，面对全街，祀保生大帝。

柳通铺

(91) 三仙坛境　全三仙坛村,东起新门吊桥,西至接官亭桥。境庙三川坛官,始建年代不详,在本街西段,北向,祀相公爷。

(92) 黄甲街境　黄甲街,东起接官亭,西至浮桥头。境庙接官亭观音宫,明代初期始建,具体年代不详,在接官亭边,西北向。古迹接官亭又称"观音大士亭",祀观音大士。

(93) 鲤洲境　又称菜公洲。全鲤洲村,东邻破腹沟,西临晋江大溪,北接三仙坛、黄甲街,南至浯江。今本境东南部称金山,西北部称菜洲。本境乃鲤城濒晋江之洲,故名。境庙鲤洲官,始建年代不详,在菜洲西段,北向,祀相公爷。

可见,所有的铺境都有自己的境庙,而每个境庙都有作为当地地缘性社区的主体象征的祀神。为了便于分析起见,如只计各宫庙的第一主祀神,而不计第二主祀神和附(配)祀神,我们即可看到,泉州铺境宫庙的祀神分布情况,除了一座境庙祀神不明之外,大致为:

(1) 分布于 2 座以上宫庙的神:祀相公爷为主神者有 14 座[38];祀保生大帝为主神者有 8 座;祀各姓王爷为主神者有 8 座;祀赵天君为主神者有 7 座;祀关帝为主神者有 5 座;祀各姓大帝为主神者有 5 座;祀文武尊王为主神者有 4 座;祀玄天上帝为主神者有 4 座;祀广平尊王为主神者有 3 座;祀福佑帝君为主神者有 3 座;祀英烈侯为主神者有 2 座;祀张巡、许远为主神者有 2 座;祀杨家将(五郎、六郎)为主神者有 2 座。

(2) 另 26 座分别祀 26 种不同的神,包括:三官、吕祖、文昌帝君、紫微星君、魁星、温星君、刘星主、清源妙道真君、北郡王、昭国公、昭福侯、护国圣王、城隍、五文昌夫子、五显灵官、妈祖、临水三夫人、观音、万氏妈、平天圣母、舍人公、哪吒、水仙、土地、伍子胥。

上述各种祀神的分类如下：

（1）区域性崇拜：相公爷、保生大帝、各姓大帝、广平尊王、文武尊王、张巡、许远、妈祖、临水三夫人、平天圣母、舍人公；

（2）民间道教神：三官、吕祖、文昌帝君、紫微星君、魁星、温星君、刘星主、清源妙道真君、赵天君；

（3）类似于明清两代官方树立之英烈人物的崇拜：英烈侯、广平尊王、张巡与许远、各姓"大帝"；

（4）历史人物崇拜：关帝、伍子胥、杨家将；

（5）与东南沿海（浙江为中心）瘟神崇拜类似的崇拜：姓氏各异的"王爷"；

（6）地缘性社区独特的神：万氏妈、水仙。

铺境宫庙的祀神分类本身，已经说明了这些宫庙发育的历史情况。第1类中，区域性崇拜都发源于明以前的福建乡村地区，如保生大帝起源于同安县的青礁和白礁两乡，妈祖起源于莆田县湄洲弯农村地区，临水夫人和舍人崇拜起源于古田县农村等等，这些崇拜显然是被泉州城市居民从农村引入到城市而成为地缘性社区的"铺主公"和"境主公"的。[39] 第2类中，道教祀神则可能从城乡地区的正规道教庙宇（如元妙观）和民间道士那里模仿而来的。第3类中，英烈的崇拜与明朝泉州地方政府大量立祠祭祀的风气有密切关系，甚至连这些神都可能直接沿用官方的"名宦祠"的名目。第5—6类，显然具有较多的创新特征，这里崇拜的"王爷"和其他"杂神"，都是在宋至明期间地方造神运动中创造出来的，而且具有很强的地缘性特色。

正如前文指出的，铺境宫庙（图7.2）不仅并非是民间的独立发明，而且深受官方拟定的基层政权区位体系的设置和各种祠、庙、坛制度的影响，它们一方面没有跳出作为基层政权单位的铺境区位空间范围的圈子，另一方面则是在对官办祠、庙、坛的模仿过程中发育起来的。[40]泉州地方史家陈泗东生前曾告诉笔者，他在年轻时候看到一方碑刻，据上面的记载，泉州北隅的"约所宫"原来是当地铺境订立乡约和处理地方民事争端的地方，后来这个场所变成了一个民间境庙，祭祀关帝和娘娘。这是铺的行署改造为民间宫庙的典型事例。前文也提到，据乾隆版《晋江县志》卷五记载，铁炉庙原为官祠，祀洪通判，后不但被改为淫祠，而且连原来的神牌也被丢弃了。[41]类似的事例是生韩庙的变迁史。据乾隆版《晋江县志》卷五及道光版《晋江县志》卷十七，这个庙原来为宋代地方政府为了纪念名臣韩琦而建立的祠庙。明洪武初，改州治为卫署，祠废。万历间，泉州太守程朝京为了纪念韩琦，重建该祠（图7.3）。后来，尽管这个祠保留原来的名称，但已经改为"生韩境"的境庙，祀秦广王（俗称"秦大帝"）。当然，像乾隆版《德化县志》卷七记载的那种把明洪武初建立的"社学"改造成为"梵宫道宇"的也不为少数。

另外，民间祀神中一个值得关注的现象是，其崇奉的英烈，不少涉及宋元朝代更替过程中帝王英烈的旧事。例如，泉州地方神庙中，临近水系的一堡宫、联墟宫、广平宫、辅德庙、前后浦宫、法石坂头宫等处，奉祀"日月太保"（图7.4）。传说"日月太保"原型是宋末帝昰、帝昺兄弟，亦称"相伴舍人"，"相伴"意为共甘苦、同命运。景炎元年（1276年），溃逃的南宋势力拥戴端宗帝昰在福州登基，帝昺被推举为天下兵马都元帅府副帅，累进加封为卫王，判泉州兼南外宗正司事。祥兴元年（1278年），年仅11岁的端宗帝昰病逝，在群臣拥戴下，帝昺在广东碙州（今雷州湾）登基，史称"少帝"。祥兴二年（1279年）初，宋军兵败崖山，帝昺蹈海殉国，年仅9岁。传说，帝

图 7.2　一座铺境庙内（作者摄于 2004 年）

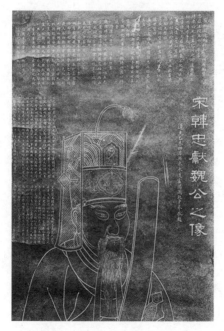

图 7.3　生韩庙的韩琦石刻像拓片

7. 民间仪式的秩序 | 285

图 7.4 作为"日月太保"的南宋小皇帝（作者摄于 2004 年）

昺遗骸漂流至深圳赤湾草葬，英魂皈依封疆故地泉州府，成神于内湾码头帆船穴一堡溪，由于灵验，而闻名遐迩，传播四方。"日月太保"崇拜所依据的传说，估计在元时已出现和流传，与其时"南人"的反元情绪相关。这类传说的传播所可能起的作用，正是明之可能推翻元的文化条件。

神诞、普度与分类械斗

明清时期泉州民间铺境宫庙，一直与官方的行政区位划分和祠、庙、坛设置保持一种貌合神离的关系。除了这个特征以外，从崇拜对象来看，不仅相邻铺境之间的重复性很小，而且诸铺境极其多样。上面的数据即说明，在我们所知的 93 座铺境宫庙当中，有 26 座祭祀完全不同的神，而其余的 67 座虽有重复的，但祀神的种类也十分多样。从铺境与铺境之间祀神的这种差异似能说明，这些民间宫庙建筑，并不依赖城市的统一规划而存在,而毋宁说是在较长期的历史过程中,各铺境分别逐步设计出来的服务于当地社区的民间文化活动场所。这样的不统一性,又进一步表现在铺境宫庙仪式的繁杂性上面。铺境宫庙的主祀神,一年有一次诞辰庆典,而有的还有"归真"的祭祀日期,于是每一座宫庙一年当中最少有一次独立举行的神诞庆典活动,而仅就主祀神而言,全城铺境的祀神共多达 40 多个,如包括从祀神和其他神明的话,则多达 126 个,因而每年举行的仪式活动十分之多。据陈垂成、林胜利的分析,每个月泉州都有神诞活动,在一年当中,有神诞活动的竟达 100 多天。[42] 关于明清泉州神诞的盛况,乾隆版《泉州府志》卷二十摘录《温陵旧事》的记载如下:

> 三吴谓之社,谓之会,举行于春夏之交,或以五月,王山人百谷纪之详矣,末附顾氏一书,则指为祸阶,噫! 亦太甚矣。吾温陵以正月谓之朝拜,亦曰会,盖合闾里之精虔以祈年降福,亦尊古傩遗意,相沿已久,事亦无足甚非者。凡会皆于正初择其境之齿德而裕财者首其事,鸠金订期设醮,然后迎神,周其境内,人家置几焚香楮甚恭。绅富家之先有祈请者,妆为神像,名曰赛答。假面盛饰,高擎其座及于楣檐,正神八座端拱,其行前者称某将军、某元帅,则选长躯伟干者,亦八抬,挺立结束不亚正神,复有一无所执惟拱手躬身如庙中泥塑,位置既高,上下转折,凝然不动,足称绝技者。乐之部有马上吹,有步吹,有音铜鼓,宦川云得之者,即所云诸葛鼓也;旗之部有高招旗、五方旗、帅旗、三军司命旗、清道旗、飞虎旗、巡视旗;执事则戈、铤、矛、戟、箭架、剑盾、龙头、钩镰等,刀无不毕具;而材官、骑士、执盖、碇马、奚奴、军校、苍头、旗手之类复百余人。好事者又或摘某诗句某传奇,饰稚小僮婢而为之,名曰抬阁;或结采绸为棚,悬以珍玩,执之而行,名曰软棚。凡皆疲累日之精神,以供一朝之睥睨。神

皆四舁，惟通淮关大帝、花桥吴真人、南门天妃、虎山王相公、古榕境元檀元帅则八抬。吴真人、天妃步耳，余皆驰，脚攒力齐，其疾如风，虽奔马弗及。其或异饰花面，极为丑态，鸣锣助喊以为神威，观之一笑而已。神之前为道士，又前为鼓吹，又前为巡逆，岂即逐疫二字之讹乎？虎冠假面为厉鬼之形，筛金执桃，古傩遗式也。吴真人巡逆独多至数百人，余或半，或十之二三，锣声震天地，久之而神始过矣。凡会一日之事，大略止此也。至夜，首事者例以锣数面呼人家门首点灯，二更时呼出灯牌、火把，于是不论大小人家各执长柄方灯，一持香灯，书风调雨顺、祈保平安等字。闻之故老云：旧例，每十步敲金，则持香者皆拜，朝拜之名以此。然持香吾犹及之，每灯数十，间以钟鼓架，其制四人舁之，周围灯火，缘以练锦，缀以流苏，鼓鸣于内，钟应于外，复夹以二觱篥为左右行，又一种名香架，鼓吹一如钟鼓架，而制加侈，大略如吴下酒船、长河官座，四周纱屏，画山水人物，皆名笔也，灯火三层，蓺沉檀其上，香闻数里矣。关大帝、吴真人灯牌以数千计，钟鼓架、香架以数百计，火炬亦千百计，长街一望，如星宿，如燎原。凡兹皆不招而至，不约而同，欣欣而来，满愿而归者也。

这段记载表明，铺境宫庙的神诞庆典，主要有两方面的意义：其一，通过娱神来祈求"合境平安"；其二，通过游神来展示地缘性社区在其他社区面前的"面子"。铺境宫庙神诞基本不牵涉地域性社区之间的联盟，其主要作用是成就地域性社区之间的"分"和地域性社区内部通过与别的社区的"分"来获得的一种"合"。然而，除了地域性社区的凝聚力营造的功能之外，民间铺境的划分还有一个全城区的意义，这个意义接近"联盟"一词所表达的，它在民间的中元普度仪式活动中得到了充分的运用。

乾隆版《泉州府志》对中元做了简要的介绍："祀先。寺做盂兰会……中元夜，家户各具斋供罗于门外或街衢，祝祀伤亡野鬼。"清末陈德商在《温陵岁时记》中则做了十分具体的描述：

> 荆楚岁时记：七月十五日，僧尼道俗悉营盘供诸佛。按《盂兰盆经》：目连尊者见其母在饿鬼中，即钵盛饭饷母食，未入口化成火灰。目连白佛，佛言汝母罪重，当仗十方众僧威神之力。至十五日，当为七代父母厄难中者。百味五果，以着盆中，供养十方德佛。饬众僧皆为施主，祝愿行禅定意，然后为受食焉。目连白佛：弟子行孝，应奉盂兰供养。佛言：大善。故后人于此广为华饰。我泉城中，分卅六铺，自七月初一日至三十日，每日数铺作盂兰会，陈馔焚帛，鼓吹热闹，或演傀儡，或演木头线戏，或演七子班，或演官音。有迎僧道诵往生化食诸经咒者，有倩僧人扮目连寻母事，及观世音入地狱诸鬼离鬼趣者。俗名"普度"，殆以济幽魂欤。许祖芳（澄甫）先生《盂兰花灯曲》云：拨得夜台灯火宅，生莲妙舌仗瞿昙。《东京梦华录》：中元节印卖尊胜目连经，构肆乐人。自过七夕便演目连救母剧，直至十五日止。又新桥车桥等处，则于九月十日间作盂兰胜会，以超度溺者。届期演戏陈牲，且翦纸衣焚纸钱，放水灯于水曲，谓之"水普"。有放烟火作人物者。《帝京景物略》：中元节诸寺作迬盂兰会，夜以水次放灯，曰"放河灯"。又于中元夜，缚烟火作鬼雁龟鱼水火激射至菱花蕉叶。府县署亦于冬杪普度，届时必焚通度关牒，用府县印及城隍神之印，则以度狱囚之鬼云。城外诸乡，亦结盂兰会。有不举行者，咸于七月晦日祭之。则以《北京岁华记》谓是日为"地藏佛诞日"也[43]。

"普度"是佛教的词语，指广施法力，使众生遍得解脱。普度始于"盂兰盆会"，在农历七月十五日举行。"盂兰"是梵语的音译，意思是

"倒悬"，"盆"是中文盛食供僧的器皿。"盂兰盆"的意思大抵是"救倒悬"。据佛教传说，释迦牟尼的弟子目犍连之母因生前舍不得施给游方僧饭食，死后沦为饿鬼，目犍连求佛拯救，释迦牟尼要他在七月十五日僧众安居（佛教有僧尼夏日当在寺庙安居的清规）结束之时供养僧众，使其母得以解脱。盂兰盆会是根据这个传说而设立的。中国最早倡办盂兰盆会的人是梁武帝萧衍。《佛祖统记》卷三十七云："大同四年（538年），帝幸同泰寺，设盂兰盆斋。"《释氏六帖》卷四十五亦云："梁武每于七月十五日普寺送盆供养。"萧衍以后，普度成为风俗。在盂兰盆会期间，寺院除举行诵经法会外，往往举办水陆道场（一种施饭以救度所谓水陆鬼魂的集会）、放焰口（对饿鬼施食，念经咒追荐死者）等活动。民间根据地藏王发愿的材料编了一个传说：普度是阎君劝哄地藏王上天成佛的措施。据传，地藏王又称大愿地藏王菩萨，曾发誓愿："众生度尽，方证菩提，地狱未空，誓不成佛。"他受释迦牟尼佛嘱咐，在释迦既灭，弥勒未生之前，自誓必尽度六道众生，拯救诸苦，始愿成佛。《地藏十轮经》谓其"安忍不动犹如大地，静虑深密犹如地藏"。传说这位菩萨深居简出，成天坐在地狱下面的殿堂里打盹，要等到地狱没有受苦的鬼魂，也就是众生度尽，才肯上天成佛。地狱无鬼、众生度尽谈何容易。阎罗王有鉴于此，便在七月清理地狱，把众鬼放到人间求食，然后向地藏王说："地狱已经空了，众生皆已度尽。"七八月众鬼从地狱来到人间，百姓为了趋吉避凶，便竞相对其祭祀供献。

泉州普度或起源于宋代，起先为官方仪式，到明清逐步转变为民间仪式。据《宋史》卷一〇二载，北宋"诸路神祠、灵迹、寺观，虽不系祀典，祈求有应者，并委州县差官洁斋致祷"。泉州地方中元普度仪式遵循宋制，由地方最高长官知州主持，按规定在举行祭仪时"毋得出谒、宴饮、贾贩及诸烦扰"。

南宋时期，泉州官方的普度仪式得到更严肃的重视，泉州知州真德秀《中元仙游建醮青词》文云："属中元三五夜之临，环诸里数百人之众，并斋心而洁虑，冀赦过以除愆，或以士农工商祈安生业，或为祖先亲属，追拔冥途。厥志甚谨，所求尤切，既难拒却，谨为奉行。"在《中元节清源洞设醮》文中，真德秀又云："中元令序，实唯敷宥之辰。上圣至仁，不厌为民之祷。"

宋代泉州中元节，在七月十五日之夜，由郡治周围诸里社推举数百人为代表，先"并斋心而洁虑"，后共同要求最高长官知州出面主持建醮祭神的仪式。举行普度的原因是多方面的，如真德秀所言，有的是为了"冀赦过以除愆"（即希望神赦免过错，消除坏事留下的影响），有的是为了求得"士农工商祈安生业"，有的是"为祖先亲属，追拔冥途"。

明清时期，泉州的普度尚属官方仪式，但已经有浓厚的民间化特征。据《明史》卷五十载，洪武三年（1370年）定制，京都祭泰厉，祭日，"设城隍神位于坛上，无祀鬼神等位于坛下之东西"，"府州祭郡厉、县祭邑厉，皆坛城北，一年二祭如京师（清明及十月朔日，遣官致祭）"，"里社则祭乡厉"。后定"郡邑厉、乡厉，皆以清明日、七月十五日、十月朔日"举行祭祀活动，且地方由各府州县守令主之。万历《泉州府志》云，泉州"郡邑有司，每岁……秋七月十五日……遵令甲祭无祀鬼神，先期三日，主祭官牒告城隍……设无祀鬼神牌于坛下，用羊二、豕二，以米三石为饭羹，香烛、酒、纸随用。其祭文载《会典》，甚凄恻。里、社、乡厉之祭，诸士庶亦有行之者，然不设坛"。万历《泉州府志》记载明代泉州府、县每年七月十五日祭无祀鬼神，是由郡邑有司主持的。清乾隆间，泉州祭厉以及中元节、盂兰盆会的仪式继承明制。如乾隆《泉州府志》卷十六云，清代泉州厉祭"因明之制。晋江县附郭，统祭于此"。而乾隆《晋江县志》卷一则载，"普度，拈香，搭帐棚，连宵达旦，弹吹歌唱，醵金华费，付之一空，是则何为？此皆好事者之造端，而渐成为风尚，欲其不苟俗者难矣"。

可见，乾隆年间，泉州普度节日民间化的特征已经十分明显。

至明末清初，普度已然成为一种民间"轮流执政"制度。农历五六月"竖旗"，七月"普度"，八月"重普"，每个月用香花、果品、荤素食物祭祀。[44]无论是在"竖旗"期间，还是在"普度"和"重普"期间，各铺境都以一定的次序轮流祭祀。据民间传说，这个轮流制度的发明，是为了避免铺境之间的冲突。起初，泉州普度在同一天举行。在普度期间，一些地方霸道之徒向群众勒索钱财，搞"抬神巡境"、演戏和其他活动，从中大饱私囊。因为普度在同一天举行，不同铺境之间争相显耀自己的场面，从而常常发生纠纷、摩擦，械斗迭起。为了避免摩擦，乡绅才进行劝和，议定了按铺境分日普度。[45]轮到普度的铺境，当天热闹非凡。有钱势的人家大办宴席，而普通民众也请至亲好友来家聚会。铺境的一些主事人敛钱雇请戏班演戏、烧竹马、放焰火。演戏的节目多数为"目连救母"之类的故事。有时，一些铺境还抬出"铺主公"巡逻铺境的地域范围，为铺境的家户辟邪。分铺普度，铺境之间竞比酒席的丰盛、客人的多寡、演戏的台数等等。[46]"竖旗"、"普度"、"重普"的内容基本雷同，各占30天，这30天把泉州36铺结合为30个单位。具体分类如下（以农历七月为例）：

六月廿九日：定应（即今甲第巷至孝感巷口）。

七月初一：百源、忠义、龙宫（即今百源、清正街的龙宫、东门街的忠义、下东街口、大希夷、小希夷、东升街的第三巷口、二郎巷口）。

七月初二：后城（即今清华街、后城、广孝、新门街、浮桥街官路尾）。

七月初三：南岳（即今迎春、水门、土门、天祥、紫江等街）。

七月初四：广灵（即今东华街、东门街广灵、升平街的松里境、北峰街的平水庙、东升街的东街口和第三巷口）。

七月初五：水仙（即今水门街的水门巷、竹街、新民街的新门街、水沟、新门街)。

七月初六：妙因（即今升文街的妙因、升平街的拳头庙、梅山街、梅石街、梅峰村的中营下、广平仓、开元街、西门街的西基路、孝感巷）。

七月初七：通天（即今东门街、东华街的通天、水门街、新民街的三堡、浮桥街的挖角街）。

七月初八：生韩、莲池、执节、联魁（即今东升街的庄厝、梅山街、梅石街、梅峰村的五脚亭、执节巷、顶埔中口、崇福寺口、东北街的洲顶、新街的小城隍、新街巷、驿内巷）。

七月初九：伍堡、奉圣（即今升文街、开元街的奉圣、东门街的通源、江滨街、紫江街的伍堡）。

七月初十：仁风（即今仁风）。

七月十一日：古榕、高桂（即今新街的新街尾、北峰街的新村、升平街的龙胜、新峰街的古榕、新榕街的古榕、高桂、鲤中街的高桂、新民街的一堡、浮桥街的塔顶）。

七月十二日：二郎、彩华、逢春（即今梅山街的二郎巷、北峰街的孝悌巷、东升街的二郎巷、红梅新村、新春街的彩华、裴巷顶、开元街的平水庙、清正街的上帝宫巷、新华街的庄府巷、海滨街、海清街的逢春）。

七月十三日：释仔桥（即今北门街的北门一段、电厂宿舍、孝悌巷、都督第巷、芋埔顶、四中操场边、北峰街的孝悌巷、水门街的楼仔下、浮桥街的新车路）。

七月十四日：平水庙（即今新春街的平水庙）。

七月十五日：圣公（即今东门街的圣公）。

七月十六日：白耈庙（即今东北街的白耈庙、北门街的白耈庙、第二新村、模范巷公产、梅山街、梅石街、梅峰村的广平仓、大城隍口、模范巷公产、小山新村）。

7. 民间仪式的秩序

七月十七日：奇士、华士（即今开元街的大寺后、新春街的裴巷、炉下埕、船岛、新峰街的幸博、锦芳街的关刀、金鱼巷、海清街的打锡巷）。

七月十八日：奏魁、广平王（即今北门街的一段、通天巷、通政街、民主街的广平王、后城奏魁、新华街的中山中路一段、海清街、海滨街的照溪、土门街的一段、新桥街、隘南街、江滨街的南门兜、土地后）。

七月十九日：凤池、宜春、新桥头（即今北门街的一段、东门街的凤池、清正街的宜春、玉霄、凤池、清华街的宜春、新桥街、江滨街的新桥头、土地后）。

七月廿日：中和、壶中、迎春、桂香（即今东北街的东街、东升街的相公巷、和平街的中和、壶中、东华街的迎春、桂香）。

七月廿一日：县后、凤阁（即今东北街的县后街、新华街、新门街的金鱼巷、锦芳街的甲第巷、浮桥街的黄甲街、溪滨街的新巷）。

七月廿二日：紫云、五显、北山、河岑、篮桥、聚宝（即北峰街的北山、河岑、孝友、常胜、新街的钟楼至合魁巷、新峰街的紫云、鲤中街的五显、新榕街的紫云、五显、海滨街的篮桥巷、溪滨街、新桥街的聚宝街）。

七月廿三日：义全（即今溪亭街、天祥街、幸福街、隘南街的义全）。

七月廿四日：灵慈、小泉涧（即今开元街的五夫人巷、文魁巷、升文街、新峰街、升平街的甲第巷、和平街、民主街、东华街的小泉涧、迎春街的灵慈、小泉涧、海清街的小泉涧、土门街的灵慈宫沟）。

七月廿五日：五魁、应魁（即今升文街的应魁、五魁、升平街的铁炉、芦竹、开元街的西门一段）。

七月廿六日：三尾两坛（桥尾、亭尾、后武尾、桂坛、三千坛，即今东华街、清正街、海清街的桂坛、临溪街、新桥街的后武尾）。

七月廿七日：真济、龙会（即今新峰街、新榕街、通政街的真济、清化街、迎春街的龙会、新华街的花巷、锦芳街的金鱼巷、溪滨街、临溪街的后山）。

七月廿八日：三朝、妙华（即今新峰街的三朝、和平街的妙华、浮桥街的三千坛）。

七月廿九日：定应"重普"（即今笋江渔业村，又叫"定应"）。

八月初一：熙春（即今通政街、鲤中街、和平街、民主街的熙春）。

八月初二：徐公（即今开元街的西门一段）。

如果没有铺境之间的协调，这样秩序井然的轮流祭祀制度是不可能产生的。因此，民间传说泉州"轮普"起源于乡绅劝和、议定按铺境分日普度，这个说法恐是有历史依据的。然而，普度轮流制度的形成，即使能够避免竞摆宴席引起的投机行为和市场缺货，也难以彻底解决铺境之间的竞争性矛盾。也许正是因为这个原因，分类械斗成为明后期至清之间泉州常见的社会现象。

在泉州，分类械斗的民间说法是所谓"东西佛"。这个名词至少在300年前的清代初期就已经出现。据民间传说，康熙年间，平定台湾的泉州名将施琅（俗称"施将军"）有一位女儿许配同里的有名文学家富鸿基（俗称"富翰林"）的公子。他俩一文一武，在平常人的眼光看来门当户对。但施将军的势焰和勋秩，着实比富翰林高出百倍；富翰林科甲出身，免不了有点书生酸气。在两家永结秦晋之好的婚礼当天，施家踵事增华，富家则一味俭约，两下不能投机，积下嫌隙。照旧例，女儿出嫁的第三日，女方亲属自父亲以下及兄弟，应该去男方家会亲（俗称"探房"或"探红"）。他们两家均为官宦，这个隆重礼节，尤其不能不照办。那天，施将军预先打发人去问富翰林：要行"官礼"还是"民礼"？这么一问，富翰林就不高兴了。他以为施将军是有意丢他的面子。在施将军眼里，富鸿基确实不过一介翰林，哪里比得他那样的武功煊赫。但他不知道富翰林却有个特别的东西可以压过他，所以没有提防，反而上了富翰林的当。富翰林回复施将军行官礼。到了那天，施将军穿的是黄马褂、绣花袍，戴的是红顶，插的是双眼翎，率领他也各按品级穿了公服的子弟们，前呼后拥，依长幼次序，前来富府"探房"。谁知到了一看，富宅风平浪静素面朝天，连厅堂上也没有布置。最奇怪的是，天井和厅中都涂了溷泥。施将军和他的子弟们一排站在天井中，他们的朝靴底下都沾着溷泥，心里不高兴。一会儿，富翰林穿了一套半新不旧的公服，出来迎接。施将军一见富翰林，便双膝跪落，叩头不迭。同去的子弟们也和他一样跪下，簇新的朝服都弄脏了。富翰林的恶作剧，出乎施将军意料。原来富翰林曾经七日"权君"，即代皇帝视朝理政。在权君期间，皇帝赐他一个"铁鼻"，这铁鼻是代表皇帝的标记。凡做过朝臣的，见这铁鼻便须跪下恭请圣安。施将军没想到富翰林有这宝贝，和他定下要行"官礼"，本因为自己有钦赐的黄马褂，行礼的时候可以占上风，没想到反吃了大亏，弄得浑身泥土，败兴而回。施将军"探房"回来之后，满腹怒气无处发泄，最直接的报复的手段，就是诉诸武力。那时施将军的府第在泉城的东隅，属三教铺凤池境（考施侯的旧第，现今为通源境，恰与凤池交界，谅是后来境的边界稍有变更）。于是就境内呼召子弟兵，向富翰林发起攻击。富翰林的府第在泉城西隅，属奉圣铺奉圣境。他也在境内呼召子弟兵抵御。这次冲突之后，"东西佛"的说法便由此成立：凤池为东佛，奉圣为西佛。

其实，"东西佛"的区分不局限于凤池和奉圣二境，而牵涉到泉州城内及附郭的铺境划分。"东西佛"的区分，不是以铺为单位，是以境为单位的，例如，桂坛和大泉涧，同是集贤铺，而桂坛为西佛，大泉涧为东佛。通源、通天、广灵、圣公、忠义，同隶于衮绣铺，而通源、通天、圣公、忠义为东佛，广灵为西佛。所谓"东佛"，不一定在城区东部。所谓"西佛"，也不一定在西部。因此，尽管起初的"东佛"由城之东部凤池境发起，"西佛"以西部的奉圣境为牵头，但"东西佛"

实际上是一种错综复杂的空间划分形式，其基础，是二元对立的东与西两个方位—派系概念，它贯穿于最基层的邻里组织中间，引发临近社区的竞赛，以二元对立结构，解构了四隅三十六铺环绕官衙的同心圆结构。

"东西佛"起初分划的不外是城区和附郭的三十六铺，后来因为械斗之风日盛，于是蔓延至晋江城外的各乡，再进而传播及邻邑，如南安、惠安等的各乡。南安和惠安县辖邻近晋江的乡里，它们的东西佛多半与晋江有联络的关系。有时晋江东西佛械斗（指以前的），会牵连南安和惠安；而南安及惠安的械斗，也有时会牵连晋江。至于名称的转变，在南安除邻近晋江的各乡之外，其余的派别称为"大杂"，在惠安则称为"乌白"。"大杂"，是大姓和杂姓两派。"乌白"，是乌旗和白旗两派。[47]

"东西佛"自出现以后，长期处在分类械斗当中。就泉州全邑而论，城区的各境铺，城外的各乡里，几乎无不加入此两派的旋涡。据泉州老一辈民俗学家吴藻汀先生在1940年期间的考证，城区"东西佛"冲突的原因约有如下几种[48]：

(1) "妆人"

农历的正月，各境铺常有妆阁游神活动。"东佛"妆的，则游行"东佛"的地界，"西佛"妆的，则游行"西佛"的地界。有时游神也可能"出界"而进入其他社区的地盘。如果对方属于同派，则要表示"同乐"。如果是敌对派，则可能出现冲突。在游神期间，要燃放鞭炮引导游行队伍绕行自己的全境或全铺的界内。到了不同派交界的地方，负责燃放鞭炮的人可能因不谨慎或出于炫耀的目的而把花炮丢过界，这俗称"洗铺尾"。被"洗铺尾"的不同派别的境铺，以此为莫大之耻，马上纠率自己铺境内的好事者找他们打架，于是双方陷入械斗。在双方械斗中，大多会出现"东佛"支持"东佛"、"西佛"支持"西佛"的现象，从而使械斗扩大到整个城市和郊区。

(2)"迎神"

明末至清，泉州迎神的种类最多，有"进香""拈香""谒祖"等名目。"进香"，民间叫"割香"或"割火"，仪式内容就是抬铺境祀神到泉州城东门外的东岳某个称为"天坛"的地方去"过香炉"。举行的时间在农历三四月，进香的仪式是用一个木制的"香台"，内置香炉，待菩萨到了"天坛"，然即在天坛里面烧起香末，盛在炉里，再用铺境祀神的封条封了香台外的两小门，"香台"在前，铺境祀神殿后，抬回铺境宫庙来。在庙内"取火"以后，菩萨和"香台"被人们迎奉到其管辖的区域——铺或境——游行一周，所到之地，各家在门前摆上香案表示欢迎，而游行团队经过时，则要把"香台"内燃着的香末分一小匙给同铺境的家户。"拈香"，即为祈求合境平安而把铺境祀神抬往城里的道教名庙元妙观（俗称"天公观"）向神致敬。这个仪式一般在境铺内部发生不幸事件的时候择日举行，因而属于一种求神保护、驱邪的社区活动。"谒祖"，即把铺境祀神抬往其原来成神的旧庙去，如崇拜郭圣王的铺境要把这尊神抬到它的祖家南安县山头城，崇拜保生大帝的铺境要把保生大帝（吴真人）的神像抬到它的祖家同安县白礁（或青礁）。"谒祖"有一年一度，也有数年一度的。在"进香""拈香""谒祖"之时，铺境祀神出行如偶然有越境侵界造成"洗铺尾"的后果，则马上会引起"东西佛"的械斗。

(3)"镇符"

泉州各铺境除了上述仪式以外，还于春季择日在各自铺境的社区范围内举行"放兵"仪式，于冬季择日举行"收兵"仪式。所谓"放兵"和"收兵"，就是说铺境祀神在他们坐镇的地方拥有许多神兵神将，这些神兵神将每年都要受祀神的委派去铺境的边境扮演"边疆保卫"的角色。这两次仪式由各铺境的好事者每临春天扶乩择日，晓喻管辖铺境内的家户要按照指定的日子，备办蔬菜在各家的门前供奉，俗称"犒将"。黄昏时候，抬了铺境祀神出巡管辖铺境的"边境"，俗称"放兵"。巡行当中,由祀神放出几道符,贴在铺境的边界墙上,俗称"镇符"。"收兵"在冬天举行,仪式与"犒将"类似。"镇符"很容易引发"东西佛"的械斗,因为抬铺境祀神游行的人,往往在镇符时故意侵犯其他铺境的边界,以显示他们对外的威风。于是双方发生争执,械斗勃发。

(4)"接香"

"接香"不是定期举行的年度周期性仪式。它的起因是:铺境内部的居民认为祀神的灵验已经降低,因而需要筹集公款来"关佛"("关佛"是泉州的方言,意为使灵验已退之神恢复灵通)。"关佛"仪式中,同派的铺境要抬出它们的铺境祀神神像,前往"关佛"的铺境去替灵验已退之神召回神力。"接香"的仪式,是用绳子把祀神悬在屋梁下,让其他铺境的祀神神像陆续抬到跟前,往返快跑数次。"关佛"持续三天,其间同派或不同派而向有感情的铺境,天天都要抬它们的铺境主或代表去"接香"。有时因为次序先后的争执,或快跑互相拥挤,而冲突以致械斗。

不可否认的是,"东西佛"械斗的出现,可能正如民间传说的那样,首先是由泉州地方的权贵——施将军和富翰林——发起的。近年,傅金星先生还利用历史记载指出,"东西佛"的划分是清初政府官员为了统治泉州地方社会而设计的"以动制动"的策略。[49]据傅文,清道光十九年(1839年),刘耀椿出任福建兴泉永道兼金厦兵备道。[50]刘耀椿一到泉州,正值"东西佛"又在酝酿一场大械斗,即奉圣宫和慈济宫引起的争端。刘氏在察看泉州府庠序、会见各界人士时,提出一个"命题",即如何消弭这种陋俗,要大家都来献策。一时应命献策者颇多。据光绪年间丰州书院山长陈国仕记载:"先君子蒙取阖属第一名。"这里的"先君子"即陈步蟾。陈步蟾,字桂屏,以文章书法著名。所献策题名为《上大观察泉州东西佛策》(下简称《策》)。

从这篇《策》来看,"东西佛"发端于康熙年间的提帅蓝理。此人号破腹将军，攻澎湖时受伤，腹破肠流出，他把肠纳入腹内，用布裹腰再战，为清廷建过奇功，受到康熙皇帝召见。陈步蟾云："昔提帅蓝公始分'东西佛'之号，其时亦只就地势分耳。"可见，"东西佛"是清初提督蓝理分的：以地势划分东西。至于分"东西佛"的原因，《策》云："提帅精于青鸟之术，以泉为鲤郭，宜动不宜静，故赛会迎神，凡以祈国泰民安之意。"蓝理是个武将，做事常率性而为。在泉州时，出于好心办了许多坏事，后被泉郡士绅告发。对簿公堂时，他承担全部责任，不曾推给部属。他迷信风水，想通过迎神赛会的活动来活跃这条鲤鱼，目的还是为了祈求"国泰民安"，并把它制成仪仗，列在最前面。这是蠢事的一例。而对于迎神赛会之酿成"东西佛"的过程，《策》云："嗣是某铺之塑神像者，亦录国泰民安等字样，而郡中自此啧啧多故矣。"陈步蟾写《策》时，正是"东西佛"的奉圣和慈济斗争激烈之时，两派势力上及官府下至庶民，从衣冠公服到流氓乞狗。泉州城内，奉圣和凤池两铺，一在西部，一在东部，都奉祀田都元帅（相公爷）。奉圣铺修建奉圣宫，为田都元帅重饰金身，欲往南安坑口取火（坑口是田都元帅神化所在地），大排仪仗，除了常规的"肃静""回避"外，也仿蓝提督所为，加备"国泰民安"字牌。这件事引起一些铺境侧目。因为以前铺境未曾用过"国泰民安"，蓝帅代表政府，他为国为民祈求泰安，理所当然；奉圣铺怎能代表泉州地方祈求国泰民安？因而部分铺境商议，在奉圣田都元帅去坑口路上，拦抢其"国泰民安"字牌。仇雠就此开始。翌年，凤池所奉田都元帅也要上坑口取火。因预防奉圣铺报复，就联络城内一些铺境及城外沿途一些村落作照应和保护。奉圣铺闻知，也采取相应措施。"东西佛"之分从此形成并关系恶化。

根据陈步蟾的观点，"东西佛"的划分是清初政府为了"以动制动"而在泉州设计出来的统治策略。然而，后来分类械斗发展到政府难以控制的地步，需要引起政府的重新思考。关于"东西佛"的蔓延，《策》云："东则为五伦为七血，西则为七舍为三相。其曰五伦者，以五兄弟相称也；其曰七血者，则以当时割牲歃血，有世相好无相背之语……其曰七舍，即祀七舍人者，或曰祀日月太保之神，亦谓之舍人。其曰三相公，即祀田都元帅者。虽然，元帅之神即五伦七血中亦多祀之。嗣是，非五伦。七血、七舍、三相之列，咸相背附焉。相背必由相弃，相背必有相附，相附相弃则东西于是交错，亦东西于是滋衅矣。"这段话说明东西佛的形成、恶性发展和挑起事端，与五伦、七血之类的结盟形式密切相关。七舍、三相是祀奉的神祇，五伦、七血是械斗发展的表现形式，主要内容是盟誓歃血。东西佛械斗的滋衅形式多种多样。迎神赛会、乞火进香、春节闹元宵、端午迎龙王、踩街游行、农田水利、码头势力、地界争势、风水坟墓、看戏嫖赌、吃醋争风等等，都会引起冲突，甚至舞文弄墨之徒，也参与滋事，火上浇油，至不可收拾。《策》载："昔有居东之太封翁某，谑于居西曰：'东方朔带剑出龙宫，斩古榕树，惊得西牛丧胆，西施女遣人入熙春达和衷情，越惹得东君起兴。'所谓龙宫、古榕、熙春、和衷皆西佛境地之号也。谑此楹联，其祸若火不可扑灭。故市人谣曰：'东凤池，西奉圣，打死人，免赔命。'"又云："今大宪驻骖，适奉圣、慈济两铺滋事。"至于东西佛的"危害"，《策》云："铺户良民，弱肉强食。最甚者又莫如夹缝之界，妇女亦被剀其发而剥其簪珥者。至于民房蹂躏更不堪言矣。"显然，这样的械斗十分难以制止，关于其原因，《策》云："伊昔，贤有司叠斗办，大则遣次，小则枷杖，未如之何也。已息斗之日，值班亦以东西袒护，官任其上下而莫之知。当斗之时，文武交出为谕止，差役已先筹其从何街转何巷，务使某铺以为摆脱计者。"

泉州地方械斗，早在清以前即已存在，只不过当时还没有用"东西佛"来划分。蓝理设计的"东西佛"，可能正是出于政府控制地方社会的考虑。但值得注意的是，这种政府"以动制动"的社会控制策略一旦出台，便给了民间一个拓展自身自主性和竞争性空间的机会。因此，清中后期"东西佛"械斗的发展到了"官任其上下而莫之知"的程度。陈步蟾提出的那篇《策》，就是为了重新控制局面，在"当斗之时，文武交出为谕止，差役已先筹其从何街转何巷，务使某铺以为摆脱计者"。至于这篇《策》被采纳以后结果如何，《策》中自然没有下文。然而，从清末文人吴增的记载看，陈步蟾提出的那篇《策》效果很不如政府所愿。吴增在所著《泉俗激刺篇》中做了简短而生动的描述：

械斗

蔑天理，无人心，械斗祸最深。彼此同一乡，既分大小姓，又分强弱房，东西佛，乌白旗，纷纷名目何支离。械斗祸一起，杀伤数十里，死解尸，冢发骨，乡里毁成灰，田园掘成窟，伤心惨目有如是，不知悔祸不讲理。劝君快设小学堂，学堂不兴祸不止。

混掳人

干卿甚事，不识姓字，南北风马牛，汝我各一处，何得将人混掳去？掳去又惨酷，凿壁为桎梏，一身分两界，有痒搔不着。生平讵必有深仇，只为东西与强弱。谁知彼此皆野蛮，活人当作死人看，葫芦依样画，互掳不控官。

上香山

东佛去取火，西佛去接香，旗鼓各相当，最怕相逢狭路旁，狭路相逢不相让，流差蓦地相打仗，打仗打死人，石片弹子飞如尘，东家妇，西家叟，茫茫丧家狗，孩子倒绷走，神魂惊去十无九。后年五六月之间，怪汝又去上香山。[51]

如此看来，明清时期泉州民间仪式的最主要特点，确实在于地域性社区的"分"和"斗"。然而，我们并不能据此认为，地域性社区之间没有任何的一体化机制。事实上，甚至连"东西佛"的械斗都可以说是地域性社区之间交往和沟通的方式，只不过这种方式在官方和文人看来较为"野蛮"和"混乱"。同时，上文考察的铺境"轮流执政"的体系，也显然包含一种一体化的功能。此外，在铺境的仪式空间单位之上，还存在一些区域性的庙宇中心，它们也扮演着与铺境之间联系的作用。这些区域性的庙宇中心可以分为如下三类：

（1）根据民间崇拜对象类别自发组织起来的庙宇联盟

例如，位于泉州城南富美渡头的富美宫，建于明代正德年间（1506—1521年），主祀萧太傅（西汉名臣萧望之），配祀文武尊王及王爷二十四尊，旁有夫人宫。清道光辛巳年（1821年）重修。在建庙以后，富美宫一直扮演着泉州祀奉"王爷"类神明之铺境的"联谊"活动主持单位的角色。泉州民间王爷崇拜由来已久，祠庙遍于临江、沿海，而富美宫则列各庙之上，素有"泉郡王爷行宫"之称，祭祀尤为隆重。[52]

（2）铺境祀神的"根庙"

泉州各铺境的祀神大多非土生土长，而是从闽南乡村地区引进。在年度性的"进香"仪式中，铺境祀神按规定需要"回老家"（即神明被接引到以前的旧庙，可能包括神明信仰的起源地和信仰传播过程的"中转站"），也就是被铺境居民抬往它们的起源地。久而久之，这些神明的发祥地成为城内铺境祀神的"中央"，也能起到加强共享祀神的铺境之间联系的作用。

（3）官方神庙和正规道教庙观的民间组织作用

各铺境的祀神，也与官方和正规道教的庙宇形成一定的关系。例如，上文提到的"迎香"，即在官办的东岳庙举行，从而使东岳庙具有一定的民间崇拜中心的地位，从官办的庙宇蜕变为服务于民间仪式活动的机构。吸引着各铺境的道教庙宇元妙观，更能通过同类的"迎香"仪式来保持自己的中心地位。又如，泉州通淮关帝庙于明嘉靖年间在政府支持下重修，定为享受政府春秋二祭的待遇。到了清代，这个官方的庙宇变成了民间祭祀活动和签诗占卜活动的中心，城乡地区的一些小庙到这个庙中"请副架"，而城区居民则更多地把这个庙宇当成庆祝"帝爷公"（关公）生日的地方，这些活动使关帝庙的官方色彩大为削弱。据咸丰七年（1857年）的《立看守字碑》记载，到清后期这个庙宇已经具备了自己完整的管理组织，这个组织的主要作用是维持民间祭祀活动的秩序，协调地方祭祀团体与地方政府的关系。

除此之外，一些明代官办的神庙，到了清代也逐步由只举行"春秋二祭"的官庙，转变为由民间组织控制的庙宇。例如，泉州通淮关帝庙和天后宫等有董事会的组织机构，在泉州全城出现灾害等危机时，便在民间的促动下组织全城的"巡狩"仪式，以驱除灾难，镇压邪气。当此类的仪式举行时，全城各铺境都会派人积极参与，既能遵守组织者的纪律，也利用机会来炫耀社区的威力。[53]

民间剧场、善书与签诗

作为民间文化的重要内容，明清两代，泉州民间剧场五彩缤纷，它们的表演，大多在节庆和人生礼仪期间，在邻里街巷、铺境庙宇、区域大庙等场所展开。在宋元时期，其主要剧种是梨园戏，而到了明清时期，其他服务于民间神诞、普度等节庆的剧种，除了梨园戏之外，还有宋江戏（即后来的高甲戏）、木偶戏及打城戏。

宋代，泉州梨园戏已经出现了"筑棚于居民丛萃之地，四通八达之郊，以广会观者"的盛况。当时已有"优人互凑诸乡保"的组班形式，演男女爱情题材的所谓"淫戏"（图7.5），不但在"秋收之后"的"乞冬"演出，而且"自七八月以来，乡下诸村正当其时，此风在在滋炽"（宋陈淳《北溪大全集》卷四十七）。梨园戏有大梨园和小梨园之分，大梨园又分"下南""上路"两支，大小梨园三种流派，

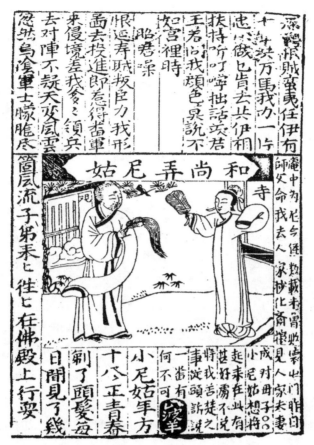

图 7.5 明刊南戏剧本中的插图（和尚弄尼姑）

各有各的"十八棚头"（专有剧目）及唱腔曲牌。"泉腔"梨园戏，明代独立为闽南独立声腔。[54] 梨园戏的表演空间包括富贵人家和神庙，前一种情况如明人陈懋仁《泉南杂志》卷下所载："优童媚趣者，不吝高价，豪奢家攘而有之，蝉鬓傅粉，日以为常，然皆上腔，不晓所谓，余尝戏译之而不存也。"后者如清乾隆版《同安县志》卷四所载："昔人演戏，只在神庙，然不过'上路''下南''七子班'而已。"

除了梨园戏，明清时期，泉州民间还流行化装游行。人们每逢节庆或迎神赛会，便装扮成梁山好汉，配南锣、南鼓和民间"红甲吹"、"十音"之类的曲调，在街道村镇巡游，有时还排成"蝴蝶阵""长蛇阵"等带有故事性的表演。这类化装游行活动后来逐渐演变成儿童业余戏班，所演节目仍为宋江故事，被称为"宋江仔"。继之，又出现了由成人组成的专业戏班，称"宋江戏"。清中叶，"宋江戏"变为"合兴班"，清末以后始改称"高甲戏"。[55]"宋江戏"以武打见长，初期，武打套数多采用民间的"杀狮"，后来的高甲戏，在"冷煎盘""大碰场""凤尾摆""老鼠枪"等武打科套仍保留"杀狮"内容；在剧目方面，更保留有《李逵大闹忠义堂》《宋江杀惜》《武松杀嫂》《抢卢俊义》《扈三娘替嫁》等。[56]

泉州提线木偶戏，习称"嘉礼"或"加礼"，意即隆重嘉会中的大礼。这种戏在民间婚嫁、寿辰、婴儿周岁、新建屋厦奠基上梁或落成、迎神赛会、谢天酬愿等重要时刻，作为"大礼"演出，往往也在水灾期间作为驱邪逐疫的"魔法"表演，而有些家庭，也用以为死者追荐功果。

打城戏又称法事戏、和尚戏、道士戏，这个戏种是由法事仪式"打城超度众生"演变而来，有两种形式，"打天堂戏"（道士表演芭蕉大王巡视枉死城，释放屈死冤魂的故事）和"打地下城"（和尚表演地藏王打开鬼门关，放出无辜冤鬼的故事）。"打城"仪式，通常在和尚或道士打醮拜忏圆满的最后一天三更时分举行，地点一般设在广场上，搬演时，伴有各种杂耍（如弄钹、高跷、过刀山、跳桌子、丢包子）等小节目，表演时不穿戏装，而是穿僧道服。后来，这一剧种从《目连救母》中摘取《白猿抢经》《打地下城》《双挑》等小段，配合法事仪式进行表演。打城戏的音乐曲调有浓厚佛道色彩，道曲调有《大迓鼓》《鬼掺沙》《两头翻》《水底鱼》《反海》等，佛曲有《南海赞》《普安咒》《大真言》等。清道光间，作为法事仪式的"打城"

表演，出现分离于宗教仪式的倾向，开始在广大城乡搭台演出。

至于各类剧种的演出内容，受篇幅所限，这里难以一一列举分析，但英国人类学家华德英（Barbara Ward）对中国地方戏曲社会作用的一段概括，已经足以说明明清时期泉州民间剧场的演出概貌了：

> 对于明清时期中国人口众多的大众来说，娱乐的媒介，尤其是节庆戏曲表演，是人们信仰中历史的主要信息来源，它们也体现贵族的价值观和风范、不同社会地位的人们之间的相互关系和态度、人们对于善益（good）的看法和对邪恶（evil）的看法（在中国戏曲的故事中善总能战胜恶）。一言以蔽之，中国剧场所传播的，是大部分一般百姓对于中国文化和价值观念——包括正统和异端体系——的认识。[57]

到乾隆、嘉庆年间，泉州地方戏已经十分繁荣。不同剧种的表演内容除了如《目连救母》等宗教色彩浓厚的剧目以外，还包括大量的历史剧。正如华德英所言，这些历史剧所表现的是社会中士绅阶层和百姓对于"过去"的见解。显然，这种见解贯穿着民间对于善恶、天理、人情等本来为正统体系所推行的概念的重新界定。从更宽广的思想文化史视野来考察，即能发现乾嘉时期，通过历史剧表现出来的民间历史意识的兴起，与同一时期逐步在知识精英阶层当中产生的非正统的"汉学"是并行不悖的。

在清朝统治下，宋明理学继续成为政府统治人民思想和监控人民行为的主要手段。在表面上，清统治者在文化政治策略上的"汉化"，是有利于汉族文化的生存的。然而，这种文化政治统治向来伴随着朝廷对于异端思想的压制，而文字狱的不断发生更使人们逐步看清了其"汉化"的实质。从而，这个时期在知识精英阶层出现了对宋明理学的批判运动。在江苏和安徽，一些思想家在考据学的掩盖下力图摒弃宋明思想，超越正统伦理，回归汉代之学。[58] 清中期"汉学"的出现，实际上是对正统意识形态统治的一种反抗，并非是知识精英阶层内部的思想变迁，而毋宁是更广泛的社会场景中的众多事件之一种。民间剧场中汉族历史剧的大量涌现，可以说是与这一事件相匹配的"民间汉学运动"。当然，除了民间剧场这种形式之外，类似的历史解释也在人们日常生活的其他方面得到了充分的展示。这里值得一提的是大量流行的善书和签诗的出版，为了对此加以说明，我们不妨考察通淮关帝庙在这方面所起的作用。

通淮关帝庙的主祀神是关公（俗称"帝爷公"）。关公为三国时期汉刘备手下的名将，魏晋时期在部分地区的民间被尊为神。唐宋之间，关公配祀于武成王庙（姜子牙的封号），南宋以后，"重人世""天人并尊"的思想得以传播，关公逐步被树为神。此后，历代朝廷对关公封侯，并列入国家祀典。与此同时，关公也受到儒、道、释三家的竞相尊崇：被士人尊为五文昌之一，被道教作为尊神属下的大将或天庭中的元帅，又被佛教列为伽蓝护法神。理学名流更把关公当成仁、义、礼、智、信的典范而大加宣扬。到了明代，罗贯中的历史小说《三国演义》已出版流传，此后，"仁义忠勇"的关公，得到了更广泛的尊崇。到了清代，关公信仰一样得到统治者的奉祀。清王嵩儒《掌固零拾》卷一云："本朝未入关之先，以翻译《三国演义》为兵略，故其崇拜关羽，其后有托为关神显灵卫驾之说，屡加封号，庙祀遂遍天下。"

在明清两代的泉州，关帝一直是政府和上层理学家所提倡的信仰类型之一。与此同时，不同的宗教派别和民间力量也开始对这个信仰类型进行不同的解释。其中，道教的解释是促成官方关公信仰转型的主要动力之一。宋元时，关公在道教中地位不高，道教雷法中把关公列为雷部将帅之一，称"朗灵上将"。但明《正统道藏》收入的《道法会元》中"地祇馘魔关元帅秘法"，则已经把关公列为北极紫微大帝的主将，称为"雷部斩邪使兴风拨云上将馘魔大将护国都统军平章政事崇宁真君关元帅"。同书卷二六〇的"丰都朗灵关元帅秘法"则说关公是三十代天师张虚靖手下的神将，称"丰都朗灵斩魔关元帅"。《道法会元》称赞关公"英烈威灵，在生忠勇，死后为神，忠贯日月，德全乾坤"，可以"诛砍妖魔"。

　　关公信仰再解释的另一种模式是清中期以后广为流传的劝善书。劝善书起源于假托关公降乩降神的所谓"圣经""对签""训诫文"。清代泉州民间流传的此类书籍有《太上三清宝忏》《玉皇真经》《三元灭罪水忏》《度人经》《三官经》《太上感应篇》《文昌帝君阴骘文》《明圣经》《觉世经》等等。其中的《明圣经》《觉世经》是供信徒诵读的通俗文本。据清代泉州木刻本《明圣经》载，凡善男信女要诵此经，未及塑面圣像的，即用黄纸排五行，朱笔写下神祇名号，再用黄纸作一告文焚于案前炉内，以盟永久，然后斋戒沐浴，更着洁服，摆上茶酒鲜果，点烛焚香，虔诚致敬，行三跪九叩礼。诵经前念净心、净口、净身、净天地解秽、安土地等神咒，再念祝香咒："道由心学，心假香传，香燕玉炉，心存帝前，真灵下盼，先施临轩，弟子关告，径达九天。"后又行志心归命礼，接下来才诵读经文。为了祈求合家平安、身体康健、外出平安、亲人病痊、双亲福寿、求取功名、生意兴隆、消灾解厄等目的，信众往往捐资敬印或赠送经书，把捐印、传播劝善书当作累功积德的手段。在两种善书中，《觉世经》比较简练、主题突出，便于诵读记忆，因而流传较广。它全文不到 700 字，其中心思想为："人生在世，贵忠、孝、节、义等事，方于人道无亏，可立身于天地之间。若不尽忠、孝、节、义，身虽在世，其心已死，是谓偷生。凡人心即神，神即心，无愧心，无愧神，若是欺心，便是欺神……"《觉世经》大抵分为 6 个段落：（1）"礼神明、奉祖先、孝双亲、守王法、重师尊、爱兄弟、信朋友、睦宗族、和乡邻、别夫妇、孝子孙。"（2）行善条目 20 余则。（3）善报："加福增寿、添子孙、灾消病减、祸患不侵、人物咸宁、吉星照临。"（4）列举诸般恶行 40 余条。(5) 恶报,解说行恶之人必遭"官司口舌、水火盗贼、恶毒瘟疫、生败产、杀身亡家、男盗女娼、近报在身、远报子孙"。(6) 感应:经文假借关公之言警告那些不听规劝的要予"斩道分形",但是有能持诵此经者,则可"消凶聚庆、求子得子、求寿得寿、富贵功名、皆能有成,凡有所祈,如意而获,万祸雪消,千祥云集"。

民间善书与乾嘉时期的"汉学"有一个相似之处,即二者都突出对于古代历史的重新解释。但因二者所来源的社会阶层不同,所以无论在风格还是内容上,都有很大差异。知识精英的"汉学"注重考据,而善书则强调历史人物在常人世界中的示范效应,并强调这种效应与宗教信仰中的"报"的概念的一致性。在善书中,"报"的观念比较接近正统意识形态所提倡的正统"善行"。然而,必须指出的是,这种民间的"报"的观念已经被非正统的神—人交换逻辑所取代,本身不再是正统忠孝类型的"善行"之"报"了。乾嘉以后民间广为流行的另一种通俗文本——签诗,可以说是这种民间"报"的观念的集中表现。

泉州通淮关帝庙有一种抽"关帝签"的仪式,它的作用在于提供信徒判断事物的成败、祸福的手段。"关帝签"又称"关帝灵签"。清康熙年间卢湛编纂的《关帝圣迹图志》载有所谓关公自制的签诗101支,每签之后均有简单的解释,这是现在能见到的有关"关帝签诗"的最早记载。清末补刻重印的《关帝明圣经签诗原序》虽有雍正元年(1723年)撰写的序言,但是"江东签诗"变为"关帝灵签"在民间的盛传,是清代中期之后的事。清末光绪年间,上海宏大善书局补刻重印的"关帝签"原序(作者署名"信徒陈锦储")如下:

> 关圣帝君签诗,七言绝句百首,流传天下,古今求之无不灵。非比各神庙签语或同或不同,或验或不验。说者以为帝君自为托乩而出,信其然与。但四方音说不齐,传诵参差,刊板字迹

不无鲁鱼玄豕，殊失本来面目。予阅各处坊本，校其异而订其同，有甚疑而难明者则焚香叩质帝前以正之，每欲登梨未果。适于雍正壬寅冬，家君七九而病剧，心甚惧焉，问得二十一签，明示祈保之义。次早即虔祷帝前，许刻校正签诗传世，是日父病即除，遂康复如初。其录应固如是乎？爰付之梓，随时印刷以布四方，以报帝德之广大也，至原本注释释词俱出后人臆见，圣意变化无穷，有验乎全诗，有验乎一句一字，神而明之，有乎其人，恐非注释所能尽也。予不敢赘刻以纷耳目，幸读兹本者，谅之谅之。

清光绪年间，泉州通淮关帝庙董事、绮文居书坊老板王筬印制《关帝灵签》，林廷恭撰云：

夫子忠义，用诗百首，俾人占验，仿佛著龟之意，而得其较著者欤。然往往有妄猜逆料而失乎诗之旨，前人帮辑一编，有"圣意""东坡解""碧仙注"及解释"占验条"。分缕析庶乎，可以诚求而得悟焉。但历时久远，篇佚散失，恭自肩奇剧之资，刊刻成轴，非特俾求神者所趋避，实存夫子之忠义，灵应于万世之后耳。

"江东灵签"本来是没有标题的，自衍化成为"关帝灵签"后，大概为方便求卜者对签诗的理解和容易推测，不少"关帝灵签"的签谱附上标题，均以历史典故、传说故事为内容。与这些典故和故事配合的，还有七言绝句四行，具体解释历史事件对于人们运途的隐喻式启示。在七言绝句之下，附注有一系列占验的解释，占验的对象大抵有科举、宦途、财气、官司、求医、寻人、办事以及祸福等方面。可见，这里"报"的观念与神的"灵验"观念已经不可区分。签诗中的"报"，是以历史事件为注脚的。但这里的历史事件绝非考据的对象，而局限于表示祀神（关公）所代表的符号权威对于信徒愿望的反馈。因此，"善行"也并不是"报"的前提，而信徒是否对祀神的权威加以尊重、是否生来有能力回报神明的恩惠，才是至为重要的问题，它决定了人们的实用性追求能够得到"报"。总而言之，民间"报"的观念所表述的是一种"人欲"。如果说在宋明理学中"存天理、去人欲"是政治统治的主要信条，那么民间签诗对于"人欲"的注重，就完全是对这种信条的符号颠覆。

8. 近代文化的浪击

明清这个大时段，与其他历史时期一样，包括长短不一的小时段，如朝代建立、稳定、中兴、衰落、终结。此外，两个朝代也存在重要的气质之别。一个由原来身居长城以外的民族（满）建立的清朝，与其推翻的、来自南方的明朝之间，存在着"夷夏"之分，其所建立的国家不可能毫无差别。清入关之前，蒙藏底定，自世祖入关，建都北京，则奠定华夏，至高宗，臻于极盛，版图东达库页岛，西至疏勒，至于葱岭，北到外兴安岭，南及崖山，形成了比疆域北限于长城、西仅越河西，蒙古旧部、西域诸国皆已分离的华夏一统之明朝远为庞大的天朝。清朝通过将长城以外的蒙藏及西域之局部转变为边疆，营造出一条地域广阔、民族互动频繁的中间地带，与内亚形成互动关系，并大有西进之势；在西南，通过改造土司制度，进一步将地方行政和教化体系拓展到"中国本部"之外；在东南沿海，则通过消灭郑氏海上帝国、向台移民等措施，实现了海疆拓展。尽管在一些儒者看来，清朝不过是一个比华夏落后的"部族政体"，但实际上，相比于有自闭之嫌的明朝，它却更像气势恢宏的汉唐，因此，在回应"反清复明""光复华夏"的明遗民社会动员口号时，雍正才不惜借之前的华夷观念，在《大义觉迷录》中，反驳反清名士吕留良的言论，论证满族大一统为"天之所与"。

在泉州一地，清之建立，一方面引人恐慌，一方面则似乎也给地方复兴宋元官、绅、商、民之间的良性互动带来一丝希望。不同于以往,盛世下的清朝地方官,似乎并没有那么拘泥于官方化理学;为了使式微后的港市恢复气韵,其中有些人还动了改弦更张之心,他们的一部分工作,放在了利用之前被界定为"淫祠""淫祀"的民间文化上。例如,上一章述及的康熙年间福建提督蓝理,武将出身,"精于青鸟之术,以泉为鲤郭,宜动不宜静,故赛会迎神,凡以祈国泰民安之意",调动明中后期芜杂滋长的民间文化,使其服务于复兴其所乐见的生动城市。

然而,明清两代还是有共同的特征。如前文所述,身处"帝制晚期",传统国家的松散统治已在转变,一定程度上,绝对主义统治模式在政治中占了上风。尤其是在"中国本部"的大部分地区,这种统治的全景式监控和计划通过正统庶民化而实现的文化(教化)一体化,虽屡遭抵制,却持续对社会起着作用。直到18世纪晚期,正统潜移默化,在与非正统的相持格局之下,以种种变相渗透于地方,形成相当程度的稳定性,由此,天朝内部的官方文化、精英文化和民间文化之间的等级秩序得以维系,而天朝礼仪也被遵从,即使到了乾隆五十七年(1792年),大英帝国遣使团来华,乾隆帝仍然用文化等级的观念来衡量中外关系,把英王的礼品当成"贡品",要求英王使者对天子下跪示敬,以为这些是天朝"怀柔远人"姿态的表达。二者之间关系,人类学家萨林斯有如下分析:

> 英国使臣阁下,企图用他的国家之文明力量打动清廷,由此而延伸他的国王之美德;而接见他的中国天子本人,自己却代表一种价值("德"),这被视为是文明之所以可能的先决条件。天子是一种普泛性权力,英国使臣与其之间,要达成的关系,根本不可能是协议或磋商,而只能是臣服或"向化"。对中国人而言,这意味着,英国人居于荒服中的欧罗巴洲,本质上仍处于最为野蛮的蛮荒状态,有必要从其特定的混乱无序状态转向文明。[1]

可是，清中期以后，这样的文化秩序格局产生了转折性的变动。这一变动冲击着天朝，从明清两朝相继营造起来的秩序之外部，强行"植入"一种"新文化"，使中国大地上出现了前所未有的"文明冲突"。

与中国沿海地区的其他城市一样，泉州这个中华帝国的海滨港城陷入了政治和文化的动荡时期，并逐步从海疆演变为两个世界之间文明撞击的前线。

从传教到鸦片战争

在18世纪的一百年间，欧洲势力与中国的关系，发生了两个影响至深的变化。第一，是欧洲在华传教的态度和方式上出现了从尊重中国礼俗文化向放弃尊重的转变。在18世纪以前，一些欧洲的教会团体（尤其是西班牙的教会团体）已经活跃在中国的土地上，这些初步接触中国的西方人，面对一个在完善程度上绝不亚于基督教的文明体系，对之心怀敬重，主张在传教过程中包容中国文化的内涵，以尊重中国人的文化来达到传教的目的，从而对于入会中国人的祖先崇拜、祭祀、对神的称谓等行为不加以干涉。[2] 例如，明代天启五年至永历三年（1625—1649年）活跃于福建地区的在华耶稣会会长艾儒略（Giulio Aleni），以尊重中国文化为前提进行传教，得到士大夫赞许，一些闽中名流因此对与艾氏"论道"乐此不疲，泉州士人张瑞图，则更进一步地把艾儒略传播的天主教称为与孔孟之道"相羽翼"的学说。[3] 18世纪以后，这种中西文化的相对平和关系不复存在。1704年，罗马教廷经辩论，通过特别决议，禁止皈依的中国教徒保留原有礼俗。1706年，康熙皇帝召见罗马教廷专使，见其对东方礼仪不屑一顾，开始对传教团体怀有戒心。1715年，罗马教皇颁布命令禁止中国教徒行中国礼仪，进一步引起康熙皇帝的反感。1724年，雍正皇帝下谕，禁止传习西方宗教。此后至道光年间，天主教和基督教在中国的传播受到了压制。

18世纪中期，欧洲帝国主义势力与中国的关系格局发生的第二大变化，与英、法、俄势力的兴起有关。18世纪中期以前，葡萄牙、西班牙、荷兰等国首先开始对非欧洲地区的殖民化侵略。但到了18世纪中期，这三个欧洲国家的势力走向式微，代之而起的是法国、俄国、英国势力。其中，法国对东南亚和中国西南形成包围之势；俄国则渐渐在中亚开疆辟土，危及中国西北；而英国势力，则从海洋进入中国，对18世纪中外关系起到整体改变的作用。

英国原是一个欧洲封建小国，17世纪中期完成资产阶级革命；18世纪发生工业革命，最终成为一个强大的工业化国家。在国内，英国较早出现理性和科学的世界观，实利主义哲学也较早得以系统阐述和传播，它还建立了规模宏大的新兴工业城市；在国外，其海上势力巨大。政府对内对外均采取以市场为取向的国策，经济上的成功，使其优势大大超过了主要致力于争夺宗教和政治支配权的葡萄牙、西班牙和荷兰。17世纪，英国军事能力和航海能力超过其他欧洲国家；18世纪，为了开辟新市场，英国向东挺进。18世纪中期，在征服印度之后，凭借藏印之间的交通线入侵中国。18世纪末，英国由西部进入的图谋破灭，转而进入中国东南沿海，对中国发起贸易攻势，并联合已摆脱殖民地地位的美国，通过海上贸易和军事手段，企图变这个广大的沿海地带为西方世界经济体系的过渡地带。

开始对华贸易时，英国面对的是对来自海上的"洋夷"持谨慎态度的清朝。直到18世纪后期清朝在广州重开海禁之后，英国才获得进入中国市场的机会。然而事与愿违，在与华商贸易的过程中，英国在财务上出现了大幅度逆差。

到18世纪中期，英国饮茶习惯已经风行于所有社会阶层。基于他们的世界图式，茶叶成为"其他任何事物都必须向其献祭的神"。为了购买茶叶，英国人不得不承受相当大的亏损而把毛纺织品拿到广州市场出售。此时，工业革命正蒸蒸日上，除了毛纺织品外，钢铁制品、船只和航海设备以及棉织品的生产者和商人们都在呼吁开拓新市场。但借助茶叶的外贸，中国却使大量欧洲白银单向流入天朝。由于来自中国的茶叶深受英国市场欢迎，而中国的官方和百姓却对来自英国的货物兴趣不大，英国本以为可以通过打开中国市场的大门来倾销本国及殖民地的工农业产品（如印度生产的棉花），不料中国这个自给自足、在产品上自我更新的大国只对出口本国生产的茶叶等产品有兴趣，自认为"天朝特产丰盈，无所不有，原不藉外夷货物以通有无"。英国不得已以国内的白银和黄金来换取中国茶叶。[4]

为了打开天朝的大门，英国采取"非常"手段，将鸦片贸易当作改变英国对华贸易被动局面的主要策略。1772年，英国东印度公司形成了对鸦片贸易的垄断，至1797年，它把这种垄断权扩张到鸦片的生产领域。为了对中国形成贸易攻势，英国把印度殖民地生产的鸦片，经过海上走私贩运到浙江、福建、广东等沿海港口，收买当地的贪官污吏及非法商人团体进一步走私到中国内地诸省。鸦片贸易成本低、利润高。经过几十年的贸易战，中国终于抵挡不住英国的贸易攻势。

对于福建等地鸦片走私的问题，明末早有记载。[5]清代，鸦片流通状况，如魏源《道光洋艘征抚记》一文中所说：

> 初，鸦片烟在康熙初以药材纳税。乾隆三十年（1765年）以前，每年多不过二百箱。及嘉庆元年（1796年），因嗜者日众，始禁其入口。嘉庆末，每年私鬻至三四千箱。始积澳门，继移黄埔。道光初严禁，复移于零丁洋之趸船。零丁洋者，在老万山内，水路四达，为中外商船出入所必由。洋艘至，皆先以鸦片寄趸船，而后以货入口。凡闽、浙、江苏商船，即从外洋贩运。其粤商则皆在口内议价，而从口外运入。

魏源在《海国图志·筹海篇》中也提到，"闽粤旧通番舶"，而"闽粤一带与西南洋各国交通最早，故鸦片输入亦为最早"。魏源还提出建议："请纵言福建泉州，诸河滥急，皆潮至通舟，退潮浅搁，则一潮不能直达，故贼大艘不敢闯入，所守者唯厦门。"

嘉庆十四年（1809年），闽浙总督奏书中有"泉州海盗蔡牵，素食鸦片"之说。当时，泉州府属的厦门、马巷、惠安、南安、同安、金门等地，共有海口84处，村村皆有小船通海，对贩卖烟土十分便利。《清史列传》卷三十九《陈化成传》云："嘉庆十九年（1814年）以前，闽洋从无外船游驶。其后鸦片渐行，漳、泉奸民勾引，遂公然驶至，文武员弁庸懦者不敢攻击番舶，阳收持重之名。"道光十二年（1832年），晋江林因等串通王略等，勾结夹板夷船，运载烟土，由粤而至泉州外洋游弋。泉州贩卖烟土之盛，数倍于漳州。道光十八年（1838年）十月，走私的英船达三艘之多。道光十九年（1839年）上谕云："朕因盛京为根本重地。现当查禁鸦片之际……其沿海一带无业闽人，私行潜往，自当妥为驱逐。如有违禁贩卖情事，必应派员查拿。"（《清宣宗实录》卷三一八）朝廷派黄爵滋到泉州调查鸦片走私的情况，之后列出具体姓氏，除晋江县衙口施姓、深沪陈姓、陈埭丁姓外，还有晋江、惠安各县诸大姓。

19世纪20年代之前，由于朝廷禁洋船入港，闽洋从无外船游驶。之后因鸦片流行，洋船公然驶至沿海，到了道光年间，泉州鸦片贸易由英商和当地走私者密切勾结进行。英船停泊在泉州外港（如海林、大坠），走私者把鸦片运入泉州。当时刑部右侍郎黄爵滋奏称：泉州乡村地区（如晋江、惠安等县域），"均属大姓，多以通夷贩烟为业，其奸首之最著者，除该御史指逸犯施淑宝、施全外，臣邓廷桢昨自漳泉一带来省，留心访闻，人数甚多。"（黄爵滋《黄少司冠奏疏》卷十三）官府不敢开罪劣绅土豪，而对其走私大开方便之门，致使鸦片由泉州沿海转运各地。如黄爵滋所言，由泉州沿海上岸的鸦片，"分销则在安溪、南安、永春、兴化各烟馆,并省城南台行店。又由省城各行店分销上游各府。其转运情形……或由泉郡小路,从仙游之胡岭取道永福赴省。大约舟载十之七八,陆运十之二三。至漏透台湾,并乍浦、宁波、上海、山东、天津之土,皆晋惠二县本地商渔艖只,在沿海各省经商贸易,多系挂验出口后,在外洋地面泊向夷船贩卖,扬帆径去。此泉郡烟土来去踪迹及囤积分销情形"。[6]

鸦片贸易的后果是,原来以茶叶的外销占有绝对优势的中国,逐步出现贸易上的失败。19世纪初,中国对英国的贸易仍然处于顺差的状态中,而到了19世纪30年代,则出现大幅度的逆差。此时,大量鸦片流入,巨额白银流出,贸易逆差不仅影响外贸良性运转,而且也影响了清政府的税收和农民的生活。

当时,福建林则徐、陈化成、陈庆镛等人,把晋江、惠安、南安三县的走私者呈报朝廷,此时,朝廷才得知情况严重。道光皇帝亲自下令"认真查拿",但当时地方官吏因从走私中得到丰厚贿赂,早已变成鸦片走私的保护者。"鸦片流毒于天下,为害甚巨",林则徐提出:"若犹泄泄视之,是使数十年后,中原几无可以御敌之兵,且无可以充饷之银。"道光皇帝采纳林则徐的建议严禁鸦片,任命其为钦差大臣到广东查办。[7]广东、福建的官吏,采取一致行动,福建派人到广东与林则徐商议抗英事宜,准备以厦门为防御中心,迎击英人的进攻。

厦门明代为周德兴奉明太祖之命修筑的海防边城之一,洪武二十七年(1394年)始筑城,清康熙年间,施琅收复台湾后,此城成为水师提督衙门,至清中期,一直是海防前哨。康熙二十三年(1684年),厦门归台厦兵备道管辖,二十五年(1686年)设厅,属泉州府同知分防。到了道光年间,厦门成为中英围绕鸦片贸易产生的军事冲突的焦点。道光二十年,洋船到福建海域偷销鸦片,总督指挥沿海官兵分路攻击,不少"汉奸船"人船俱获。闽浙总督邓廷桢,强调沿海防御。1840年6月,英舰船40艘进攻厦门,闯入内港,厦兵给予还击,打中英船5艘。后官府为对英作战,在厦门设有大炮共计170多门。同年8月,5艘英舰又在厦门战败,转而企图在泉州开辟新战场。英舰抵洛阳桥下,遭到当地民众抵抗,小艇被击沉没。关于此役,《重修万安桥记》(现存于泉州洛阳桥蔡襄祠东廊)记载:"岁庚子(1840年)余再莅是郡,桥渐欹,方议修。值英夷犯厦门,溃卒以民悉趋郡,米顿缺……又团练海口一千三百七乡,丁十万人,各自为守,夷船有游弋窥伺晋(江)、惠(安)间者,皆遁去,全郡乃安。"南方战事不顺,英军北上浙江、上海、天津。道光皇帝抗英之心动摇,下令革除林则徐、邓廷桢等人官职,起用琦善与英人议和,同意割让香港。不久,道光忽然又下令"宣战"。1842年8月,英军溯长江深入南京,威胁清政府。清政府决计投降,中国第一个不平等条约《南京条约》签订。[8]

经济与文化的变迁

从葡萄牙势力东侵,到《南京条约》签订,一系列与"洋夷"有关的事件,使欧亚大陆东部的夷夏关系发生了激烈变化;随之,"夷"的内涵渐渐从所谓"长城之外"的"夷狄",转为对西方殖民者的蔑称。原本排斥华夷对立观念的清统治者,借用这一观念,来形容西方各国为"夷"或"番"。殊不知,此时之"夷",已非彼时之"夷"。

如王亚南所言,"有了应付五胡侵凌,有了对辽金各地献金,有了臣服元、清经验的中国封建官僚统治",鸦片战争的破坏性并不算什么,但是,这次战争却导致史无前例的社会转折——它不同于以往的战争,是"东方专制的官僚的封建主义与西方资本主义的首次决斗",对中国社会发生了决定性的影响。[9] 中国在"首次决斗"中失败,签订《南京条约》,一步步被拖进西方资本主义世界体系之中。此后不久,道光二十三年(1843年),中英双方又签订《五口通商章程》和《五口通商附粘善后条款》(《虎门条约》),道光二十四年(1844年),中、美、法又订立《望厦条约》和《黄埔条约》。随着这些不平等条约的签订,英国割取香港,勒索了2,100万两白银巨额赔款,英、美、法各国获得了五口通商、协定关税、领事裁判权、片面的最惠国待遇等侵略性的权益。此外,这一系列的不平等条约(尤其是《黄埔条约》),还迫使清朝承认外国传教团体在中国境内自由散布西方宗教信仰的权利,而这一权利,后来又连同领土的割让等项目,于第二次鸦片战争期间签订的一系列条约中,被明确地界定为外国人享有的"便利"。这就使西方传教团体从此能够在东亚大地上自由扩张其势力。

不可否认,西方势力从海上带来的冲击,对于区域社会经济中的某些社会群体有一定"好处"。比如,在清中期以前一直被官方视为"异端"而加以排斥和压制的部分私商势力,可从西方帝国主义势力拓展的贸易空间中获益;其中,尤其是自18世纪后期开始从事鸦片贸易的海上私商团体及其在衙门中的合作者,就是在这种空间中得到利益的那一部分。然而,从区域社会经济总体看,《南京条约》签订以后中外关系的大转折给泉州地区带来的变化,却绝非正面。西方殖民势力在中国的扩张,在东方社会结构中强行"增添"了一种为其服务的新兴都市中心。如费孝通指出的,这类中心与西方大都会伦敦和纽约不同,它们不是从腹地的经济变迁中自然生长出来的,而是通过政治协议强加于其所在地。它们为外国货物流入中国提供通道,为中国财富流向殖民者的宗主国提供便利;并且居高临下,俯瞰其所在地的腹地村、市、镇,对其原有的区位体系造成了严重破坏。[10] 作为区域性经济核心区位的泉州城区,在唐以前形成的地方性商品交易网络基础上,于五代、宋元时期成为沟通中外的核心地带。在元以后,泉州逐步蜕变为行政核心区位,其对外经济联系的核心地位让位于官方有限的开放港口漳州。《五口通商章程》确立以后,帝国主义势力选择在泉州下属的厦门港设立通商口岸，在这个本来属于泉州"边陲"的地方兴建通商口岸城市。在外来经济扩张策略的刺激下，厦门经济相对繁荣，但这种繁荣却是以其腹地为代价的，如同上海与其腹地的矛盾关系，近代以来厦门与古代经济中心泉州和漳州之间，也存在严重矛盾，它的兴起，结局正是泉漳的衰落。

在旧有经济中心以外建立服务于西方利益的商城，给泉州地区的社会经济带来巨大影响。英国在鸦片之后，大力在华倾销洋纱、洋布。[11] 洋纱、洋布的价格极其低廉，只是土布的三分之一。土布的销路被夺，泉州沿海的农村经济受到巨大打击。[12] 鸦片战争以后，泉州经济处于低落状态，百姓家道中落。而咸丰初年，土匪活跃于闽南地区（如兴化），对货殖仓储劫掠殆尽，大量流动人口迁往经济相对繁荣的通商口岸厦门。

西方势力对世界的支配，伴随着一定的军事侵略性质，但在本质上，并不以军事征服为目标。法兰克（Audre Frank）和沃勒斯坦（Immanuel Wallerstein）先后指出，帝国主义的本质目的不在于"殖民"本身，而在于创建一个有益于西方支配非西方的中心-边陲依赖格局及"资本主义世界体系"的局面。这种格局和体系出现于16世纪之后，它推动了西方经济实力的增强，把非西方社会纳入了西方支配的世界势力范围之内，使世界不同的民族文化进入一个空前"世界化"的局面。

随着资本主义世界体系的成熟，非西方社会的文化被迫与"主流"西方文化进行广泛接触，以不同的方式成为西方支配的世界体系的组成部分。这一点不仅能够说明当时整个世界的状况，也充分反映了泉州地区的变迁。[13]

西方诸国与清朝签订的不平等条约，迫使明以后确立的国内文化格局出现松动，其最主要的表现，就是教会势力的渗透。[14]

西方传教团体敌视当地文化，以之为早该消亡的"迷信"。因为这个原因，这些团体在各地遭到百姓抵制。但是，这些抵制并没有从根本上改变西方宗教的传播对于地方文化整体格局的深刻影响。鸦片战争以后，1842至1843年，美国归正教会、圣公会、长老会先后派牧师来厦门及其周边传教；1844至1847年，英国伦敦会、长老会、美部会随后也派牧师前来。同治三年（1864年），英国与美国教会分工，将厦门与腹地（禾山、同安）及漳辖西溪一带，归给美国公会"管辖"；漳辖南溪一带及安海以北诸地，归给英国公会"管辖"。泉州一带成为英国传教的地理范围，其中，安海成为传教的重要场所。

安海位于厦门北境，为兴、泉、永通衢，为闽南重要的对外贸易港口。近代安海的经济、政治和文化的发展与厦门的关系，更加密切。1842年英军侵占厦门时，美国归正教公会牧师先到达厦门传教，得到英国军官的热情款待。归正教公会扩张迅速，其他教会也不甘落后，争先恐后派遣传教士来厦门活动。1855年，大英长老会派遣杜嘉德（Carstairs Douglas）牧师来厦门执掌教务。按条约，传教士本只能在五口通商口岸传教，不能进入内地，然而，杜嘉德认为安海在地理位置上极为重要，亲自前往安海布道。杜嘉德在安海并不受欢迎，人们禁止他入宅传教，还拒绝与之交往。退回厦门后，杜嘉德为了要在安海建立传教据点，做了精心准备。1858年，杜嘉德等乘"福音船"到安海，私下租赁咸德境黄氏住宅为讲堂。此讲堂多次被安海当地人捣毁，杜嘉德不得已将布道堂从咸德境迁到玄坛宫后蔡宅书塾。杜嘉德为了扩张势力，站稳脚跟，于咸丰十一年七月二十四日（1861年9月9日），拉拢郑爽、郑坦兄弟等四个地方流氓充当帮手，结果引起安海民众不屑。一天，杜嘉德上街，身后跟来一群儿童，对他嬉笑怒骂。杜氏老羞成怒，转身"怒斥逐之"，其中一儿童惊慌扑地，受了重伤。周围有居民乘机喊道"洋鬼仔杀人"，引大批民众簇拥而来，杜嘉德躲入教会堂所，但愤怒的人群并不退让，直冲堂内，将牧师拉出堂外，以石击之。杜嘉德被蔡宅主人抢救，醒来后躲藏在福音船中，逃往厦门。返回厦门后,杜嘉德向英国驻厦门领事报告,英领事柏威林勃然大怒,一面派遣炮舰前往安海镇压,一面对福建地方施压。在双重压力之下,福建分巡兴泉永海防兵备道,于同治二年六月(1863年7月),出示严禁安海反洋教通令。[15]

同年,杜嘉德在泉州南门外新桥尾传教,次年,又带安海教徒郑坦等到新桥尾,夜间寓于戏院,白天外出布道。同治四年(1865年),杜嘉德再度进城,至五陵,郑坦被劫,他本人到五堡街河沟墘留宿,其旅社屡为石击。同治五年(1866年),他第三次进城。此时局势较缓和,他相继进入泉州西街旧馆驿及南街头新花山活动,不过还是渐渐引起当地民众反对。泉州知府为讨好英人,出告示禁止"毁抢教堂",英国教会得寸进尺,光绪元年(1875年),在井亭购买大厦一座,作为礼拜堂。杜嘉德传教事业在泉州的扩张,引起了城中士绅的警惕,其中数十人起而反对,宣称教会在此建筑楼台,有伤泉州城的风水。晋江县长乃拘问业主。光绪三年(1877年),为了将礼拜堂从井亭迁出,泉州官绅商定以一个较不伤害泉州风水的地方(南街新花山教堂左右四家店屋),来交换礼拜堂所在的大厦,并要求教会建筑不能超过一丈七尺,由此教堂问题才得以解决。[16]

入华传教的牧师具有相当高的文化素养,他们也如明末耶稣会教士那样,致力于利用其专长传教。以杜嘉德为例,他在苏格兰格拉斯哥和爱丁堡求学期间,熟练掌握希伯来语、希腊语、古典英语、现代英语和汉语,在格拉斯哥大学,还系统学习过音乐及组织、训练教会合唱团的技能。在闽南传教期间,他发挥专长,费十年之功,编成篇幅达612页的《厦英方言字典》,于1873年在英出版。同时,在厦门以文言文出版西洋音乐入门书籍(如1869年的《乐法启蒙》),介绍基督教音乐(如1868年的《养心诗调》)。

到光绪年间,传教团体转向"以华制华",用"文化事业""慈善事业"等方式进行文化入侵。例如,光绪六年(1880年),英国医生颜大辟,由厦转泉,对民间施以免费治疗,并送药品。光绪八年(1882年),扩大诊所规模,建医院于连理巷,名曰"惠世医院",颜自任院长。由于就医者日多,乃招"实习生",五年毕业后可自开业。第一批为教会青年陈浴波、黄中流、杜宗景、黄模章。他们开业时,都以老师之名为堂名,如陈氏开辟仁堂,黄氏开辟生堂,杜氏在石狮开辟安堂,黄氏于厦门开辟传趾麟堂。颜大辟回国后,派洪约翰来代理院长,后来白瑜纯兄妹由英回泉,乃由白氏任院长。[17] 英国教会除了办医院外,还在泉州开办学校。光绪三十年(1904年),英人文高能来泉,后请安礼逊来泉,在东街相公巷开"养正小学",后来在西街花棚下占地十亩,开办"培元中学",以培养亲英人才。[18] 该校在星期天实行宗教教育,要求学生一律参加礼拜,毕业后有的被介绍到南洋去当牧师。他们的校训是"真理、自由、服务"(即"真理就是上帝,信上帝可得自由,而能为上帝服务")。

秘密社团的抵抗运动

对于泉州这个早已接纳过来自世界各地的人种和宗教的地方而言,西方人和西方宗教本不陌生;从宋元多元文化的角度,甚至可以说,其近代"重现"所能造成的,只不过是宋元当地人曾司空见惯的情景的局部重现。然而,此时的西方,已非彼时的西方,此时的泉州,亦已非彼时的泉州。宋元时期,滨海地区多元文化现象曾被一些保守人士说成是"以胡乱华""以夷变夏",但即使这种现象存在,也不曾从根本上动摇过本地主体居民的文化认同根基。自汉唐以来,在文化上,中国先后与印度、波斯-阿拉伯、西方有过密切交往。如我们第3章述及的,在海外交通尤其发达的古代泉州,这些关系曾同时存在。那时,外来文化是被当地人主动接纳的,即使与本地文化有竞争,共处仍旧是各族群之间的利益源泉;即使到明末耶稣教会派员来华传教之时，多数"被传教者"一面接受教士传播的知识，一面冷眼看待他们的教义，文化矛盾也没有激化。相比之下，到了19世纪中叶之后，外来文化与当地文化之间，已不再是这样的关系了；此时，外来文化及其附属品借助于帝国主义军事和经济侵略，对当地文化形成了一种有敌意的压制力，这种压制力，直到引发激烈的地方反应之后，才改头换面。

在这个时代，东西方文化的关系空前紧张，如钱穆所言，西方列强之来，先驱是教士与商人，教士在天算、舆地、博物之学中夹杂着教义而来，其中，教义之外，易被接受，但教义本身实难；加之教士与商人同来，一边仁义道德，一边经商营利，往往使国人以为，西方人做的只是些贪利的有恃无恐的勾当。而后来，二者则跟着坚船利炮而来，所可导致的反对，实难以避免。[19]

帝国主义势力与当地文化之间的冲突，与世界其他地区在同一时期出现的同类情况，有着可以相互比较的特征。

人类学大师马林诺夫斯基曾经用"三项法"来分析非洲殖民时期文化变迁的动因。他认为，非洲文化变迁的真实情况为："一个较高级的文化对一个较简单而被动的文化产生的主动冲击性影响之结果。"[20] 马林诺夫斯基指出，对文化变迁的研究应该兼顾西方文化的冲击和本土文化对于这种冲击的反应。为了论述这种冲击—反应的过程，他回到了功能主义以前流行的"德奥文化传播论"，其主要论点是：一种文化中的文化特征（traits）会迁移入另一种文化中，导致文化的变动。马林诺夫斯基认为，传播论指出了"变迁不是一个整合的文化现象"，而是一种"不同因素的混合"（mixture of elements）。这种非同质性的文化混合，可以通过文化研究的"三项法"来表述。马林诺夫斯基说：

> 文化变迁的研究，因而与人类学通常展开的田野工作所做的

稳定的文化的研究有所不同。(在这种新的研究中),存在着侵入的文化和接受侵入文化的文化。因此,也就有了两种而非一种文化可以供我们研究了。其中一种是侵入者强制于接受侵入文化的人身上的改动(modifications),另一种则是与此相反的情形。不仅如此,总是存在着一种侵入型和政府性的社区,这也就是白人的聚落。这种社区绝对不是对殖民者家园的母社区的复制。在此,土著人之社区和欧洲人之社区之间的互动,提供了引入第三种类型的机会。这第三种类型即为居住于非洲的印度人、叙利亚人、阿拉伯人等等。在某些时候,还可能为诸如南非好望角有色人种社区之类的聚落之成长提供机会。所有这一切使我们的研究对象复杂化了,或者甚至可以说使我们的研究对象的组合变得十分多样化。

在这样的场合中,人类学者再也不能像研究大洋洲岛屿那样研究一个明确界定的整体了。他所研究的是一个宽阔的大陆的一个小小分支,所研究的是被巨大的腹地包围着的社区。事实上,人类学者应该在民族学的意义上考察这样两种腹地:其中之一是欧洲文化的腹地,这个腹地是(非洲的)欧洲人社区进行文化接触的基点,是指导他们活动的文化,是他们从中进口物品、接受观念的地方。而最终,以这样或那样的方式,(非洲的)欧洲人总要回归到他们的这个腹地。非洲人也有他们的腹地以及现在已经变成过去的事物的旧文化。在某种意义上,非洲人也拥有自己的社区,以便在他们与白种人进行短暂接触后,可以返回故里。此外,当然还存在其他部落的腹地,非洲人与这些部落形成合作关系。如果说普通人类学是一种单项的研究,那么,文化变迁的研究则将最少是对三项东西的研究:即对白种人的腹地、黑种人的腹地以及对文化接触那一项的研究。如果我们没有关涉白人和土著人那两项,那么,中间那一项的研究将不可能。[21]

接着,马林诺夫斯基还说:

> 文化变迁的研究务必考察现实的三种秩序:较高等文化的影响;这种文化影响所指向的土著生活的具体内容和实质;以及两种文化之间相互反应而自动导致的变迁现象。只有通过在这三项名目之下分析每个问题,并接着通过分析欧洲影响和随之而来的土著反应机器及其结果,我们才能获得供研究的最有用手段。欧洲人与非洲人之间的关系,远非是两种原有因素的机械组合,它是双方互相渗透的关系。这种影响可造成冲突,也可造成合作,或可导向相互退让。[22]

鸦片战争以后的泉州,与马林诺夫斯基笔下的非洲有相似之处。从文化的一般景观来看,当时泉州这个区域性的空间也并存着三种文化形态:(1)以西方教堂、医院、学校为象征的帝国主义文化;(2)以当地原有的官方和民间庙宇、祠堂等建筑为象征的本地文化;(3)以那些漂流于两种文化之间的个人和团体为载体的混合型文化。不过,这三种文化之间的关系,并不像马林诺夫斯基所描述的那样波澜不惊。代表帝国主义势力的教会文化和代表当地社会群体认同的本地文化之间,确实存在着潜移默化的互相渗透关系(并且这种互相渗透关系到20世纪变得更为主流)。不过,至少在19世纪,教会文化代表的是具有强大侵略性的势力,它极度排斥本地文化形态和生活方式(无论是官方化理学还是民间文化),其引起当地士绅和百姓的抵制,实属正常。

与激烈的中西矛盾相关,在清廷与外国帝国主义势力产生冲突之时,在沿海地区广阔的社会场景中,也出现了大量的秘密社团。这些秘密社团早在1787—1788年的林爽文起义时已相当成熟[23],而到了鸦片战争之后，它们则进一步演变为深受地方士绅阶层和一般民众支持的政治表达方式。加拿大历史学家王大为（David Ownby）在其研究中指出，清末沿海地区秘密社团的蔓延，主要是因为清廷为了压制林爽文等人的起义而把原有的地方性社团清除出他们的家园，从而具有讽刺意义地促使民间秘密社团成为跨越地方社会局限的反清团体。[24] 这个论断为我们揭示了清廷政策的荒诞后果。[25]

鸦片战争以后，泉州经济进一步衰落，社会乱象丛生，这些都深刻地改变着人们的生活和思想。西方势力借地方悲情，对居民进行宗教渗透。在经济和文化的双重压力下，泉州出现了一个堪称"黑暗"的年代，以秘密社团为核心的"会党起义"一时一呼百应。会党就是"秘密会社"，其作用主要在于通过团体的巨大凝聚力来保护团体成员的利益、抵抗外人的威胁。[26]

清朝嘉庆年间档案中汪志伊的《敬陈治化漳泉风俗疏》，对于闽南漳泉会党起源的历史情况做了明确说明（《皇朝经世文编》卷二十三）：

> 查闽省天地会起于乾隆廿六年，漳浦县僧提喜首先倡立，暗中主使，谋为不轨，历年拿获惩办共三十五案，每案或数百人，或数十人不等，盖因滋蔓日久，则淳良殷实之家，惧其骚扰，不得已而胁从者，亦复不少……以上二事，会匪较械斗尤重。现在连年丰稔，胁从者少，尚无大虞。若一值歉岁，愿从者多，实堪为虑。盖民心之陷溺日深，皆由吏治之败坏已久。自乾隆六十年查办以来，将最为民害之牧令，明正典刑。嗣后又加意整顿……械斗数十案，并会匪二千六百余名，洋盗四千余名，除暴亦已严矣……乃劫夺之案频闻，械斗之风未息，甚至钱粮粮米，居然抗欠不完……

在乾隆、嘉庆年间，闽南地区的秘密社团运动带反清目的，且与民间宗教团体、乡族械斗有密切关系，他们主要是在官逼民反的条件下产生的，对政府构成很大的威胁，因而被政府视为"会匪"活动。嘉庆以后，天地会活动地区更加广泛。台湾、福建、浙江、广东、广西、云南、贵州、湖南、江西、江苏以至新疆各省，都有天地会的活动。鸦片战争以前，秘密社团的首领为了对付清政府的查拿，以各种新的名称进行活动，出现了天地会、小刀会、三点会、三合会、仁义会、双刀会、阳盘教、阴盘教、平头会、洪莲会等名目繁多的团体。其结盟仪式也更加复杂，会内所传暗号和歌诀，明确提出"反清复明"口号。鸦片战争以后，清廷惧怕西方势力，汉人反清运动进一步升温，这些运动尤其在那些为鸦片战争所波及的地区至为活跃。咸丰元年（1851年），两广爆发了"太平天国"起义的运动，以天地会为基础，以外国的宗教为外衣，在南京建立了全国性的"天国"。

身处天地会的基地之一，泉州地区的会党起义，历史比较深远，受"太平天国"的影响也很大。但秘密社团运动，具有很强的地区性特点。黄德美的"小刀会"起义于海澄，林俊领导的"红钱会"起义于闽中北部，"黑钱会"起义于永春、永安等地，林恭起义于台湾凤山，曾向斗等起义于建阳、建瓯、龙岩。这些起义构成了一连串的社会反应，而泉州地区的秘密社团运动不过是当时起义运动的一个地点而已。这个地区的"会党起义"，上接永春，下接海澄，形成了一个闽南秘密社团运动区域。[27]

道光三十年（1850年），在道光皇帝死后的五月，出现了广西"会匪"起义，六月又出现南方的洪秀全势力、北方河南的"捻匪结党成军"。咸丰元年（1851年），"闰八月甲申朔，新墟众首洪秀全陷永安州踞之，僭号太平天国"。咸丰二年（1852年），广东罗镜回众入卜伦，清廷诏各省绅士办理"团练"（地主武装）。咸丰三年（1853年）"五月壬子王懿德奏：海澄会匪陷同安、安溪、厦门"（《清史稿》本纪二十之《文宗本纪》）。丙辰，王懿德奏漳州镇道被贼戕害，永安、沙县先后失守。五年二月有"福建匪徒作乱，剿平之"。七年五月，又有"福建贼陷汀洲"，闰五月"福建官军收复光泽、汀洲，踞匪出窜连城，击败之"。六月，"福建官军收复宁化"。八年四月，"江西贼窜入福建。陷政和、松溪"。六月，"福建匪陷建宁"。七月，"福建官军复建阳、光泽，贼陷宁化"。八月，周天受援福建，克浦城，进宁化。十一月，援闽浙军复浦城。咸丰年间福建的会党起义，以小刀会起义影响最大。当时，清政府对泉漳一带监视很严，因为天地会的林爽文起义是同安人在台湾发起的。《东华录》道光廿八年（1848年）徐继畬奏称：

闽省泉州、漳州等府，永春州、广东等处民人在府（指台湾）居住者，大概搭棚散居山谷，不连村落，强为联合。只饬就其地势，分段编联，拣派联首，专其责成，常以稽察。（《东华录》之徐继畬《道光廿八年奏书》）

林俊领导的红钱会起义，也是当时较有影响的一次起义。[28] 红钱会和黑钱会，是当时闽南永春等地的秘密会社。林俊，字士孝，号万青，永春县霞陵人。其父林捷是道光元年恩科武举人，自己是个武生，很早便有"反清复明"思想。咸丰二年（1852年），林俊到福州参加武举考试，他武艺精通却遭落选，恰巧遇见一个太平军的代表，此人鼓励他"与洪君（秀全）一致进行"。他回乡后便和红钱会等秘密联络，借调解各姓械斗为名，数请各乡绅、族长、壮汉，在金峰山等处开会，历叙华夷消长及明清兴亡之历史。他还到德化与南安埔头、炉内一带活动。红钱会会首黄有使（延平船工）答应在上游响应。黑钱会会首陈湖为永春人、林俊好友，也愿意合作，但由于路远，"与金陵、江西声援不及"。他又暗中派人与福州尚干宗亲联系，希望"先破省城"，然后与上下游并举。不幸，他的二哥林大广在德化的商店被抢，伙计被捕，出于愤怒，他在永春先行起难、"共讨满奴"（民国版

《永春县志》卷三）。林俊"分兵由西南角进攻（泉城），泉督早有预知，日夜顾守甚严，前后二日"。当大功将成之际，军中发生疟疾，林俊目睹此状，只好下令退兵。林俊自泉州退南安炉内驻扎，"泉督派兵攻数次，皆不克"（同上）。又据王懿德《到泉督剿日期并现办情形折》，林俊由永安回永春，在永春桂洋打胜，击毙德化知县肖懋烈，并在七月二十七日占德化县城。

八月，林俊、陈湖再攻永春不克，乃与黄有使重占大田，并决定向清兵较弱的莆仙地区进军。八月二十四日，林俊绕过白鸽岭，克复仙游县，杀知县黄曾德、劣绅王捷南。九月初九至廿三日围攻兴化府，不果，十月退回仙游。当时的情况是，"不特仙游逆匪回去剽掠，即泉州一城，人心亦未可恃"，同时"泉库本已空虚，饷道复又阻绝，厦门兵食不继，溃散堪虞"，故林俊本可能成大事。咸丰三年（1853年），林俊又以泉州为目标，进军北部的大罗溪乡和南安东部的炉内乡及三县交界的覆鼎乡。咸丰三年十一月，林俊义军在仙游败退，四年，即在永德交界的虎豹关遭遇清兵，十二月初四，双方在德化大战，义军失利，林俊只好退到永春、安溪交界的帽顶山（沈储《舌击编》卷二）。王氏知道此地重要，"帽顶山羊肠一线，真是一夫当关之险，山顶宽平，周围二里，可容万余人驻扎"，于是就发动清兵合围。当时泉州知府马寿祺担心"徒恃兵力，不能制胜"。于是买通内奸李维林烧掉屯粮万余石，并写信给林俊，声称如杀黄有使、童森、苏卓，可以免死。林俊未上当，而率众坚持四个月，才撤出帽顶山，转到南安埔头、炉内一带，建立一个新据点。次年三月底，驻扎埔头的清兵遭到"贼匪数百人"夜袭，泉州知府即令钟实三进剿。林俊马上组织胡熊、邱二娘一千人，于四月廿四日进攻惠安城，把清兵引到惠安，使清兵又扑空。

咸丰三年十一月，林俊驻军晋江、南安交界之云峰乡。后来退驻永春、漳平、安溪之覆鼎山、帽顶山，筑寨屯粮。联合晋江大罗溪等乡义军，围攻仙游，图扑府城。一时东起莆田，南至惠安，绵亘百余里，会众以万计（《王毅公年谱》卷下）。朝廷为对付林俊，请出泉州绅士陈庆镛、王峥嵘等组织团练以应付会党。林俊发觉泉州府城进攻困难，便改变作战计划，于咸丰六年（1856年）转攻闽北的沙县、龙溪。《沙县志》云：咸丰三年五月，林俊攻东门，旋退屯狼口、都溪，以达与江西太平军会合的目的，但仍不放弃泉州（民国版《沙县志》卷三）。《东华录》云："咸丰七年，泉州府城为林匪所围攻。"（《东华录》咸丰七年条）可惜围攻泉州时，军中又流行疟疾，林俊只好退兵，隐于南安炉内乡中。清军虽然知道他在南安而几次搜捕，却未成功。林俊在南安指挥会众，攻下德化、大田、龙溪、仙游、永福五县，并且发展到安溪、惠安、漳浦、海澄、云霄各县。闽中、闽北的农民军，纷纷响应，声势颇大。正在双方相持的时候，林俊急于与太平军会师，北上指挥作战。咸丰七年（1857年）七月廿一日，在顺昌县仁寿乡发生激战，当林俊率众冲过仁寿桥时，被乡勇击毙。

除了本地的秘密社团起义外，南洋华侨的天地会会员泰国陈庆真、王泉等也纷纷回国，暗中在厦门英商洋行里活动，后被发觉而转入同安农村。咸丰元年（1851年）泉州一带农业歉收，咸丰二年（1852年）又发生水灾，其后太平军攻下南京，清朝为了挽救危局，即将福建军队外调。小刀会乘机由同安黄德美、黄位领导，以"为海澄归侨江源报仇"为口号，进攻漳州海澄县。三年（1853年）五月十七日，攻下漳州，声势十分浩大（民国版《同安县志·大事纪》）。清廷下令修造战船，以防不测。当时，欧美在厦门已有工商利益，如1858年英商在厦设造船厂，德国设制锅厂，美国也在厦门传教，而美、日又要入侵台湾，都要向福建开刀。小刀会用帆船30艘，运兵进攻厦门，占领厦门后，分兵四出，渡海进攻同安、安溪、漳浦等处。咸丰三年五月十五日，小刀会占领晋江县安海镇，焚烧安海新街陈益升当铺，影响很大。《东华录》咸丰三年五月条云："漳泉会匪初起，出其不意，迅速掩捕，尚可及时扑灭。"由于厦门起义没有做好准备，不幸失利，黄位等人搭战船在泉州沿海靠岸，随后迁往南洋。

鸦片战争以后，泉州地区的秘密社团起义主要集中在政府控制较弱的乡村地区，但它们大多以攻克政府行政控制的中心（如泉州、厦门）为目标。社团组织的首领有的是当地武力高强的人物，有的是在东南亚一带长期活动，利用其社会联系与经济实力在侨乡组织抵抗团体。从整体看，这些秘密社团的成员为汉族，而且明显地带有"反清复明"的意识，其主要目标是推翻清朝的异族统治而恢复宋明的汉人自治。当然，此时所谓的"反清"，只不过是一个更广泛的抵抗异族统治运动的托词。对于汉族的民众而言，当时的清朝已经与西方势力形成难以区分的关系，因此，才可能犯下魏源在其宏文《道光洋艘征抚记》中揭示的那些失误（"且其战也，不战于可战之日，而偏战于不可战之日。其款也，不款于可款之时，而专款于必不可款之时。其守也，又不守于可守之地，而皆守于不可守不必守之地"），从而，"反清"也就带有反对西方势力的内涵。

把视野拓宽到泉州地区历史上的"异端"势力，可以发现，秘密社团与明清时期朝廷所压制的那些非官方团体有着很多类似之处。但具有讽刺意味的是，为了唤起民心，这些新兴的团体已经不再以初创官方正统的明朝政府为攻击对象；相反，它们把这个旧有的汉人政权当成恢复过去开创未来的象征载体，当成反抗异族统治的理由。

如此一来，鸦片战争以后，泉州地区秘密社团运动就带有一种"复旧"的色彩，与民族重新整合的理想互为结合。

在分析非洲殖民地文化状况时，马林诺夫斯基指出，在殖民状况下，除了可能存在侵入者的影响、利益和意向、文化接触的过程、当地文化的遗留这几项以外，还存在着对过去的重构和当地自发的再组合和民族主义倾向。在外来的殖民主义势力的压迫下，被殖民者为了恢复民族的历史延续性，有可能把注意力集中在想象前殖民状况中的历史，并有可能把这种历史的重构与当地人自发的再整合和反应的新生力量结合起来，使地方民族主义以及爱国主义的意识得到增强。泉州地区秘密社团运动在整体面貌上与这种历史的重构和地方民族主义有许多类似之处；只不过，在中国早已有国家和文明的社会中，殖民者势力并无法发展到非洲那种程度，而只能间接地通过原有的本国国家力量（清朝）来发挥作用。于是，民间的民族主义运动，才表现出其对外来帝国主义势力和本地"异族统治"势力的双重反抗。

清末政治、经济与社会

鸦片战争以后的50年，随着外国帝国主义势力的入侵，清末政治、经济、社会出现了前所未有的复杂性。我们曾长期用"半殖民地、半封建"来界定当时中国的社会性质。尽管这个社会性质定义有其特定政治含义，但它基本上能够反映清末中国社会的不确定状态。在当时的情势下，处于统治地位的势力对于中国社会的动向都力图起主导作用，但现实中却无法独自"规划"社会变迁。西方势力虽然对沿海、边疆以至内地有着深刻影响，但在地域如此广大、社会如此复杂的中国，它却经常处于被动地位，而无法像在部落社会那样通过部落酋长的"间接统治"来实施控制。同样，清政府对社会居高临下，迫使民众听命于朝廷，运用意识形态符号体系，潜移默化地"化解"民间敌对情绪。到了鸦片战争以后，朝廷在对外战争中屡屡失败，失去了民心，难以充分掌控国内政治，同时，对西方势力也保持着谨慎态度。

帝国主义和国内统治势力对社会控制的不完整性，必然为这两大势力之外的各种势力留下巨大的滋长空间。上文考察的民间秘密社团和"会党起义"，就是在这些空间里出现的。而与此同时，一些活跃在政治、经济、社会、文化各领域的团体，此时也有可能在统治权力留下的真空地带发挥作用，营造各自的"独立王国"。这就使得清末中国出现了势力多元并存的局面。

近年来，在重新思考中国近代史的研究范式以后，中外学者时有运用欧洲"市民社会"的概念来解释清末的社会现象。他们的研究集中在清末民间社团组织上，主张这些社团之所以形成，是因为当时的中国已经存在一个超离于国家统治的势力范围之外的自主性利益群体和文化空间。[29]在一定程度上，"市民社会"的概念确实有助于考察清末纷繁复杂的社会状况，尤其有助于解释当时民间抗争的努力。然而，用这个概念来形容清末中国的整体面貌并不贴切，因为它无法反映当时政治、经济、社会中矛盾重生的状况。

从1864年太平天国覆灭，到甲午战争，这30年间中国社会半殖民地化加剧，而清朝在内困外患的状况下飘摇不定。同时，地方上则土豪劣绅横行，出现与外国列强勾结的买办阶层，也出现所谓"一任清知府，十万雪花银"的严重腐败。在此情况下，民间秘密结社运动此起彼伏，同时，沿海地区则出现了大量人口迁至海外。据《清史稿》本纪二三之《德宗本纪》，鉴于华侨人数大量增加，需疏导、利用，亲政后的光绪帝做出以下决定：

> （十九年）八月辛亥……除华侨海禁，自今商民在外洋，无问久暂，概许回国治生置业；其经商出洋，亦听之。

光绪二十年（1894年）七月，朝廷下诏与日本宣战，命台湾（省）布政使唐崧、南澳镇总兵刘永福助邵友濂筹防。重订中外保护华工条约。二十一年二月，日本陷澎湖。对日议和后，清政府割让辽东、台湾、澎湖各岛，偿军费2亿两白银。该年（1896年），清政府考虑到议和的损失过大而下诏云：

> 近中外臣工条陈时务，如修铁路、铸钞币、造机器、开矿

产、折南漕、减兵额、创邮政、练陆军、整海军、立学堂，大抵以筹饷练兵为急务，以恤商惠工为本源，皆应及时兴举……

从光绪二十三年（1897年）起，清朝政局发生了重大变化。光绪二十四年（1898年）春"戊戌政变"实行新政。同年八月，慈禧重新垂帘听政，诛杀新党，取缔新政。光绪二十五年（1899年）发生义和团起义，慈禧携光绪出走山西。光绪二十七年（1901年）八月回北京后，诏令各省兴办学堂，授袁世凯为北洋大臣，张之洞为南洋大臣，先后与各国议定商约，兴办"洋务"。光绪二十九年（1903年）七月开厦门、鼓浪屿为"各国公地"，代表帝国主义贸易利益的通商口岸由此凌驾于当地传统的社会经济制度之上，改变了东南沿海地区中传统核心区位的原有格局。八月，朝廷正准备派载泽出国考察，革命党炸弹案突然发生。十月，光绪诏曰："近有不逞之徒，造为革命排满之说，假借党派，阴行叛逆。"光绪三十二年（1906年），"革命党"问题日趋严重。载泽回国后，提出"君主宪法"，预备立宪；光绪三十三年（1907年）五月，又实行"地方自治"。七月，遣杨士琦赴南洋各埠考察，奖励华侨。三十四年（1908年），令各省铸以一当十铜元。九月，美军舰游历厦门，遣人劳问。十月，光绪去世，慈禧立宣统。十一月，龙溪、南靖水灾，发赈银四万两。宣统元年（1909年）二月，收华侨入籍，请定"国籍法"（这条史料与晋江华侨有直接关系）。四月，立币制调查局，铸通行币。五月，拟定"各省咨议局章程"。七月，南洋筹设劝业会，"命南洋大臣、两江总督张人骏为会长"。八月，赈福州风灾。十二月，"赏游学专门詹天佑等为工科进士"。宣统二年正月，广州"新军作乱"。三月，遣杨士琦去南洋，充劝业会审查总长。革命党汪兆铭、黄复生、罗世勋，"谋以药弹轰击摄政王"。七月，裁福建督粮道，置"劝业道"。十月，改定于宣统三年（1911年）开"国会"。十二月，谕各学堂禁学生干预政治、聚众要求，违者重治。

宣统三年三月，华裔创立"大同学校"于日本横滨，革命党人黄兴率众焚广州总督衙署。四月，诏定"铁路国有"。五月，恤墨西哥被害华侨。十月，发生"武昌起义"，内阁请清帝逊位，赞成共和政体。十二月，袁世凯组织"临时共和政府"。

清末泉州为一府五县政治中心，在其城区以外，民间社团和其他抵抗运动风起云涌，与此同时，维护朝廷权威的地方势力也颇雄厚。御史陈庆镛在泉州地区办团练，镇压会党起义。[30]地方团练及其"民兵"组织一旦得到发展，就潜在地形成一种既可能向心、又可能离心的势力。像陈庆镛那样服务于朝廷利益的团练组织，并非是当时泉州唯一的地方准军事组织类型。在这种类型之外，还大量存在一些与民间秘密社团势力结合的联盟。美国史学家孔飞力（Philip Kuhn）曾经指出，19世纪中期，清政府为了强化自身对地方社会的控制，着手发展地方准军事组织。但是，这些组织很快与地方文武精英势力结合起来，分离于地方政府的官僚机构之外，成为自主性极强的团体，并由此不仅与政府形成微妙的关系，而且经常卷入反政府的民间抵抗活动。[31]正是因为这个原因，在镇压小刀会等反抗的过程中，政府反复重申其禁止民兵联盟的政策。[32]

在内外交困的情况下，清末出现了引进外国技术、强化国力的"洋务运动"。这个运动的倡导者为"洋务派"，他们在治国方略上，既拒绝消极抵制，又反对民间秘密社团的反异族态度，他们主张，救国必先办洋务。[33]

朝廷推行"洋务"的目的，在于通过借用列强之技术，以维护朝廷统治势力。但是，出于朝廷意料之外，一些新兴社会阶层随之出现。当时新式工业有官僚资本、买办资本、民族资本，与这些不同类型的资本并行出现的是官商阶层、买办阶层和民族资本家阶层。这些资本和社会阶层集中于通商口岸，但他们的势力从这些新兴的经济核心区位延伸到其他地带。泉州地处东南，其主要辖地的新式工业并不发达，直到19世纪末,当地仍然以旧式手工业为主。不过,即使是在这个地方,当时也业已出现代专事外国工业品进口的买办阶层。例如,泉州昌隆行代理英美烟公司,这家公司以厦门为大本营,运货进口,在泉州一带推销。又如,泉州南门瑞裕行蔡光华推销美国煤油,订有输入合同,并有代表签字,其角色为泉州买办。

到了清末,东南沿海地区的"海禁"防线,早已为鸦片贸易所攻陷,随之,受国内生存条件所迫的不少人群,大量向海外迁徙。鸦片战争以后,泉州海外华侨形成了一股特殊的力量。1840—1870年,泉州向南洋的移民出现一次高潮,如晋江人庄笃坎到马六甲,永春人黄际良到吕宋,同安人黄志信到爪哇,侨居后,对当地经济和家乡都有着很大影响。1870—1910年,国内中日战争失败,海外移民的人口进一步上升,如永春人郑成快到柔佛,福清人黄乃裳到沙捞越开新福州,惠安人骆氏36人集体出国。至此,清朝也已发现华侨的妙用。为了吸引华侨资本的支持,清政府对华侨的态度由通缉转为欢迎,允许甚至鼓励华侨投资于国内服务业和金融业。光绪年间,华侨资本投资于厦门、泉州、福州的服务业和金融业的人有不少,如1890年厦门陈炳记,即为咸丰、同治、光绪时出国的华侨所开设。此外,清末华侨与侨乡关系的特殊形式"侨汇"也开始固定化。许多华侨在海外立足以后,即按月寄费回家里,以供侨属生活,称为"侨汇"。"侨汇"如此发达,以至于当时泉州地区已出现受理侨汇业务的钱庄。此外,华侨在地方农垦和矿业中也开始投资,而光绪三十一年(1905年)则又投资兴建漳厦铁路。

形成一定势力以后,华侨团体对于家乡不仅有经济上的参与,而且还广泛地与当地社会各团体结合起来,形成脱离于统治阶层之外的"帮会"。这些帮会主要包括"商帮"和"船帮",前者主要为商人的结社组织,后者主要为专门从事海上商品运输(大多也结合商业贸易)的团体。清末泉州帮会与其他地区的帮会一样具有较高的独立性和民族意识。光绪三十一年（1905年），美国提出"限制华工条约"。作为华工故乡的福建、广东两省旅美华侨为此特向清廷请愿，要求取消此约。上海泉漳会馆、苏州泉州会馆、新加坡中华商会等，响应上海闽南商帮的主张，"抵制美货"。清末泉州商帮的影响不局限于本地，而在一些经济发达的通商口岸也影响巨大。泉州商帮活跃于商业贸易领域，存有在外国帝国主义势力范围内扩大自身势力的雄心。

泉州商业帮会的活动场所，往往以当地的地方性信仰天后的庙宇为象征，这些庙宇到清末已经广泛分布于沿海一线，与帝国主义势力范围正相对峙。其中，烟台的天后行宫是一个很好的例子。

据传，胶东一带城镇都有天后（妈祖）的宫庙，这是因为这一区域的都市化极大地受益于近代山东与福建沿海的海上交通。也可能正是因为此，所以天后（妈祖）宫庙的空间位置往往被设定在城市的中心地带。烟台的天后行宫便是如此。从建筑的风格来看，这座所谓"行宫"符合中国宗教庙宇的建设规制。它的占地面积约500平方米，其大门、戏楼、大殿及东西廊庑沿南北中轴线对称排列，布局严谨且隐喻式地展示着"天朝"空间格局的基本特征。大殿内奉祀从福建南部传来的天后（或称"妈祖"或"天妃"），庙宇各处的雕镂模式，综合了泉州天后宫和开元寺的风格，就连山门上雕刻的"三国演义""封神演义""文武访贤""苏武牧羊"等民间化的故事，也与闽南地区民间艺术文化完全一致。近年的大量宗教人类学和考古学的综合考察证明，天后信仰在中国东部沿海（包括台湾）以至日本、韩国、东南亚等地广泛存在，而胶东的天后信仰也正是这个被某些学者称为"妈祖信仰文化圈"的组成部分。

在烟台天后行宫，有几幅分别雕刻在戏楼、山门及大殿之左右的对联，内容具体如下：

戏　楼

从八百英里航路通来揭耳鼓闻韶是真邹鲁海滨何分乐界
把二十世纪国魂唤起放眼帘阅史直等衣冠优孟同上舞台

山　门

熙朝崇祀典鲁晋闽并分一席
湄岛现慈航江河海普护千艘
俎豆荐他乡何异明禋修故里
灵神周寰海依然宝炬济同人
仙霞缥缈
境似大罗

大　殿

地近蓬莱海市仙山瀛客话
神来湄渚绿榕丹荔故乡心
榕嵩荷神庥喜海不扬波莫兹远贾
芝罘崇庙祀愿慈云永驻济我同舟

从格式来看，烟台天后行宫的楹联与同类宫庙大致相同。不过，它们的内容却有着浓厚的时代特征，并因此而与其他宫庙楹联形成很大差异。它们的独特强调点有三：其一，在时间和空间距离的用法上采用了西历的"世纪"与"英里"之说；其二，它们在内容上强调不同华人商贾（如"熙朝崇祀典鲁晋闽并分一席"一语便为典范）共同受帝国天后神灵的佑护；其三，强调华人商人圈共同在跨世纪的国

8．近代文化的浪击　｜　341

际商业舞台上竞争自己的席位。

烟台天后行宫始建于光绪十年（1884年），前后历经22年，于1906年得以竣工，其竣工时间早于孙中山先生领导的辛亥革命（1911年）五年。那时，西历的"世纪"之说尚未成为官定的时间推定方法，民间的大多数民众也依然生活在中华帝国老皇历的时间流程中。对于一个已经难以维系其对天下的统治的朝代而论，"世纪的跨越"这个概念隐含着许多危险的因素，因为这个时间界线是那些给这个帝国带来莫大冲击和挑战的外来"红毛鬼"（洋人）的发明，而它所标注的时间转折，也可能潜在地威胁着这个传统帝国的延续。对于那些生存在死亡边缘的一般民众而论，世纪跨越所可能引起的社会动荡，恐怕也并不比历史上的朝廷更迭来得顺当。因此，从许多角度来看，处于19世纪向20世纪转折过程中的中国人，最好是忘却了"世纪"这个词，忘却这个可以被称为"象征暴力"的断代方法。然而，烟台天后行宫的建设者敢于直面"天朝"的时间命运，他们的代笔者在楹联中为这些勇敢的先锋表达了一个冒险的意愿："把二十世纪国魂唤起放眼帝阅史直等衣冠优孟同上舞台"。

天后行宫的主人，是福建船帮，所以这个行宫后来也被称为"福建会馆"。当天后行宫得以在一座富有外来殖民主义色彩的城市中屹立起来之后，福建船帮的成员们每年于旧历三月二十三日及九月九日天后得道升天之纪念日举办两度宏大的祭祀活动。他们不仅聘请技艺高超的艺人到戏楼表演古装历史剧目，而且还成群结队地用一座豪华的銮驾把天后迎到烟台的大街上招摇过市，张扬船帮的群体凝聚力与赫赫威风。"从八百英里航路通来揭耳鼓闻韶是真邹鲁海滨何分乐界，把二十世纪国魂唤起放眼帝阅史直等衣冠优孟同上舞台"这两句话，不仅显示了天后行宫戏楼表演的历史剧的风度，也表达了船帮在世纪转折的关键时间点上于中华帝国的"边陲地带"与欧洲殖民主义者竞争立足之地以"唤起国魂"的雄心。

在民间商帮以文化复兴运动的姿态展开他们的活动时,在正统的官方文化内部,却出现了一次重大的"改革"。由明清两代朝廷继承传统加以弘扬的科举制度,到了清末被废止。光绪末年,清政府决定逐步以学校取代科举。光绪二十八年(1902年),科举制度未废,福州却早已创立全闽大学堂(后改为"全闽高等学堂"),泉州亦在同年筹办"泉州府官立中学堂"。清政府废除科举制度前夕,福州绅士潘炳年、叶在琦、陈宝琛等与泉州陈紫仁、黄谋烈、黄博扶等相议,第一期招收举、贡、生员、童生入学待之以"大学生"。当时晋江祥芝蔡凤玑久寓漳州龙溪,在漳教会学堂任教,泉州知府提请他为"坐办",租城东新府口左侯祠为校址,合提督万栋旧府的一部分,设有教室(课斋)、礼堂(即讲堂)、膳厅、厕所、宿舍,请在籍翰林李清琦为正总办,黄谋烈为副总办,光绪二十九年(1903年)开学。学校拟定正取40名,备取40名。当时应考学生有几百人,已考进秀才的(共有5人)不必考试,请各县保送。清廷订普通中学5年,以考试录取,奖以拔贡、优贡、岁贡等名。学科分为二种:经、史、古文、地理等称为内科学,英语、数学、博物、理化称为外科学。当时考举未废,学生一面学习,一面以童生参加功名考试。[34]

清末,面临衰落的王朝出现对文化进行"改弦更张"的倾向。此时,泉州民间社会却热衷于复兴明清时期延续下来的传统。清末,以铺境为单位的祭祀活动仍然继续进行,一些社区进一步修缮逐步破旧的宫庙,铺境社区与社区之间的动态性仪式竞争活动(械斗),也空前地活跃。无论是在城还是在乡,乡族势力在政权空隙中找到了扩张自身实力的机会,以地方乡约、里社为基础,涌现了机制复杂的权威机构与社会关系制度。到了清末,这些机构和制度已经完全脱离了政府的监控,而成为民间自治组织。当时地方社会的动态状况,曾经为一些士大夫引以为社会弊端。例如,光绪末年,《泉俗激刺篇》[35]作者吴增便持这种看法。这部作品以诗歌的形式对当时社会上种种现象加以近乎理性的抨击。作者"古丰州人"吴增,字桂生,生于清同治七年(1868年),卒于民国三十四年(1945年),原籍南安(古称丰州),其父迁居泉州,家世寒微,幼入塾读书,因家贫时读时停。15岁丧父,更加穷困,到商店为学徒,性好学,夜里常就店中灯下读书,老板责备他损耗灯油,不准再读,他愤而回家,靠母亲为人缝补洗衣度日,自己努力自学,18岁出当塾师,后应科举,中光绪壬寅(1902年)举人,甲辰(1904年)进士,点"内阁中书"官职。在京看到清廷腐败现象,弃官回泉。曾应友约,往游菲律宾,因为人撰联,被指为语讽朝廷;又对侨胞演说,言辞稍为激烈,便为清廷驻菲领事馆迫令回国。归后以教书卖文为生。吴增对于时弊的大多数批判,是一针见血的。但是,作为一个有时代局限的士绅,他对于泉州当时的"风俗"过于悲观,认为它们是"乱"的原因,而并没有想到,这种"乱",正是对于当时虚假的"治"的一种替代形式。

9. 乱世亡灵的超度

清末，泉州与中国其他地区一样，保持了一定的社会活力。但是，士人、朝廷和民间长期积累的政治智慧，随着外来文化霸权的来临而出现严重危机。在位居文化冲突前线的泉州，共处一城的社会各阶层，共同感受着这一危机，以不同的方式，回应着外来的冲击。其中，尤其是有秘密教派属性的民间反抗组织，不仅威胁着晚清政府的权威，而且也冲击着列强在华的支配。然而，此时，欧洲帝国主义势力已随着美、日、俄等新兴强国的加入，而成为一个势力强大的联合阵线，晚清国内各阶层对列强的分散回应走向了一个暗淡无望的处境。在这样的情况下，一致对外成为时代的号召。由于仍旧试图维持"高高在上"地位的清廷尚无加盟"联合阵线"的意愿，因此，一致对外，往往以微妙的仪式行动在象征领域中得以实现。

对于幽魂的恐惧

对于"外人"的抗拒心理，在与列强接触的早期就已很严重。最早的抵抗性反应，表现在正统守护者在跨文化关系中维持的"高傲姿态"，或者说，表现在朝廷和士人对于那些"洋夷"之"非礼"的文化偏见上。[1]而随着"夷夏关系"向海外势力的单向倾斜，到了18世纪后期，意识到"洋夷"尤其难以言表的优势力量，不少人则产生了对其"勾魂"的超自然势力的恐惧。[2]到了19世纪40年代，在部分士人中,心态出现了根本变化,产生了放弃偏见、正视事实、"师夷之长技以制夷"的思想。魏源著《海国图志》,以林则徐主持汇编的《四洲志》为基础,写成一部远比正史外国列传和宋元域外地理志充实的长篇史地之作。《海国图志》提供了80幅世界各国地图,以巨大篇幅详叙各国史地,深入考察列强的工商业、政治和技术发展状况。书中的《筹海篇》和《元代北方疆域考》,对处理与海上列强的关系及北方边疆关系提出了有深谋远虑的思路。魏源主张引进西方的先进工业技术,制造船炮,以抵抗侵略、克敌制胜,相信"不善师外夷者,外夷制之"。尽管诸如魏源之类士人的思想持续影响着国人,到了19世纪末期,在清王朝对"洋夷"彻底示弱的时代到来之际,与"勾魂"相似的文化恐惧意识却骤然升温。

也就是当这种恐惧意识在中国各地上升之时,日本这个新兴的近代国家,其资本主义得以勃兴。1868年明治维新后,日本逐步成为远东强国,此后,它加盟"西洋"阵营,共同威胁着中国的边疆。清朝在西南内陆地区的"中法战争"中失败之后10年,日本得到英、美等国的支持,蓄谋从朝鲜北进中国,并试图变台湾为其殖民地。

日本的扩张所导致的中日紧张关系,最终以中日"甲午海战"的爆发而发展到了极点。[3] 此间,清朝的北洋海军并不完全处于弱势,但是,对于"东洋"的惧怕,让清廷主动对日方做出巨大退让,于光绪二十一年三月(1895年4月)与日方签订《马关条约》,把辽东半岛和台湾及其附属诸岛割让给日本,并给予日本战争赔款,为其添设通商口岸。

《马关条约》签订以后,日本军队登陆台湾,准备对其实行殖民地化。在此过程中,台湾官兵、地方士绅领导的军事组织,地方"土匪"以及民间各界进行了激烈的抵抗,但最终由于缺乏朝廷的支持而伤亡惨重。

保卫台湾的战争所带来的伤亡,随即在海峡对岸的泉州地区造成了深刻恐慌。其时，泉州恰又流行瘟疫，被病魔带走的人命如此之多，以至于人们不禁要将之与战争带来的伤亡相联系。人们深知，由战争和瘟疫带来的死亡是由一定具体原因引起的。然而，对于如何克服战争和疾病带来的危机这个问题，无论是民间各界，还是在政府官员当中，都缺乏现实的答案。人们所能做的，只不过是用"超现实"的办法来处置已经发生的"现实"。

光绪二十二年（1896年），也就是《马关条约》签订后一年，在台湾海峡对岸，日本势力在台湾建立其殖民统治，而在泉州，一场席卷城乡地区的超度亡灵运动拉开序幕。

关于这场超度亡灵的运动，由负责仪式事务的组织编订的文献《泉州募劝承天万缘普度》（延禧局1896年汇编本，下同），为我们留下了珍贵的记录。

其中，关于超度仪式的起因和目的，地方宗教精英人物傅霖（字维鼎）所写的《南无山海慧自在通王如来榜》一文作了如下明确的说明[4]：

> 今为大清国福建泉州府晋江县四来等境共修因果，普度幽冥，翻贝叶之灵音，集刺桐之福荫。念近岁海疆多故，德邑被灾，燹火成墟，兵尘积野，小丑作跳梁之态，大兵扬挞伐之威，旌旗动而日月无光，千盾挥则风云变色。怅一城之骚扰，兽因鸡连，嗟百里之荒凉，龙吟虎啸。犹幸霓旌色壮，拔城还奏凯之师；鸾哕声扬，在泮纪献囚之绩。扫狼烟而开荆棘，谋鸠聚以奠苞桑。固已大地皆春，普天同庆已。孰知东征斧钺，一战空还，南国屏藩，三台遽削。相臣功业，独夸割地之能，天意苍茫，未及厌兵之候，至犬羊之小国，恣狼虎之雄威。台之人世受国恩，久居故土，惜江山之锦绣，耻戎狄之冠裳。剖腹开诚，合义士力图报效，割须潜遁，奈假王莫补空言，兵失掌而势孤，贼乘机而力进。一

天什日，争关后羿之弓；万项惊涛，谁济传岩之楫。无怪干戈气夺，金鼓声虚，迁徙纷纷，死生了了。楚氛甚恶，动教荼毒生灵；秦政日苛，那惜凋残民命。是以沥孤城之血，祸遘睢阳；流四野之膏，惨遭回纥，含冤莫白，抱恨难平，共登枉死之城，愿入无生之路。青磷闪火，夜飘倚之魂，白骨凝霜，昼作惊人之状，遂使兵戈之气酿成疠疫之灾。加以青草烟霏，黄茅瘴发，灾星示异，祸水横流。五瘟使衔命而来，百姓家有身如寄。种无名之毒，吾未如何；罹未有之灾，至于此极。考医宗金鉴，空传老鼠之钻，脱国手青囊，谁擅摸龙之术。此即缕悬长命，符佩护身，五木薰汤，百花酿水，要不足扶危济困，挽造化于须臾，起死回生，补阴阳之缺陷。吾郡犬牙相错，鳞籍联编，纵隔天河，潜通地轴，盼丹车之驾驭，载行旅以往来。彼毒焰之纵横，比恶氛之渐染。桐城内外，素雾迷天，草野生灵，望风委地嗟蚌蟒之，性命作鸿雁之哀鸣。所愿五邑名山引祥云，而遍覆双江流水，化甘露以浓敷。乃订绅耆共伸诚敬，效周官之逐疫，扫荡妖魔，赛楚国之迎神，肃清尘界。祥轮影射，寒生疠鬼之心。法鼓声沉，擂破游魂之胆。易才占夫勿药，诗旋咏乎且平。苟非得渡世之慈航，仗伏魔之慧剑，何以乘否极泰来之会、立乾旋坤转之功乎？

所以通淮关圣帝君目击疮痍，情关疴痒，指琼台而下马，乘宝诰于扶鸾。为穷灾害之原，命结因缘之果，意以四郊战垒，英雄半昭沉埋；一网灾区，生死何关种类。或关山万里，逆旅飘魂；或骨月（肉）一家，捐躯为国；或无儿之伯道，难延一线声香；或骂贼之铁铉，竟入千秋鼎镬；或廓鸿声于宇宙，红尘堕浩劫之中；或著枭恶于邦家，黑籍隶阴诛之列。凡诸滞魄，共抱沉冤，随劫数以沦胥，讵区分乎兽善恶。善者知人谁不死，勘破机关；恶者乃恣极而横，酿为妖异。诞登彼岸，非宝筏何以指迷津。普济众生，惟金绳乃以开觉路。故特扫月台之净地，施露泽于承天，赦命通关，卜九秋之下浣，树幡动鼓，诹十月之初旬，人第见烧爆竹则魑魅皆惊，散香花则魁魔共伏。洗月支之钵，则一城沐而灾消。薰弱水之香，则百里闻而疹祓。不知延沙门之法众，诵天竺之真言结万善喜缘，广祈多福，度一切苦尼，大开法门，四十九天大会无遮，十八狱幽魂齐脱。更可破三生之孽障，鼓荡天机，开一片之婆心，轮回世界。谕孤魂之等众归女室与男堂。听说法于生公，点头大悟。得传经于天女，合掌鸣恭。发菩提心，省识不生不灭，运广长众，须知即色即空。分香积之清斋，含哺鼓腹，飨伊蒲之法食，义粟仁浆。翘道天堂，借阶梯于宝藏，脱身地府，凭忏悔于金经。晦气既消，祥氛自布，民登仁寿，化洽安平。不必饮鞠酒而延龄，不必服蓬蘽而辟疫，不必写钟馗之影而群鬼销声，不必悬束艾之符而百灵效顺。吾想泉山秀挹，海国春融。干戈化日月之光，带砺享河山之福，甲科乙榜龙虎同登，子妇丁男螽麟衍庆，商贾入五都之市，利溥同人；农夫受百亩之田，岁歌大有。万家醉饱，共知让水廉泉；一曲升平，谱出和风甘雨。

关于举办超度仪式的原因，傅文说得很清楚。这首先是因为："天意苍茫，未及厌兵之候，至犬羊之小国，恣狼虎之雄威。"

如该文记载的，战争和瘟疫导致的死亡，后果严重，"桐城（刺桐城泉州）内外，素雾迷天，草野生灵，望风委地嗟蜉蝣之，性命作鸿雁之哀鸣。"为了为"五邑名山引祥云，而遍覆双江流水，化甘露以浓敷"，地方绅耆"共伸诚敬"，请示了通淮庙关帝爷的旨意，后者降旨，允许地方绅民"效周官之逐疫，扫荡妖魔，赛楚国之迎神，肃清尘界"。为此，地方士绅组织官民"普济众生"，期望通过这一仪式的举办来实现一个和平和繁荣社会的复兴，也就是，"干戈化日月之光，带砺享河山之福，甲科乙榜龙虎同登，子妇丁男螽麟衍庆，商贾入五

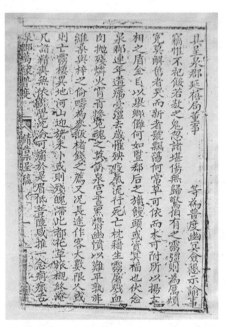

图 9.1　承天寺超度仪式序文（1896年）

都之市，利溥同人；农夫受百亩之田，岁歌大有"。

显然，泉州在 19 世纪末期召开的那场超度亡灵的仪式，与许多非西方社会面对西方殖民主义"文化接触"而展开的"文化复振运动"（revitalization movements）相近。据美国人类学家华莱士（Anthony Wallace）的界定，复振运动的实质在于"社会成员通过深思熟虑的、有意识和有组织的方式，力图建构一个更为人满意的文化的努力"。[5] 尽管这种运动可以发生在人类历史上的任何时期，但在文化激烈的接触过程中表现得最为集中。从广泛的类别上说，复振运动可以分为"本土主义型"和"完全接受外来文化型"两类。[6] 这两种类型的复振运动，都带有重建本土社会秩序的期待，但前者的表现是力图恢复受到外来冲击的本土文化，后者则指在文化危机的过程中对于外来文化因素整体的全盘接受。尽管我们很难简单用其中一种去形容泉州清末举

图 9.2 举行超度仪式的闽南古刹承天寺（正原摄于 2015 年）

办的超度亡灵仪式，但从整体的特征看，这个仪式事件明显具有组织地方社会成员以达到共同恢复文明秩序的目的。加之这一超度亡灵的仪式强调了宗教在文化调整中的功能，因此它与本土主义型的复振运动更为相近，集中体现了 19 世纪末对整体文化重组的诉求。

"承天万缘普度"的发起

泉州超度亡灵的仪式事件，发生于光绪二十二年十月（1896 年 11 月），举办地点在当地著名的佛教寺院承天寺。

泉州承天寺，位于古代城区崇阳门外东南，五代时，此地为节度使留从效的南园，后周显德年间（954—960 年）改建为佛寺，初名"南禅寺"，宋景德四年（1007 年），赐名"承天寺"，宋嘉祐年间（1056—1063 年）一度改称"能仁寺"，政和七年（1117 年）复名"承天寺"。元至元年间（1279—1294 年），承天寺建七级佛塔，明时多次

9. 乱世亡灵的超度 | 351

修缮，清初又加以重修，鼎盛时期，有殿宇40余座，田产千顷，僧众1700多人，为泉州三大丛林之一。

在承天寺举办的这次超度仪式，宗旨被界定为"结善缘""度亡灵"，故正式称为"承天万缘普度"。

据华莱士的论述，一般而言，文化的"复振运动"首先是由个别的宗教精英分子在梦幻中促发的意念，进而逐步传播到社会各界，引起社会大众的普遍支持，而变为一种席卷全社会的运动。

考察遗留的文献记载，我们也可以看到，泉州"承天万缘普度"的缘起过程与"复振运动"的一般规律相符合。

这场重大仪式的发起组织，是泉州著名的通淮关帝庙的宗教团体。

到19世纪末期，泉州通淮关帝庙已经成为当地最权威的民间宗教组织的所在地。在这个庙宇中，不仅设立一个管理地方宗教事务的"董事会"，而且还活跃着大量的"善书"宣讲活动和鸾堂组织的神明沟通仪式活动。光绪二十一年，在日本殖民主义势力登陆海峡对岸的台湾不久之后，面对着"东洋夷人"导致的战乱所引起的生命危机，通淮关帝庙的宗教活动团体早已通过鸾堂的仪式获得关帝的"圣谕"，言其能够通过展开"巡狩"仪式而平息引起危机的幽魂。在关帝鸾堂授意的前提下，通淮关帝庙的宗教精英早已于该年关帝诞辰庙会（农历五月）之后数日举办了一次"关帝巡狩"仪式。据泉州地方史家陈垂成等的研究[7]，这次"关帝巡狩"涉及整个城区。巡狩开始之前一个月，关帝庙的宗教事务组织在泉州城的7个城门"出香条"（即贴出通告），告诉城内民众开始斋戒。其后，全城实行一场大扫除，清濠沟，折鸡埘，除障碍。出巡前三日，全市禁屠。接着，出"路关"如下：

泉郡通淮庙关圣夫子
汉寿亭侯圣驾游路关

×日×时由本庙起驾从（某地）经过
至（某地）圣驾回庙
×日×时由本庙起驾从（某地）经过
至（某地）圣驾回庙
×日×时由本庙起驾从（某地）经过
至（某地）圣驾回庙

×年×月×日
泉郡通淮关岳庙董事会

　　出巡前，充任巡狩组织者的缙绅董事与参与盛典的文武官员实行斋戒沐浴，之后，往泉州规模最大的道观元妙观向"天公"进表，向至高无上的众神之王奏闻，祈求弥宵降福。五月十九日夜子时，圣驾出庙。奉表缙绅在前，"香担""球炉""灯仪"跟随，然后是关帝二驾、龙宫城隍、关帝大驾，依次前进，一路上庄重肃穆。到元妙观，圣驾依次排列，奉表官肃立，司仪唱仪。礼毕圣驾回庙。傍晚开始第一天的巡狩，城区千家万户摆设香案，案上供五果、六斋、清茶、鲜花，点燃炷香、对烛，熏烧贡末、檀香。全城鞭炮轰鸣，震天动地，硝烟弥漫，烟灰腾空，执帚、举叉、拉布栏之信士信女，先行开路。从通淮街出发的游神队伍，由路关前导，四面直径一米的大锣鸣声开道，执捧举牌之士分成两行，举黄底金字的"肃静""回避"大牌。一个彪形大汉高擎大纛，纛杆插在竹筒中，竹筒挂在大汉颈项上，纛高数丈，纛尖系四条彩绳，四个大汉分四角拉牵，纛上写着"足义神武灵佑仁勇威显护国保民精诚绥靖翊赞宣德关圣大帝"。接着是旗灯，旗灯以灯为旗，扎32圈，每圈挂1对红灯，单行竖举，约20余对。再次是长吹队、犀螺队，阵势威严。接着便是各铺境、各行庄、各乡里敬献给神明的礼品，这些礼品很特殊，为棉纸和纱绢糊成的《山海经》图中的兽类,其底座加上木轮,可以推拉前行,每件礼品都由乐队伴送,乐队有各种形式,或五音、或十音、或弦管车鼓,队伍填街塞巷,灯火成河,管弦喧天。关帝起驾时,"香炮"连响12发,震耳欲聋,鞭炮大响,呼声腾起,人群拥着"大帝""二帝"出庙,二驾8人抬,8人护,大驾16人抬。圣驾开始巡行,一路上前呼后拥,大街变成人流。人们相信,出巡的关帝,有障即除,有脏即清。他的到来即天威驾临,因此,民众沿途跪拜叩头,有的泪随声下,感谢圣恩。

据说,光绪二十一年"关帝巡狩"之后,泉州的疫情果然大减。但是不久,从海峡对岸漂来的"孤魂野鬼"又给泉州的生命造成威胁,而瘟疫之害虽然暂时有所减轻,但不能说完全消灭。于是,光绪二十二年,通淮关帝庙的宗教社团组织进一步联合了泉州各道佛教派、民间寺庙组织和地方士绅团体,重新向关帝"卜问"。关帝果然下"圣谕","批示"再度展开一次全地区的超度活动。

关于此,《泉州募劝承天万缘普度》序文中说:

……卜之,关圣果协人谋,阴惨以舒,阳和允布……凡兹地下沉沦,均望法门俅拔。爰于孟冬六日,建四十九昼夜道场。香火有缘,聊众心于一万,德施自普,度世界之三千大愿。船咸与诞登,天堂不远,往生咒勤加唪诵,地狱为空。异乡则路引齐颁,阴阳界无虞阻碍,水府则法轮叠转,沉迷途立予超升。功果非诬,资财宜足。所赖当世钜公、四方善信,同扶义举,乐舍金钱,效子敬之困,固堪造福,舍阮孚之挂杖,亦见输诚。庶几惠溥夜台,咸欢欣而鼓舞,光回震旦,长炽寿而康强。化日增辉,慈云绚彩。惟期种德,以迓休祥。

颁下之后,"圣谕"地方宗教和士绅组织递交给当时专门处理丧事民政事务的承天寺泉州延禧局"绅董"一份文件，原文如下：

> 具呈泉郡延禧局董事：等为普度幽冥，佥恳示谕事。窃惟不祀馁若敖之鬼，忽诸堪伤；无归惊伯有之灵，疆则为厉。烦冤莫解，旧者哭而新者号，飘荡何常，草可依而木可附。所以扬方相之盾，金目以举乡傩；何如竖郊后之幡，馒头或资冥福也。伏念泉郡连年遘疠，台疆去岁罗殃，疫气流行，死亡枕藉，生灵屠戮，血肉抛残，燐火宵青，惨冤魂之莫诉，泉官昼黑，郁幽愤以难平。孰非维桑与梓之伦，畴为麦饭楮钱之荐。又况长途作客，大数限人，或则亡灵栖异地河山，迎幡未卜，或则残魄滞此都，花草旅榇终淹。凡诸精爽无依，真觉沉沦可痛。于是眉低菩萨咸推一念恫瘝；舌运广长，共议万缘普度。悯九幽之苦趣会作盂兰，集千胺以成裘功资坛钵。斋场宜肃清洁，则寺择承天，宝忏频，宣光明，而域通净地。谋以阳月初六谋始，迄于仲冬廿四告成，建四十九昼夜之经坛，度亿万千魂灵于觉路。但恐接踵摩肩之际，往来易溷奸邪，残羹冷炙之旁，饮食或生嫌隙。伏望舆情俯顺，晓谕下颁。毋许宵小潜踪，严禁匪徒滋事。庶几善缘共结，佛国遍开欢喜之花。沴厉全消，温陵长报平安之竹矣。为此佥请祖大人、大老爷恩赐施行，诚为德便，切呈。

延禧局"绅董"接着把上述申请文件转递地方官府，首先取得在本地及外地任职的泉州人物（如蓝翎五品衔前广东新兴县知县蔡德芳、花翎广东补用府刑部主事前翰林院庶吉士陈繁仁等）的支持，进一步以"古者天子诸侯大夫祀及外神，必各修夫泰厉、公厉、族厉典行逐疫"等等为名，促成官府的支持。于是，赏戴花翎特受泉州府正堂随带加一级纪录七次的郑氏宣布了一项告示，表示官方完全支持超度活动，并宣布让佛教寺院承天寺主持仪式的具体事务，由当地政府各界保障仪式的顺利进行。告示全文如下：

> ……此次特建道场，为消疠祈福起见，不准拥挤喧哗滋生事端。倘敢故违，一经该董事等指禀赴府，定即饬拿究办，决不姑宽。

接着，特授永安县调署晋江县正堂（泉州城区原亦为晋江县府所在地）加十级纪录十次叶氏也宣布了对此项活动的支持，其布告如下：

> ……除批示外，合亟出示晓谕。为此示仰城厢内外诸色人等知悉：尔等须知普度善举，务须禁约子弟，不准男女混杂、拥挤喧哗。倘敢故违及不法棍徒聚赌滋事，一经查获，或被绅董拿送，定即从重究办，决不姑宽。各宜凛遵毋违。

在官方的大力支持下，承天寺延禧局董事发布了关于举办超度仪式的"关圣帝君谕"全文，并宣布完全按照这个"圣谕"来办理有关超度的事务。告示如下：

> 奉通淮关圣帝君谕：举万缘普度，在承天寺诹古建坛，并于城内外及各都、各铺、各境分日普度。其五邑所属等处，如未及分日普度，务祈诸善信各结良缘，共助盛举。自十月初六日起，至十一月廿四止，各从其便自行择日，各就家门随量备办筵席、祭品，普施幽冥，福有攸饭。峕此布闻。
>
> 再凡有愿捐承天寺普度香资，务祈取回收单，各加经手董事印记，以昭慎重。又启。
>
> 泉郡承天寺延禧局董事启

赦牌与地方社会的整体动员

承天寺延禧局主持的超度仪式，严格依照通淮关帝的"圣谕"内容举办。超度仪式的中心地点即在承天寺内，但在仪式举行之前，为了动员整个地方社会参与这个仪式活动，承天寺延禧局获得了泉州城区主要官方庙宇府属城隍庙、县属城隍庙、泉州府正堂、晋江县正堂的"赦牌"，"赦牌"的主要内容即是通过宣布赦免泉州地区所有孤魂野鬼的"罪"，吸引它们加入"万缘普度"的行列，从而督促孤魂野鬼活在世上的家属和他们的社区参与仪式的整个过程。

《城隍赦牌》如下：

> 泉州府城隍、晋江县城隍为普度幽冥，会同通饬验放、如期回归事。照得境判幽冥，理无同异，故阳有恤灾救荒之政，亦阴有超尘度劫之文。念诸幽魂，或厄水火之灾，或遭干戈之劫，或羁栖客死，或悲愤病亡，或法网罹凶，或产房溺血，或轻生自尽坠苦海而难升，或后嗣式微，转饥肠而失祀；以及暴尸旷野，丧命重洋，枉死多年，投生无路，悉属沉沦可悯，皆当普济无遗。今泉州承天寺内，自十月初六日，迄十一月廿四日，凡四十九日，建设佛坛，广施法食。尔等十方鬼众，或经千里程途，所有要隘通津，无许留难阻滞。经准阳界泉州府、晋江县关会牌示，为此通饬。沿途地方境主、桥将、水神，一体祇遵，随时验放，俾诸幽魂得赴盂兰之会，同听贝叶之经。灯放大光明，顿通觉路，场开大欢喜，齐上天堂，尔幽魂得解脱之良缘，喜超升之有自，当恪遵佛令，各种善根毋犯阳人，致干阴律。若既斋坛，享毕，速由原路驰归，不得境内稽留，沿途滋扰。各宜谨凛，毋违须牌。
>
> 　　　　　　　　　　　　光绪贰拾贰年玖月 × 日给
> 　　　　　　　　　　　　　　府城隍、县城隍印

在城隍庙和官府的赦牌发布之后，承天寺延禧局董事会也随即发布了它的赦文（此赦文僧从拿到府县城隍焚化）。《延禧局董事赦文》如下：

> 秉释迦如来遗教，奉行灵山佛旨赦命，法事普度幽冥事。
> 据大清国福建省泉州府阁郡士商、四来等境居住，蒙关圣帝君谕，设坛顶礼，拜佛宣经，结万众之缘，度十方之鬼，经将翻天贝叶，文先达乎冥关，赦坠劫之幽魂，钦如来之佛旨事：兹因去岁气候有愆，以致群生祲迭告。初由香港递及鹭门，渐至郡城，多沾鼠疫。幸而天心仁爱，抵今夏午安全。既转凶而为吉，爰议结夫良缘，敬择九月廿五日，赦命通关文颁下地。谨诹十月初六日竖幡、动鼓，寺在承天。开一十八地狱之圜扉，作四十九昼夜之功果，旬凡七日七昼一旬，座配七城七宵一座。凡兹男女各就行列、听说法而点头。令无哗以遵命；受无遮之甘露，赴胜会于盂兰。今特赦尔孤魂等，生处人间死归地府，富贵贫贱各有不同，孤独鳏，恒忧失所，欲求解脱之路，须仗佛之力施，演蜜语而破迷关，礼观音以度尔众。所有造下累劫、多生无名、等罪三生、冤对祸仇，尽皆解释，超劫往生。至拘系阴司，罢停酸楚，不论大小轻重，咸行赦宥。各属关津境主、土地，一体放行，毋得稽延阻止，上干科律。感佛法之无边，随之方应化究；神恩之广被，有类皆沾。赦书到日，遍布鄞都，遵行参违。须至赦者。
>
> 　　　　　　　　　　　　　　太岁丙申年九月廿五日给

立坛与竖幡

在泉郡承天寺延禧局董事的公告中，明确地规定了超度仪式的地点和时间,云:"举万缘普度,在承天寺诹古建坛,并于城内外及各都、各铺、各境分日普度。其五邑所属等处,如未及分日普度,务祈诸善信各结良缘,共助盛举。自十月初六日起,至十一月廿四止,各从其便自行择日,各就家门随量备办筵席、祭品,普施幽冥……"整个仪式延续49个昼夜,开始于十月初六日。在当天,承天寺院内设立祭坛。对于祭坛的结构,没有文献记载。但应与中国佛教中一般"醮祭"仪式大抵一致,即在寺庙各分殿设立住神和配祀神位,在寺院的中轴偏南设立"七星灯",在其偏北处设立亡灵的超度祭坛。郡中绅商士庶共同资助编辑、吴曾书《光绪丁酉仲春阁群延禧》一文,记载了各祭坛的对联资料,从这些资料可以窥见承天寺祭坛的情况:

大坛联文:

结香火缘善男子善女人合众生广行方便
解真实义观世音观自在望诸华大转轮回

大千界会结盂兰佛现光明僧顶祝　福泽人才做这般事
坛坫中经翻贝叶生延福命死超升　清净地可作彼岸观

丹黄榜前、地藏王前联文:

丹水酿成三界雨　地府欢腾庆一切苦厄
黄金布作一团沙　藏经法演现五蕴光明

大殿前联文:

在道阐金刚佛国中转身乐国　大乘密谛垂甘露

9. 乱世亡灵的超度 | 359

殿光分宝相月台上引领莲台　殿宇灵晖化吉云

　　风拂祥幡一邑名山消瘴疬　发大愿力
　　日明香树蒲城瑞气入云霄　结善因缘

　　借桐郡人祇园结万□喜缘四十九日兰盆盛会
　　帚承天为净地愿五疠气随千万亿佛莲座皈依

四天王前、男堂、女室联文：

　　四禅说谛开龙会　男女正出入以度　广祈多福
　　天女持经悟鸽王　堂室开居处必恭　大开法门

十殿王前联文：

　　体上帝好生脱九幽滞魄沉魂付与沙门开觉路
　　相下民阴骘喜一世善男信女勉从苦海渡慈航

主坛夫子座前联文：

　　主宰协阴阳俯察民情不愧馨香俎豆
　　坛谯同善济偶参佛法何妨文武圣神

阴阳司官前、班头爷前联文：

　　阴律无私权分爕理　好送幽魂登道岸
　　阳春有脚泽被幽明　还将法语悟禅因

斋坛联文：

斋居说法开生面　尘露洒清尘世劫
坛席鸣钟布福音　幡风吹出恼城魂

金刚佛联文：

眼光四射空三办
拳握双挥荡六魔

金碧炫光辉头角峥嵘昭法相
刚强塞天地声灵赫濯扫妖氛

承天寺门联文：

为五邑延禧从此刺桐沾法雨
修万缘普度怀然白水济慈航

延禧普度总局联文：

延福会无庶看清紫葵罗祥氛四起
禧祺征有象喜兵戈疠疫晦气全消

班头前联文：

班中皂隶通阴律

头上青天赫鉴观

在祭坛确立以后，十月初六日前夜举行净坛仪式，接着举行"请神"（即请神入座）的仪式。尔后，十月初六日清晨，举行"发表仪式"，向神明、菩萨表明本次仪式的意图等。据延禧局董事会编辑的文献集《泉州募劝承天万缘普度》，超度以前所发的表文包括在关帝为主神的道教祭坛发出的表文、在佛教主祭坛皇觉梵檀发出的榜文、向南无山海慧自在通王如发出的榜文以及向所有祭坛发出的疏文。除上文所引《南无山海慧自在通王如来榜》之外，其余表文如下：

进表稿

（十月初六日道坛申）

清褒封忠义神武灵佑仁勇威显护国保民精庆绥靖翊赞宣德大帝、（臣）关某谨顿首稽首言上：伏以帝出乎震九霄开诛荡之门，皇建厥中，二气鼓茵蕴之橐。布行生之大化，轧运无愆，檀位育之真机，周流不息。劫灰净扫，经荡涤于乾功，闾泽覃敷，祈更新乎泰运。仰体好生之德，净果同修，冀沾广运之仁，善根永庇。敬演真如之教虔蕲皇矣之临。谨率蚁众以输诚，伏望鸿慈之式鉴。恭维皇天上帝陛下，一无恢漠，万有弥罗。禀太初、太始之精，立于穆於昭之命，静专动直，自有显神藏用之功，赏罚非私，本无亭毒虔刘之意。（臣）叨承典祀，累荷崇封。泉山晋水，系一郡之瞻，依秋报春，祈享万家之顶祝。庇民护国，素矢忠诚，捍患御灾，实怀本愿。念自去岁以迄今年，疠疫繁兴，生灵多故。固知惟人所召，匪降自天。惟是幸。劫运之消除，宜善功之广积；爰合四众之微诚，特建万缘之胜会。涓择十月初六日，迄十一月廿四日，四十九日，命阖郡官绅士庶、军民人等，广延僧众，普度幽魂。寺卜承天，坛开净地，朗鸣法鼓，畅演楞伽。为薛荔道而忏除。设盂兰盆而救度，纸钱似雪，遍分祇树之金、香米如山，咸饱煞蒲之馔。转光明之宝藏，莲界齐升礼，忏悔之琅函，梵天共度，罪花焦种，洒甘露以均沾，黑狱青亭荫慈云而广被。以拯沉沦于既往，以延福祉于方来。伏愿广施圣惠，普洽庞恩，齐七政于四时，常平酉气亥孛、巳计甲罗之沴，纳万灵于五福，不遘凶荒、矢札、荧潦疫疠之灾，诏三台拯黔部之氓，俾阎浮界都成寿，寓命九圣，赦黑书之罪，使泥犁狱尽变化城。会教瑞溢双江，常驻庆云。景星之曜，长使福临五邑，永绥和风甘雨之祥。（臣）不胜瞻仰祷祈之至，谨奏表以闻。

光绪二十二年十月×日呈

黄榜文皇觉梵檀

伏以心灯一点开觉路于穷泉，宝筏三乘渡迷津于彼岸。演妙莲笔之秘密，广集檀那；拯豪薛荔之沉沦，同畈梵刹。道场既启，告谕用张。今据大清国福建省泉州府城厢内外官绅士庶军民人等诸善信，延僧在承天寺中建坛，奉佛修斋，宣经礼忏；冀为五邑人民增延福祉，并为十方鬼众超释罪愆；各抱颛诚，同希慈鉴。念自去岁以迄今年，疠疫繁兴，生灵多故。幸荷彼苍眷佑，我佛慈悲，谊除疾瘥之灾，载锡安平之福，因思劫运既消，更合善功广积。恭奉通淮关圣帝君谕令，阖郡绅民同伸一念之诚，共建万缘之会。爰是涓诹吉日，拣择良辰，灯然宝炬，照冥路以光明，幡竖灵幢，导幽魂而应赴，朗鸣法鼓，畅演灵珈悯罗刹道之饥寒，设盂兰盆而赦度。惟愿自今而后，慈云遍覆，火气生凉，宝号宏宣，铜圄悉解，新鬼故鬼，适欢国以游行；大招小招，入化城而安稳，带荔披萝之众，脱离青亭罪花焦种之俦，蠲除黑籍。纸钱似雪，同分净贞于祇园，饭颗成山，饱餐伊蒲于香积。鄞都者，既渥叨骏惠。居阎浮者，自广集鸿禧。谨笾十月初六日至十一月廿四日，延伏沙门一坛，就于寺内建立梵场宣诵《大方广佛华严经》，再诵《地藏能仁尊经》，并诵《最上乘金光明经》，又诵《药师本愿真经》，顶礼《梁皇千佛宝忏》，复礼《慈悲三昧水忏》，旋转《诸天金轮宝藏》，加持《往生净土神咒》，颁降《灵山佛旨赦命》，略填男女受生库财，午献天厨伊蒲净供祀登，金刚菩提宝座敷演。

瑜伽焰口，普沾一切孤魂众。以此良因，合行榜谕：

阳界城社神明、阴府曹司吏役，务宜肃清法界，拱护坛场，上迎法驾隆临，下卫幽魂赴会。并谕尔等孤魂，近悦远来饥餐渴饮，各宜遵循礼法、懔守坛规，贵贱无分，冤亲平等，净财同领，法食均沾，慎勿喧嚣，有违科律。须至榜者。

右榜晓谕，幽冥知悉。

太岁丙申年阳月 × 日请

疏文《达佛疏意》

伏惟秋风凛烈，离边之菊蕊将残；冬日舒和，岭上之梅花乍放。喜天心之复见乾旋坤转之机，值阳气之渐生否极泰来之会。是以善男信女，果种菩提，降福消灾，天开忉利，合三千之世界，诵五百兮阿罗，持宝珞以擎天，迎金沙而遍地。兹据大清国福建省泉州府阖郡士商四来等众，仰荷通淮关圣帝君，悯自来之兵疫，嗟群汇之死亡，滞泉壤之幽魂，酿间阎之妖异，诞登道岸，宜开枉死之城，力脱幽囚，合引超生之路，望佛天而全忏，发宏愿以持经。于是结万善之良缘，成一时之盛举，善门托钵，宏搜百腋之狐。

法海开船，共渡六尘之鸡。布冥关之赦命，诹吉日以树幡。自十月之初旬，迄仲冬之下浣，传镫席定，寺扫承天，演钹僧来，灵聪净地四十九天，空门荡亡，有感斯通七千劫。孽海茫茫，回头是岸，脱风波于世网，赞水月之禅襟，登选佛之场中，仰参禅于座上，馨流宝鸭声澈木鱼，面北心斋，和南顶祝。敬宣《大方广佛真经》，再诵《上乘金光明经》，顶礼《慈悲三昧水忏》，复念《净土往生神咒》，颁降阴府库财，冥司填额。男堂女室仅忏悔于金经；司牒判官执勾销之铁笔。逢午斋分募化，食享隋缘，供净伊蒲，厨开香积。诵超生之神咒，玉钵生莲进上界之表文，金炉贡楮答神光之庇荫。仗佛力以扶持，所愿慧业增修，懋祺永锡，国恩家庆，物阜民康，化兵刀疠疫之殃，作怡悦允欣之象。引慈云于桐郡，草木皆春。施法雨于鲤城，鱼龙得水。念幽明之均感，合生死以同沾，爰敬肃乎丹笺，表精诚之素□。

　　　　　　　　　　　　　　　　　　　　　　　　　谨疏

　　与"发表仪式"同时，按照承天寺延禧局的要求，泉州所属的五县和城区各铺境同时举行"竖幡"，即在各社区（如社里和铺境）的地方神庙前竖立"普度"的七星灯旗。接着，十月初六夜间，"城厢内外铺户人家，在于门首备办荤菜、酒饭，助缘以敬幽冥"。各社区举行的超度仪式与普度期间举行的仪式大体相近，只不过不是在依据原有普度祭祀的轮流日期展开，而依据官府拟定的另一套时间顺序举行。显然，在各社区举行的配合性仪式中，也存在自立祭坛和戏台的离心倾向。于是，延禧局董事会不得已发布另一项声明，反对利用官方给予的认可，随便举行社区仪式，在社会中造成混乱状态。此声明如下：

延禧局董事告白：
　　万缘普度，诸善信如要演唱正音班、大小梨园、木头等戏，切须及早雇定，不可用衙门书院召单，以昭庆敬，以息争端。倘有用召单者，告知本局，即与理论，万勿滋事，福有攸皈。

承天寺的七旬仪式

自十月初六日起，至十一月二十四日止，共49昼夜，被分成7个祭祀时间单位，各时间单位均称为"旬"，每"旬"7昼夜。在承天寺的祭坛，这七旬的仪式主要由正规的佛教诵经团体主持实施。据《疏文》记载，所诵经文包括：《大方广佛真经》《上乘金光明经》《慈悲三昧水忏》《净土往生神咒》。在各旬仪式开始之时，均首先发出表文，以明确祭祀的目的和祈祷事宜。这些表文基本上能够体现承天寺主祭坛仪式的概貌，兹录如下：

第一旬表文

释迦如来教命法事沙门心印代白佛言：伏以马图献书，终事必本于始事。牺易垂象，后天必原于先天，世无分古今，有本斯立，事不论巨细，有开必先。欲观厥成，贵肇端于谨始。不揣其本，将徒劳而无功。况乃事关幽明，恩及生死，欲转祸以为福，俾被灾而降祥，更宜反身而诚。靡事不谨望末力不懈，处先事而预防。庶几众心不遗，群力齐赴，五体投地，一诚格天。基以端而克底于成，局虽创而必得其正，图终于始，既不贻有始鲜终之讥；由后溯前，自不作惩前毖后之虑，则知善气初长，福门甫开。造佛天之一层，演定经义于首席，欲上白科莲界，表寸丹于葵忱修意修词。望梵宇而北面，稽道顿首。叩法门于西方，为陈鱼笺之文，上渎狮座之听。盖以大清国福建省泉州府阖郡士商四来等众，念自甲午之岁兹丙申之年，阴阳失调，风雨不节，天降疫疠，民罹灾殃，同起蛇景之疑，共贻鼠钻之患。痈疽发背，谁向脑后穿针，灾害及身，安得胸中见症，甚至欧伤心血，镂出肝肠；人不皆科周瑜，病直等于李贺毒是无名之种，刀圭不灵，人获无妄之灾，生死莫卜。遂使束手无策，空听攫鼠之琴，含冤莫伸，漫诩捕蛇之说。于斯时也，苦雨凄惨，愁云阴森，鬼声夜啾，磷火宵烛。见之者目不忍见，闻之者耳何妨闻。是诚千百年之奇灾，亿万姓之劫运也。同载高厚，共深悯怜，矧怀慈悲，更垂恻隐。以此，通淮关圣夫子振聋发聩转旋气机，起死回生捍灾御患，引鸿嗷科中泽，输蚁慕于斋坛，荷天之好生，悯下民之垂死。故不必佩解疫之芝草，服延年于菖蒲，而被除灾侵，渐次安谧，化宇共隶，春台同登。夫固赖精诚之感通，共额手而称庆已。然而一劳永逸，谋必求科周详；正本清源，事贵得其要领。欲进伏魔之策，遂究致灾之由。意以六道九幽疠气斯积，五途入难游魂日多，困苦极则剽掠渐滋，抑塞疠久则狡狯百出，祷张为幻，势诚必然，防范觖疏，害伊胡底。诚使宝筏津指，金绳路开，忏生人之罪愆，伸馁魄而超雪。则济莲叶于苦海，化作慈帆，滴杨枝于净瓶，沾来法雨。不诚借大乘之法力，度微尘之众生乎。尔乃共培福田，争修善果，宏纳黔首，广延缁流，建七旬之坛，诹十月之吉。波罗蜜是大神咒最上乘，故名如来。善男子善女子，躬逢胜会；观世音观，自在大开佛门。听蒲团之经声，咒名解脱，弥桑树之慈荫，种是菩提，进焦面之鬼王，命撤泥犁之狱；现慈心于我佛，力开柱死之城。又复登戒坛以随缘，据斋席而募化。托饭食之钵，供净伊蒲开香积之厨，佛言布施。会万缘之普度，九京之沉魂齐升，开一片之婆心，五邑之灾黎咸赖。将所谓即空、即色，现五蕴光明。大慈大悲，度一切苦厄者，此也。兹者会逢道旬之期，用修顶祝之礼。一枝慧剑，终属祸根；一轮禅辉，乍弥寿宇。洒功德之水，火宅之凉方生，散阿陀之花，祇园之树初种。

9. 乱世亡灵的超度 | 367

所愿一鼓作气，众志成城，始基既端，半途毋废。更竭后路之力，勉图垂成之功。行见开诚布公，上邀佛鉴驾福乘喜，仰赖神庥加以力臻全神，共立胜举，三教登翌，一局终成。引慈云之弥天，沐甘露于挥尘，盼四境之绥靖，慰万家之祷祈。惟至诚者能感神，知修德者必获报。炉香乍热，佛弟子诚恐诚惶。罪花已焦，大菩萨救苦救难。吾知民乐安化，地称吉祥。刺桐有花开作曼陀之果，笋江流水共登大愿之船。旋乾转坤，因祸得福，为之兆也，不其然乎。（心印）等忝膺法坛，力阐经意，寅肃丹奏，申明素心。此时，法鼓刚鸣，诵金经而虔皈命，全日灵音毕奏，书宝牒以告成功。惟希仰沐恩惠，俯体微忱，不胜膜拜顶礼之至。谨疏。

第二旬表文

秉教加持主行法事沙门（心印）诚惶诚恐，稽首顿首，九拜上言：伏以桐郡延禧五邑绚昙云之覆，莲台说法，九霄沐甘露之施。仗佛法之无边，善缘喜结，荷恩光之普被净果同修。凡在光天化日之中，均蒙法雨慈云之荫。今为大清国福建省泉州府延禧局阖郡官绅士农工商军民人等，因念去岁气候有愆，以致众生灾祲迭告。死生呼吸，闻之碎胆摧肝；疫疠流行，见者伤心惨目。幸荷天心仁爱，获值夏午安全；都由佛力扶持，如登春台熙皓。用是消凶迪吉，议结良缘，且将合掌齐心，虔修净业。遵关圣帝君之谕诵，大方诸佛之经一诚格，洁心香于上界；五体投地，虔顶礼于梵坛，惟愿金绳开觉，主筏渡迷，锡两字之平安，慰万家之祈祷。水旱、戈兵、毒疠，未劫全消，幼稚、少壮、老羸，群生咸遂。庶泉郡增延福祉，亦夜台永放毫光，乐世界之荡平，荷神天之覆帱。从此古称"佛国"，长开法界华严，地号"温陵"，群享人间富贵。垂吉云而广布，火宅生凉，洒法水以频沾，泉山被泽。应钟甫奏,谱出有脚阳春。□钵时擎,自有点头顽石。岂惟齐云紫帽,瑞献名山,抑且浯渚洛江,甘流醴水。(心印)等寅衷敬表,子墨重申,复祈慈鉴,永锡天庥,无任,仰望翘瞻徼切屏营之至。谨奉表以日,合著松烟,上达神聪,兼行榜谕。须至榜者。

敕 文

释迦如来遗教沙门法事奉行灵山佛旨,为普济幽冥颁行敕命事。据大清国福建省泉州府阖郡士商四来等众,叨蒙通淮关圣帝君泽布鸾音,默宣鸿诲,命修絮果,共结兰因,延鹿苑之六缁流,启龙山之素席。正拟沙门说法,罗百叶以翻青,合持天竺遗音,叩九幽而遍白。俾悉超生脱劫,阴曹传赦宥之文,直同解纲开恩,阳界著宽刑之典。庶几拔沉沦于苦海,莺语佛共说慈悲;开锁钥于愁城,鹤飞迁,任凭解脱,试稽道而厘皈命,谨合掌而白佛言:粤自鲲海翻波,鳄烟蔽日,患遗养虎,毒恣吞鲸,背城倾一战之师,漂杆沥群生之血。生灵涂炭,大千天地之和;民命凋残,隐酿灾祲之气。既干戈之迭遘,旋疠疫之频加。泉郡分野星联,熏天日射,腥风远递,蜒雨横飞,鹤唳惊闻。纵乏同袍之赋,蠓尘被渗,谁收脱箧之功。当尘劫之惨遭,愿福音之共布;比灾区之肃靖,宜盛举之修明。爰集高贤,依集贤之胜境,同昭喜庆,得昭庆之嘉名。由是坛设承天,文颁下地,祥幡树荫,法鼓鸣庥。十月小阳春,煦物则春真有脚,一场大欢喜,延禧则喜洽群情。叩一十八狱之圜扉,宏恩不次;作四十九天之净果,大会无庶。按七日以奠一旬,合七旬而成一举。旬登一座,持偈谛以超生,座配一城,脱幽囚之柱死。幸诸滞魄,共得奇逢。男列男堂,女归女室;结人缘于香火,纳冥库之泉刀。分河润以生枯,天厨化食；渥膏流而丰膌，地府胪欢。法语听来，应点头而大悟，禅机参破，俨生面之别开。今特命尔幽魂：历劫人间沉冤地下，贫穷富贵品类难齐，苦厄冤仇，死伤不一。欲拔迷途之苦，但凭佛力之施，悟生者各受以生，悔罪者不加其罪。所有一切森罗铁案，法府金科孽镜照冤，恒河数劫举三生之罪恶，付一笔以勾销。翘首天堂，脱身地狱。了无边之酸楚、囹圄一空；入有路之轮回，超升万劫不拘种类，胥开二面之仁，凡掌权衡，共竭一身之力。至各属关津境主、土地福神，仍宜悉予放行，勿容沮止，俾悉梵坛□□□闻。

　　　　太岁丙申年十月×日主行法事沙门（心印）表奏

第三旬表文

　　秉教加持主行法事沙门（心印）诚惶诚恐，稽首顿首，九拜上言：伏以作大献于玉京，脱离众苦，伏化通于金像，普济群生，世界大千惟望金绳开觉；佛天尺五，仰希宝筏渡迷。凡在冥途，荷恩光之广荫，增福福寿醴泽之旁流。今据大清国福建省泉州府延禧局阖郡官绅士农工商军民人等，蒙关圣帝君谆谕，建西方诸佛梵坛，礼忏宣经，为幽魂略填冥库，延禧植福，合大众虔竭斋心。坛扫承天，既朗鸣夫法鼓；场开净地，复广演夫瑜伽转宝藏，以超升极乐国，已无苦趣；焚文凭以通往大愿船，尽有归魂，凡兹超拔之宏思，咸荷慈悲之大备。惟愿阳回忝谷，祚溢桐城。国泰民安，灾祲悉泯；和风甘雨，愆伏无闻。详兆螽麟，丁男鹊起；榜开龙虎，甲第蝉联。务农则蓄修九年，仓储红朽；服贾则利欣三倍，家尽素封。物阜民康，休祯验诸粒米，年丰人寿，善气召于瓣香。皆由佛力扶持，五邑时增福祉，仰荷神恩丕冒，九京永放毫光。（心印）等屡谒（竭）寅衷，再三申意，复祈慈鉴，永锡天庥，曷胜翘瞻屏营之至。谨奉表以闻。

太岁丙申年十月×日主行法事沙门（心印）表奏

第四旬表文

秉释迦来遣教加持主行法事沙门（心印）稽首和南，敬白佛言：伏以法轮广大，循两戒以周环；慧炬光明，照九幽而洞鉴。荡劫灰于黑籍，湛露宏敷；润焦种于青亭，妙云广覆。敬合檀施之力，处修梵课之功。翘瞻莲界以皈依，伏冀葵忱之荐格。今为福建省泉州府城厢内外官绅士庶军民人等，窃因客岁，以迄今年，时疫为灾，生灵罹劫，肘生杨而量绿，刺股创深；口唾榴以凝红，荡胸血溅人，非林甫。偏逢鼠孽之灾，贤似叔，难胜蛇妖之怪。幸荷彼苍孚佑，我佛垂慈，蠲除浩劫之尘，重启庥祥之宇，惟是灾氛既靖，允宜净业聿修，庶延福佑于方来，共迓祯祥于靡既。爰偕善信，祗竭精诚，恭奉通淮关圣帝君，拣十月之良辰，结万缘之胜会，经翻宝藏，转清呗于鱼山，忭展瑶函，礼真诠于狮座，转诸天之法藏，彩涌金轮咒净土之微言，香飘玉鼎。金分祇树，惠普泥犁，馔撤伊蒲，饱腾薜荔，以斯妙果，仰结胜因。伏祈法圣证明，慈悲照纳，祥凝晋水，祚溢泉山。蒸善气于一方，不愧地称"佛国"，扇和风于四序，无惭郡号"温陵"。桥通御史之波，屏除邪厉，山带将军之石，戢伏刀兵。科第蝉联，名胜应状元之井。师儒鹊起，渊源等夫子之泉。从兹清紫，葵罗长钟嘉气，定见祓禧襫佑，永兆休征。（心印）等忝随法嗣，代达诚衷，屡竭寅忱，叠陈申祷，芜章再注疏频，通伏候恩慈，俯垂鉴纳，不胜膜拜顶礼之至。谨奉表以闻。

太岁丙申年十一月×日主行法事沙门（心印）和南

第五旬表文

　　秉释迦如来遗教加持主行法事沙门，稽首和南敬白佛言：伏以相轮旋转，龙象辉腾；慧炬照临，人天界悦。望慈云于西极，厄解铜围；注法雨于东垂，凉生火宅。劫壶移转，三灾有不到之庭，神骥腾骧，五衍有可凭之轼。恩穷沙界，劫换磨尘。集布地之金钱，无庶作会；演净天之梵咒，有感能通。爰伸草野之忱，上渎莲台之听。今为福建省泉州府城厢内外官绅士庶军民人等，起自协洽之岁，迄兹浚滩之年，种种孽生，点点鸢坠，人非瞿萨，创甚生疤，声咽杜鹃，壶成唾碧，出蛇术杳。问华佗而无方，涸鼠技究，触霍门亦仆寒冰热铁，苦恼备尝，雨魄云魂，滞沉不少，策以穷夫祈祷，疾未起乎膏肓。恭奉通淮庙关圣帝君，示以呼吁，途借达通明之听。幸蒙天穹眷顾，佛圣矜怜，现普光明，示大悲愍。夫人百道乳，皆化醍醐；罗汉一针尖，安坐广众。卒令修罗入藕，避耿耿之刀轮；鬼母挥戈，泣啾啾之金钵。尼连辍水，稳渡慈航；洛阳伽蓝，咒回枯树。罪花涧落，焦种萌生，影覆鸽王，灰消丰劫。灾气既扫，净业聿修。爰自十月之辰，谨结万缘之会，虔偕善信，广演瑜珈。助德胜土面之斋，洒图澄钵莲之水，采华梵夹香蓺旃檀，想像兜罗经，经翻贝叶。转泥犁于法藏，唪净土之真言，供献果花，园成欢喜。杨枝涑齿，宣秘笈于昆尼，薜荔招魂，饮伊蒲之盛馔。固已化城并入，净域同游。兹当五七之期，载诵涅槃之偈。伏祈法圣证明慈悲照纳，元（玄）关幽棂，总拔沉沦，鲤郭桐城仰邀福佑。物消疵疬，民用平康；更法力之有加，保皇图而永固，☐☐等忝随法嗣，代达诚衷；祗建坛场，书陈香火，葵忱一缕，笺疏五通。伏望鸿慈，不胜膜拜顶礼之至。谨奉表以闻。

　　太岁丙申年×月×日主行法事沙门和南

第六旬表文

　　秉释迦如来遗教，加持主行法事沙门和南稽首敬白佛言：伏以声音轮转，白法超生，智慧芽开，元（玄）言宣秘。菩萨原分十地，梵王自有一天；如如觉后之身，的的西来之意，回头彼岸，舣宝筏之三乘，如是我闻，接心灯之一点。非非想处，亦建天官；种种光中，别成世界。设无遮之大会，咒钵生莲；阐密谛于真如，谈经点后，劫壶浩渺，三灾有不到之庭。法相圆通，一叶现无穷之国。启经函之百牒，心动葵忱；飏佛火于一灯，诚通莲座。

　　今为福建省泉州府官绅士庶军民人等，痛温陵频年遘疠，悯台郡去岁罗殃，迭生二竖之灾，莫续一丝之命。仙洲路渺，香冈验夫返魂；月府宵清，药弗灵于不死。极目泉官黑，鬼哭啾啾；伤心磷火宵青，鹃啼惨惨。遂令罪花焦种，聚六道之游魂，何堪热铁寒风，画九幽之变相。斯固法轮未转，致使佛日无辉，恭奉通淮庙关圣帝君，示以吁祷之诚，上渎穹苍之听。幸蒙天心矜悯，佛法慈悲，宝号一宣，铜围立解。眉低菩萨咸推一念恫瘝；舌运广长，共议万缘普度。迓刺桐之福荫，斋坛则寺启承天；翻贝叶之经文，梵语则声闻净地。设盂兰盆而救度，为薜荔道以忏除。大弟子十八部经旁通觉悟，小夫人五百道乳并化醍醐。花水澄怀，试说菩提之果。杨枝敕齿，请谈文字之禅。燃无尽之灯，纸钱似雪；餐大悲之饭，香米如山。大招小招，共听酸文之唱；新鬼故鬼，同联欢男之游。固已大愿船浮，拔升苦海；八功水满，普渡慈航已。兹逢六七之期，再说大千之法。恰值黄钟应管，杜结莲花；重烦白马驮经，园开祇树，伏祈禅灯朗耀，慧炬高燃，引西极之慈云，注东垂之法雨。生死人而肉白骨，齐上化台；上碧落而下黄泉，咸通觉路。鸡园鹫岭，大功缘个个圆通；鲤郭桐城，好报施家家欢喜。总赖檀那之助，成兹超拔之功。（心印）等诵法沙门，澄思蕉水，肃陈花果，广演瑜珈，笺疏六通上达莲台之听。檀香一瓣，代据草野之忱。伏望婆心大施，法力不胜鞠躬皈依之至。谨奉表以闻。

　　太岁丙申年十一月×日主行法事沙门（心印）和南上

第七旬表文

　　秉释迦如来遗教，加持主行法事沙门（心印）稽首和南，敬白佛言：伏以慈航广济，利普十方。慧炬高悬，圆成一切，导生灵于四九。法雨宏施，循世界于三千，祥云远覆。涂将香塔，累七级而功成；并入化城，荡三灾而灰扫。红羊劫换，白鹤飞来。集大会于无庶，分耀光明之域；庆群生于在宥，平填欢喜之园。爰陈觥缕之蚁，诚冀籍升闻于狮座。

　　今为福建省泉州府城厢内外官绅士庶军民人等，自从协洽之年，迄兹浚滩之岁，灾罹鼠即，病起蛇疑。杉赘楠瘤，痛剥肤而切近。榴红荔碧，沫随口以吹虚。冰山热海之交加，备诸苦恼；黑甜黄梁之睡梦，顿入膏肓。扁鹊无方，安得脏中见症；梁公乏术，谁为脑后下针。既祈祷以无从，亦疮痍之未复。恭奉通淮庙关圣帝君，悯赤子颠连，竭丹诚而呼吁，仰荷上苍眷佑，我佛悲怜，力挥龙象，畀显人天。坐广众于针尖，或为解脱；拔诸子于火宅，尽得清凉，移到灵泉，净瓶枝洒；咒回枯树，焦种萌生。固已浩劫默消，庥祥臻至。然而九幽馁魄，飘泊何依；六道游魂，滞沉不少。惟冥涂之普照，允净业之聿修。乃诹十月良辰，喜结万缘盛会，敬偕善信，广演瑜珈。为薜荔道而忏除，设盂兰盆而救度。口翻贝叶，清醮启于鱼山；齿敕杨枝，真言啧于鹫岭。转法轮之广大，十地轧以回旋；腾宝鼎之芬芳，诸天悉为供养。托阿难钵，馔具伊蒲，给须达园，金分祇树。兹当七旬期届，演就三乘经成，十二之因缘俱酬，百八之牟尼已遍。金绳高启，齐宏大愿之船；宝筏同登，常清功德之水。伏祈法圣证明，慈悲照纳。青华黑籍，总赖超拔之宏，晋水泉山，群沾覆被之佑。扇和风于五邑，曜慧日于康衢，翘愿力之宏深，庇国基之巩固。（心印）等悉随法嗣，代达诚衷，祗肃旃檀，申祈莲界，葵忱一征，笺疏七通。伏望恩慈，俯垂沿鉴，不胜膜拜顶礼之至。谨奉表以闻。

光绪二十三年丁酉春日

游魂的回归

在仪式举办期间，任官广东但积极参与倡导亡灵超度活动的泉州邑人陈棨仁、蔡德芳曾撰写如下联文以颂普度之公德：

是苦海慈航普渡一切众生无分幽显
合诸天法力永俾大千世界共迪寿康

读这副对联，我们很容易知道，承天寺的超度仪式举办的主要目的，在于"合诸天法力永俾大千世界共迪寿康"。当然，要做到这一点，首先需要在象征的行动中确立一种召唤，使"一切众生""无分幽显"，纳入到承天寺设定的文化空间中，接受宗教的洗礼，使在世时有罪的幽魂心灵得到陶冶，使那些无辜的冤魂得到超升。因而，亡灵的超度仪式，就是要达到一种"统一战线"的目的，要促使那些漂泊于广大异邦和大洋上空的游魂得以回归，在家园中得到感召，而和平地升入西天，不再扰乱这个本来已经足够动荡的生活世界了。

正因为这一点，这样的仪式不仅涉及海内外因各种不幸的原因而死亡的灵魂，而且也关系到这些灵魂的家园以及它们所可能扰乱的世界。

关于亡灵所涉及的各种世界层次在仪式中的意义，承天寺举行的正规佛教经典仪式并没有给予详细的阐述，所以延禧局编录的《泉州募劝承天万缘普度》也就所言甚略。然而，在另一本专门收录召唤幽魂仪式的文献集《阖郡延禧》〔郡中绅商士庶公立、吴曾（疑即《泉俗激刺篇》作者吴增）书写〕中，这一层面得到了最充分的体现。从这部文献集收录的第一篇祭文中，我们就不难体会到当时地方政府、士绅和民间力量的"统一战线"，也不难体会到地方官府试图通过安慰亡灵的方式来平定民心的图谋有多么热切了：

维光绪二十二年，岁次丙申，十月壬戌朔，越六日丁卯，泉州府延禧局董事暨阖郡绅士军民人等，谨以香材庶馔之仪奠告于十方男女幽冥之灵。曰：吁嗟乎！月缺花残，千古有难弥之憾；天荒地老，百年无不尽之身。大都缘谢红尘，便合魂归黄土。然飘茵坠溷，生且异其遭逢；而月黑磷青，死或伤于沉滞。佛恩未荷，鬼趣终沦。吾泉鼠疫既平，鸠安共庆。奉关圣人之训示，伏诸菩萨之慈悲。树刺桐城之幡，谨诹十月，设盂兰盆之会，喜结万缘。开四十九日之道场，放亿万家之焰口。斋坛施食，为薛荔道而忏除；梵呗宣音，借杨柳枝而近洒。填库以输冥币，转藏以荡生机。将以了万种之业冤，解九京之幽愤；生死人而肉白骨，普渡慈航，上碧落而下黄泉，大开觉路。伏念十方滞魄，四处孤魂，或罹风雷水炎之灾，或受疹疠刀兵之劫；或沙场战死，碧血款干；或产室艰危，青年遽殒；或异乡溘逝，难归客子之魂；或后嗣凋零，几馁若敖之鬼，亦有悬梁自缢，饮□以终；为废疾而捐生，受非辜而毙命。凤山丛莽，纸钱与麦饭皆虚；鲤郭丐棺，秋菊与寒泉谁荐。无嗣宫拾起之木主，育婴堂失养之亡孩，凡在幽冥，均遭困厄。爰致芜词于灵次，载货絮酒于樽前，招魂且仿《离骚》，降鉴更通朌□。合卑尊长幼，普荫慈云，便女绿男红亦沾甘露。所愿超升上界，生天证仙佛之缘；尤祈呵护温陵，终古迓祥和之福。尚飨。

根据同一本文献集，为了达到阴阳两界的"和平共处"，官方城市庙宇主神（政府的象征）"阴曹晋江县城隍"和泉州当时的晋江县至上官员"阳官晋江县正堂"，竟在七旬的所有仪式阶段都"联合"到承天寺的皇觉梵坛请求"阴阳司官"豁免孤魂野鬼的罪过。这篇文牒如下：

  皇觉梵坛文牒转藏
    今据福建省泉州府延禧局董事暨阖郡绅士商民人等，为万缘普度事。盖闻时际下元，逢水官之解厄，功资冥府，度苦海而超升。敬诣佛坛，持净土往生之咒，凭依神力，开冥关超却之恩。今届第×旬，藏转宝轮，冀幽魂之毕度；币输阴库，俾净业之同参。敬告阴阳司官证明拯拔良会，或男魂，或女魂，或三途，或六道，天堂欲上，可藉此为阶梯，人世转生，先引他作路步。分人莫分乎贵贱，途勿竟以后行，咸归快乐之场，尽欣解脱。罗列苾芬之品，不患枯饥。洁体澡身，沐浴另开净室；更衣解服，朝参许到上方。尚其惧旃。须至牒者。
          太岁丙申年×月×日给
            阴曹晋江县城隍
            阳官晋江县正堂

超度仪式的核心内容就是招魂。但是，在仪式主持人的眼中，恐怕并不是所有的游魂都那么容易被招来。有些游魂因为在他们扰乱过的地方犯下罪行而难以免于地方神明的"追捕"和"阻拦"。另一些游魂则因为留恋漂泊和贪欲而不为神界官司的号召所感动。为了使主持"地方正义"的地方神明能够放过游魂，地方衙门特地为游魂颁发了通行于阴阳两界的"护照"（称为"会照"）。晋江县正堂颁发的"阴魂护照"如下：

阴阳会照

照得思归故里，情所同然，而稽察行踪，法本严密。故关隘皆有盘查，凡往来须验凭照。念尔幽魂等，或卒于官，或终于幕，或殁于旅次，或坠于风波，或随宦而亡，或访亲而殁，或流落天涯而不返，或遣戍海外而莫归，或暴病恶疾而死于远方，或经商受佣而亡于客地，或被水火盗贼而丧命，或遭干戈器械而殒身，或刑祸负屈而罹凶，或财物被劫而迫死，又有因怨迫而自尽，因饥寒而伤生，或为天灾流行而中于疬疫，或为毒虫猛兽而贱乎体肤，或临阵而捐躯，或迫奸而遭戮，或受悍妇之酷虐而抱恨冥中，或被宠妾之欺凌而沉冤地下，或屋境况倾压而立毙，或妻妾被夺而不甘，或产难而血崩，或无后而失祀。凡兹情形实堪怜悯，何妨听其远离故土，久处他乡，漂泊于荒郊蔓草之间，号泣于月夕风晨之下。今特给与执照，俾得沿途呈验，迅速回归。或每人给一照，或五人为伍合给一照，或十人二十人同行合给一照，如属同乡共并即五十人至百人，均可合给一照，皆得赍报验明。为此照仰幽魂，即便遵照凭从速回家。凡经历程途所过关津隘口地方，遇有土地境主、桥将水神以及各处神将盘诘拦阻，务须赍照听验放行，不得留难阻滞。尔幽魂过境，须各安本分，毋许为妖作祟，借端滋扰。照给之后，速即就道，不准稽延。到家随将此照立缴当境神祇转销。须至会照者凭。

右给幽魂，准此。

> 光绪二十二年十一月
> 县正堂印
> 阴凭照行
> 阳凭照行

当然，在汉人宗教的逻辑中，招来的幽魂即使已经服从召唤来到故乡，也不一定能够顺利地在阴界官司的法庭审判中被免于判罪，因为人生来就欠下了阴界官司的一笔债务。因而，要让幽魂升天，只好又号召他们的家属和社区来为其"还债"了。在承天寺七旬的超度仪式中，每旬都要举行"填库"的仪式。所谓"填库"也就是让活着的人为死去的人"还债"，而"还债"的方式就是在阴界的官司祭坛面前焚烧纸钱。"还债"仪式举行时，如下的经文是必要的"通牒"：

> 觉皇梵坛
> 大清国福建省泉州府城厢内外阖郡官绅士商军民人等，叨通淮关圣帝君谕，奉佛宣经礼忏，门开普度，会结万缘，为男堂女室幽魂略修填库，用资冥福，给牒特申事。盖闻法轮转世，冥库受生，既终转世之天年，必纳受生于地府。兹缘超度尔等男女幽魂，略修填库，愍含冤于下地，结善果于承天。有糊银为折兑，有白打之纸钱，就三所之魂龛，配七旬以焚化。今为第×旬，预行填纳。延禧局特备冥财×仟万贯文并冥银×仟填纳阴府十二该库大夫曹官案下。但恐封数若干，有难悬拟，特向阴府掌曹，先投牒文。恳祈就中勾抵。俾尔有众，咸造在庭，听于所司，尽行销案，各种菩提之果，毋怀争竞之心。庶几尔等远近幽魂，差堪慰愿泉台，亦得皈依莲界；或者往生净土，免贻负欠之名。宜其特谢尘缘，共脱浊流之苦。尚其慎旃，须至牒者，以为

西方公据。

太岁丙申年十月×日　　请秉教加持法事沙门　给

为了让游魂在前往承天寺祭坛的途中受到所到之地民众的慰劳，府、县政府通令泉州各地分一定日期在家户和社区庙宇前面设宴招待游魂。据《阁郡延禧》，这项通令如下：

现奉关圣夫子谕：此次普度，每日祭献米饭甚少，须于旬日多备米饭，以便登座化食，普施幽冥，并分给贫民。祈善信加意，多敬米饭。于各旬日午刻，到局交齐，幽明受福。此布。

延禧局启。

在沿途设宴招待的过程中，为了避免类似于以往发生的械斗之情形，官府拟订了一项城厢内外各都各铺各境各里普度日期的时间表：

十月初六日瑞应　文兴　南富春　惠琼林　溪长泰
　初七日凤池　平水庙　南武荣　惠弦歌　溪在坊
　初八日通天　通源　南潘山　惠乐善
　初九日奏魁　执节　都督第　南秦州　惠良津
　初十日进贤　水仙王　南社坛　惠登庸　溪先徨
　十一日应魁　定应　南一都　惠庆泉　溪依仁
首旬十二日北城坐座　义泉　上乘　文乘　普明　一都各乡
　南二三都　惠下莲　溪新溪
　十三日二郎　圣公　二都各乡　南四五都　惠庵震　溪诣
　十四日释仔桥　联魁　三都各乡　南六七都　惠朝天　溪
　十五日比山　孝发　四都各乡　南八都　惠琼田　溪□
　十六日五魁　崎头朝五都各乡　南九十都　惠崧林　溪兴二

十七日师公　六都各乡　南士都　惠普光　溪来苏

十八日三朝　伍堡　七都各乡　南十一都　惠仙溪　溪感化

次旬十九日东城坐座　忠义　仁凤　水际　湖必　东樽　斗埔　湖岸　八都各乡　南十三都　惠蔡宅　溪还一

二十日华仕　清军驿　九都各乡　南西都　惠黄坑　溪还二

廿一日大泉涧　惠存　十都各乡　南十五都　惠梅庄　溪龙涓

廿二日广平王会通　士都各乡　南士都　惠吉庄　溪崇信

廿三日三教　十二都各乡　南十七都　惠山前　同三三都　溪感德

廿四日百源　龙宫　十三都各乡　南大都　惠场下　圆五都　溪常乐

廿五日义春　玉霄上帝　十四都各乡　南十九都　惠青山　同六都

三旬廿六日西城坐座奉圣　家湖十五都各乡　南二十都　惠风洋　同七八都

廿七日广灵　十六都各乡　南廿一都　惠獭窟　松田　同九都

廿八日中和　桂香　十七都各乡　南廿二都　惠崬同　同十都

廿九日行春　和衷　十八都各乡　南廿三都　惠崇武　同土都

三十日古榕　高桂　十九都各乡　南廿四都　惠溪底　同十二都

十一月初一日开元　坐座　紫云　五显　二十都各乡　南廿五都　惠前郭　同十三都

初二日奇仕　二十一都各乡　南廿六都　惠黄田　同十四都

中旬初三日水门　坐座　水仙　一堡　二三四堡　廿二都各乡

9. 乱世亡灵的超度 | 381

南廿七都　同十五都

初四日妙因　二十三都各乡　南廿九都　惠盘龙　同十六都

初五日妙华　二十四都各乡　南廿九都　惠埔林　同十七都

初六日灵慈　双忠　廿五都各乡　南卅都　惠通津　同十八都

初七日南岳廿六都各乡　南卅一都　惠前康　镇安　同十九都

初八日甲第廿七都各乡　南卅二都　是庸庄　陈庄　同二十都

初九日真济　廿八都各乡　南卅三都　惠苍云　玉沙　同西三三都

五旬初十日新城　坐座　文胜　圣惠佑　松里间　石笋　廿九都各乡　南卅四都　惠松石圣洋　同西四五都

十一日彩华　河岭　卅都各乡　南卅五六都　惠西湖　白奇　同西六七八都

十二日白峇庙　卅一都各乡　南三十七都　惠安云前　同西九十都

十三日大小希夷　卅二都各乡　南三十八都　惠谷王孙　同西十二都

十四日聚宝　青龙　卅三都各乡　南三十九都　惠龙盘　霞庄　同西十四都

十五日生围　炉狄庙　卅四都各乡　南四十都　惠玉山　西溪　同西十五都

十六日宏博　卅五都各乡　南四十一都　惠石江锦溪　同西十六都

六旬十七日涂门　坐座　龙会　津头　卅六都各乡　南四二都　惠福山　坂同西十七都

十八日凤阁　蓝桥　卅七都各乡　南四十三都　惠承天　樟柿　同西大都

十九日县后孝悌　卅八都各乡　南四四都　惠龙尘埕　同西十九都二

二十日广乎仓　浯江　卅九都各乡　南四五都惠　古楼梅峰　同西廿都

廿一日凤春　后山　后田　四一都各乡　南四六都　惠仙塘　良兴　同西廿一都

廿二日联墀　鳌旋　宣美　四四都各乡　南丰　药惠　竹溪　蔡林　同西廿二都

廿三日桂坛　四六都各乡　南长寿　惠东林　东平　同西廿三都

终旬廿四日南城　坐座　义全　熙春　小泉涧　登瀛　御殿　沟后　四十七都各乡　南桃源　惠后林　添奇　同西廿四都　溪永安

另外，为了让承天寺每旬的祭品丰盛，官府还下令泉州城厢内外各衙门、行郊、铺户按日期安排（配合七旬的祭祀周期）到承天寺致祭，希望这些机构、团体"依期到寺供献，以免参差"。日期安排如下：

十月初六日：碗糕店　枣灯店　蓼稿店　麦干店
　初七日：古玩店　焙龙眼　书店　南门上水行　鼎行
　初八日：打锡店　打铁店　布袋店　各货中人
　初九日：磨房　金药店　打□　珠石店
　初十日：草菜店　裁缝店　弓箭店　麦线店
　十一日：茶心店　神□店　红柴店　南比信局

首旬十二日：丝线店　苏广店　鞋袜店　琉璃灯店

十三日：银伐店　五名家　酒库　罗斗纱店　掌中班

十四日：碗行　碗店　篾帘店　上水丝木司阜

十五日：海□行　杉行　竹店　竹篾店　打线司阜

十六日：厦郊干味行店　刻印店　□大商船

十七日：首饰店　打银店　湖头郊　东西溪船

十八日：帽店　草花店　板店　杉板船仔

次旬十九日：药行店　糕饼店　水门渡头　麦炙踏粕店

二十日：钉麻行　铁钉店　故衣店　车□店

廿一日：颜料店　府县房米　班馆　木主店

廿二日：花纸房　染纸房　藤轿重　雨伞店

廿三日：安溪郊　柴行

廿四日：米行　鸡鸭店　屠□店

廿五日：炮店　炭行　水车店　正音戏

三旬廿六日：绸缎布店　棉尾店　纱苎店　打石店　大小梨园

廿七日：海关　厘金并分卡　永春郊　厘戥店

廿八日：煎粿店　小饮店　客店　落丝店　豆丸店

廿九日：烟店　烘炉店　卡底□□　□寮

卅日：绣店　裱褙店　磁仔店　打帘店

十一月初一日：油灼店　大练刀店　剃头店　金药店

初二日：米店绿房三店　乌红漂　卤甜店

四旬初三日：武营　房科　兵勇　洋烟　头店

初四日：酱园　菜园　薯店　钟表店

初五日：漳州郊　灯店　粿店　洋片灯店

初六日：香店　妆佛店　佛帽店　打辑店

初七日：豆干店　打蓝店　树日馆　糊纸店　糖仔店

初八日：盐馆　瓦窑　柴梳店　猪仔店

初九日：纸料店　做桶店　□户店　柴底店

五旬初十日：宁波郊　笔墨店　电报局　捆糖栈

十一日：灰窑　灰店　粉店　捆罗布行

十二日：丝木店　什柴店　家器店　土水店　鸭仔店

十三日：席行　五谷行　彩亭店　沙鱼店

十四日：□黎店　理折店　洋□店　漆行

十五日：鱼脯行　鱼脯行　锯骨店　做饼店

十六日：橹行　针叶店　打箔店

六旬十七日：典铺　打铜店　曲（麦曲）店　鬃店

十八日：福郊　毡店　针店　涂佛店

十九日：金纸店　篮店　芒店　岩运局

二十日：火目涂行　洋药店　竹扫店　打掌店

廿一日：鱼行　水圭行　果子店　筋参担

廿二日：肉店　猪行　棕行　税行

廿三日：油行　棕叶店　古门渡头　□游行

终旬廿四日：糖郊　五条港郊　税契局　纱布郊　淡水郊　梧栖郊　富美　后山观音柱渡头　台郊　豆饼柱　糖品店

为了安慰招魂仪式引来的幽魂，最后地方官兵、士绅、宗教社团，还代表全体的民众向即将升上西天的鬼魂诉说自己的心意，通过祭祀来获得他们的理解。祭文如下：

惟光绪二十二年，岁次丙申，仲冬之月，壬辰朔，越二十四日乙卯，泉郡延禧局绅董暨阖郡官绅士商军民人等，谨以刚鬣柔毛、清酌庶馐、香楮金帛之仪，奠告于十方男女幽魂之灵。曰：生必有死，气数之常。古今一辙，何论彭伤。顾使生膺富贵，死脱羁缰，逍遥游衍，快乐徜徉，没宁存顺，奚足悲伤。独有生沦

9. 乱世亡灵的超度 | 385

苦县，死坠穷乡，云礽乏绝，香火凄凉。或且躬浮恶贯，身隶刑章，泥犁魄滞，阿鼻魂藏。颠连莫告，楚毒难当，非蒙佛力，曷度生方？

念尔幽魂，久羁地府，苹藻久虚，松楸无主；碧血随风，青磷泣雨；暴骨霜凝，饥肠火炷；饮恨千秋，长眠万古；别有生积愆，尤死罹罪罟；地狱拘囚，备尝辛苦，剑树肌穿，刀山血缕，炮烙膏焦，锉磨肉腐，曹判谯诃，药义吼怒，苦楚多端，不堪悉数。加以疠气沸腾，疫氛攒聚；鼠孽成痕，蛇妖伏蛊；肘骸杨生，口惊榴吐；沾染全家，流传比户。坠劫诸魂，尤堪悼恍。

今我泉郡，广结善缘，经翻宝藏，忏礼琳编；咒宣净土，藏转诸天；普施法食，代纳冥钱。衣裳楚楚，裘带翩翩；案罗盛馔，几列华筵；管弦络绎，歌舞流连。为尔有众，广推爱怜，饫沾铠渴，消释罪愆。

尔灵戾止，醉饱蹁跹，仗大法力，证上乘禅，脱离苦趣，断绝牵缠；化生乐国，各畅天渊。佑我泉中，时和岁穰；吉曜重辉，祥光再朗。科甲联翩，人丁长养；商满牛车，士魁虎榜。财涌川流，谷堆云壤；永靖刀兵，长消魅魍。瑞溢间阎，祥盈里党；骈福日增，鸿庥云上。神不虚歆，是征胗□；灵兮有知，庶几尚飨。

跨世纪的危机

光绪二十二年的那场普度，并不是当时的新发明。至少从宋代开始，为了解决大规模灾难引起的社会危机，早已出现政府、士绅与民间团体合作组织的超度仪式。南宋真德秀第二次就任泉州知州时，认识到，"此邦夙号于乐郊，至近岁遽成于俗，公私耗竭，上下煎熬，租簿弗登，旬月之储何有，商舟罕至，斗升之值尚腾"(《真西山文集》卷四九《州治设醮青词》)。当时社会矛盾十分尖锐，引起农民起义军和官兵的大规模军事冲突，死伤严重。为了笼络民心、缓和矛盾、恢复秩序，真德秀借七月十五日中元节，举行一次"普度"仪式，祭祀死于征战的士兵以及在战乱中死去的无辜百姓的亡灵。真德秀的《普度青词》文云[8]：

> 遗民何辜，横罹邻寇之殃。旧郡重临，思拯冥途之苦，用伸追祓，各冀超升。岁在丑寅之间，盗作汀樵之境。承平岁久，既武备之弗修。丑类日蕃，致妖氛之浸广。唯时德化，以及永春，密连窃发之区，旋被侵陵之祸。兵戈匪练，谁知御贼之方。官吏相先，自作全躯之计。委群氓于锋镝之下，举二邑为煨烬之余。游魂荡于太空，枯骨暴于旷野。凄风急雨，谅多号嗷之悲。厚地重泉，更抱幽沉之叹。
>
> 念此沦亡之众，皆尝抚字之人。岂悯恻之亡情，幸归依之有路。属修崇于黄箓，敢吁告于紫皇。凡厥同时，暨于诸郡有隶名于黑簿，悉度命于朱陵。北都鬼群，无复久淹之系。西方净土，举为极乐之游。

明清时期，泉州也屡次重现宋代为克服危机而特别举办的超度仪式。[9] 比如，嘉靖十四年（1535年），俞大猷升泉州卫千户，镇守金门所城，所城父老来告，受疫鬼之厄已甚矣。俞大猷作《驱疫文》云，圣天子许我命官，"明以告天子，幽以白上庭"，于是卜日是月十六日，"印行牒文，以与城隍、土地，以及各社庙上下神祇"，"悉数把疫鬼名称报来，且以豕、羊、香果、酒之礼，祭而享之，从而示之戒"(《正气堂集》卷三《驱疫文》)。而明时，普度也成为年度周期仪式。万历《泉州府志》云，泉州"郡邑有司，每岁……秋七月十五日……遵令甲祭无祀鬼神，先期三日，主祭官牒告城隍……设无祀鬼神牌于坛下，用羊二、豕二，以米三石为饭羹，香烛、酒、纸随用。其祭文载《会典》，甚凄恻。里、社、乡厉之祭，诸士庶亦有行之者，然不设坛"。万历府志记载明代泉州府、县每年七月十五日祭无祀鬼神，是由郡邑有司主持的，也记载里、社、乡等地有厉祭风俗，但由"诸士庶"主持。此外，各家也有盛馔祭祖先。

清代，泉州普度仪式大概包括四类：(1)异常时期举行的超度；(2)中元节的官办祭祀；(3)中元节民间举办的、以铺境为单位的普度；(4)每年十月于沿海地区举行的民间"水普"（意义在于超度骚扰沿海的游魂）。

可见，光绪二十二年承天寺万缘普度，是此前历史渊源久远的一种复杂仪式制度的延续。然而，这个规模盛大的仪式事件，显然也有诸多特殊之处。尽管这次普度属于官方授权的仪式，但它试图在仪式过程中兼容清代泉州存在的不同种类的信仰内容，同时，在社会参与的广度上，它对于各地方的民众参与大加鼓励，不再采取以往官办仪式的"代表参与制"。从仪式制度看，这次超度祀典属于清代泉州地区并存的四类普度仪式中的第一类，即"异常时期举行的超度"，但在内容上包括了其他三类普度的主要特点，如祭祀上与官办厉坛普度的相似性，在轮流祭祀制度上对铺境普度的借鉴，以及在时间选择上与"水普"的一致性等。

难以否认，因官方参与，这一仪式具有自上而下的强制性。因而也难以否认，民间对于它的理解也潜在着许多"非官方"的特点，因此仪式主持机构才不得已在诸多场合出榜公布"官方"的态度和规定。然而，从仪式所强化的象征来考察，我们却不应忽视一个事实，这就是：承天寺万缘普度十分强调内外之别，并把灾难的起因主要归结为"犬羊之小国，恣狼虎之雄威……动教荼毒生灵……遂使兵戈之气酿成病疫之灾"〔傅霖（维鼎）《南无山海慧自在通王如来榜》，载《泉州募劝承天万缘普度》，1896年抄本〕。可见，承天寺万缘普度之所以具有如此大的包容性，之所以能够引起官方和民间的共同参与和关注，正是因为在19世纪末期，由外来冲击带来的民族文化危机已经达到了极其严重的地步。外来的冲击在过去也曾经出现过，但是并没有19世纪末那样全面和深刻，因而，以往所举行的超度仪式的社会包容性也就没有19世纪末的普度那么广泛。从这个角度分析，在一个乱世当中去超度因外因（外国帝国主义）导致的灾难中的漂浮亡灵，其意义正好与当时在远离泉州的京城出现的形式多样的政治反应（如"新政"）相通，二者对外来冲击，均致力于想象经由复原社会共同体的传统创造文化新秩序。如上文详引的第四句表文所言，举办这一仪式，人们通过圣界的作用实现以下目的：

> 伏祈法圣证明，慈悲照纳，祥凝晋水，祚溢泉山。蒸善气于一方，不愧地称"佛国"，扇和风于四序，无惭郡号"温陵"。桥通御史之波，屏除邪厉，山带将军之石，戡伏刀兵。科第蝉联，名胜应状元之井。师儒鹊起，渊源等夫子之泉。从兹清紫，葵罗长钟嘉气，定见祓禧禩佑，永兆休征。

这一观察迫使我们再度回到"复振运动"这个概念当中去。复振运动起源于本来的文化体统、社会关系被打破的过程中，是价值观念体系与现存的现实不相一致引起的文化危机的后果。据人类学的考察，那些针对外来的强迫改变而展开的文化运动，往往利用本土的原有文化符号体系，构造出本土的民族一体性和象征力量，从而排斥外来的文化因素。英国人类学家布洛克（Maurice Bloch）在其名著《从祝福到暴力》中描述了马达加斯加岛马瑞那人（the

Merina)的割礼在剧烈的变迁社会中的功能转换。按习俗,马瑞那民族的男童在一至二岁之间要施行包皮切割仪式。[10] 在近二百年的发展过程中,割礼的象征一直被该族群保留,但其社会意义则随时代的不同而发生变化。在传统的部落社区时代,割礼的象征十分突出祖先对其后代的保佑和祝福,强调祖先与后世的社会连续性和家族社会的一体化。在马达加斯加王国扩张时代,割礼被改造成一种"皇家的仪式",强调国家传统的延续性和礼仪的繁美色彩。在殖民主义时代,为了表示"一致对外"和本土社会的力量,割礼仪式被改造成具有暴力色彩的军事性操演。在许多面对外来强力的民族中,诸如马瑞那割礼之类的"隐蔽型"符号抵抗运动广泛存在。光绪二十二年泉州普度,也因此不是一个孤立的事件,它的表面目的是超度战死和病死的不幸之人,而其隐蔽的意义则在于超度甲午战争的中国孤魂,赶走外来的恶魔。

诸如此类的本土文化复振运动,已经构成某种类似民族主义(pronationalism)的潮流。不过,严格说来,民族主义却是西方的舶来品。据霍布斯鲍姆(Eric Hobsbawm),现代民族主义意识于18世纪首先出现于欧洲,其后经过不断发展成为一种支配性的意识形态。[11] 这种意识形态宣扬一个政治原则,即把民族视为应是在一个一体化国家统治下,经济高度整合、文化高度纯净、主权明确、国防强大的权利实体。直到19世纪末,西方式的民族主义思想才被传播到非西方社会中。[12] 非西方社会的民族主义思想萌芽于反殖民主义的民族革命运动,它的前身就是类似于文化复振运动的反殖民主义抵抗。不过,真正的民族主义思潮,却不是在本土主义运动中直接升华出来的。受西方文化教育影响的殖民地、半殖民地知识分子,是民族主义思想的传播者。作为直接(通过留学西洋)或间接(通过读书)地接触到西方政治理论的知识精英,他们吸收并模仿西方民族主义思想,强调"强国富民"的民族主义政治经济理想对于消除民族不平等地位和克服民族自卑感的重要意义,从而使民族主义运动部分超脱了复振运动。值得关注的是,正当泉州各界忙于超度乱世亡魂之时,这股新知识分子的势力以及他们的思想已经逐步生成,并最终于20世纪初促成了一场"现代革命"。

10. 文化边疆的革命

光绪二十二年承天寺万缘普度，是东南沿海在内外交困格局下出现的对政治情势的文化反应。它含有一个对19世纪跨文化关系危机的象征解决方案，本身又可谓是发生于文化边缘的内省运动，与广泛出现与非西方世界其他文化的复振运动有诸多类似之处。作为清末文化复振运动的一个突出案例，这个重要事件有着特殊的起因、含义与愿景。如傅霖（字维鼎）在其为超度而写的《南无山海慧自在通王如来榜》中所说，其起因，一方面是因"近岁海疆多故，德邑被灾"，"至犬羊之小国，恣狼虎之雄威"，另一方面是"五瘟使衔命而来，百姓家……罹未有之灾"，从而使"桐城内外，素雾迷天，草野生灵，望风委地嗟蜉蝣之，性命作鸿雁之哀鸣"。超度是在承天寺举行的佛教仪式，却被赋予深远的历史意义，被理解为对上古迎神逐疫仪式的仿效，是"效周官之逐疫，扫荡妖魔，赛楚国之迎神，肃清尘界"的行动。超度的愿景则在于，"五邑名山引祥云，而遍覆双江流水，化甘露以浓敷"。

在泉州超度仪式发生之前，光绪十七年（1891年），康有为已在广州设立万木草堂，收徒讲学，光绪二十年（1894年），开始编《人类公理》一书（经多次修订，后来定名为《大同书》发表），掺杂岭南神秘主义和西方的公共政治理论，疾呼鼓天下之气，练兵强天下之势。光绪二十一年（1895年），得知《马关条约》签订，他联合1300多名举人上万言书（即"公车上书"）。在一批身处历史转折时期的知识分子和政治精英的引领下，清王朝境内的许多地区，出现了以传播新知识、宣扬革新思想为己任的报社，这些报社为名目不同的政治社团的发育提供了依托。此时，许多西方的政治哲学、社会学著作被译成汉文。1871年毕业于福州船政学堂的福建侯官县人严复，1877年赴英国学习海军，1879年毕业于伦敦格林威治的皇家海军学院，1897年在《国闻报》连续发表了《天演论》译作。

知识分子和政治精英面对复杂的历史情形，思想多次反复，但在文化的边缘地带用想象中的"西学"来对照既有传统，通过对照来重新设定文化的历史定位和未来走向，最终成为不可逆转的时代潮流。

这一时代潮流所预示的，正是一场影响至深的民族主义"文化革命"[1]的来临。

民族主义的兴起

在1896年至1911年间，也就是从泉州超度仪式举行，到辛亥革命爆发，在泉州地区的范围内，"鬼"似乎没有停止对生活世界的滋扰。尽管这个众望所归的超大仪式，一时在象征领域内实现了社会的再融合，但它却无力创造出政治经济的新秩序；尽管这个文化复振式的仪式发出了"化甘露以浓敷"、复振旧有繁荣的呼唤，但它却没能造就改变现状的新格局，更未能包容那些对推动复振运动本有巨大推动力的"异端"；它更没有预示到，"异端"在后来的时间里，会逐步成为"正统"。

在超度仪式结束后的十年时间里，在泉州五邑中居住的士人，也曾借用新思想来反省旧文化，对地方社会情状，做出有现代主义色彩的批评。[2] 但这些发自于地方的批评，并没有引起地方社会的改变，反而是那些来自于泉州以外地带的观念，给地方社会带来了新的冲击。

与此前"洋夷"带来的冲击不同，这一新的"冲击"，由两种转变结合而成，其一，就是从"夷夏之辨"向现代民族国家观念的转变；

其二，就是包括泉州在内的边缘地带的民间秘密社团组织向现代政党的转变；而这两种转变，都与民族主义的出现有关。

在其对民族主义进行的比较分析中，人类学家卡培法勒（Bruce Kapferer）指出，民族主义有两种形式：一种（以斯里兰卡为案例）把民族主义观念贯穿到宗教宇宙观中，以宗教（佛教）的等级制来强化民族、人种和国家认同；另一种（以澳大利亚为案例）则以平权主义观念形态为特征，强调现代政治文化的传播，不强调国家与民族的一体性。这两种民族主义的主要差异在于：前者把国家以外的关系糅合到国家的统治中去，后者则把民族放在国家前面，使国家成为既可能违反民族利益又可以服务于民族利益的机构。对于个体而言，前者导致更多的个人患难，后者则包含更多集体暴力冲突的可能性。[3]

19世纪末20世纪初，中国民族主义思想，似乎不简单归属于其中一类，而是先摇摆于卡培法勒形容的等级型民族主义和平权型民族主义世界观之间，接着，骤然向平权型民族主义转变。超度仪式表达的，是一种等级型民族主义世界观，文化和政治上，它更为守成，把幽灵共同放置在一个非世俗权威体系中"拯救"，以信仰体系象征国家，强调其权威组织的作用。也就是在这个佛教超度仪式举办的那段时间里，在清末文化边疆地带活动的知识精英，也以另一种方式展开"文化的自我超度"，而他们的民族主义思想，构成另一种等级型，这种思想把等级主义色彩浓厚的儒学，贯穿到宪政思想中去，力图结合君主的神秘力量和新型国家全权统治，以期实现"强"之理想。此后到了20世纪初，这两种民族主义话语，受到一种新观念形态的冲击，这种新观念形态将等级型民族主义界定为守旧观念，主张以平权型民族主义取而代之。可以说，诸种"革命"观念，虽各自有不同主张和内涵，但都与平权型民族主义有关。

两种民族主义观念形态，都有其所在地的文化土壤。以民间文化为例，在其杂糅了儒释道内涵的仪式里，历来并存着等级主义和"官逼民反""众生平等"等观念,这些观念,既可能为民间文化的持有者(所谓"百姓")接受维新立宪派主张提供前提,又可能为平权型民族主义理论对维新立宪派的替代提供文化条件。

超越君主神秘主义、建立一个强大民族国家的要求,早在康梁的改良主义思想中就已存在。以康梁为首的清末改良派的思想根基是"托古改制",即在一种边缘儒学(即岭南儒学区域传统)基础上,吸收西方近代宪政思想的某些成分,力图"变法自强"。结合忠君和近代宪政改革思想来营造清末文化的新格局,是清末改良派的核心追求。为了达到这个目的而展开的改革运动,逐步在报刊上得到传播,而到了"戊戌变法"(1898 年)的 98 天期间达到高潮。标志着"君主立宪"思想成熟期的"戊戌变法",带有诸多类似于欧洲绝对主义国家时期君主国家主权思想的成分,其所追求的目标在于通过借助君王(光绪皇帝)的象征权威,来实现强盛国家的理想。由于各种势力的制约,"戊戌变法"很快失败,随后,具有浓厚宗教神秘主义色彩的义和团运动再度兴起,挑战清王朝的等级秩序,使中国社会迈入一个短暂的政治动荡年代。

平权型民族主义,也是在中华文化的边缘地带生成的,它首先受益于中国南方沿海宋以后的"异端"精神,接着于 19 世纪在华侨成为东西方文化的中介过程中接受了新思想的洗礼,最后于 19 世纪末 20 世纪初成为一种系统化的观念形态。在很大程度上,平权型民族主义,与改良派的思想有着重要共同点。不过,持这一主张的近代政治精英,都将自己的思想与改良派相区别,而他们这样做,有其理由。在三个层次上,这些民族主义者的思想,与改良派的思想构成了鲜明差异。首先,这种民族主义思想不主张维护传统权威秩序,而力图在打破旧秩序的基础上建立新秩序;其次,与此相关,这种民族主义思想注重民权而反对君权,因而与绝对主义式的"立宪论"构成巨大差别;第三,民族主义思想因为有反传统权威和主张民权的思想,因而更主张从当时受压迫的社会群体（尤其是受满族统治已达200年之久的汉族）的立场出发，对民族和国家的主体性加以重新界定。在当时的情况下，这三个层次的特点，集中地为中国早期民族主义的启蒙者章太炎所阐述，并通过其言论对20世纪中国造成影响至深的文化冲击。

与近代改革派经学家一样，章太炎开始思考中国问题时主要依据的是古文经学。1894年甲午战争爆发后，他的思想发生了很大变化，逐步走出书斋，参与社会行动，支持改良派，谋求通过思想传播来改造社会。1898年"戊戌变法"失败后，章太炎继续与流亡的改良派保持联系，但此时已经意识到改良的局限性，从而把大量精力投入到政治研究中，主张"革政"、"反满"，通过汉族民族意识的激励来建构新政。八国联军入侵，对于章太炎而言，正是清政府"卖国"的反映。他相信，如果不从社会主体族群的立场出发，打破旧有国内政治统治格局，与近代强国可比的民族国家，就不可能建立。因此，在思想上，他与当时仍然主张"君主立宪"、"保皇"的康有为势力划清了界限，同时放弃了"革政"的想法，主张"革命"。

为了达到"革命"目的，章太炎反复阅读西方近代哲学、社会学方面的著作，并从日文转译西方近代社会进化论，力图"一方以发明社会政治进化衰微之原理为主"，"一方以鼓舞民气、启导方向为主"，用一种新的历史观念来促发社会的变革。

在推崇社会政治进化和革命的过程中，章太炎具有深刻的文化复兴理想。为此，他从近代社会政治理论，回溯到"三代"，凭借清前期顾炎武的汉学思想，重新估价华夏文明的价值。他把这种工作称为"国学"，把这种工作的目的界定为发现"国粹"和确立"国魂"。章太炎的国学，有类似于洋务派的"旧体西用"说，但它绝不简单以"反满"和"光汉"为目的，其目的还在于从文化上克服帝国主义侵略，"复其故国"以抵制外来侵略，建立独立、自强、民主的民族国家。这种特定的"国学"，非但不孤立于当时正在酝酿的现代式民族革命，而且还能够深潜其中，为其爆发提供精神支持。[4]

正当章太炎民族主义思想得以孕育之时，一场现代政党的革命也逐步生成，而正是这场革命，使中国民族主义成为政治现实的另一种可能性。如果说章太炎在思想上为中国民族主义提供了资源，那么孙中山就可以说是把民族主义思想贯穿于政治行动中的"革命先行者"。

孙中山光绪二十年（1894年）在檀香山创立兴中会，联系广东秘密会党，次年开始在广州组织第一次反清起义。同时，他遍历欧美各国和南洋群岛，谋求扩大革命影响。光绪三十一年（1905年），他在日本东京把原来"兴中会"、"兴华会"和"光复会"改组成"中国同盟会"，力图以此现代政党式的组织来领导中国革命，以"驱除鞑虏，恢复中华，建立民国，平均地权"。孙中山的行动受到在明以后漂泊于异邦的海外"异端"的支持，旅居各国的海外赤子，拥护孙中山先生的革命纲领。[5]于是，海外各地华人社团，先后成立同盟会支部。

与孙中山组织现代式政党同时，中国资产阶级"旧民主主义革命"〔如光绪二十九年（1903年）的拒俄、拒法运动〕开始出现，而各地的知识分子结社（如上海爱国学社、东京青年会、军国民教育会等等）也大量涌现。在各种近代报刊上，"革命"这个概念更得到了广泛传播。众所周知，如，1902年，章太炎发表《驳康有为论革命书》，驳斥"中国只能立宪，不能革命"的主张；1903年，邹容在上海爱国学社发表《革命军》，主张打倒君主专制；1903年，陈天华在日本出版《警世钟》，宣传革命。在这些革命思想运动的基础上，孙中山提出系统的革命理论，主张以民族主义、民权主义和民生主义的纲领来改造中国，建立一个独立统一的"民主共和国"（Republic）。光绪三十四年（1908年），光绪帝与慈禧太后相继死去，满洲贵族拥立三岁的溥仪继位。宣统元年（1909年），在改良派的合作下，清朝宣布"君主立宪"，在各省设立所谓"谘议局"，办理"地方自治"，以缓解民间不满。在清朝政权出现裂缝的时候，同盟会在广东领导潮州、忠州、钦州、廉州多次武装起义。1910年,孙中山又在广州组织武装起义。1911年,清政府宣布"铁路国有政策",川汉、粤汉两路,川、鄂、湘、粤四省的"立宪派"请求收回成命,"革命派"则组成"保路同志会"进行武装斗争,清朝赶快调兵入川。辛亥年(1911年)10月10日,武昌文学社与"同盟会"联合领导"新军起义",进攻湖广总督衙门,占领武昌,光复汉阳、汉口,组织湖北军政府,根据《同盟会总章》和《军政府宣言》,定国号为"中华民国"。武昌起义震动全国,各省纷纷响应,不久各省独立,代表们在汉口开第一次会议,制定《临时政府大纲》。12月2日,革命军占领南京,代表继续在南京开会。12月25日,孙中山回国,被选为临时大总统,并定1912年为民国元年,以"民国"取代"王朝",确立了一个把"人民"当成民族主体的现代民族国家雏形。

从"变法维新"运动,经民族主义思想的传播,到民国革命,是甲午战争以后一段关键历史时期的重大思想和政治动态。对于这些政治动态,过去的理解是,戊戌变法反对专制的封建官僚统治,但不反对清室;辛亥革命不仅反专制的封建官僚统治,也反清室,二者相续,一波比一波激烈,结果都不同于愿景(即使是辛亥革命,也只是在形式上推翻了旧有的官僚体制,却不曾消除这种体制的经济基础),纾解了中国面对强大的东西洋帝国而"无力回天"的民族危亡情绪。在强大的帝国主义势力压制下出现的民族主义政治思想反弹,给人一种有助于保留文化生存希望的深刻印象,因而,其影响最为广泛而深远。

甲午战争之后,清末的各种民族自强主张,都共同地强调军事现代化对于民族振兴的重大意义。这一点为军事权威在清末的势力壮大提供了基础。[6]

正当南方沿海的文化边疆发生"革政""革命"的民族主义思潮之时,北方这个政权中心地带,则出现另一种势力。甲午战争失败后,李鸿章势力既去,北洋军权归于荣禄,袁世凯接统新军,以近代军事技术和军事行政管理经验来整理军队。袁世凯出身团练,而在青年时期频繁接触军队，通过各种渠道习得"战争的艺术"。甲午战争后，北洋海军势单力薄，清廷急需军事人才，袁世凯符合这种需要，一时为政界所关注，而在与政界交往中，他既保持与朝廷实力人物的关系，又支持朝廷之外的新兴政治社团，从而在朝廷内外获得了良好声望。在得到军事主导权之后，袁世凯以近代西方军事经验为基础，结合古代兵法培养军队，成为清末国家暴力机器近代化的后期推动者。加之袁世凯善于利用东西洋传来的新式宪政名目实行区域性的政治改革，因而在20世纪的最初十年举国风靡。光绪三十三年，他内调军机处，到20世纪初，他的势力已至极限。随之，袁世凯因于民国二年（1913年）平息二次革命而失去民心。

从"民国"理想看，袁世凯是背叛革命的军阀（他确实也对后来民族国家的现代化建设设置了不少障碍）。然而，假使我们可以承认，民族国家终归是一个权力集装器，那么，袁世凯在这一方面，则实属颇有创造性的人物。由他训练的军队和初步实行的渗透性的地方行政（以"地方自治"为名），虽遭受革命党人谴责，但在"后革命时代"里却持续被模拟。

在20世纪的大部分时间里，袁世凯遭否弃，个中原因是，到20世纪初，民族主义思想的主流，已从等级型民族主义和平权型民族主义世界观的"钟摆运动"中脱身而出，选择了激进的平权型民族主义。在文化上，这种平权型民族主义带来的改变极其深刻。帝制终结之前，文化上在所谓"半封建"和"半殖民"之间保持着某种中间状态。自平权型民族主义获得观念形态霸权地位及其"共和"国家形态（"民国"）获得胜利之后，这种平衡往日不再。在"半封建"成为众矢之的的年代里，文化领域出现了激进化倾向。激进化的本来目的，是以"殖民现代性"替代本国既有传统，使后者彻底消失。然而，激进化又往往是以在"殖民现代性"统治的世界里恢复"民族"的尊严为宗旨的，与此前非激进化的复振运动藕断丝连，因而，其对于"半殖民"

又充满仇视。这情景类似于人类学家安德森（Benedict Anderson）分析的近代印度尼西亚案例。安德森指出，印度尼西亚这个国家的民族共同体想象，依赖的是殖民时期创立的现代学校教育。殖民主义推行教育的本来目的，在于造就依附于殖民体系的本土知识精英。吊诡的是，这种教育却起到了培育印度尼西亚民族主义思潮的温床，其运用的殖民化的共同语言文字，提供了当地知识精英想象国家一体化的文化工具，从而为当地反西方的民族独立运动提供了文化的前提之一。[7] 在中国，民族主义运动的历史，一样有这种文化关系的吊诡。运动的启蒙者，利用西方给予的政治知识来"预知"国家的未来，与此同时，它们对于西方模式的"模仿"，却一样的是出于"本土关切"的。而与印度尼西亚相比，中国却有着有过之而无不及的一面，这就是，其文明共同体早已成熟；尽管内部存在着治与乱、统一与分裂的政治变数，但共同体之"关切"，却有着更为深远的"历史背景"。

无论如何，一旦选择平权型民族主义，20世纪初出现的风起云涌的思想和政治运动，就必然带有暴力倾向，其对文化的破坏，及可能造成的跨文化矛盾，程度不可低估。站在20世纪末期西方立场上看国际关系，美国政治学家亨廷顿（Samuel P. Huntington）对非西方世界对西方现代文明的反应持审慎态度，他说："在20世纪，文明之间的关系从受一个文明对所有其他文明单方向影响支配的阶段，走向所有文明之间强烈的、持续的和多方向的相互作用的阶段。"[8] 亨廷顿这里所指的，恐即为20世纪初非西方民族国家的兴起对于西方支配的19世纪世界文明秩序的挑战。民族主义革命之所以会带来"文明之间强烈的、持续的和多方向的相互作用"，是因为，严格说来，民族主义观念本身，是随着近代西方势力而流传到世界各地的，而与此同时，这种观念之被非西方世界接受，既因它含有通过暴力来捍卫主权、拓展势力的信念，又与发自内部的、回应外来势力压抑的复振运动有关。

1911—1927年的区域性动态

在民族主义革命的酝酿过程中,泉州的新兴力量也分为两派,其中一派归于"改良派",属于立宪派的一部分,他们赞成清朝设立咨询局,积极筹办"地方自治";而另一派则归于"革命派",他们赞成孙中山的《同盟会纲领》,主张通过革命来建立一个新社会。1905年中国同盟会在日本东京成立,清朝则宣布"预备立宪法",后者起初在泉州引起更广泛支持,但不久,同盟会势力获得更多民心,支持它的人数日增。与广东这个民国革命的基地一样,泉州革命派的力量增强,大大受益于明清两代因受"抑商政策"压制而移居南洋的华侨。海外华侨革命者(如在泗水发展起来的蒋报策、蒋报料势力和在槟城发展起来的吴世荣、吴文楚、陈新政势力),与身在通商口岸厦门的泉州人士许卓然(厦港小学教员)、叶青眼(鼓浪屿学校教员)取得联系,在泉州府治则与陈仲瑾、陈伯清、吴藻汀、庄周生、傅维彬、柳鸿鸣、驾祝尧、黄中流、柳国烈等取得联系,他们纷纷作为海外同盟会团体的代表回到家乡,巧立名目,组织革命力量。在海外参加同盟会的泉州籍华侨如蒋以麟等7人,为了家乡的"光复"回到泉州,另有一些革命党人如许卓然等5人,则由厦门、福州秘密回乡。[9] 这一时期,同盟会在泉州的组织得到壮大,1910年,会员达到数十人,成为同盟会泉州分会,会长为蒋以麟,副会长为黄中流,组织股长为许卓然,军事股长为蒋以麟。同盟会会员在泉州最大的佛教寺院开元寺创办"西隅学堂",并以之为秘密联络点。

武昌起义爆发后,"革命派"影响一跃超过"改良派"势力。为策反新军、联络会党,同盟会广泛联系地方实力派人物参加革命。当时,驻泉清军为装备较新的湘军,而地方军事统带为哥老会大哥唐万胜。为了吸引唐万胜参加革命,南洋参加同盟会的泉州华侨蒋以麟、盛九昌、庄汉民等,于1911年春季在泉州组织"体育会",邀请唐万胜担任教官,利用他在泉州的军事实力来支持暴动。武昌起义一个月后,福建同盟会攻克福州,推举孙道仁为都督、许崇智为司令。不久,泉州同盟会会员也在开元寺内西隅学堂计划夺取府库枪械。由于福州军政府的成立震动了泉州城区的政府官员,泉州知府管元善早已离泉,唐万胜则态度不明,晋江县知事黄逢年也抱观望态度,泉州出现了权力真空的局面。地方士绅林冲鹤、吴增等组织了"泉州保安会",吴增向新门外延陵乡募集子弟兵200名,再招募本地兵员60名,驻防城内,以维持治安。保安会人员对现代枪械并不熟悉,在收点火药时出现了火药库爆炸事件,而一时组织起来的保安队,也因缺乏明确的组织而发生哗变。1911年9月21日,厦门"光复",泉州同盟会也准备起义。此前,泉州同盟会首领蒋以麟已通过许多渠道力图争取唐万胜,要唐万胜"反正",并限三天答复。蒋氏于第三天去见唐万胜,唐提出要兵饷1000元。双方议定之后,由唐万胜填写入会志愿一纸,加盖指模当作誓词,订次日(9月24日)上午10时,升旗放炮,举行光复典礼。9月24日上午,同盟会会员齐集开元寺,集体步行到东街府衙,放礼炮,举行升旗典礼。接着,队伍到了县衙,黄知事出接,再到协台衙门,唐万胜出迎,随即,泉州宣布易帜,附近各县闻风响应。泉州易帜后,"革命军"成立,军人戴"革命军"标志,扛着长枪,并带左轮枪,一方面被派往城外地区夺权,另一方面在城里起着维持治安的作用。[10]

一如现代的政治评论者指出的,辛亥年一系列地区性的武装起义,共同构成20世纪中国大地上出现的第一次现代意义上的"革命"。[11]然而,这场革命并没有完全消除清末政治文化矛盾。清末生成的"立宪"思想和"革命"思想之间的矛盾,并没有因辛亥革命的发生而消失。而在近代"富国强兵"的追求下得到大幅度增强的军事势力,也没有被统一在"革命"的旗帜下,反而使当时的政治主张矛盾演变成武装冲突。后果是，在清王朝被推翻不久，军事霸主之一袁世凯夺得民国政权，在其当权的四年时间里，袁世凯不仅一度称帝，而且采取守成主义治政方针[12]，实行"君主立宪制"。[13] 1913年，日本迫袁让出满蒙五路建筑权。1914年第一次世界大战发生，日本借口英日同盟，占据青岛、济南，并迫使袁世凯承认"二十一条"。

　　1914年，孙中山把"同盟会"改组为"中华革命党"，提出"保卫共和，反对专制"的主张，使"倒袁运动"成为全国性运动。在福建，首先响应孙中山先生号召的是许崇智，他试图胁迫原福建都督孙道仁，由闽北借道江西，进兵北伐，可惜孙道仁不支持，而袁世凯又派海军总长刘冠雄和陆军十旅旅长李厚基来闽，下令撤去孙道仁、许崇智的职务，任命李厚基为福建镇守使。李厚基是袁世凯派系的人，中华革命党认为"反袁必先除李"，1915年，革命党福建支部由叶青眼负责，在鼓浪屿选出了叶青眼、朱霞、许卓然、陈金芳、宋渊源、丘廑兢、傅振箕等7人为委员，泉州地区则由王泉笙、钱竹轩负责，领导行动。[14]

　　其时，革命党人许卓然奉令入内地密谋再举。[15] 此时，其所主办的《声应报》被查封，他本人也被下令通缉，乃密往上海，派人到东京见孙中山。嗣后，许卓然秘密回泉，鼓吹反日反袁，于5月9日国耻日发表宣言，决定在晋江、南安、惠安起义反袁。当时，李厚基的部队有马步云一团驻防泉州，另有二连为阎广威领导，驻泉南门及惠安盐场，再有一连驻旧提督署和观东巷。革命党人说服南安朱德才的军队起义，同时得到惠安等地驻军的默许和泉州城区部分驻军的响应。然而，地方军阀关心的是自身势力的生存，因而并非全心全意支持革命。在袁世凯在位时，他们对革命党人阳奉阴违，在其起事期间对之大加清洗。1916年3月20日，革命党人在汤文河家中开会，半夜泉州驻军阎广威与董荣光忽然包围汤宅，抓捕汤文河等人，3月26日早上，五位革命党人被杀害。南安吴瑞玉组织福建护国军，同安潘节文也组织义军，他们不但没有成功，而且遭到杀害。与此同时，驻泉军阀四处提拿革命党人，在泉州造成了一时的白色恐怖。1916年6月，袁世凯暴毙，地方军阀为了避免引起报复，释放了被捕革命党人。

1916年袁世凯死后，出现了由外国势力介入的"军阀混战"。日本在华势力最大，扶植了亲日派段祺瑞（皖系、奉系军阀），由其把持北京政府；英国扶植亲英派的冯国璋、唐继尧、陆荣廷（直系、滇系及桂系军阀）；美国则扶植直系军阀。1917年，大总统黎元洪罢免了段祺瑞，段氏则唆使皖、奉军阀独立并进兵北京。徐州张勋借支持黎元洪之名进入北京企图复辟帝制，而日本也借张勋之手解散国会，赶走黎元洪；之后民众又反对日清勾结，段氏接着上台执政。美国主张门户开放，日本主张特殊利益，要求不同，但相互"礼让"，出现暂时妥协。为了促使中国参战，日本于1917年借给段氏巨款（即"西原借款"），从而控制中国财政、军事和山东及东北的特权，又指使其共同出兵进攻苏俄，而日军乘机占领东北。英美不愿意看日本独霸中国，指使各地军阀互相攻战。段氏为使直系分化，进兵湖南，将两湖划给直系吴佩孚，直系联合西南军阀，反对段氏。

第一次世界大战期间，在混乱的状态下，经济出现了某种多元化苗头。帝国主义者在中国兴办的工厂大为衰落，如英属企业减产一半，法属企业减产三分之二，德属企业则全部停产。在此情况下，中国民族工业（特别是纺织业和面粉业）有了迅速发展的机会。然而，当时较大的民办企业，都为大官僚、大地主、大商人所有，与地租、高利贷紧密结合；民族资本原来以立宪派为代表，寄希望于梁启超等领导的进步党（即研究系），初投袁氏，继投段氏，进而投日本；有些新兴民族资产者大都有放弃政治、专办实业的取向，其中右倾者，另组织进步党和政学系，投靠直系及桂系军阀。

1917年，孙中山回到广州，组织拥护约法的"军政府"，出任大元帅。[16] 这次他不得已依赖于地方军绅势力，而军绅表面上与其合作，实际上排挤孙中山，直系军阀对他也阳奉阴违。

此时，福建是南北争夺的地盘，泉州北部为北洋军阀占领，南部为南方"靖国军"占领，漳州为反对护法运动的南方军阀陈炯明占领，泉州出现南北对立的局面。孙中山在广东组织"护法军政府"，对抗北洋军阀。其时，福建李厚基南下侵粤，孙中山于是组织"援闽粤军"，于1918年分三路进兵：许崇智入永安、陈炯明入大田、邓仲元入海澄，三部会师漳州。陈炯明途中叛变，孙中山只好与段氏合作，组织"建国军"（后改名"东路讨贼军"）。援闽失败，孙中山乃命泉州革命党人许卓然、秦望山组织"靖国军"，南下广东，但"靖国军"大败而回。当其离开泉州时（1918年），北军又乘机攻入安海。此时，革命党人也产生了内部分裂，许卓然的"靖国军"与宋渊源的"护法军"对立，而方声涛联合粤军，力图消灭"靖国军"，后者只有700人，退守南安凤巢山。[17]泉州南北对立的局面至1919年双方议和后才得到短暂消解。1922年，粤军陈炯明叛变，其时因不满于地方军阀内斗而去菲律宾的许卓然回到泉州，说服李厚基手下臧致平共同倒李，同时许崇智也组织"东路讨贼军"，攻打李厚基，李厚基被迫投降，许崇智回粤。1923年，许卓然被委任为泉州卫戍司令，后率陈国辉、王振南、秦望山三路援粤，此役亦不成功。辛亥革命及其后的"倒袁"和"护法"三役，最终都以失败告终。这三次革命的失败原因，主要在于两个方面：其一，在清末强化军事力量以抵御外国入侵的口号之下，军阀力量乘机发展，成为民国统一的巨大障碍；其二，在新式政党势力的发展过程中，由于地方精英阶层在政治文化的态度上分裂为"立宪派"和"革命派"两种，因此孙中山等民族主义者未能与掌握地方军事、文化、政治权力的地方政治力量和精英阶层形成稳定的联合战线，这也为革命的成功设置了重大障碍。

从1911年到1927年，地方势力与初生民族国家之间的巨大张力，不仅表现在宏观视野中军绅派系的分化上，而且也表现在微观视野中泉州区域性"革命派"与这些势力的矛盾上；这些分化和矛盾，甚至在很多乡村小镇，也引发着政治动荡。

这一时期的安海，就是说明这一情状的典型案例。

袁世凯死后，其派系仍然统治着福建，泉州城区当时是皖系军阀王永泉、王永彝的天下。1916年，李厚基派下泉州马步云部队毁店，各商号罢市5天，联名向陆军部及省方控告，知事沈洪佩来安协助章县佐劝商家复业。1917年靖国军围攻同安，援闽粤军起事于永春。6月29日，闽粤开战，民军峰起，26日，援闽粤军来安海，勒派殷户。此时李厚基派兵侵粤，闽浙军与粤军双方在漳开战，9月6日北军战败，由漳退驻安海，民军御之。9月13日，靖国军第四路司令许卓然来驻安海。军政府派张贞、宋渊源入闽，10月2日张贞来安海，设靖国军司令部。11月南北讲和，双方下停战令。1919年，双方划界而治，驻泉州城，南军驻南门外至小盈岭，靖国军进行改编。9月靖国军张贞，驱逐粤军，占领永春、德化、大田、仙游各县。10月，福建军务会办方声涛奉军政府令入永改编民军。永春护法军攻打失败，投降靖国军。10月，设立安海县于晋南。护法军联粤军攻靖国军。闽军朱德才（师长）击退靖国军于仙游。1920年，方声涛调靖国军（一旅）入闽，方氏来安海。粤军许崇智率20营自安溪攻入大田、德化。刘汉臣率陈清机等攻靖国军，被击退。黄孙坚占据青阳，刘部退往河市。粤军联合宋氏等攻靖国军，靖国军退安海，粤军进文斗店，靖国军退入凤巢山，粤军姚承魁任安海县知事，4月靖国军来袭，粤军败走。粤军旋即重来安海，焚掠数日。后靖国军再来，粤军追至大盈。嗣后粤军因税收无着全部退据漳州，由浙军来驻，浙军与靖国军联合，南安为靖国军控制。粤军陈炯明入粤驱逐桂军，浙军在安海横行，安海民众电李厚基控告。靖国军攻浙军，浙军逃入潮汕。陈炯明回粤后，漳地归臧致平。李厚基部在厦讨论善后。1920年10月，靖国军黄孙坚、护法军林秀华次第受骗，晋江县陶汝霖派款勒索安海。1921年，李厚基部在安办烟苗税，那时民办泉安路开始通车。1922年9月，粤军许崇智进兵闽边，声讨李厚基，李部王永泉迫李离闽。粤军许氏占领福州，北军李部唐国谟、张清汝，临走勒索巨款。于是，许崇智就"东路讨贼军"。李厚基自封为"闽粤赣总司令"来厦谋反攻，失败逃汕头。前福建二师臧致平由沪返漳，也自称"闽军总司令"。闽军、自治军联合攻水头，北军张清汝退回泉州。东路讨贼军、闽军、自治军组成联军，合攻泉州。1923年，自治军（许崇智）委陈清机为安海晋江县长。粤军改编自治军（张贞、杨汉烈、高义、吴威）。粤军回粤后，北伐军第一军与讨贼军第八军许卓然、张贞转攻高义，而闽军委刘长胜由厦入安。北伐军（讨贼军）第一军旅长孙本戎过境与何指挥率队回粤。省军第一旅（王永泉），由泉来安，民军攻入安海。10月，直系军阀孙传芳委第四旅王永彝为兴泉永卫戍司令。1924年1月，讨逆军第十二师（周荫人），驱逐王永泉，王氏兄弟由泉逃沪。闽军委宋渊源，省军（高义）来安。北军孔昭同及张毅由漳州入泉，孔昭同与高义来安海，讨逆军司令周荫人攻占同安。海军杨树庄也占厦门。1925年，十二师部下焦锡恩军临安海。[18]

平权主义与北伐战争

虽然军阀及其地方性的"专制"阻碍了孙中山等人领导的"平权主义"革命，但是，也正是在军阀与革命党人"权力竞赛"的范围内，出现了有利于平权型民族主义的趋势。这种力量的发展途径主要有如下几个方面：

（1）为了"君主立宪"，清末政府参考了英国和日本的地方自治制度，这种制度在中国许多地区的确立，本来目的是为了强化地方控制，但到20世纪初已经演变为地方精英参与政治的理由和机制。

（2）在西方文化的影响下，19世纪的最后30年，新闻出版和其他信息传播途径得到了大幅度发展,这一变化,为全国各地信息沟通和政治表述提供了途径,促使民族主义的信息在大众传媒这个流动性极强的文化空间得到了传播,同时使"共同体想象"成为可能。

(3)清末取消科举、建立公学的政策,被20世纪初期不同的政治家所继承,这为支持平权型民族主义思潮的学生圈子的扩大提供了重要前提。

(4)20世纪初期,在公共领域表达民意的潮流也冲破了各地军阀的阻拦而涌现出来,创造了具有全国性影响范围的非官方话语空间,进而促使"平权主义"的政治见解的表达,在公共领域中成为主流。

正当革命党与军阀展开激烈斗争之时,文化领域出现了与此前时代构成断裂的新时代。20世纪初期,由青年知识分子为首要力量的言论领域,将"矛头一致对外"的文化复兴诉求,糅合到文化的"自我否定"运动中,提出了以现代的"民权"改造传统中国的皇权、族权、绅权、父权等制度的口号,接着于1915年提出"新文化"的概念,以之表达崇尚西来"民主""自由""科学"的心态。1917年俄国革命的胜利,无论是对于这一派的民族主义文化新运动的提倡者来说,还是对于力图以民主的革命来取代"封建统治"和"帝国主义"的力量来说,带来的恰恰就是一场平权型民族主义所需要的"庶民的胜利"。1919年,北平出现的"五四运动"举起了"庶民"的大旗,既反对帝国主义,又反对"封建主义"和"军阀"。

1921年,中国"共产主义小组"在上海举行第一次全国代表大会,产生了"中国共产党"。[19]随后,1922年,孙中山先生从上海再到广州,把"革命党"改组为"中国国民党"。1923年,中共第三次代表大会讨论国共统一战线问题,之后两党一致同意合作。1924年,国民党召开第一次代表大会,确定"联俄、联共、扶助农工"三大政策,实行国共合作。在国共合作下出现的新时代革命运动取得极大的发展。1925年,孙中山在北京逝世,形势发生很大的变化。

1926年，国民党第二次代表大会中，蒋介石夺得党政军实权，统一国民革命军的军事力量。同年，国共发表"北伐宣言"。7月1日，国民革命军誓师北伐，东路军总指挥何应钦率北伐军由粤入闽，所向披靡，迅速打到安海，进驻晋江县城。国民党福建省临时省党部委派秦望山为主任。秦望山到了安海，在全县组成20多个区分部六七个区党部。秦氏未经省党部批准，成立临时执行委员会，推秦望山为主任委员兼组织部长。成立后的第一件事是创办"宣传人员养成所"，招收学员100多人，下有10多个基层工会。

当北伐军开始从广东出发进兵福建时，北洋军阀另一部分，直系孙传芳乘李厚基败退之机驱逐王永彝、王永泉，而直系周荫人，收编高义部为福建陆军第二师，又派其第十二师孔昭同旅来泉。北伐军进入福建以后，福建的驻军一是海军派（占福、泉、厦），二是闽西派（占汀、漳、龙），三是直系孙传芳（占据省会附近）。孙部最先对抗北伐军，大败而回。1926年12月，"东路北伐军"由何应钦带领进攻泉州，北洋军阀孔昭同北退走兴化，撤入浙江。北伐军进攻泉州时，分三路进兵（一攻安海、二攻仙游、三攻泉北）。11月21日，北伐军由安海攻青阳，26日三路会师，占领泉州，北伐军六七千官兵入泉。北伐军入闽势如破竹，北洋军阀的张毅、李生春、周荫人诸部，都向北伐军投降，其余军阀退守浙江。3个月内，平定全闽。

1926年北伐军入泉后，泉州一度成为真空地带，许卓然乃出面与商会协商，组织"市卫队"，以维持治安。

在北伐军入泉之前，农民运动已十分蓬勃。1925年，泉州农民有组织的达100万人，有武装的20万人，地区性协会2个，区级会11个，乡级会147个，会员共28,418人。1925年，泉州农村地区出现反抗北洋军阀的运动。1926年，北伐军到同安时，农协号召240人，组织农民自卫队。此外，当时知识分子的政治活动也很活跃。至1927年，泉州已有学校120所，学生10,600人，教师590人，经费170,000元。

1925年发生"五卅惨案",泉州培元学生也参加抗议运动,县长宣布"党化教育大纲"十条,要各校制党团旗。在北伐期间,泉州创办"晋江书店",发售西方政治理论书籍。1927年创办的黎明中学,对社会问题的研究风气很浓,且重视社会活动,参与各种政治抗议运动,后来被迫停办。

1926年11月23日,北伐军入驻泉州。1927年1月,兴泉永政治监察署在城中办公。一部分共产党员是以政治监察署工作人员的身份活动的,他们在北门外、新门外、南门外发动组织农会、工会,决定以王台晖为晋江县总工会秘书,发动和组织工会,如码头总工会,安海南疆有店员工会、汽车工会、建筑工会等。为遵照孙中山"扶助农工"的政策,陈文总则组织农会,教农民学习文化,培养其公民意识。在教育界,由张炳铭领导学生联合会,成立反抗文化侵略大同盟,以许书亮为主席。[20]

北伐战争期间(至1927年4月10日止),国共合作仅四个多月,即出现蒋介石"清党"事件。其时,秦望山接到省方电示召开"拥蒋拥党""拥蒋清党大会",通缉监察人员,没收泉州书店财产,解散农民协会,取缔工人运动。此后,军阀与地方政权联合的局面再度出现。在泉州,1927年以前的"防务队"蜕变为"市卫队"和"保卫团"。同时,各地社团的代表大会被改组为趋于行政化的市区议会。从北伐战争到蒋介石的"清党",在意识形态方面出现了一个较大的转折。在"清党"以前,平权型民族主义,是消灭军阀、建立统一国家的旗帜;吊诡的是,"清党"以后,为了重新营造政权的权威秩序,"平权主义"的政治示威运动在全国范围内受到压制。泉州也不例外地出现了公共舆论领域的萎缩。

1927年前后安海镇公共舆论领域的变化,充分反映当时泉州地区民间运动遭受挫折的情景。1925年发生"五卅惨案"的当日,安海罢市、罢课,成立外交后援会;当地还上演各种政治性戏剧,并组织宣传队,到东石、五堡等地演出,激发了当地民众的反日反英热情。6月15日,发起抵制洋货(仇货)运动,对某些想发国难财的商号处以罚款。此外,安海还组织爱国团,9人为一队,发表《五卅惨案宣言》。1926年,在新思潮影响下,安海新文化活动很活跃,破除迷信、反对基督教运动勃兴,各种工会(如店员工会、汽车工会、理发工会、建筑工会、码头工会)和其他类型的社团(如俭德会、培青会、青年会、丽群社、妇女会、学生会、商业研究会等)出现兴旺发达的局面。各种刊物(如《文化报》《小朋友》《江潮报》《培青社》《燎原报》等等),成为宣传新文化、打击军阀、反对帝国主义的阵地。国民党地方领导秦望山组成20多个区分部、7个区党部,创办"宣传人员养成所",开展民运活动。[21] 1927年4月12日以后,上述民间政治运动的气象随之消散。

党争、民军与"闽变"

从袁世凯的掌权到北伐战争,在政治和军事领域,中国经历的是一场"南北对立"的斗争;而在文化与意识形态领域,则经历了一场南方平权型民族主义与以北方为核心的军绅等级主义和全权主义的斗争。在一定意义上,北伐战争的胜利,归功于平权型民族主义在那个时代的民众感召力,可以说是平权主义的胜利。然而,在北伐胜利后,也就是在蒋介石为首的国民党和中国共产党的分裂之后,军事和政权领域的斗争,再度席卷中国大地;而在文化与意识形态领域,也轮回般地出现了暂居"正统"地位的蒋介石等级型民族主义和全权主义(totalism)[22]理念与暂居"异端"地位的共产党平权主义运动对立的局面。[23]

北伐战争到抗日战争开始的10年,史称"第二次国内革命战争时期"。在这10年中,国共合作破裂,国民党为了维系其统治,依赖城市势力派，营造了以南京为中心的等级型政权格局。与此同时，中国共产党为了实现其平权理想，在广大的农村地区扩大影响力，建立"革命根据地"。

这样的政权和意识形态分治局面引起了注重全权统治的国民党当局的恐慌，于是对中国共产党发动了五次"围剿"。国共的斗争中心，在初期集中江西一带，逐步波及南北各地。

1926年，中共"五大"在汉口召开。1927年8月1日，江西发生南昌起义。1928年，红军在井冈山会师，在湘赣边区建立红军根据地。7月中共召开"六大"，确定反帝反封建的工农民主专政，实行土地革命。1929年，中共向江西、广东、福建边区发展，2月进入福建腹地，建立"中央革命根据地"，在上杭召开古田会议。1930年，红军达到10万人，根据地发展到15处。红军的发展，威胁到了国民党的统治。国民党发动了第一次"围剿"。1931年又进行第二、第三次"围剿"。事与愿违，红军力量不仅没有垮，反而得到增强，其根据地增多至300个县。同年11月，在江西瑞金建立"中华苏维埃共和国"，与"国民政府"对抗。

已经成为"主流"的党派，卷入频繁的军事斗争，而无暇顾及其他，这给地方社会留下了许多"变通"空间。

北伐战争以后10年，泉州地方社会的权力格局错综复杂。自1928年起，泉州成为当时闽南国民政府政治中心。然而，北伐军过后，泉州名义上为"国民政府"统治，实际上是"民军世界"，不断发生新编军、省防军和海军的矛盾和冲突，原来出现过的土匪火拼，再度兴起。从1927年北伐军离开泉州后的4年间，泉州先后有"新编军""省防军""海军"三种民军统治。所谓"新编军"，主要是以过去的民军重新合并而成，曾为北伐军平息，1928年，剩余部分编入"四十九师"。所谓"省防军"，部分编为"教导团"，又改名"民团军"，以地方土匪势力陈国辉为主力。1929年，"海军"由收编地方土匪势力高为国而成，驻扎泉州。高为国、陈国辉都是闽南著名民军，相互吞并。在国民政府围剿红军的过程中，泉州地方民军势力也被整编，前往闽西地区参与"剿匪"。但是，1929年，分别在长汀、龙岩等地围剿红军的泉州收编民军郭凤鸣、陈国辉、张贞在闽西先后被红军打败，他们逃回泉漳地区，重新组织自己的军队，其中，张贞的实力扩大很快，在漳泉地区拥有飞机6架，月饷10万元，地方税20万元。

1928年，菲律宾华侨向国民中央政府请愿，要求"改革闽政"，"严令福建政府限制肃清土匪，实行清乡，解散土匪式之军队，化兵为工"。1929年，泉州国民党名流许卓然在四十九师大会上，要求"政府"剿灭陈国辉、高为国，联合海军进兵同安，以慰侨望。当时，福建政局崩溃，泉州国民党内部派系斗争严重。"泉州日报派"和"国民日报派"，分别拉拢地方势力。党政以外的文化部门，也没有例外地出现派别斗争。如黎明中学为许卓然等所办，该校师生有何献廷（必然）、何应泉（司马文森）、钱子英（李子芳）等人，都是中共党员。该校公演话剧《出路》来抨击伪县长，结果学校被封。此外，1930年，泉州教会许声炎的"圣经学校"与吴封波办的"圣道学校"产生对立，造成了宗教派别斗争。与此同时，闽南地区也面临来自闽西的红军南下的挑战。

1931年，"九一八"事变发生后，日本扩大对中国实行侵略的计划。这个事变，引发了一系列地方性的政治后果，驻军淞沪的十九路军不顾南京政府的妥协政策，抗击入侵淞沪的日军，给日军以沉重打击。这个军事行动引起了民族主义的初期推崇群体华侨的拥护。[24]淞沪抗战捷报南传，泉州地区的华侨自动捐献巨款以支援抗战，以泉州人居多数的菲律宾华侨回国参战，并携带大量药品物资，慰劳前方将士。在泉州地区，青年学生则纷纷上街宣传，发动群众支援十九路军。然而，不久以后，南京政府与日方签订了"淞沪停战协定"，十九路军被迫调离。其时，南京政府拟定将十九路军调入福建，以为这个计策既能博得日方赞同，也有利于制衡福建民军势力。消息传到福建后，海内外福建人函电交驰，要求十九路军调闽。其中，尤其是菲律宾泉州华侨，成立了菲律宾闽侨救乡会，新马华侨继而响应。他们为"拯救桑梓"，同声呼吁要求调十九路军来闽肃清匪患，安定地方，革新政治。为此，海内外福建人共同组织了"福建海内外民众团体代表联席会议"，1932年6月初在香港召开会议，欢迎十九路军入闽，并通过一些救乡议案。会议结束，适值十九路军将领蔡廷锴抵广州，因推秦望山等20人为代表，往粤谒蔡，呈送请愿书及全部决议案，蔡廷锴、陈济棠、萧佛成同见代表，表示同意。不久，十九路军奉命调闽。[25]

十九路军入闽的先头部队六十一师，由上海乘轮船直达泉州。此时，泉州各界在部队到达之前，已先集会筹备欢迎事宜。1932年6月8日，正逢旧历端午节，兵船抵达泉州后渚港，部队登岸时受到民众热烈欢迎。十九路军到泉时，各界曾在中山公园召开欢迎大会，会中有人散发传单，请办陈国辉部下李忠。于是，福建省政府改组，任命蒋光鼐为省主席，蔡廷锴为绥靖主任，委周骏烈为泉州晋江县长，共同促成华侨参政。1932年9月26日，十九路军将陈国辉押解福州市处死。

南京政府在十九路军进驻泉州以后，实行"攘外必先安内"政策，对红军根据地进行"围剿"，对十九路军的独立行动也加以排斥。十九路军于1933年11月发动"闽变"，并于11月20日成立"中华共和国人民革命政府"，组织"生产人民党"，在福州发动"福建事变"，于12月12日把福建分为闽海、兴泉、汀漳、延建四省。十九路军以蔡廷锴兼任第一方面军总司令，成立五军一师。"人民政府"成立后，即贴出"反对卖国的南京政府"的标语。

1933年12月1日，十九路军在泉州中山公园召开"庆祝人民政府成立大会"，10时许，有飞机3架从秀涂起飞，在泉州掷下炸弹10

余枚，数日后，飞机又来轰炸泉州，接着，蒋介石派出15万兵力围剿只有6万兵力的十九路军。蒋军自温州经邵武、延平、福州至兴泉，如入无人之境，命蒋鼎文、陈仪分兵南下；十九路军残部约4万人，集中泉州，其中，毛维寿部投降，随之福建民军相继投降。1934年1月27日，卫立煌部由西开入泉州城，留泉的十九路军则开往惠安、莆田听候改编。十九路军改编后，番号改为第七路军，以毛维寿、张炎分任正副总指挥，辖四十九、六十、六十一、七十八等四师，原十九路军团长以上军官，都被遣送回籍，军队流落惠安，私卖枪支，士兵只剩下2万人。随后，蒋鼎文在鼓浪屿组编"闽南讨贼军"，起用民军头子洪文德、黄克绳、王振南等为司令，闽变至此结束。[26]

十九路军在泉州计19个月又20天，在其驻扎期间，与地方民众关系良好，并博得海外华侨广泛的支持。这支军队，既试图与国民政府划清界限，又尽力与共产党保持距离，其施政纲领，与华侨和士绅力量的利益一致，赢得了地方社会的拥护。其以失败告终，原因恐在于其领导者没有看到，代表等级型民族主义和平权型民族主义的两大政治势力，尽管一时实力悬殊，但在观念形态领域已经具有对等影响力。将自身与这两股势力区分开来，也许更能够反映中国东南沿海地方社会的文化心态，却未能获得更广泛的支持，从而最终经不起逐步对国家军事力量加以垄断的南京政府的攻击，而陷入失败境地。

十九路军的"闽变"经历，充满着悲壮色彩。尽管它的政权持续的时间短暂，但其所展示的民族责任感，在1937年正面抗战开始前4年，就似乎预示着一种民族统一对外的可能性之存在。

"闽变"结束后，陈仪设立兴泉保安收编办事处，收编为13个"保安团"，而泉州政府官员中派系斗争又日趋激烈，"泉州日报派"与"国民日报派"争夺区长职位，《国民日报》成为"中统"机关报，各有后台。1935年,"国民日报派"投入中统,"泉州日报派"投入军统,军统先后向中统进攻,《国民日报》被迫关门。晋江地方社会与外来驻军也出现一些冲突。如石狮蔡持控告驻军团长袁劲、营长单达贪污,驻军李延年为袁氏报仇,处死蔡持。与此同时,政府的政策,也因各种原因遭到地方的抵制。如,晋江县政府把1935年定为"建设年",计划疏浚河渠池塘,提出就地征工,结果遭到当地民众的反对。疏治池塘一事,派系斗争如此激烈,以致工程进展很慢,到1937年才完成12%。所谓"建设",实际上是一场骗局,当政者借"建设"之名出卖城石,以饱私囊。当政者在争权夺利的同时,又巧立名目百般苛索百姓。据1936年2月《泉州日报》报道,泉州大小捐款有3大类35种(一类是常年捐12种,二类是临时捐9种,三类是国定正税14种)。1936年《泉州日报》报道,泉州财政收入为36万元,共分3类,一是田赋什捐15万元,二是税务局17万元,三是国税省税4万元,全年收入不足支付,还要临时派费2次,每次5万至6万元,给当地民众造成沉重的经济负担。[27] 除政府和地方社会的力量之外,中国共产党的军事力量也在压力下得到了初步发展。1934年,红军(包括民兵)共30万人,开始离开江西北上。泉州游击队同闽中游击队在当地坚持开展3年的游击战争,在福建腹地边区活动,闽中游击队设在四都山上,曾一度攻入安溪参内乡,并曾一度攻克大田。泉州地区的游击队潜伏在诸如安海、白鞍、后厝、深坑、砌坑、白安、后厝、岭兜、葛州、岭头等地小学。1934年7月15日,共产党发表《红军北上抗日宣言》,闽浙边区首先从尤溪北上。1935年10月,红军长征到达陕北。

　　1937年7月7日,日本军队进占北平附近的卢沟桥,8月13日又进攻中国最大的商港上海。在外敌当前的情况下,国内出现了联合各党派力量一致抗日的要求。中国共产党认为,要对付日本帝国主义的侵略战争,必须再来一次国共合作,号召各党派建立"抗日民族统一战线"。不久，西北军会合东北军十七路军发动"西安事变"，促使国共再度合作，成立抗日统一战线，于7月15日发表《为公布国共合作宣言》，提出抗战、民主、生活"三点主张"和实行孙先生三民主义、不推翻政权、把红色政权改为特区、把红军改为国民革命军"四个保证"。8月又发表《抗日救国十大纲领》，从而使不同类型的思想和政治—军事力量暂时在名义上统一到国家的自我保卫斗争上。

从联合抗战到内战

北伐战争胜利后的十年出现的南北方军政政权统一，并不是实质性的"大一统"；此间，党派之争、民军兴替、"事变"此起彼伏，错综复杂的国内矛盾，成为时代特征的写照。按1937年国共之间的"协定"，抗战一旦到来，任何有碍中华民族一致对外的争锋，都必须放弃。在这段时间里，等级型与平权型民族主义话语，相互之间有了通融，国民党的等级话语不得已对共产党的"发动群众"做出妥协，而共产党在根据地实行的平权政策，也为了联合社会各阶层而做出变动（如吸引"地主阶级"加入抗日队伍等等）。然而，话语的暂时通融，却没有改变20世纪初以来民族主义思想内部的对立。

在抗日战争中，中国境内随内外军事势力范围的界定分为三种类型的区域：一是日据地区，二是国民党统治区，三是共产党抗日根据地。

泉州基本上属于国民党统治区，但其内部兼杂着各种势力。为了实行抗日整编，闽中地下共产党及游击队，从莆田地区开到泉州，驻扎于泉州承天寺内，与国民党驻军进行共同抗日谈判。不久，国民党驻军包围承天寺，闽中游击队队长被暗杀，地下党员辜仲钊等被拘捕下狱。经过谈判，活跃于南方的新四军派人来泉，把闽中游击队带往新四军驻地,脱离泉州。抗战开始不久,以绥靖地方、促进抗日为名,国民党在泉军政部门扩编,建立"泉州军警督察处""四区情报组"等机构,强化了对地方的控制。这种控制,时常是充满血腥的。如1938年5月厦门失守,大批难民退到泉州,泉州驻军将领钱东亮竟一夜之间把他们集中起来,分东门外枪山、西门外潘山、司令部内府后山三处加以杀害,后又把全部尸体运到秀涂港去填海。

国民党内部派系斗争也没有停顿。1937年,"军统"利用驻军钱东亮向"中统"开刀,"中统"则在泉设立"闽侨社"、图书宣传检查处、中国文化建设协会等,把报纸作为派系斗争工具,与"军统"争夺地盘。1938年,"军统"设立"泉州通讯社",与"中统"的"闽侨通讯社"竞争。

为了扩大军队兵员数量,军政强征壮丁,1937年,泉州组织"晋江社会军事训练总队",随后又成立"晋江基干队训练班",由各保甲抽送壮丁受训。起初遵照"三平原则",即三抽二,二抽一,单丁独子不抽,家庭维持者不抽,公务人员可缓役或免役。但1938年以后,晋江的兵役不再照"三平原则"办理,1939年改设"国民兵团",1942年改为"兵役科",1945年又改为"县军事科",继续推行兵役法。征兵设"新兵招待所",分批送交永春团管区。乡镇保甲长乘机借征兵敲诈勒索,不少人因此家破人亡。例如,云梯镇长陈文英借机鱼肉百姓,苛索市民,一时流行俗谚云:"不怕日本兵,只怕陈文英。"后来,兵役法因遭到民众反对,乃改为允许雇人顶替。于是,征兵人员私设机关,每名壮丁应役时须交黄金二两,"牛贩"从中抽二成至四成,名曰"人牛机关"。出于对兵役的恐惧,大量地方青壮男子出洋避役(民船主要由浯屿转到新加坡,其时菲律宾入境困难),再度形成海外移民的高潮。政府因此下令禁止16至50岁的人出洋。

军政界实行战时绥靖,而地方各界的抗日宣传运动却十分活跃。1937年,出现15个巡回剧团和一个"抗敌歌咏研究班",展开"救

10. 文化边疆的革命 | 419

亡歌咏运动"。《救中国》《救国军歌》等得到了广泛传播,而《前线需要我们》等歌剧、话剧也在泉州上演。在一些乡镇地区,救亡文化运动也纷纷兴起。例如,晋江县的安海镇建立了"维新剧社""甲子剧社""励群剧社"等,当地的养正、培基、俭德等小学,述化、培淑等女子学校,也配合校友演出大小型话剧、歌剧,也有戏剧活动。1938年起,日军战机轰炸安海镇,各界组织"抗敌后援会",各校也开展了巡回宣传。其中剧团有"二抗剧团""养中剧团""七七剧社""轰轰剧社""养小抗敌剧团",活动气氛非常热烈。特别是"养小剧团"宣传抗日,先后参加的有120多人,校长李永洞等亲自排演《失踪》《生产大合唱》等剧目,于1939年起在沿海渔村永宁、深沪一带公演。

  1938年,国民党内部汪精卫派系投靠日本,10月以后,日军逐步占领广州、武汉,其后即对华改变战略,以步兵深入共产党抗日根据地,而以军机和战舰攻击国统区。1940年7月,日军登陆泉州永宁梅林港,翌日早8时,2艘日军巨舰进入深沪海湾海面,12日晨,2艘航空母舰来临,接着又有军舰6艘,快艇4艘,登陆橡皮艇10只,从海上团团包围深沪湾。不久日军从三面登陆,对深沪、石狮等地实行"三光政策",梅林渔船被烧45只,商船63只,皆化为灰烬,梅林小学及隍宫亦被焚毁,劫后幸存者寥寥无几。日军下午始去,沙堤一村被杀130多人,受伤200多人,港边被烧房子55座,而永宁驻军"自卫中队"则闻警而逃。同时,日军战机对泉州城也进行轰炸。1941年3月2日,日机72架狂炸泉州沿海,3日又炸泉州城区,在城内万寿支路、水巷、富美等地,死难40余人,伤者23人。当日军进攻泉州之时,地方民众组织战斗队,但因平时缺乏组织训练,战时无人负责指挥,以致日寇海陆空配合夹击下,全部战死。此时,国民党正规军逃之夭夭,而石狮镇镇警赶到洋厝头,亦见势逃离。7月16日,日军除登陆永宁外,还炮击泉州沿海其他乡镇,如崇武、獭窟、三都沃、赛岐、镇下关等。

抗战爆发后，移居南洋各国的华侨与泉州保持着密切的联系。1937年至1940年之间，在经济萧条的情况下，各地华侨增加对家乡的汇款，使"侨汇"剧增。[28]此外，一些华侨领袖也利用自己的身份促进地方政权机构的政策改良。例如1940年，著名闽南华侨陈嘉庚领导"南洋华侨回国慰问团"回闽视察，对陈仪在福建的施政给予严正的批语，特别提出要取缔对壮丁的残酷待遇，取消运输等项统制。当时，一些华侨团体还回国参加抗日，其中以菲律宾华侨居多。例如，菲侨28人于1938年参加归国"抗日义勇队"，接受国民党地方驻军的整编，发表《告祖国各界同胞书》，要求闽省军政当局领导抗战，后随部队从闽西开向皖南。1941年12月8日，"珍珠港事件"爆发，日军发动了"太平洋战争"。受海上战事的影响，泉州地区"侨汇"一时断绝，地方经济受重创，民生凋敝。福建当时依靠"侨汇"生活的有300万人，侨属生活顿受打击。"侨汇"断绝的另一严重后果，就是私立学校停办。泉州各地私立中小学很多，如晋江一县就有233所，它们大部分是侨办的。1941年"侨汇"断绝后，先后有231所私立学校停办。1942年以后，私立学校只剩下101所。至1944年，只存64所。与此同时，为了躲避东南亚日军的残杀，一些华侨逃回故乡。1941年，日本进攻香港，18天内香港沦陷，日军对香港实行粮食供给制，香港民众生活无法维持，旅港商会纷纷救济，按人发川资走陆路步行回乡。1942年战火蔓延到缅甸，一些缅甸华侨随后也回乡。[29]

八年抗战，泉州的地方工业在战争的空隙中得到了一定发展，其中织布业、卷烟业、肥皂业比较出色。[30]然而，受政府政策的影响，这一时期人民生活负担极重。1936年，当地政府设立"地政局"。1939年，实行土地陈报制度。1940年，又进行土地测量，为增加军粮、公粮，政府对农村地区实行土地征税。1941年，征收粮食，夏收时加征四至六成，秋收时加征更重。1942年，改定收粮3市斗，还加征公学粮1市斗。当时，各县都成立"田粮管理处"，下设稽征所，直接征收。到了1943年，又把"征购"改"征借"，征购每元3市斗，公学粮1市斗，征借则按土地计算，每亩征借2市斗。此外，抗战期间，地方官员以"建设"为名筹集巨款以谋取私利。如1943年，晋江县长徐季元借口"建设新晋江"，筹集巨款办了康乐、侨属、征属、新晋江四家工厂，但不久相继停办。工厂停办后，财产招标拍卖，得款尽入徐季元私囊。之后，地方政府还实行"造产""水利"等名目的政策，但无不化公为私。在民间经济生活凋敝的情况下，高利贷、"粗租"、盐利、典押贷款等形式的借贷流行起来。高利贷方面，每借10元，半年后即要还20元，且需用田宅作抵押。"粗租"方面，以肥料借给农民，如借300元价值的肥料，归还时增值至400元。盐利当面，正月借100元，6月还盐10担，每担价值100元，共为1,000元。典押贷款方面，如黄金1两应值6,000元，仅抵5,000元，折款500元，月利50元，4个月不还者，抵押品没收。

1945年8月14日，日本宣布无条件投降，抗日战争宣告结束，国共之间的"民族统一战线"随着时间的推移逐步从联合走向分裂。1945年8月以后，在"和平、民主、团结"的口号下，国共之间一度于重庆召开会议，经谈判订立"双十协定"。1946年1月10日，又签订国共之间的"停战协定"。然而不久以后，双方对于接收日军占领的地盘和其他胜利果实问题及两党之间的权利关系问题，发生争端。1947年3月13日，"双十协定"和"停战协定"正式失效，国民党派军占领延安。但1947年7月以后，共产党在积累了力量之后转入进攻，打到长江北岸，1948年9月起，经三次大歼灭战，取得了对国民党战争的决定性胜利，完成了"解放战争"，国民党势力退守台湾。

在1945年8月至1949年9月之间，尽管对日抗战胜利，但全国范围内出现了严重的经济问题。首先，通货膨胀日益严重。在泉州地区，物价高涨的问题尤其严重。例如，厦门一碗点心卖700元，泉州竟要卖到1,500元。1946年，当地物价升至战前的87倍。1948年上半年，又涨300倍。由于货币贬值，1948年9月12日，政府又将"法币"改为"金圆券"。可是，到1949年，连金圆券也不值钱了，市场上以大米、银圆、美钞等为"通货"计量单位，国民经济濒于破产。与此同时，在国民政府的默许下，一些地方商人大量进口美国货品，"洋货"充斥街市，对地方民族资本形成巨大冲击。许多工厂因难以维持市场营销而相继倒闭，失业人口剧增。

在地方经济凋敝的情况下，华侨投资却出现了兴旺局面。1946年至1949年间，华侨纷纷回国省亲，"侨汇"源源涌入，加以战时华侨投资兴建的公路大都被破坏，战后为复修而添募新股，吸引华侨投资。工商业方面，华侨投资也呈上升态势。4年间，新办的工商业达72家，投资额达310多万元，占华侨总投资的35%。

华侨在战后对侨乡地方经济的再介入，使地方就业和民族工业的危机得到了部分缓解。然而，由于政府经济管理的无力，以及垄断性大金融集团的操控，作为一个全国性现象的金融危机已愈演愈烈，成为国家难题。

在政治方面，战后的4年也属于一个动荡的年代。国家一体化统治与平权主义的政治要求之间，冲突再起。与此相关，党争再度替代战时"民族统一战线"。从1945年10月起，国民党在泉州地区发动三青团、专署和别动队逮捕左派人士，共产党员有的转入地下，有的退避到南洋。而共产党闽中地区也展开对国民党当局的军事斗争。1947年，闽中游击队在安海内坑后山村赤土埔集中，进攻安海镇公所。此后，游击队曾先后攻入莆田、晋江、南安、惠安、同安等县，国民党军政当局为应对而强化对各县的军警务管制，许多共产党员被捕入狱。

泉州监狱设在城区东街，当时在晋江、南安被捕的共产党员霍劲波、施能鹤、王新整、傅维葵、郑秀治等都集中囚禁在这里。其中，霍氏是湖南人，在永安"东南出版社"工作，1946年被捕送到泉州；施氏是中心县委负责人，安海暴动后在安溪被捕；傅氏是南安县地下党负责人之一，因执行镇压乡长任务时被捕；王氏是闽西南地下党员；郑氏为在安溪被捕的共产党员。其他被囚禁的还有戴云山游击队史爱珠、洪瑞英等女共产党人。1948 年，被国民党囚禁的共产党员在严密的控制下越狱。泉州监狱北有小巷（县后街）的看守人员王氏，暗中支持霍氏。1947 年 8 月，霍、施在狱中相遇，又与王氏接上关系，建立狱中党小组。1947 年，施氏写信给《泉州日报》，取得与狱外党组织的联系，并通过巧妙的办法使狱中的政治犯集中在一起，为以后的劫狱做好了准备。1948 年 3 月，地下党派颜家祥到泉州，向许东汉和史其敏传达泉州共产党中心县委的指示，要求他们配合劫狱行动，以颜家祥、许东汉、史其敏、吕清河等六人为劫狱人员，带农民武装在北门打线巷 11 号史家演习。不久，国民党省主席刘建绪来泉，地方军政当局加强全市警戒，劫狱之举乃暂时推延，最后确定 1948 年 6 月 28 日行动，事先用竹梯二架，一作天桥以越墙，一作下地之用，前后仅用五六分钟时间。[31]

在战后的 4 年内，国民党当局费了很多力气强化其对地方的控制，但无论是在国共两党的交锋地带，还是国民党统治区，共产党的力量都处于上升的阶段。1949 年 4 月，解放大军南下，威逼江南各地。其时，闽中支队泉州团队在安海内坑后溪村祖厝建队，利用庙会的时机攻击晋江县自卫队。4 月 4 日是当地塔头村"皇后妈祖"神诞辰，家家请客看戏，客人来了数千人。闽中支队乘这个机会鼓动民众反抗，带领他们边打锣边分两路向国民党驻军发动进攻。当时，民众一时齐集近万人，迫使驻军退向海边。在安海事件发生以后不久，1949 年秋，又发生了国民党三二五师起义的事情。该师师部设在泉州明伦堂，由副师长陈言廉在承天寺负责干部训练班，下有军官队、学生队、妇女队。三二五师全师 2,000 人，分驻在泉州、丰州、石狮、安海、新门、涂门等地。闽中支队泉州团队派人与陈言廉联系，策动其倒戈。1949

年8月18日，三二五师奉令到东石集中，准备开往金门。19日陈言廉与中共泉州团队联络人具体研究起事事宜，当天晚上1,200多人在安海宣布起义。在陈言廉归属共产党之后，闽中支队泉州团队指挥员许集美，确定成立"闽南起义部队司令部"，以陈言廉为司令，派黄书麟为党代表。[32]

由于地下共产党早已部分瓦解国民党地方军政，并且南下的解放军已大兵压境，1949年8月，闽南一带的国民党力量逐步撤出泉州。8月，解放军第八十七师在闽中游击队泉州三个中队的引路下进入泉州城区，接受未逃往台湾的泉州国民党警察人员的归降，开放监狱，把陈言廉的部队编入解放军第八十七师，于1949年9月1日成立"泉州临时人民政府"。9月3日，解放军第十兵团（叶飞）司令部进驻泉州，与闽中游击队会师。9月6日，共产党南下干部抵达泉州，他们主要包括来自太行区党委的第一中队和来自华东区的第二中队。这两支南下干部队伍，起初主要配合解放军和闽中游击队做泉州地区的军事工作。1949年10月中旬，他们与地方游击队（地下党组织）集中开会，共同接管政府的主要职位，成立新的地方政权。[33]此时，山区的土匪尚未被剿灭，但泉州核心区位已被纳入到1949年10月1日于万里之外的北京成立的新政权体系中去了。

从1937年到1949年，泉州区域社会经历了三个重大变动：第一个变动，是国共两党在日本侵华、外敌当前的状况下，消除党争、形成"民族统一战线"；第二个变动，是在"民族统一战线"的旗帜下以中国共产党为代表的平权型民族主义力量的逐步壮大，及由于战争的结束而重新带来的国家内部的军事化党争；第三个重大变动，是1949年9月，中国共产党最终在中国大陆地区消除国民党势力，营造出一个政党国家。

这一系列的变动，常被人们归结为国内斗争的结果，但从"民族统一战线"到"新中国"的诞生，这一转变有着世界性的背景。到了

10. 文化边疆的革命 | 425

第二次世界大战期间，除发起侵略战争的德国、日本等国以外，多数工业化国家对民族国家的主权性形成共识，盟军在"二战"中胜利后，这一共识得到进一步强化，此后，任何有违民族国家领土主权的侵略行为，都被归入"不正义战争"之列。在这样的情况下，日本对中国的侵略陷入失败，可以说是一个世界性的必然结果。在此以前，由孙中山开创的国族营造运动，虽然也一度受到西方国家的默许，但是其所创建的"民国"，在国族制度的完整性方面十分有限。这主要是因为在他的时代，中国还没有克服与军事力量的分化相联系的主张之争，更没有真正确立一个受国际社会共同承认的主权（不同的外国势力出于不同的目的支持中国内部的不同势力）。从1911年到1949年，这个问题长期存在。然而，与其他的所有国家一样[34]，中国在不断的战争中积累的军事和行政力量的历史性"演习"，最终使作为"权力集装器"的民族国家意象，逐步变成政治的首要诉求。从这个角度看，从联合抗战，到内乱，再到"新中国"的建立，除了表明至20世纪40年代平权型民族主义已大获民心之外，还表明，作为"权力集装器"的民族国家，经过重重曲折，最终取得了胜利。[35]

11. 现代性的文化政治

20世纪前期，民族国家理念已从不同途径渗入到社会的各个角落，但在那个时代，无论是在政治上，还是在军事上，中国都未实现一体化；相反，党争、军事势力范围的分立、地方分治等，使当时的中国走着一条与一体相反的道路。历史上类似的权力多元状态并没有引起过太严重焦虑，甚至时而被运用来推进"分而治之"的政策；而20世纪的来临，情况则大为不同。分化不可避免引发着空前严重的忧患意识，个中原因是，一方面，在20世纪，倘若一个民族（国族）缺乏一体的国家机器，未实现对暴力武器的国家垄断，没有一体化的"全民文化"，这个民族便可能被比拟为丧失人格完整性的个体，若不是被指责为"文化精神分裂"，便会被判定为"尚处在不成熟阶段"；另一方面，要在一个偌大的天下实现一体化，政治步履必定无限艰难。

实质权力领域存在的那种引人忧虑的"分"的面貌，并没有阻碍民族主义思想的传播；与之相关，20世纪前期西来的现代性得到了机会，充分显示自身的"在场"，并以这种"在场"为民族国家所渴求的"不分割的文化"开疆辟土。

复杂的历史心态，兼杂着对侵略和分裂的恐惧，使民族国家观念得到进一步接受，种种王霸之争的愈演愈烈，则造成了国家与区域的乱局，让平权型民族主义奏响了其胜利的"前奏曲"。

正是在同样的历史状况下，对逐步成为过去的"封建"（所谓"分而治之"即包含在其中）的蔑视，先由曾被视为"异端"的"海上本土力量"（华侨），再通过不同形态的政权与各种社会力量的互动，转变为"想象共同体"的生产力。

"海上异端"的回归

在一篇论述中国近现代思想史变迁的论文中，伊懋可（Mark Elvin）指出，欧洲等较早实现工业化的国家，在民族主义的文化思考方面，向来兼顾传统性和现代性，思考者未曾忽视继承既有传统的重要性；如此一来，他们创造的现代文化，就带有了鲜明的文化保守主义特征。相比之下，在中国，引领一系列近代"思想革命"的人物，虽则也存在守成与"激进"之分，但总体而言，其推进的现代中国思想，却表现出一个与欧洲完全不同的面貌——中国缺乏强有力的文化守成主义。伊懋可认为，情况之所以如此，是因为中国本土的传统到了明朝以来早已面临着来自内部和外部的文化双重否弃，一方面，王阳明的心学从个人主义层面在根基上动摇了儒家的伦理秩序；另一方面，近代西方的冲击则从科技的现代性思维方式上动摇了旧有宇宙观。在传统秩序内本已出现的思想叛离，在近代历史上巧妙地与西来的社会达尔文主义思想糅合，成为晚清以来中国思想文化的主流，致使文化保守主义的生存空间受到极大的限制。[1]

从明末迄民国，中国人的文明心态，确如伊懋可所指出的那样，渐渐从内部的自我否弃，过渡到外部排斥，这"双重否弃"，先内发于传统内部，后来自于华夏外部。内在的否弃，开始重视"人"的哲学（如王阳明、李贽的思想）；外来的否弃，先发生于科技领域，再在制度领域中出现，最后在思想领域被实现。将两种"否弃"联结在一起的，有朝廷和士人的纽带，也有其他纽带，而一个未被伊懋可关注的纽带，则是经文化边疆回归本土的华侨。

到了晚清，本来身份复杂的海外华侨，已经逐步在文明的夹缝中寻找到自己的认同。据泉州历史学家陈盛明对华侨墓志铭的分析，清末华侨已产生"商而优则官"的思想；在这种思想的影响下，为了实现其既"富"又"贵"的生活理想，他们有的积极捐资助饷，借此谋取封典官衔，有的人甚至买官捐衔。[2] 这种"富而优则官"的思想，起源甚早，与泉州地方的重商传统有关，但也有它的特定时代性。在19世纪末，华侨这类独特的社会群体，强烈感受到中外力量双重制约带来的负担，在海外，他们无以成为侨居地的主体族群，在海内，他们一样被排斥在与帝制结合紧密的身份等级体制之外。介入侨乡的社会公益事业、结交士绅官吏、获得封号和官衔，使他们通过"荣归故里"，而在克服其在南洋社会中的边缘感之同时，改变其在海内的"弃民"身份。由于"富而优则官"的思想产生于华侨的这一双重社会心理危机，因此，它也易于演变为一种激进化的诉求。在汉人中，华侨较早意识到，只有对清政府的内部压迫和帝国主义的外部压迫进行"双重否弃"，才能够创造出一个强大的现代国家。因而，在辛亥革命的整个筹备过程中，华侨及其社团起着关键作用。如中国共产党早期政治活动家萧楚女所说："华侨亲受弱小民族压迫之痛苦，所以他们需要总理的'民族主义'；他们在海外备受欺凌，国家丝毫不能保护他们，且亦丝毫不注意他们，这使得他们更需要总理的'民权主义'，他们只有同国内各阶级协同一致，夺取政权，然后才能使他们得到他们所要的保障。他们中的大部分是无产阶级，不但身受弱小民族的痛苦，而且亦亲领资本阶级剥削的味道，他们当然感着工农在世界上应该有一个平等自由的相当生活。这便是他们尤其需要总理的'民生主义'。"[3]

作为一种特殊的"双重否弃"力量，在辛亥革命、北伐、抗日战争中，华侨持续起着革命作用。在泉州，1911年至1945年之间，政权更替频繁，先是出现军阀统治，接着是北伐期间形成的临时政权，再接着是通过"闽变"建立的分治政权（十九路军政权），最后是抗战期间的国共合作。在这一系列的政权变动中，华侨始终站在他们眼中的"革命"这一方。[4]

不过,华侨通过直接参与不同政党来参与不同形式的革命,恐怕只是他们在20世纪前期发挥的作用的一个次要方面。当时的华侨,回归于他们的故乡("侨乡地区"),在那里的权力和话语格局中开辟出一片相对独立的空间领域,他们自身构成了沿海地区的一股影响极大的政治力量。这股力量的主要影响既不主要表现为华侨群体对不同形式的政府的支持,也不主要表现在对"在野"党派的支持,而集中表现在华侨以独立的特殊身份提出政治见解的方式上。例如,"闽变"期间,华侨代表团即与十九路军会晤,提出其政治改革纲领。在与十九路军上层的交往中,华侨代表人物所采取的立场,是他们眼中的"大众公正",他们与这一军政力量的关系,不单表现为支持和被支持的关系,而更重要地表现为一种代表"公正"的民间力量与军政权威的双向互动关系。与此同时,在与各种临时性政权交往的过程中,华侨群体也已经与地方社会构成既联合又超越的关系,他们通过对地方公益的投资,在地方社会中联合了一批社会力量,使他们的一部分人士具有与地方士绅势力结合的乡族主义倾向。然而,这种微妙的关系恰好起着一种创新作用,它以不同形式,使华侨与地方政权和地方社会形成了特殊关系,共同推使地方接受西来现代文明。

华侨在现代文明传播中的中介作用,表现在三个与公益事业有关的方面:(1)现代学校的建设;(2)医疗与社会救济机构的建设;(3)地方公路及运输体系的建设。

如《泉州市华侨志》编委会所编《泉州华侨志》[5]所述,华侨对于泉州地区教育事业的投资,开始于在华侨家乡建立现代式的学校,其中华侨在其祖籍的单姓家族村落捐资建校最为集中,所建学校大多以小学为主。接着,华侨把投资扩大到都市地区,设立小学、中学、专科学校等有体系的学校体制。泉州华侨捐资办学最早可追溯到清道光七年(1827年),当时泉州惠安县后海村一位归侨在家乡捐建考棚。光绪年间（1894年），著名华侨陈嘉庚也在厦门集美捐建学校。规模更大的学校于19世纪迈向20世纪的10多年（尤其是1891—1907年间）得到建设。学校建设的模式包括三类：（1）华侨独资或集资；（2）地方乡绅创办，华侨捐助；（3）教会创办，华侨捐助。[6]

在医疗与社会救济机构的建设方面，育婴堂、养老院等西方式的慈善机构，也首先在华侨的推动下得到发展。泉州育婴堂的建设，开始于19世纪40年代，比教会创办的育婴堂稍迟。其中，安海的养生堂自1844年创建到1949年之间，收养女婴共达21,504人。辛亥革命以后，以地方宗教（如佛教）团体与华侨结合组建的育婴堂，也得到了营造。泉州开元慈儿院创办于1925年，由开元寺和尚出洋捐款，受到了南洋华侨的广泛支持。此外，1912年建立的两家养老院，也在此后的一段时间里得到了华侨资金的支持。华侨建设地方性慈善机构，包含有结合地方士绅力量把旧有的地方庙宇组织改造成现代性的慈善机构的目的。例如，光绪四年（1878年），泉州传染病流行，地方士绅乃在原供奉保生大帝（医神）的花桥慈济宫（庙）创办"花桥善举公所"，义务门诊、赠药、施棺、度岁等。东南亚泉州籍华侨在"花桥善举公所"的创办及创办后的运作方面，都给予财政和社会支持。这个慈善机构在20世纪上半叶一直十分活跃，对于泉州城区的民众有着深刻的影响。[7]

在地方公路及运输体系的建设方面，华侨的捐助和组织也是首要的。1922年，华侨陈清机（晋江安海人）联合地方政治精英许卓然等创办泉安民办汽车路股份有限公司，联合华侨、学校慈善团体、农民、商人等力量，合股筑路，经营地方交通，开通泉州与晋江县境内公路线多条，组织汽车和轮船运输服务。接着，泉州城乡各地也出现类似的股份公司。所有的公路公司都与华侨有密切的关系，而大略包括地方士绅创办、华侨捐助，地方政府创办、华侨及民间股份支持等类型。在华侨资本促进下，建设中的泉州地方公路运输体系，对于地方之间的联系起着划时代的作用。可以认为,正是在华侨投资公路运输体系的推动下,当地各村庄、市镇等区位等级的联系,才从传统社会的"驿站"体系,转变为现代的交通邮电体系。[8]

华侨在参与推动革命与现代公益事业建设中,带着鲜明的"光宗耀祖"、维护家族与地方社会对外赢得"公共面子"的目的;与此同时,他们与地方士绅的结合十分紧密,起到强化地方绅权的作用。因此,我们不能全然将华侨视作一股全新的现代文明化力量。然而,必须注意到,此间,无论是在中国社会各阶层中的位置,还是在其文化角色上,华侨形象已出现了根本改变。

明清时期,华侨的前身如果说有什么正面形象,那也只得从其来自的家族或地方社区中寻找。在正统官方文化和渗透至深的传统观念中,华侨总是与"弃民""流民""异端"之类概念相关。在一些中性的描述中,对这类人在清嘉庆(1796—1820年)至道光间(1821—1850年)的普遍称呼是"唐人",也以省籍或区籍称之,如"广东人""漳泉人",至咸丰年间(1851—1861年),则多用"华人""汉人""中国人""唐人"。"华侨"一名滥觞于清末,指那些从中国版图内迁出的移民,光绪年间,他们有"华民""华人"之称,同时,也出现了"华工""华商"等与其职业相关的称呼。在1895至1904年间,文献里广泛使用"侨"字,也有了"华侨"概念。但可以认为,直到20世纪初,华侨的负面形象仍未改变。最早改变华侨的过往形象的,似乎是章太炎1903年写的《革命歌》,该诗把海外华人称为"华侨",号召这些华夏域外传人投身革命,推翻异族(清朝)统治,重建中华。这首诗对孙中山产生较大影响。由于辛亥革命大受华侨的支持,因而在1911年之后,华侨的地位瞬即得到官方和民间的认可,其在文化上的建树被广为推崇。[9]

原来的"海外罪民"之所以在世纪之交出现这种身份的大转变,与华侨在中国跨世纪的社会变革中所起的重要作用有密切关系。而我们还应看到，这与华侨在中国文化变迁中所起的"革命性"作用，也有着密切关系。在一定意义上，华侨在文化转变上的作用，比他们在政治革命中所起的作用，意味更加深长。

可以说，对东南沿海来说，华侨实属对于既有正统有着伊懋可所谓的"双重否弃"作用的关键因素。从历史的观点看，至少在东南沿海地区，华侨之前身流出"中夏"的行为，早已起到过一种反叛正统的示范作用，这种作用，可与王阳明的心学、李贽的"人学"所起的作用相比。如弗里德曼指出的，从东南沿海外出谋生的华人，集中于南洋（东南亚）地区。这个地区早在宋、元时期已经与东南沿海形成密切的交通贸易关系。明朝早期实施"海禁"政策后，流入南洋的商人继续在南洋从事贸易活动。随着东南亚的殖民地化，到了18世纪，东南亚的华商虽无政治军事地位，却已成为西方势力与其东南亚殖民地之间的中间人。1850年之后，流入南洋的劳工、苦力数量急剧增加。这些新一代移民原来多数是贫穷的农民或者手工业者，到了东南亚，他们承袭古代商业传统，经商致富，成为南洋诸社会中的富裕阶层。到清末，受益于西方势力在东南亚的殖民活动，新老华商的势力已蔚为壮观，不仅在东南亚地区得到壮大，也在新加坡、上海和香港等地之间的广大空间，占据重要地位。[10]此时，华侨已经体验到西方文化的力量，并受其潜移默化。在19世纪末以后的50年里，华侨也善于通过自身的言论和行动，敦促祖籍地乡族为了其在现代世界中的利益接受西方文化，"否弃"本国传统的某些部分。

假使可以把"市民社会"松散地定义为在国家权力与家族私人空间之间形成的公共话语领域的话，那么，我们便可以认为，在19世纪末以后的50年里，泉州华侨在地方社会中构成了某种类似于"市民社会"的空间，回归华侨通过革命行动和公共事业的建设所营造出来的公共空间，在一定意义上已经超越了家庭和乡族的限制，而与此同时，其与地方政权组织，保持着既游离在外又积极互动的关系。

由于辛亥革命受益于华侨的支持,因而,此后建立的政权给予了华侨一种政治上的特权地位,使他们能够在不同的情况下代表民间社会向政府机构做出批评性的评议,也使他们有一定的特权来主持地方公益事业的建设。这种待遇在以前的时代是不可能的:在明清时期,即使有华侨回乡投资公益事业,也绝对没有引起过政府的直接鼓励和参与。

然而,20世纪上半叶华侨所代表的那个"难以完善的市民社会",只不过是一个很容易被不同的党派所消化的半本土、半外来的民间力量。在华侨群体扩大对其祖籍地的影响过程中,另一股更强大的势力已然生成。这股势力,是作为民族国家的权威性资源的现代官僚(科层)体制,这个体制的载体,是地方行政权力。

民国期间,控制地方社会的政权更替不定,但民族国家一体化统治和社会监视方式,已悄然成为理想,并随着来自内部和外部的双重文化冲击之加剧,而得到广泛接受。

19世纪,中国的城乡权力格局受到了重大冲击。此前城乡之间的差异较为稳定,城内的居民一方面享有较高的特权,另一方面也受到较为严格的人身控制,而居住在城以外的广大乡村人口,虽无法彻底疏离于正统意识形态和朝廷社会控制体系之外,但具有较大的社会经济自主性。19世纪中期以后,这个格局因受到了帝国主义国家在中国促成的新兴城市中心的冲击[11]而部分地瓦解了。与此同时,在与外来帝国主义势力交锋的过程中,清朝统治者也逐步意识到古代传下来的"天下",实际上只不过是天下的众多"国"之一。在帝国主义国家的主动帮助下,晚清王朝设立自成体系的海关和边防,同时借用西方经验建设了听从朝廷(国家)指挥的现代军队。到了19世纪末,在"新政"口号的促动下,清政府还部分借用了西欧君主制的某些内容,对主权加以界定,与此同时部分展开了国家内部的绥靖。

清末在"富国自强"招牌下,以"乡村自治"为名,开始强化其对下层百姓的控制。尤其是1901年袁世凯就任直隶总督之时，不仅集中发展"新学"，而且倡设"警政"。1902年5月，在保定府试办近代警察，设立"警察总局"，创办"警务学堂"。不久，袁世凯又上奏清廷提出应以新的巡警制度代替旧的保甲制度，批评保甲制度"防患不足，骚扰有余"，在所管辖之华北城市地区设立新警制。1904年，在农村地区实行了巡警制，在殷富之地，按五十户设巡警一名，在穷僻之地，百户设巡警一名，并规定巡警军械服式一律统一，须经过正规的训练。巡警制的设置，是由分区开始的，然后按村计户，保举警察，由各村自筹经费。北洋军阀的巡警制是中国近代警察监控制度的早期形式，它首创在中国农村地区展开现代式的内部绥靖。然而，当时的巡警制并没有在全国推行，尽管在华北推行得较为全面，但由于一些县级官员坚持执行旧有的保甲制，也由于村、区两级的巡警财政由当地支付，因而在地方上往往行不通。

1908年，清廷在全国范围内颁布《钦定宪法大纲》的同时[12]，颁布了《城镇乡地方自治章程》，其中规定：凡府厅州县官府所在地为城，其余市镇村屯集等地人口满5万以上者为镇，不满5万者为乡。城镇乡自治范围以学务、卫生、道路、农工商务、慈善事业、公共营业及自治经费为主。至于地方自治之机关，凡城镇均设议事会及董事会，凡乡均设议事会及乡董。议事会由城镇乡选民互选产生，凡具本国国籍，年满25岁，在该城镇乡连续居住3年以上，并年纳正税或地方公益捐2元以上之男子，均具选举及被选举权。城镇议事会议员以20名为定额，每加人口5,000人，得增议员1名，但不得超过60名之限。乡议事会则依人口比例另定名额，少于2,500人之乡，得举议员6名，超过2,500人之乡，则依次递增，至多可选出18名。议员为名誉职位，不支薪水，任期2年，每年改选半数。各议事会每季召开一次会议，会期以15日为限，必要时得展延10日以内，其职权在议决本城镇乡兴革事宜、自治规则、自治经费、选举争议、自治职员之惩戒与乡镇间诉讼、和解等事务。城镇董事会设总董 1 人，董事 1 至 3 人，名誉董事 4 至 12 人，由议事会就本城镇选民中选举，呈请地方长官核准任用，任期均为 2 年，其职权在执行议事会议决事项与地方官府委任办理事务，并负筹备议事会选举及议事之责。乡的地方自治执行机关较为单纯，仅设乡董、乡佐各 1 名，由乡议事会就本乡选民中选举，呈请地方长官核准任用，其任期与职权，与城镇董事会雷同。[13]

3 年后，清朝统治告终，但其确立的乡镇地方自治制度却被民国政府继承了下来。尽管地方自治制度于 1914 年被一度倡导该制度的袁世凯宣布停止执行，但在全国大多数地方，作为官治的城、乡、镇事实上依然存在，有些省则自行规定了基层政权制度（如山西的区村制、云南的市村制、浙江的市乡制），其名称不一，而内容与城镇乡制大致雷同。南京国民政府成立后，县以下各级机构设置的规定常朝令夕改，但基本内容因袭了清末的城镇乡制，乡镇级机构由此被固定为政府的基层政权机构。1928 年 9 月，《县组织法》规定县以下机构分为四级。1929 年 6 月公布《重订县组织法》，改村为乡，改里为镇。1930 年 7 月，又修正《县组织法》。1934 年，国民党"中政会"又通过了《改进地方自治原则》，规定县地方制度采用两级制，即县为一级，乡（镇、村）为一级，区在情况特殊的地方可以设置，但是属于例外的情形。这项规定把以往的县、区、乡（镇）、闾、邻的五级制度改为县乡两级制。不过，由于不少地区的地方自治状况不适宜新的县乡制，不久内政部发布《改进地方自治原则要点之解释》，宣布两级制的改革不一定急于执行。1935 年冬天举行的国民党"五大"承认，12 年来的地方自治失败，地方自治实为"土劣自治"，即大大受制于地方霸主。不过，1939 年 9 月颁布的《县各级组织纲要》中规定实行"新县制"，对县以下的机构做了重新规定，在县的面积广大的地方，以一区管理 15 至 30 个乡（镇），在一般的县之下直接设乡镇。"新县制"同时还规定，区属于县政府督促各乡镇的派出机构，而乡镇才是县以下唯一的政权机构。这一规定已经正式全部把中国的基层政权从县下移到原来属于自治单位的乡镇。

"新县制"的出台时期，是抗日战争期间，其实行的区域受到了很大局限。但是，这个制度在内容上完整地体现了现代中国基层政权下移的状况。"区"的设置，介于县与乡（镇）之间，设有正式的区署、区警察所、区卫生所、区职业训练班，也聘任正式的区长、所长等官员，把区级的基层组织界定为包容财务、民政、教育、建设、惩戒、卫生等地方管理职能的行政单位。"新县制"及1941年公布的《乡（镇）组织条例》对乡镇级机构进行了明确规定，以乡镇取代保甲作为基层政权，一乡（镇）包括6至15保，上设乡务会议、乡公所，下设民政、警卫、经济、文化4股，另设国民兵队（民兵组织），乡（镇）长的权力为政治、军事、教育"三位一体"。乡（镇）还设立民意机关，名称为"乡（镇）民代表会"，由各保选举两名组成。乡（镇）政府和民意机构的任务包括健全机构、编查户口、整理财政、规定地价、设立学校、推行合作、办理警卫、四权训练、推进卫生、实行造产、开辟交通、实行救恤等12项。

从19世纪末到20世纪40年代，中国地方行政出现了数次的变动，内容上变化多端，却一直朝着县基层政权向乡镇基层政权的权力向下延展的方向发展。原则上，我们可以把这一发展线路界定为现代式地方行政制度的逐步成熟。然而，由于20世纪上半叶的动荡，此一时期的地方行政在实践上有着很大的区域性差别。民国成立之初，就力图以新的行政制度取代旧的保甲制，但在一些地方实力派控制的区域，保甲制得到了保护，并时有转化为地方军事首领的附属单位的倾向。20年代末至30年代中期，为了"剿共"，蒋介石在华东南、华东、华西南、华西北部分地区实行了准军事化的保甲制，强化了这些地区的绥靖，使用古代的连坐制度对地方社会进行了严密的控制，使一些地区陷入了囚笼状态。在抗日战争期间（1937—1945年），国民政府也在部分地区实行保甲制。这种强化了的准军事化地方控制措施，表面上是出于历史特殊性（如克服内乱、抵抗外敌）的考虑，实际上只不过是"特殊地"体现了一个力图把自身改造成"权力集装器"的国家对于内部绥靖的高度关切。

早在1939年，费孝通在其《江村经济》一书中就已揭示了民国时期地方行政制度之实质，指出其设立的借口，是"规划的社会变迁"，而本质则是地方行政控制的延伸。[14]如费孝通指出的，现代式的地方行政制度的设置，是社会变迁的一个主要内容，但它绝不是一个社会自主地展开的社会演化，而与确立国家权力的现代性的努力，有着密切关系。

国家力量下伸的宏观历史场景，对华侨的故乡，也有着深刻的影响。在20世纪前期，尽管政权更迭频繁，但泉州地方行政持续得到强化，到30年代，乡镇保制度得到了系统实施，政府通过警察、行政机关和军事力量对社会强加的控制得到进一步加强。在上文论述的公益事业方面，政府权力下伸的一个重要后果是，设立大量的行政管理机构（各种科、处、局），逐步吸纳并管制原来由华侨和地方士绅共同营造起来的公共空间。从表面上看，这种政府的吸纳和管制行为，似乎只是被推动中的文化变迁的展开，但从本质上看，一旦以华侨为核心的民间文化改造运动被转化为政府行动纲领，其所起的摧毁作用就不可低估了。

如上文所述，在泉州这个侨乡，华侨是文化"双重否弃"的关键因素，尽管他们与家乡之间保持的关系富有传统色彩，但其身份的特殊性，使之具有代表现代文化的"大众公正性"。这就使他们在文化领域中所扮演的角色，带有鲜明的非守成主义色彩；而一旦他们的特殊角色与正在通过国家权力的下延而得以完善的新官僚权力结合起来，那么，其意料之外的文化破坏后果便随之得以加剧。

老城的拆除

直到民国初期，泉州城仍然完整保留着城墙及围城内部的建筑体系。遗留的泉州城，由古代的罗城和翼城组成，整体看，如一个完整的庞大建筑物，它的城墙高出地面 1.8 丈，基深约 1.2 丈，基广 2 丈余，城上可走马，蜿蜒 30 里。这座城市经过历代政府的不断修葺，如顾祖禹在其《读史方舆纪要》（卷九十九）中所云："郡旧有衙城、子城、罗城、翼城。内外有濠，舟楫可通……元至正十二年，以四方盗起，监郡偰玉立议寻故址增筑，乃拓罗城、翼城而一之，周三十里有奇。城在五代时名葫芦城，以城不正方也，改筑，后象其形曰鲤鱼城。明洪武初增筑。累朝复相继修葺。"至明万历中，泉州大地震，城圮，再次营缮。至清末民初，泉州城依旧浑体石构，城外三面有濠环流，七个城门各具风采，建有瓮城，瓮城外又有附郭抱拢。作为一个整体的老城，既具有政治控制、军事防卫、社会经济管理的实际功能，又充分显示出其象征帝国威严的文化作用（图 11.1）。

自辛亥革命起，随着帝制的颠覆及新文化理想的兴起，泉州老城的双重功能便遭到冲击，而从 1923 年开始，历经 15 年，这座老城终于被彻底拆除。

拆城的直接借口，是一个现代化的计划。吊诡的是，这项计划声称的宗旨，在于消除泉州"城"的作用，增添其"市"的色彩，把这座老城建设成以商业为重的现代城市。潜藏于声称的宗旨背后，有个深层次的文化理由，这就是，消除泉州老城的历史负担，使它以新的现代城市姿态，重现于世。

这样一个通过破坏旧有城市建筑空间秩序来营造新的城市空间秩序的现代化计划，显然包藏着一种历史的失忆（图 11.2）。如我们在前面几章呈现的，正是在传统围城内，泉州出现过"市井十洲人"的繁

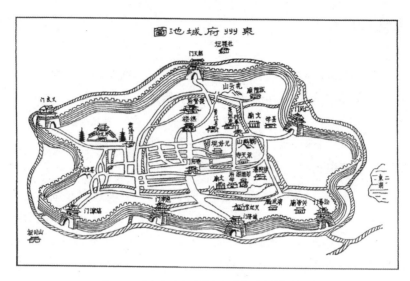

图 11.1　清代泉州城（乾隆版《泉州府志》图版）

图 11.2　作为"历史负担"的节孝坊（陈万里摄于 1926 年）

华盛况,"市"的作用的式微,开始于官方化理学的本土主义文化构思出现之后,而其进一步减弱,与近代通商口岸导致的宏观经济格局变化有关。也便是说,泉州本不缺乏"市"的作用。

虽则如此,城市现代化的推动者,却崇新弃旧,主张城市现代化的首要任务,是"拆城辟路",也就是拆除妨碍城市通达四方的城墙,拓宽街道和公路;其依据,是由华侨辗转传播来的"没有围墙的城市"模式,其首倡者,是握有资本的华侨,其实施,则一向以地方政府为主导。早期存在华侨与地方行政机构的密切配合,到后期,这种配合退让于地方政府对项目的支配。

由于城市现代化计划以地方政府为主导,而当时的党争、军事势力范围的分立、地方分治等因素,又使地方官僚处在极其不稳定的局面中,时时换将,因此,此间的城市现代化造成了市政的一片混乱。

泉州历史学家王连茂通过对相关当事人的口述史调查告诉我们[15],当时"拆城辟路"的经过如下。

1922年3月,泉州成立"工务局",其机构庞大,包括工程人员达四五十人,局长为周醒南,但实际主持人为黄仲训。黄仲训是刚从海外归来的安南富侨。他早已在泉州新门街一带大量购置房产,拟将之修建成"仲训街",以模仿西式城市,将泉州改造成工商业发达的现代城市。其后,黄仲训看到单独发展一条孤立的商业街区不足以改造泉州的整体面貌,于是向地方政府倡议拆城辟路。他的倡议得到福建督军李厚基的支持。李厚基支持黄仲训的目的,不外是要利用其财力来办理市政,而黄仲训也不肯无条件地轻易抛出巨资。于是,黄仲训与士绅的头面人物陈昌侯计议,决定采取筹募资金的办法,就地摊派"马路捐"充作经费。黄仲训担心这个计划会遭到地方势力的反对,便事先宴请一些社会名绅,以李厚基的命令为借口征询意见。地方士绅见是督军的命令,自然不敢有异议。黄仲训得到诸绅拥护,便决定择日开工。此时,"工务局"已完成旧城的测绘及市区交通的设计工作,即着手开拓城南外新桥头至城边的一段新马路。不久，南门一带的商家和居民知道开辟新路势必拆及自己的产业，便四处张贴标语和漫画，群起反对之。黄仲训一时大有孤掌难鸣之感，只好将工程暂告停止，这次拆城辟路，随之烟消云散。

不久，"工务局"改为"市政局"（局址设于东街孔学旁），于1922年的6个月中，接续开拓新桥头马路的工程，完工后，该路全长200余米，宽约9米，水泥路面，排水系统较为完善，路中用水泥修砌大的导水管，两旁各有一条小沟，于100米处再以渠引水导入大管，然后泄入溪中。市政局的这一举措，有其明显的优点。可惜之后历任局长均以工程费料难办为借口，而擅改排水系统为阴沟排水，此后，雨季一到，沟满渠溢，长年臭水积聚，恶秽难闻。"市政局"曾有拓宽城外马路、使之与城内直接交通的计划，但遭到民众反对，只好改变路线，使马路沿着城墙，从南门入，拆去天后宫西廊，然后循照旧街道的线路曲折北上。为了改变市容，"市政局"曾拟建三个菜市场，不过当时遭遇王永泉倒戈李厚基的政变，"市政局"主持人弃职，市政计划又成泡影。

1923年初，东路讨贼军入泉，所见的泉州城依然是一个旧式而闭塞的城市，但由安海至泉州顺济桥的"泉安公路"此时已快全线通车，旧式的城市与新式的交通网络一时显得极不相称。此时，泉州籍华侨陈新政、徐剑虹、戴愧生等从南洋回国抵泉，见古老城垣依然如故，慨叹辛亥革命已经多年，故乡却还如此"落后"，于是力促讨贼军总指挥黄展云拆城辟路以兴办市政、发展交通事业。黄展云表示支持，不久即委托刚从菲律宾归来的老同盟会会员叶青眼主其事。叶以事关桑梓建设，慨然应允，并着手组成"泉州市政局"，聘泉州南安县赴英国爱丁堡大学学习建筑学的雷文铨为工程师，向县商会借款3,000元为开办费。

照当时的现代主义者的认识，"辟路首在拆城"，因此，市政局决定尽快拆除南门至一堡的城垣，其余不妨碍交通者可仍存旧观，城楼、鼓楼、寺庙及文物古迹也概予保留，然后修建一条宽广的经路和四条纬路，经路即南北大街，两旁拓宽，使其路线笔直；纬路即新门、涂门、东门、西门大街，也务求笔直，从而使市区的马路交叉成为"干"字形。这一城市改造计划的出台，是吸收了陈炯明修建漳州马路那种迂回曲折、车马行驶不便的教训，为了求一劳永逸；但另一方面，则是因为受英国建筑工程教育的雷文铨给这个规划染上了某些外国都市的色彩。雷文铨认为，泉州将来会发展成为中型城市，于是计划辟出10余米宽的路幅为汽车道（亦可用为电车道），汽车道边缘植树，两旁又各有2.7米宽的倚楼人行道。

为了促成城市改造计划的实施，市政局颁布了"市政管理规则"，规定城垣内旁15米宽的土地属于官产，该范围内的房屋、店铺之业主，若不执有清代官方认可的契据，市政局一概不予承认。又规定，因修路而全被拆卸的房屋，由市政局全部赔偿，拆退2/3者，给予部分赔偿，拆退1/3者，不予赔偿。

"规则"颁布以后，一时满城风雨，市民安于现状而不愿房屋被拆，一些地方士绅则视拆建为"毁祖公业"，并扬言要捣毁叶青眼家的祖坟。

市政局面临阻力，但由于有东路讨贼军给予的军威支持，因此拆城计划仍继续进行。不过，为了缓和当时的局势，市政局也不得不做出让步，稍缩设计中马路的宽度。工程先从南门城边至指挥巷口一带城垣的拆卸开始，继而沿着城基及城旷地，拓成新马路，南接新桥头，北至亭前街，全长约800米，初名"南新马路"，后改"中山南路"。

工程期间，水门濠沟曾因数十丈土岸坍塌而水道淤塞，城内八卦沟的水不能往外泄了，沿岸民居岌岌可危。市政局鸠工疏浚，并以城石筑固两岸。叶青眼在任后期，开始贩卖城石和官地，又设有马路派款，以充作"建设"经费。

同年7月，东路讨贼军开赴广东讨伐陈炯明，而不久高义部队即入泉，叶青眼受诬告而避难于厦门。高义统治泉州期间，任其幕僚谢德（泉州安溪人）任市政局长，历时将近2年，继续把城垣拆至水门，又越过亭前街，循以北旧街，直拆至威远楼为止，南北大街始告完成，计长2,400米左右。那个时候，花桥亭至泮宫口一段，是旧街最繁荣的地方，店屋极其拥挤，但寸土寸金。谢德揣度辟路计划必遭市民的剧烈反对，遂取消露天人行道，仅拓宽路面12米，又将南新马路的露天人行道作为官产卖掉。此时，商人、华侨争购南新马路官地，市政局划成1.5丈与1.2丈两种地权出售。在辟路的过程中，南鼓楼残存部分被拆除，两仪楼（即后来的钟鼓楼）也同时被拆。谢德任内还开始铺设南北大街的石头路面，继又拆除西街观路至开元寺口，长450余米，宽约10米，又拆打锡巷，全长380米，宽8米余。

1924年，泉州出现了第一辆人力车。不久，人力车逐渐增多，市政局也随即增设"人力车捐"新名目。由于新修马路坎坷不平，乘客颠簸难受，拉车生意不好，"人力车公会"乃于某年雇工填补路面，以利行车。

1924年底，高义部队调防南安，北洋军阀孔昭同所部独霸泉州。1925年，孔昭同设"群治会"于谯楼，标榜"集思广益"，市政局长之职被地方权绅施蛰龙所夺。施在任期间，计建有以下5条马路：(1)东街马路，从东街头延至东鼓楼下，长400米，宽约10米；(2)新门马路，从新门街头延至井巷口，长400米，宽8米；(3)桥尾街，从新桥桥尾延至顺洲桥头，长100米，宽8米；(4)花巷，全长260米左右，宽约7米；(5)涂门街，从涂山街头延至羊公巷口，全长230米，宽约7米。在辟路的过程中，因触及一些社区纪念性和宗教性的建筑，市政局曾遭到民间的反对而不得已放弃部分计划。例如，市政局曾计议拆卸东鼓楼，后因地方人士陈泽山出面反对，以其为明代学者陈紫峰的讲学遗址，不应毁坏，东鼓楼方得保存。另外，施蛰龙企图借辟路之机，敲诈伊斯兰教徒葛笃庆、黄清茶（开设牛灶）的钱，故意将路线往北偏过，坚持要拆掉泉州伊斯兰教清净寺。该寺马康健先生与之争辩无效，乃愿出1,000元充作马路捐，施不满足，清净寺乃向法庭控告，双方仍然僵持不下，案最后移至最高法院，回族代表据理力争，终于胜诉，施敲诈不遂。[16]

1926年冬北伐军入闽，孔昭同大势既去。北伐军入泉后，任王克昌为市政局长，6个月后，换为杨仲海，不久又改任邱志信，此后又有雷文铨、李幼岩等人相继任局长之职。在这一年有余的时间内，市政当局者均忙于争权夺利，视此职为"美缺"，个个不惜尔虞我诈，互相倾轧，结果市政局仅仅续拆东街至东门城。1928年2月，国民党晋江县学部举荐施雨苍任局长，改"市政局"为"建设局"。施病不能到局办公，一切事务交由总务科长秦达泉处理。6个月后施病亡，局长由秦暂代。在此期间，南门兜至富美渡头的土路拓成，东街头的水泥路面铺完，又续拆新门马路至新门城下，长1,700米的新门马路告成。同时，曾修理倾损已久的东门吊桥，又着手改建蓝桥（今满堂饭店附近），将石建筑材料换成钢筋水泥。但工程未竣，省建设厅即派人来接局长之职，秦推宕敷衍，引起一场拒交风波。2个月后，许涌充任局长之职，蓝桥于许任内改建完毕。1929年间，南北大街水泥路面铺筑完成。同年春，西街马路续建完毕，马路越过开元寺，北面有基督教堂，建设局惧其势力，遂将路线改向偏南，但南面又多富户，有能力行贿，建设局凡受贿赂，即将路线稍改，借此攫取厚利。1930年初，杨逢年部队驻泉，成立"地方建设委员会"，委员有秦望山、李敬仲、杨逢年、吴警予、龚念平等党、政、军、学各界代表。这个委员会曾拟改建公园、马路及整理卫生、市容等，意欲将县行政属于这部门的计划归并于建设委员会，后因省方不同意而取消此议。在此期间，曾改建西街一段马路，整理公园，又拆卸一些阻碍马路交通的石牌坊。数月后，该委员会解散。

1930年冬至1932年夏,"土匪"陈国辉统治泉州期间,计修建了以下3条马路:(1)镇抚巷,长210米,宽5.5米;(2)奎霞巷,长170米,宽7.5米;(3)北门街,长500米左右,宽约10米。1931年初,陈国辉设立"新桥办事处",以王仲生为主任,雷文铨为工程师,开始改建新桥(南宋梁式石桥),原石板桥面易以钢筋水泥。城垣也同时被拆至新门,并废瓮城。在此前后,市政当局开始整段、整座地贩卖城垣、城基及城楼。如稍前有高某者承购了整座涂门城楼,然后做起石贩生意。此时,有资本家争购新门一带城基以盖瓦窑。这种现象在抗战初期更为严重,市政当局的官员乘机舞弊,应时而生的"石虎"(即石贩)也一时赢得大利。

1932年夏十九路军入泉;之后,六十一师师长毛维寿曾有修城以利守卫的计划,但没有实施。此时,黄懋才任建设局长,曾铺筑新门一段土路为石头路,又计划改建花巷路面,向左右拓宽,因当地居民反对,并推举代表请愿,建设局只得放弃此计划,改为铺筑水泥路面。不久,以吕文图为首的"花巷铺路委员会"成立,集资鸠工,数月后,路面铺至井亭巷口。同年,拆宽聚宝街路面,长448米,宽9米。1933年3月,铺金鱼巷一小段石路,至"大光明戏院"门口。黄懋才任内,曾作"建设计划",项目很多,包括各主要街路的改良、市场、码头、公共运动场、公共厕所的建设,各区交通网络的营造等等,其规划甚堂皇,但多不见实施。1934年初,国民党中央军入泉,黄留任局长数月之久,在其任内,建造东西街十字路口的钟楼(图11.3),越年完成。不久,建设局改建设科,余钜伯任科长。同年年底,修补东街头至东鼓楼路面。1935年春,重建登贤木桥。此时,政府又成立了一个"晋江县第一区建设委员会",拟开辟环城马路及乡村公路,并于1935年3月间,开始修筑北埔路(北门—吕埔)、瑞石路(法石—瑞峰岭)、洪路(浔尾—下洪)、华双路(华洲—双沟)、东尾路(东门—东尾),全长20余里。建设委员会沿途征用了5里内

图 11.3　建于 20 世纪 30 年代的钟楼（作者摄于 2004 年）

140 余个乡村的劳动力 5 万人以上，环城马路仅完成西北至西南及东门一段。次年，委员会取消，环城路从此再没有任何进展，到抗战期间又全被破坏无余。

抗战期间，国民党省政府下令将所有城垣拆除，以实行所谓"坚壁清野"。此时，自西迄东南，大约还有 40% 左右的残垣断墙未经拆卸。驻军旅长钱东亮奉命饬各联保按日抽派民夫，分段包工，限期破坏。数月后，所有城垣连同城楼、城门尽被拆毁。不久，个别地方政府官员为了在新街兴建"大洋楼"，以公司名义向建设科申请数百方石头，获准后，为取其便利，将西鼓楼拆毁殆尽。

至此，泉州拆城辟路终告完毕，如王连茂总结的，其主要成果，有如下几条大街：

（1）中山北路（即北门街），从中山公园北端起至北门城口止，全长 210 米，宽度人行道 4.27 米，车道 9.15 米，修辟于 1931 年。

（2）中山中路（即南大街），从谯楼（谯楼已毁，现重建，旧址在第二医院西）起至花桥十字街止，全长1,021米，人行道宽5.49米，车道宽12.2米，修建于1922年至1933年。

（3）南大街，从东边的打锡巷口至考棚止，全程272米，人行道宽4.88米，车路宽9.15米，修建于1931年。

南大街东边另一地带镇抚巷，从巷口南大街交叉起至沟尾下止，全长214米，于1931年用沙黏土修建路面。

南大街西边的奎霞巷，巷口从南大街交叉起至会通巷止，全长137.2米，宽度为7.35米，1931年修建沙黏土路面，1946年改用花岗条石砌修。

中山至中和（南大街南段），从花桥十字街起至新桥头止，全长1,985米，人行道宽4.27米，车道宽12.2米，于1922年至1931年间修建，商肆集中，住居繁杂。

南门路（也名水巷）从南门土地后前起至富美渡头止，全长458米，人行道宽4.27米，车道宽9.15米，修建于1926年。

新永巷路（在塔堂宫巷），东起水巷，西到新桥头，全长69米，宽度6.1米，修建于1931年，全部路面均用沙黏土填平，中有小桥1座，长为5.4米，用混凝土修筑。

过新桥头即为顺济桥（也名新桥），桥长396.5米，初建时，桥面全用粗长条花岗石铺砌，桥墩也全用岩石砌成，是晋江上游水流奔泻出海的必经之地，1930年由陈国辉向商户鸠派巨资用混凝土修建，成为南北交通主要桥梁。

（4）中华东路（东门街，简称东街），从上十字街（钟楼）起至东门城口止，全长为1,096米，人行道宽4.27米，车道宽9.15米，修建于1927年，至1931年竣工，混凝土路面475.8米，花岗石路面527.65米。

东街南边的观东巷，巷口从东街交叉点起至新府口止，全长137

米，人行道宽 3.05 米，车道宽 6.1 米，修建于 1931 年。

南俊巷，从东街交叉巷口向南直伸，与九一路衔接，全长约 1,000 米，宽 7 米。

（5）中华西路（即西门街，简称西街），从上十字街口钟楼起至西门城口止，全长 1,708.8 米，人行道宽 4.27 米，车道宽 9.15 米，修建于 1925 年至 1928 年，完成花岗石路面 305 米，沙黏土路面 1,383 米。

（6）民国东路（即涂门街），从花桥十字街口起至阳（羊）公巷止，全长 229 米，人行道宽 4.27 米，车道宽 9.15 米，修建于 1925 年，1927 年开始增修路面至涂门城关（旧称通淮门），增修 720 米，全程路面均用花岗石块砌成。

（7）民国西路（即新门街），从花桥十字街口起向西直至新门（旧称临漳门）止，全长 1,644 米，人行道宽 4.27 米，车道宽 9.15 米，修建于 1926 年至 1931 年，完成花岗石路面 275 米，沙黏土路面 1,370 米。[17]

从泉州拆城辟路的细部历史来考察，如下两个事实确实值得引起重视：其一，在拆城辟路的过程中，华侨资本家、地方政府和驻军官员，各自利用拆城辟路之机谋取私利，因而在拆城的实际过程中，广泛存在贪污腐败行为；其二，拆城辟路对于平民百姓的益处无多，反而是一些地方上层人物的利益所在，因而，其所遭到的民间抵抗频繁发生。

这两个问题的存在，使得泉州拆城辟路过程中出现了另外两个问题：其一，由于华侨资本家和地方上层人物所关注的是在拆城辟路中获取私利，因此，所谓的"市政建设"并没有随着拆城而得到落实，存在严重的"只拆不建"问题；[18] 其二，在政府主持下，拆城辟路损伤了众多家居房屋和各种宗教建筑，"市政建设队伍"所到之处均遭到了抵制，作为退让，政府不得已保留了原有街道的基本面貌，对于地方公共宗教建筑，也不得已避而远之，于是，尽管城墙被拆除，但城墙内部的建筑空间格局幸免于彻底破坏。

无论是以华侨、北伐军、十九路军为代表的激进势力，还是以地方军阀和部分官员为代表的保守势力，到了20世纪20年代，都无一例外地对老城采取整体否弃态度。这个态度之所以出现，部分原因可归结于利益驱动（华侨与权力精英都怀有的通过城市现代化来盈利的目的，部分原因则可归结于现代性话语）。而支配人物牟利的借口，已经不再是"祖宗之法不可变"这个信念了，地方上层之所以非得采取"破旧立新"的借口才能谋取私利，正是因为"破旧立新"已经成为20世纪中国文化激进化运动的主流。换句话说，对于在地方上主持市政建设的人物而言，拆城辟路的"意外后果"，正是市政建设现代化的"借口"。拆城辟路的有计划的后果在于，原有的封闭之城向一个开放之城转变。在这个转变中，新城市的设计，只不过是通向另一种设计的途径。在都市新设计的基础上，在泉州老城的废墟上营造出来的，是一种新的空间形态，它的蓝本是来自欧洲的没有城墙的城市。在欧洲，这种空间秩序的营造是在否定城堡型的空间秩序的基础上实现的。不过，由于欧洲的近代化并不是在外力的冲击下产生的内在革命的结果，因此，其现代并未全面危及各国的传统。而在20世纪前期的中国，旧事物的破除，不仅是政治文化精英眼中民族振兴的路径，而且，其本身已经逐步成为一种"拜物教"（如泉州的新城市拜物教）。

"迷信"与现代性文化政治

拆城辟路的现代性诉求清晰可见，它并非一个孤立的现象。20世纪前期，与拆城辟路同时，泉州还出现几度"破除迷信运动"。如果说拆城辟路的目的，在于对人们的生活世界加以空间的重新设置，那么"破除迷信运动"，就是旨在通过系统改造民间文化，来确认与传统决裂的现代形象的合理性。

作为这些运动的打击对象，"迷信"意味着人对事物的一种没有理性的痴迷信任。在汉语中，这个词或首先出现于唐朝翻译的佛教文献，指与佛教信仰相对立的觉悟混乱；在宋明理学中，大抵也可用来意指"淫祠""淫祀""淫戏"之类现象。古时，"迷信"既已指与正统对立、有碍伦理秩序推行的思想与活动。然而，严格说来，"迷信"是一个西来词汇，它的原文是"superstition"，本指"异教"（paganism），其内容可包括泛灵信仰（animism）、巫术（witchcraft）、祭祀（sacrifice）、祖先崇拜（ancestral cults）等等，所有这些，都先被视为对基督教逻辑化教义的背离，后被视为理性的敌人、反科学的思维和实践方式。试图"理解迷信"的努力，出现于19世纪西方思想界；此时，"迷信"被用来指人类进化史上的远古阶段，指人缺乏理智的情况下，对超人力量（自然和神性）的错误认识。

进化论被严复等人引介入国内后，引起知识界和政论界的很大反响，"迷信"概念也随之得到传播。在这个过程中，海外华人在西方殖民地见证了西来理性战胜土著"迷信"的历史。随着国内现代思想的传播，及海外华人所起的推波助澜，到20世纪初期，用"迷信"来形容"落后"，已渐渐被接受为进步的做法。

在泉州城区，20世纪初也出现借"迷信"来批评民众文化的潮流。1908年，泉州受现代思想影响相当深的士绅吴增所著《泉俗激刺篇》，就是一个实例。

在上文第8章，我已提到吴增及其"文化批评"。此人本为传统士绅，当过塾师，1902年中举，两年后中进士。在京担任"内阁中书"时，不习惯清廷官僚体制，弃官回泉。此后，他有过海外经验，应友人之约游菲律宾，归国后以教书卖文为生，同时结合海外经历，对泉州地方百姓中的文化问题加以揭露。此方面，其著作《泉俗激刺篇》堪称代表。该文以诗的形式出现，共收录46首，大抵可分为3类：（1）揭露政治黑暗；（2）揭示社会问题的；（3）批判迷信。第3类包括《风水》《神姐》《跳童》《盂兰会》《贡王》《烧纸》《佛讨药》《上香山》《多淫祠》等9篇，兹录于下：

风　水

迷信之为害，风水最谬祸最大。后截龙，又断脑；前抽脚，又穿心，有劫有曜辨分金。相去千百丈，彼此不相让，小则启狱讼，大则持械相打仗。不知此俑谁创始，谬说害人有如此。焉得国民进步多，不凭地理凭天理。

神　姐

燃香火，烧金纸，神姐闭目坐，顷刻鬼来语。身摇手复摇，先许奈何桥，急泪坠潸潸；又说亡魂山，觅新亡，觅旧亡，真人假鬼哭一场。无人心，无人理，丑态堪冷凿。骗尽乡村痴妇女，将钱买得泪如水。如此伤风化，安得西门豹，投之浊流死无赦。

跳　童

跳童，跳童，裸身颠倒如发狂。瞋其目，披其发，挺剑自砍肩，画符又割舌，不为国民甘流血。左手签刀右刺球，咬牙忍痛跳不休，口中啾啾作鬼语，羞恶之心已尽死，似鬼非鬼恶形状，本来面目已尽丧。是何心，恶作剧，想是前世作孽来，今生过此活地狱。

盂兰会

流俗多喜怪，不怕天诛怕鬼害，七月竟作盂兰会。盂兰会，年年忙，纸满筐，酒满觞，刲鱼鳖，宰猪羊，僧拜忏，戏登场，烟花彻夜光。小乡钱用数百万，大乡钱用千万强。何不将此款，移作乡中蒙学堂。

贡　王

有病药不尝，用钱去贡王，生鸡鸭，生猪羊，请神姐，请跳童，目连傀儡演七场，资财破了病人亡。此时跳童又跳起，说是王爷怒未已，托神姐再求情，派刀梯，派火城，五牲十六盘，纸船送王行。送王流水去，锣鼓声动天，吓得乡人惊半死，恐被王爷带上船。

烧　纸

痴妇女，好烧纸，烧纸谀鬼神。鬼神反怒汝。生前真金银，死不带之去；况复假金银，死后用何处？如此荒唐太无据。舍旃舍旃，汝其毋然，费汝有用钱，不过变为烟。

佛讨药

病人病势剧，请佛去讨药，好药不必人人有，总是佛爷好妙手，轿进步，药则可；轿退步，药则巨，有时不进亦不退，颠来簸去吓杀我。百虚无一实，十分煎成七，毒如钩吻根，咽之甘如蜜，甘如蜜，嗟何及，宛其死矣啜其泣。

上香山

东佛去取火，西佛去接香，旗鼓各相当，最怕相逢狭路旁，狭路相逢不相让，流差蓦地相打仗，打仗打死人，石片弹子飞如尘，东家妇，西家叟，茫茫丧家狗，孩子倒绷走，神魂惊去十无九。后年五六月之间，怪汝又去上香山。

多淫祠

淫祠多无算，有宫又有馆，捏造名号千百款，禽兽与水族，朽骨与枯木，塑像便求福。人为万物灵，自顾毋乃太菲薄。呜

11．现代性的文化政治 | 453

呼！人各有祖宗，人各有孙子，不惜媚淫昏，家祭薄如水，若敖之鬼泣馁而，此罪通天不容死。

以上9篇各有各的主题，其中，《风水》用现代地理学的观念对应以"天理"为核心的风水信仰；《神姐》用讥讽的语调来抨击迷信引起的欺诈行为；《跳童》以现代的人道主义来否定神童肉体自我摧残的行为；《盂兰会》和《烧纸》二首用理性经济的理念来批判迷信引起的浪费；《贡王》和《佛讨药》二首用现代医学的理念来批评巫术和宗教的治病方式；《上香山》和《多淫祠》二首则从公共秩序的观念来批评迷信引起的械斗。《风水》一首开篇就点出了"迷信"这个概念，其余的篇章也都贯穿着对于"迷信"的讥讽和批判，只不过每一篇的入手点不同。

从其话语特征来看，吴增的许多看法早在宋代已为真德秀等理学家提出，在明清两代，受理学熏陶的地方文人，也无不争相用理学来区分正统的伦理秩序与"淫祠"。[19]因此，考其文化传承不难发现，吴增的思想部分地属于宋明理学的延伸。然而，他所运用的词汇和观点，也不乏现代特征。宋明理学反对"淫祠"，主要是考虑到民间文化容易威胁正统秩序的推行，而吴增反对"迷信"，则更多属于以现代理性"反思"地方文化之"谬误"的产物；宋明理学反对"淫祠"的目的，明确地表现为对非正统的排斥，而到了20世纪初，当吴增反对"迷信"之时，他的论述已经增加了相对于风水的地理科学、相对于巫术的医疗科学、相对于仪式浪费的经济学、相对于神童自残的身体健全意识、相对于地缘性社区感（械斗）的全民公共秩序等观点了。

吴增的讽刺性作品既包含理学的反民间观念，又含有清末民族主义者所接受的西式进化论观念，具有伊懋可所界定的"双重否弃"特征，反映了当时文化领域出现的民族革命运动的旨趣，这种运动具有激进的反传统特征。然而,由于它们的根基是"中西合璧"的新文化精神,因而,有其内在的张力;它所反对的,并不是政治革命所针对的"封建朝廷",而是历史悠久并曾滋养东亚世界诸文明的民间文化。民间文化本来也固有"反封建"的一面,如我之前指出的,尤其是在明以后"重农抑商"和社会控制加重的情况下,它们曾经起着民众抵抗"封建朝廷"的作用。但是,诸如吴增之类的现代主义者,不但没有认识到这一点,而且走到了历史事实的反面,他对民间文化持否定态度,却依旧留恋旧朝廷的文化秩序。

在吴增发表《泉俗激刺篇》以后的几十年,泉州在国民革命军、学生和地方官员的领导下,掀起了三次大规模的"破除迷信运动"。这三次运动,进一步反映了现代主义的成长过程。当时亲眼目睹这三场运动的吴滔依据记忆写成《大革命后泉州的三次破迷运动》一文,对三次运动作了记述。[20]据该文,这三次运动分别为:(1)1923年的打击康王爷运动;(2)1929年的破除寺庙偶像运动;(3)1932年的阻止"关帝出巡"运动。为揭示"破除迷信运动"的实质追求,分析其实现程度,我们应先陈述其情形。

(1)东路讨贼军向康王爷开刀

康王爷是泉州民间的一个地方性信仰,传说原为明代武将,名康谋才,为国捐躯,朝廷特赐予塑像立祠。其后,故事传到泉州,一些铺境奉康谋才为"镇境之神",建公庙奉祀之。在众多奉祀康王爷的神祀中,泉州南门外许坑乡的康王爷最有名,香火最为鼎盛。清光绪末年(1908年),泉州南门城内发生一起劫案,震惊上下,泉州知府李增蔚、晋江知县罗汝潭责令县衙二十四宪班(刑房差役)限期破案。二十四宪班经侦查找不到线索,计无所出,乃往许坑乡祈求康王爷默佑。未几,人赃俱获,二十四宪班认为康王爷英灵尚在,便大备筵席香灼酬敬，另从宫中香炉取香灰，用红纸包着，作为王爷替身，迎来县衙奉敬。后改塑泥像，另辟一室崇祀，形同神庙。自此，四方群众来此祷告者众多。宪班遇有刑事案件，必先祷告于康王爷，习俗延续到民国早期。

1923 年，东路讨贼军入闽后，李厚基倒台，泉州为革命军所占领，许卓然任泉州卫戍司令，陈清机任晋江县长，叶青眼任市政局长。时马来亚侨领陈新政、邱怡领，菲侨王雨亭（陈、邱、王与许、陈、叶均为同盟会会员）回国参与建设，在泉会见许卓然、陈清机时，在县衙偶见康王爷祀神现象，责怪许卓然、陈清机说："革命是要革故鼎新，移风易俗，今县衙意作王爷宫，宣扬迷信，实贻党人之羞。"陈清机、叶青眼听了也觉得有愧，叶青眼即以市政局名义出告示云："县衙供奉康王爷，实属愚昧迷信，败坏风俗、破耗金钱、麻醉人民、贻害社会，决定破除，群众勿得阻挠，毋相惊慌……"告示贴出后，全市哗然。翌日，陈清机、叶青眼、陈新政、邱怡领、王雨亭等，即在华侨公会集议，宣布破除康王爷信仰。农历十二月二十四日，陈清机、叶青眼等率队，由新门街沿南大街，冲向县衙供奉康王爷处。陈清机领头用手杖把康王爷的神像捣碎，众人则纷纷撕破神帐、掀下神图、摔碎香炉花瓶。

陈清机毁康王庙之后，并未再毁其他神庙，而他的作为风声很大，引得泉州奇士宫、萧王府、城隍庙、关帝庙等著名公庙及各铺"境主宫"主事者，纷纷抬走神像藏匿。而驻扎在南门外的秦望山部队也起而响应，烧毁了许厝乡新街的康王爷神像。

(2) 学生破除宫庙寺观偶像

1926 年北伐战争开始，各地"反封建"思潮澎湃，泉州学界出现了"反帝反封建"运动，先组织"反宗教大同盟"，旨在反对帝国主义文化侵略，响应国内争回教育权利运动，反对旧礼教和封建迷信。此次运动中，首举"反封建"大旗的，不是地方政府，而是黎明高中与私立泉州中学校（泉中）。接受了新文化思想、目睹泉州社会"迷信"之深，黎明高中训育主任陈君冷与私立泉中教务主任张炳铭"挺身而出"，领导破迷运动。

张、陈二人事先向学生宣讲"迷信"的危害和破除"迷信"的重要性。接着，他们得到了国民党县党部和驻军的支持，并于1929年农历11月28日上午，领导两队学生从中山公园集合出发，浩浩荡荡地开往位于杂神汇聚的东岳庙。学生们或拿木棍、锄头，或带绳子，一到东岳即行打砸。东岳庙原有5殿，后仅存4殿：前殿祀东岳大帝、四丞相、胡将军，两廊祀八十四司神像。左魁星，右阴骘星君；第二殿祀五帝（东西南北中）；第三殿祀十蓼阁君，中奉地藏菩萨；最后一殿祀陈、李、金三夫人。庙各有上帝宫，前有天坛，大门口有铜蛇铁狗将军的神像，最先被捣毁的是两廊八十四司神像、将军神像和地祇神像。首殿东岳大帝，因泥塑神像高大，一时无法捣毁，其他神帐匾额、牌联、纸人纸马、花瓶香炉，或撕毁，或打碎，或放火焚烧。捣毁东岳宫后，学生队伍即返入城区，先到元妙观。驻军为维持社会秩序，早已派军队在元妙观四周放哨，不准外人进入。"破迷"队伍一到，即汹涌进入观里。元妙观原有前后二殿：前殿名三清殿，崇奉原始天尊、灵保天尊、道德天尊，山门有天丁力士，两庑有二十八宿，殿大门口左右壁有海龙王；后殿名紫微殿，内崇奉救苦天尊、普托天尊，殿中系紫微星君及玉皇上帝，殿内两帝有天师等偶像。队伍到前殿时，即用绳子把天丁力士、二十八宿各偶像的头拉下来，再捣毁其他的偶像。前殿捣毁后，学生进入后殿，但事前庙里道士探知，已将玉皇上帝牌位移走，绣彩桌裙收藏起来，故后殿只毁了花瓶香炉，烧了神帐匾额。玉皇上帝及紫微星君的神像，高大莫及，所以没有毁掉。元妙观与东岳庙虽为道教庙观，而牛鬼蛇神特别多，迷信气氛最浓厚，故为这次破迷的重要目标。

（3）抗日组织阻止关帝爷出巡

1932年，泉州鼠疫霍乱流行，疫情严重，一些地方士绅遂向驻泉十九路军六十一师师长毛维寿申请，要抬奉涂门关帝庙的关帝爷"出巡"，以"驱除瘟神"。毛允其所请，于是，各街居民张灯结彩，准备香案金纸灼炮奉迎关帝爷大驾。当时，张炳铭任晋江"反日会"总干事，闻知此事，极为反对，于是联合县党部写信给毛维寿，痛斥"迷信"之谬。信中云："盛大迎神赛会之事……不意堂堂抗日英雄竟许无知民众有此迷信举动，实令人大惑不解……"毛得信后，下令严厉禁止。

1949年以前出现的一系列"破除迷信运动"，轰轰烈烈，破坏性巨大，但都以失败告终。

如上引吴滔文所述，陈清机毁康王庙之后不久，驻泉的东路讨贼军奉调入粤讨伐陈炯明，防地即为高义军部据守。高义部下团长陈清祺驻在南门外一带，与地方乡族势力联合，倡议将南门外楼下乡的康王爷抬出来，择日到东岳庙进香。他们宣扬说：康王爷实在灵验，革命军不是终于跑掉了吗？在进香前，即大肆铺张，向侨属商户摊派捐款，特制8人抬的神轿，以及各种旗帜仪仗勒令各村前来迎神，是日村民纷纷聚集于楼下乡，24个"轿脚"（抬神轿的人）画上黄红青乌白花脸，身穿奇装怪服，面目狰狞。由楼下乡出发，随之巡行者数千人，沿新门外而至南门外，由新桥进城，经南大街转东街，直趋东岳庙，沿途观者人山人海，锣鼓喧天，旌旗蔽空，到处有迷信者竞相排香案、烧金纸、放鞭炮，烟火弥漫。到了东岳庙进了香，康王爷回驾，各村接驾信众更为拥挤，因互相践踏斗殴，发生许多事端。是夜，各乡高筵"犒将"，农家均耗资巨大。

1929年黎明高中师生捣毁元妙观事件，结局也一样。师生捣毁元妙观后，队伍转往承天寺，准备施加破坏。此时，该寺驻军沈向奎团，已令士兵将两廊的二十四天尊偶像毁掉。与此同时，私立泉中校长龚念平，态度相对稳重，他不赞成捣毁佛寺，并派人通知张炳铭，请其阻止学生进寺破坏。最终，承天寺佛像得以保存。队伍由承天寺转往涂门街，此时，关帝庙的关帝爷神像早已被隐藏起来，队伍就没有进庙，而转往南门富美宫。到那里后，听说偶像早已转移，所以也没有进庙，而拟转往花桥亭毁花桥宫，接着再往西街毁开元寺。但事前佛教界人士、叶青眼及其他地方大人物，已向驻军旅长杨逢年及县长李敬仲申诉，他们说，花桥宫为善举公所（办理慈善事业的地方），而非迷信场所，开元寺为闽南名刹、佛教重地，属于正规宗教范畴，与"迷信不同"，不应破坏。杨逢年与李敬仲亦知道法律有保护文物古迹与宗教信仰自由的规定，于是贴出告示加以保护，一面亲自前往劝阻学生，因此花桥宫与开元寺未被波及。破迷队伍即转往奇仕巷，欲捣毁奇仕妈偶像，亦因早已被抬走而没有毁成。

1932年张炳铭的那次"破迷"，也引起了地方士绅不满。他们放出风声，要捣毁县党部，殴打张炳铭。由于张炳铭守住县党部，愤怒的人们捣毁了他的家。

尽管有现代军队、学校、党派的"破除迷信运动"，但所谓"迷信"（也就是我们现在称为"民间文化"的东西），并没有如现代化的推崇者所愿退出历史舞台。当1950年中国共产党再度对泉州进行文化改造时，依然发现这个地区充斥着与新政权的理想相矛盾的"迷信活动"。在此之后，到20世纪后期，通过"破除迷信"来营造地方现代形象的努力，一直没有终止过。例如，1990年6月29日，为了抵制"封建迷信的回潮"，地方政府发布的《关于禁止"普度"封建迷信活动的通告》中，以新的方式重述了数十年前"破除迷信运动"的核心信息。[21]从1908年吴增指责"迷信"的谬误到1990年，泉州的整体面貌发生了巨大的变化，然而，民众的持续"迷信"所引起政府和地方"文化精英"的"关切"，却没有因时间的流逝而消失。

民间文化的"顽固存在"表明，20世纪以来在华传播和推行的现代文明，作为一种"舶来品"，与本地民众对于历史的体会之间，存在着激烈矛盾；至少在20世纪前期，它服务的并非作为民族主体的民众的利益，而是不同形态的新贵（包括新式政权）的利益。[22]以上述三次"破迷运动"为例，其中，表现得最为激进的社会群体，是来自广东的"讨贼军"和泉州当地的教师和学生。对于外来的"讨贼军"而言，地方神的信仰与军阀势力有联系，构成革命的阻力，而这些地方神又并非他们的家乡地方神，因而，其"破迷"态度十分坚决。泉州当地的教师和学生，可以说是"破迷"最坚决的一个群体，主要是因为到了20世纪，寺庙已经构成了与学校的文化空间相对立的"旧文化"象征，从而也构成与师生共享的现代文化相对立的文化势力。于是，新型学校破除迷信的态度，自然而然也是坚决的。他们对迷信的态度，与他们对地方旧有政权的态度是一致的。从反面来看，在"破迷运动"中表现出极端阻拦态度的群体，主要是地方军阀政权和一些地方士绅。在文化上，这两个群体的部分成员表现出相对保守的态度，也与他们的政治利益有着密切关系。对于那些民国革命的早期参与者来说，"迷信"这个概念有着与上述两种势力十分不同的含义。在泉州（以至整个中国东南沿海），民国革命的早期参与者在其早期的活动中大大依赖于包括寺庙组织在内的民间社团来扩大势力，因而他们对这些团体的利益采取保护的态度。即使在思想上具有许多激进的反传统因素，但是一旦牵涉民间社团的权益问题，他们的态度就可能出现摇摆。

政治和群体利益的复杂性，使得当时泉州的"破迷运动"只能为相当小的一部分激进分子所支持，从而得到部分的"胜利"。到40年代，一方面，民间文化持续活跃在城市的街头巷尾；另一方面，知识界也开始出现对于破坏传统的潮流的批判。泉州新门人曾遒于1946年在晋江县文献委员会编的《晋江文献丛刊》发表《刺桐旧迹诗纪》，讴歌了泉州的旧事物，其中，"哀鲤城"一段，重述泉州的地理—宇宙论秩序，并指责了破坏传统的举动。兹录曾遒此诗片段如下：

> 九门配九宫，洛书旧方位。
> 中央土寄坤，纵横十五备。
> 依法奠基址，卦象循后天；
> 鲤鱼形势具，功成八三年。
> 口向临正东，太阳似珠吐。
> 苦心费经营，制度悉遵古。
> 讵知千载后，破坏全无余；
> 楼隍与雉堞，一望成丘墟。
> 当日宏取材，垒石万千亿；
> 价值原不赀，多数肆贪墨！
> 夷祸虽难恃，匪氛原可防；
> 洞开无险阻，豺虎弥猖狂。
> 五代留鄂王，遗迹自兹逝。
> 人谋痛不臧，气运有关系！[23]

在"迷信"批判和"破除迷信运动"的双重推动下，泉州地区的文化格局已经出现了重大历史转变。尽管此类的批判和运动所得到的支持，均不广泛，而且遭到抵制，却在观念形态的领域中，实现了将本地人民自己的文化打入冷宫的目的，此后，民间文化被贴上了"现代化的敌人"的标签。

12. 结语

1949年8月31日，闽浙赣人民游击纵队闽中支队泉州分队闻知解放军已打进闽南境内，突袭泉州城，当天下午，解放军先遣部队进城与闽中支队泉州分队会师，泉州城宣告解放。9月6日，南下干部与泉州闽浙赣（闽中）、闽粤赣（闽西南）两个系统党组织的负责人会师。3天后，中共福建省第五（晋江）地委召开第一次扩大会议，正式宣布成立地委、军管会等组织。

旧政府终结之后，历史翻开新的一页，辛亥革命之后逐步建立起来的新官僚制度迅即被摧毁，军管会奉命于9月11日接收了旧政府留下的邮局、银行、医院等机关单位及职员、档案、资产等。通过暴力夺取政权的新政府，面对着遗留在泉州的经济、文化、社会、宗教、华侨等问题。次年，"土地改革运动"在乡村地区全面铺开；在城区，旧有的私营企业暂时维持生计，几年后，在"公私合营""对私改造"政策下被根本改变。文化上，科举早已废除，书院衰落，帝制时期举办教化礼仪的场所，早在民国期间已沦为各种势力争夺的"办公空间"。直到20世纪50年代，作为民间文化的核心内容的迎神赛会，还活跃在街巷间里；在外国传教团体、华侨团体资助下，由旧政府批准建立的学校、医疗机构、影剧院、报业，并没有随着旧政府而消失；道教、佛教、基督教、天主教以至日本神道教，依旧有广大信众。如何对待这些历史遗产？问题持续为新政府所关注。对于革命、现代工商和文化事业有巨大贡献的华侨，依旧来往于南洋与泉州之间，在泉州享有很高地位和声望,他们在新时代继续发挥着特殊作用。

在结束本书的叙事之际,即使是这些几十年前的事件,也已成为远去的旧事。经历这个转折之后,与其他地方一样,泉州进入了另一个阶段;其中,"改造""运动""建设",都在它的身上留下了深刻痕迹。一个漫长的新阶段,同样充满着离奇而富有意味的故事。但是,任何叙述都需有所选择,这里我们却选择以这个阶段尚未来临之前的那些"过去"为关注点,陈述我们对泉州城市生命史的认识。

关于古代泉州,正史记述相对简略,但从历史风雨的冲刷中幸存下来的数十部方志、众多的地方著述(仅乾隆版《泉州府志·艺文志》所收,便有1,700多种),及地上地下丰富的历史遗迹,却保留了下来;19世纪末以来,出现大批学术著述,它们各有侧重,相互补充;20世纪50年代起,为了在消灭旧文化之前保留对它的记忆,在新政府的主持下,曾进行过对"旧社会"地方经济、文化、社会、宗教、华侨等面貌的口述史和档案调查,基于这些调查形成的报告,发表于《泉州文史资料》中;80年代以来,地方文史研究复兴,此间,传统文史修养与现代社会科学相配合,造就一代考古学家和史学家,他们默默创造着地方中心的域外文化考古学及新方志(正是在此时,泉州历史研究会编辑出版《泉州文史》杂志,自1979年至1989年,10年间出版10辑,汇集了地方内外研究者泉州历史学和文化史的优秀成果;中国海外交通史研究会编辑出版《海交史研究》半年刊,1978年创刊至今,发表了大量展现古港风采的文章)。所有这些零星或系统的文献,不断充实着规模可观的资料库。

正是循着这些难以全面概述的学术遗产,我们踏上重访过去的旅程。

经济 / 政治 / 文化

泉州老城经历了它漫长的生命史,其内涵复杂多变,层层叠叠,细节芜杂,想如实描述并基于年谱的编纂而写一部城市的传记,极其困难。为了建立长时段的整体性认识,我们难免要凭理解和判断,借助前人相关论述,将难以切分的历史之河划分成几个段落:

(1) 3 世纪到 10 世纪,北方移民南迁,区域社会经济网络形成,镇守之城建立;

(2) 10 世纪到 14 世纪初期,在若干条件下,海外贸易高度发达,政治经济中心得以建立,文化多元局面形成;

(3) 14 世纪中期到 19 世纪中期,港市式微,正统观念形态(官方化理学)和教化空间得以扩张,本土主义压抑文化多元,朝贡替代贸易;

(4) 19 世纪中期到 20 世纪上半叶,海外帝国主义势力勃发,侵入中国。作为传统城市的泉州被通商口岸边缘化,复振运动出现,新兴民族国家意象与体制建立,内部政治、军事权力分化成为现实,一体化成为理想。现代性观念形态蔓延,"新文化"出现,"旧文化"遭受压抑和打击。

可以从不同的角度对上述诸历史阶段进行"断代史"研究,也可以从我们的不同关切入手对历史上社会生活的个别方面进行"专门史"研究;而我选择了这座城市人文结构转型的线索,来展开我们的求索。做如此选择,有两项考虑:其一,既往学界已存在大量有关泉州繁荣阶段的"断代史"和"专门史"研究,尽管这些研究也深刻影响了我们对历史的理解,但它们主要追求给人荣誉感的繁荣史,因此,未能全面反映泉州人文世界的复杂动态,尤其是历史起伏不定的动态;其二,通过对历史诸阶段的先后相续和变异进行比较,我们理解了历史时间的结构形态成因,而这是我们理解历史分期的观念性前提。

上述阶段划分,与致力于在史学和人类学中开拓经济空间视野的施坚雅所做的区域周期分期有关。[1] 宏观区域的历史演变,有着生命周期的一系列过渡。如果将施坚雅的区域史视野融入到费孝通关于城与市的论述,我们会看到,泉州经历了从聚落、区域贸易网络,经发育而成长为一个有着突出个性的经济/政治/文化枢纽,在这个阶段,"城"得到修缮、维护、扩大,但这并没有妨碍"市"的生长;之后,泉州转入一个漫长的式微阶段,"城"代表的传统城市社会监控功能和防守功能骤升,"市"代表的交换功能则退入社会的角落,最终,其区域不再具有突出优势。如同人的生命一样,这样一个历程或许是由不可抗拒的力量决定的,无论是勃兴,还是衰微或沉寂,起伏似乎与区域地理位置本身的"气运"有关。泉州的 3 世纪到 10 世纪,犹如一个茁壮成长的少年,英姿勃发,在控制相对松懈的条件下,适应其气运,步入成年期。这个经济核心区位的成年时期,正逢帝制国家尚未对地方施加全面监控和绝对主义统治的阶段,在没有过多自上而下干预的条件下,泉州再次得到一个气运,从而以蓬勃的姿态,进入身为世界大港的"壮年"。然而,随着内忧外患的出现,这座城市被送入官方化理学的"思想诊治院"中加以密切监护,经济上,它元气大伤;文化上,多元让位于教化与民间文化的二元对立,到了别的地区出现发育的突飞猛进,泉州却只能迈入式微之年。

重访古城的过去,我们借助多种史籍和传说,将之与现代区域史成果相融合,避免将地方史消化在王朝史或国族史中。然而,我们没有将地方视作一个与王朝或国家无关的"世外桃源";相反,我们持续关注历史中地方与中央权力干预的矛盾。由此,我们也从国家与社会关系转化史的角度,考察了所谓"区域周期",赋予它一种将国家因素考虑在内的解释。

之所以如此,主要是因为我们是在当下背景下"复原"历史的,在回溯往昔的过程中,不能不怀有理解我们所在的处境的目的;而对我而言,我们的处境,与现代民族主义观念形态带来的后果(国族替代天下)有着至为密切的关系。我深知,要反身考察此一处境,唯有梳理国家与社会关系转型史,别无他途。因而,我也有选择地引用了社会学家提出的相关理论，以期辅助我们的思考。

在过去的一个多世纪里，许多有理论建树的社会学家，致力于诠释现代性，专注于分析"中古"向"近代"转变的政治经济、观念形态与社会体制因素，为了充分解释，他们有的也诉诸古史和比较文明研究。经过一个多世纪的努力，社会学家积累了对于历史转变的大量知识和主张。尽管这些知识和主张，主要是以欧洲社会转型的研究为基础获得和提出的，带有欧洲的特征和关切，但它们对于我们更清晰地理解"其他历史"，还是提供了可资参考的观念形态背景。其中，社会学家对于民族国家的历史谱系的诠释，便是一个例子。

身处这些社会学家之中的吉登斯，基于对既往学术成就的梳理，提出国家与社会关系转化史包含三个不连贯的阶段，即传统国家阶段、绝对主义国家阶段及现代民族国家阶段。在传统国家（城邦、封建国家、继嗣帝国、中央化官僚帝国）阶段，阶级分化和城乡之别明显，国家行政力量涵盖面未至乡野，也与民俗保持着距离。传统国家向现代国家的过渡期，是绝对主义国家阶段；在欧洲，这一社会形态在16世纪之后出现，背景为大型文明体系（基督宗教）的衰落，内容为王国疆界和主权性的出现。此时，军队内部行政管理手段发达，为社会内部绥靖提供保障，海军力量得以成长，为全球化创造了前提条件。民族国家基于绝对主义国家产生，不过其制度直到19世纪初才开始成熟；在这个时期，行政力量、公民观以及全球化得以完善，工业化不仅导致物质资源的增长，还导致工业主义作为一种行政力量和个人行为取向的发展以及权威性资源的开发。商品化使法律成为全民准则、税务成为国家控制工业的手段、劳动力成为工作区位的附属品、国家成为世界体系的一员。此外，传播媒体、交通、邮电等资源的开发，使国家更容易渗透到社会中，强化其监视力。[2]

这一以欧洲经验为中心的叙述，明显存在着未能充分说明不同地区历史的不同线条的缺陷。

绝对主义王权国家,在欧洲大抵出现在同一时间点,但在不同区域或王国则形态各异。英国的绝对主义君主国家出现最早,大概在 16 世纪,而在议会政治发育较早的国家,立法权属于国王,行政权却落到官僚手中;与英国不同,作为君主政体的法国,王权集中在国王身上,国王等于国家,为了维护王权,官僚的权威性资源都集中在了大臣身上。为了建立官僚政治,君主致力于剪除贵族,但由于其议会不像英国那样起限制王权的作用,法国贵族可以通过用金钱购买议员头衔,来实现持续拥有特权的目的。比英国晚一些出现官僚政治的德国,既不像英国那样,"国王出自上帝",也不像法国那样,"朕即国家",而代表另一种形态,即"皇帝是国家的首要臣仆",其权力与分立的封建势力及官僚主义混合,形成综合性行政体制。而绝对主义王权的形成与德国一样晚的俄国,其官僚政治杂糅西方和东方的专制政体特征,这一点使它即使到了 19 世纪后期,仍然通过立宪来掩饰专制政体与时代的格格不入。[3]

欧洲各国之间情势有别,中国则更为不同。古代中国的国家体制似乎始终具有绝对主义国家的某些特征,在传统国家阶段,已有了成熟的人身监控、惩戒、刑罚的体系,其严厉性和全景性,并不亚于绝对主义国家时代的欧洲。但是,这种绝对主义向来并不完整,因为君王集权(皇权)与其统治的地方之间,存在着广大的中间腹地,要治理这个中间腹地,皇权向来依赖关注自身与民间利益的"绅权"的配合;而"绅权"的势力之源并不是暴力,而是文明,这种文化的力量具有比横暴的统治合理的"同意的力量",同时又能仰赖经史来树立道统的范型,因此长期有制衡皇权绝对主义统治的功能。这种中间腹地的力量的形成,有赖于"道统",如中国社会学前辈费孝通所言:

> 道统观念的形成是因为社会上发生了一种新的人物,这种人物已经被排斥于握有政治权力的圈子之外,但是在社会上却还保

持着他们传统的威望；他们没有政权不能决定政治，但是他们要维持他们经济的特权，有他们政治的主张。这一套主张用文字构成理论，对政治发生影响。他们从不占有政权来保障自己的利益，而用理论规范的社会威望来影响政治，以达到相同的目的——这种被认为维持政治规范的系列就是道统。道统并不是实际政治的主张，而是由士大夫阶层维护的政治规范的体系。[4]

直到清末，由于国家权力的层级化、道统的制约、统一与分裂的轮替，及统治集团族群的不固定，传统中国官僚或科层政治虽有悠久的历史，却从未成为完全的绝对主义国家，在其内部，长期延续传统国家的特征。

然而，如果我们不坚持用单纯的国家特征来划分历史时代，而把主要关注点放在国家与社会关系（尤其是表现国家与社会关系的城乡关系）的转变史上，那么我们便能发现，历史上中国也曾经历社会学家勾勒的形态变化历程。从历史阶段的"理想型"来看，这一变化就是从国家—社会分离（城乡分离）到国家—社会一体化的转变。

社会学家并没有对地方社会与国家力量变迁史加以系统的联想，但其对国家与社会关系从传统国家，经绝对主义国家到现代民族国家的演变过程的考察，也隐含着一种对地方社会作为社会的主要单位可能经历的一系列变动的解释。

民族国家的成长史，是地方内部的人民不断地被从地方性的制约中"解放出来"，直接面对国家的全民性规范、监控、管理、观念形态影响和限制的过程。如果我们可以把唐代以前比拟传统国家、宋代以后（尤其是明清两代）称为绝对主义国家、民国以来称为（成长中的）现代民族国家，那么，我们同样地可以把地方的历程描述成以城乡—阶级分化为开端、经内外势力（国内势力、绝对主义国家与西方世界体系势力）交错导致的"主权"和社区"全民化"，进入国家对地方的监控全权化的过程。

在漫长的传统国家时代,中国经历了官僚—继嗣帝国得以创立和完善的历程。吉登斯称此间的社会形态为"阶级区隔社会",这意味着,此时国家的上层与社会的中下层的社会和文化差异巨大,而且广泛存在地方分权和军事分离状态。宋代以后,国家与社会关系发生了一系列重要变化。与欧洲不同的是,这些变化没有造就欧洲式的君王绝对主权代表性,而是以军事力量、中央—地方关系、象征体系的转型为主要特征。宋代以后诸朝代与唐代以前的一大差别在于,前者"军权归上",而后者则"军府散天下居重而驭轻"。宋代出现"兵权归上,以文制武"的局面,随之,控制地方社会的行政制度也得到大规模建设。

在传统时代和绝对主义时代,中国并不缺乏与外界的交流,但其社会形态演变,有自身脉络。相比而言,其现代国家的创立,则离不开所谓"全球化"。建立一个富强的"国族",是清末以来那些接受了欧洲政治理论的中国知识和政治精英的共同理想,尽管这个理想迄今尚处在被实现的阶段,但对它的追求,却贯穿了整个20世纪。民族国家的营造,依赖的是高度监控、资本主义企业、工业生产及暴力的集中化这四种制度。在欧洲,这四种制度的构造,不一定直接通过国家的"现代化"宣传来实现。而在20世纪的中国,则都是以"现代化"为名而得到"落实"的。比较20世纪中国政府体制和以前的制度可以发现,以警察、税收、人事档案、单位等为核心的监控,其存在的空间之广、社会渗透程度之深,实前所未有。即使是提倡"政治第一"的政治精英,也不放弃对于经济增长的追求。而"北伐"之后,种种消灭军阀和军事化分治的运动,最终为暴力工具国家集中化创造了制度条件。

泉州的区域成长期,与传统国家时期相对应;这个时期,"山高皇帝远",无论是统一时期的遥远帝都,还是分治时期的近处王城,国家与这个地区保持着一种观念和政治控制的松散关系,这为这个地区的自主发展提供了条件。泉州的繁荣阶段（宋元），在观念形态领域里，已出现绝对主义统治的迹象，但在国家政治实践领域里，到了元帝国确立以后，传统国家的诸多特征随着边界的扩张而得到进一步凸显，这就重新为边陲泉州提供了经济自由扩张和文化共同繁荣的机会。然而，从明朝建立起，宋儒的"内圣之学"被朝廷化为统治策略，为了在"乱"中营造出一个符合正统的社会，官府不仅在政治上强调疆域内部社会的同质性，而且还确立了一个表现正统的礼仪和教化体系，以之排挤"民间文化"。对一个"绝对纯洁"的疆域的期待，推动了国家权力对各种社会力量生长的压抑，迫使原来被传统国家宽容的群体漂流于海上，更迫使本与正统和其他文明之间有密切交流互动关系的民间文化走向礼教范畴的边缘。

有学者认为，自宋代起，在中国政治经济史中，长期共存"朝贡式"与"小资本主义式"两种生产方式，二者相互矛盾，为人们提供不同的生活可能性。"朝贡式"为王朝经营，服务于王朝利益；"小资本主义式"为亲属性的集团经营，服务于百姓与他们所在的地方。[5]如果这一形容恰当，那么我们便似乎可以认为，泉州港市兴盛的基础，正是"小资本主义"生产方式使然；而元以后这一港市的式微，则可以被定义为"朝贡式生产方式"对于"小资本主义"的压抑。我在本书中得出的结论，部分与这一生产方式的观点相印证，但我对历史却给予不同的刻画。一方面，从泉州历史上"朝贡式"与"小资本主义式"之间的关系看，我不认为"朝贡"总是有足够力量和自信来将"小资本主义式"纳入到整个社会的等级控制范围内，因为即使这个控制范围曾随着政权的南移而接近本是边陲的泉州，但在传统国家时代，它留给"小资本主义"的空间仍是巨大的；另一方面，所谓"朝贡式"不仅是一种"生产方式"，而且还是政治、仪式与观念的制度形态，因此，元以后，其对于"小资本主义"的压抑，不仅是"生产方式"意义上的，而且还是权力和文化意义上的，它是有浓厚绝对主义色彩的国家,化边陲为边疆绥靖区的"教化计划"的一部分。

民族国家出现之前,泉州先被卷入了正统化的运动之中,后再在文化接触的被动时代(清中期之后)被诅咒着进入近代化。人们本不接受"失去天运"的事实,接着承认了天下之外还有其他帝国和文明。为了接受现实、承认地位的变动,人们在民族自尊情绪的促动下,时而坚持传统,时而全盘接受来自西方的"药方",期待以之医治"当地的病症"。随着20世纪初民族主义的胜利,现代性这种西方来的历史观念,成了民族自尊的自我表现形式,演变成文化复兴的旗帜。这个转变带来的不是别的,而是"权力集装器"的完善。

把经济和政治放在前面论述,并不意味着它们是历史的决定因素。通过泉州的历史考察,我们还认识到,对不同文化的接纳,对于区域经济和政治的演变起着关键的作用。在明以前,倘若没有边陲地区的社会对于不同宗教和文化的"放浪式"开放,那么,当时泉州的对外经济贸易、民间社会与地方政府形成的所谓"良性互动",便不可能存在;倘若没有宋明理学的官方化,那么,明清时期就不可能对于地方商业和民间权力形成如此重大的压力;倘若没有近代民族主义的兴起,那么,20世纪上半叶的那些市政建设、商业化和权力斗争,也就没有既反对外国帝国主义,又刻意模仿西式现代化的诉求了。

有批判意味的历史

思考历史的方式,往往决定着历史过程的型构。历史经常是为了适应当下观念而被"书写"的,它并不真的反映过去发生过的事件。从而,尤其是在被赋予支配力的历史叙述中,事件经常被有意地串联为英雄史诗,在其中,推动历史前行的核心动力,被描绘成个体或集体英雄。史诗化的历史,把历史人物分为"正面人物/势力"与"反面人物/势力",如英雄史诗一般,在文本中搬演两类对立人物/势力之间紧张关系的由来、表现及结局。这种历史中的正反两面形象之确立，通常并不是实际存在于本来的历史中的（历史创造者心目中的正反之分，往往不是后世所做的区分），而是对于当下人物/势力类型的历史比附。史诗化的历史，往往将被串联成历史过程的事件叙述成正反有别的历史人物/势力之间冲突的壮景，这些事件，往往也被附加上历史评介，而事件之是非，取决于冲突双方何者取胜。

历史是有选择的记忆，它从历史过程的遗留印记中取其所需，通过记忆某些片段而忘却某些片段，以使历史叙述符合叙述者观点求证的需要，并使叙述"合理化"。

人们无论如何也复制不了历史客观过程本身，而只能把历史过程的遗留印记进行搜集、归类，从中提取符合历史书写需要的素材。作为本书作者的我，当然也不是例外。

然而，历史过程的遗留印记，难以被垄断，往往自存余地，而使其他选择有了可能。而其他选择，往往含有其他解释（包括被我们称为"历史翻案"的那种解释）。

正是历史过程所遗留的历史印记，为历史叙述供给了素材，而历史印记又往往多于有选择的叙述，因此历史自身总是约束着后人想象历史的行为。

可以说，历史自身拥有一种力量，它既可支撑史诗化的历史，又"供养"种种另类叙事，为史诗化历史的颠覆提供强有力的武器，从而对观念形态的历史想象设置天然障碍。

本书在导论部分，已对学界对泉州古代的开放性所做的"史诗般的叙述"进行了反思性限定，接着，用多数篇幅来叙述我们视野中泉州历史演变的过程。对于历史叙述所含有的历史创造因素，我始终保持清醒，尽量克制那种将叙述形容成客观历史过程的"代言"欲望，从未企图标榜自我叙述的客观性。如在导论中表达的，我的企图，在于把历史的反思回归到历史的过程中去。因而我并没有把主要精力集中放在发现别人没有发现的历史印记（如失而复得的文献）；相反，我相信了，依据地方史研究的既有成果，我们已有可能重新领悟历史。我同时规避了20世纪初进入中国史学的国族通史叙事（这种叙事曾被梁启超等先驱界定为"新史学"），及文化帝国主义下的世界史叙事，而选择新方志和施坚雅开拓的"区域经济周期史"视野，凭靠这一视野，从地方的考察中自下而上地叙述一个城市的过去，通过这个叙事，规避国族史叙事和世界史叙事的支配性。

无论是国族通史叙事，还是文化帝国主义的世界史叙事，在对于我们深有启迪的同时，也给历史理解带来严重的问题，其中首要者便是，两种时而相互勾连时而相互排斥的叙事，都是史诗化的。前者将民族叙述为总是光明而伟岸的集体英雄，后者将世界的历史发展叙述为作为历史的主要动力的欧洲引领全世界，通过上古对原始时代的否定、中古对上古的否定、近代对中古的否定，从而节节攀升至文明上层境界的既艰难又光荣的历程。

这些叙事影响了几代历史书写者，他们忘记了，无论是国族的胜利，还是欧洲中心的世界体系的胜利，都可能是以既有生活世界的失落为代价的。

在叙述中，我强调了历史过程的复杂性和历史理解的多样化的重要性，与此同时，我还强调在历史的"复调"中追寻"主旋律"的必要性。这个主旋律，不必是一个集体英雄取得胜利的凯歌，也无须是世界的阴暗过去走向光明的今天的人类自我拯救史，而只须是一个地方兴衰起伏的过程，这一过程的形成与地方"周围"同类过程之间的关系，及包括我们在内的历史行动者对于它的感受和表达。

泉州兴衰起伏史的过程，就是经宋元鼎盛期，进入明清以后的式微期的历史，这一历史的转折点，是明朝的成立。元以后，泉州港市（主要是官商意义上的港市）的式微，固然有着一定的技术、环境因素在起作用。到了14世纪，海内外的海上运输已经运用比宋元时期更大型的船只，而此时泉州港出现的港口地区为泥沙堵塞的地理变动，不利于重型船舶的停靠。[6] 然而，技术、环境因素并非是决定性的，因为继泉州港而兴起的月港所停泊的船只，或明清时期幸存的私商所采用的运输船只，在规模上不仅不比宋元海船大，而且因主要为小型商船，故有缩小的趋势。明以后，泉州港市的衰落，显然与朝廷的政策有着更为密切的关系。一些学者认为，郑和下西洋，表现出中国海上丝绸之路的延续，证明明代泉州港市继续开放。但是，郑和下西洋恐怕不能被如此乐观地认为是中国开放史的延伸，因为这七度下西洋，贸易不是目的，明帝国恩威的远播，是其"表演"的核心内容。与郑和下西洋同时，朝廷也同步展开了把海上贸易"非法化"的行动，迫使原来具有合法性质的海上贸易在泉州成为非法行为。

在我看来，泉州港市的式微[7]，是以中国历史上一次重大的观念形态转变为大背景的。这次转变，早在宋代泉州港的繁盛期就埋下伏笔，其发生背景是宋之内外关系的重大危机，其内容则是"内圣之学"的出现。元以后，"内圣之学"被官方化，成为朝廷和上层政治精英握有的正统。这种学说名义上与东周的"克己复礼"一样，是为了恢复古制，更新人伦和政治秩序。因而，在话语内容上，理学承袭儒学，但又与儒学构成了一个重大的差异：后者强调"礼不下庶人"的阶级分化特性，而前者则强调以"礼下庶人"来推行一种国家一体化的思想文化改造模式。这个思想文化改造模式，旨在通过仪式的作用，来强化不同社会群体和阶级的观念形态一致性。实质上，这也就是要通过"文野之别"的消除来突出以理学的仁、义、礼、智、信诸概念的符号体系的支配地位，进而延伸朝廷正统的支配。

以明代为开端，观念形态的转变，围绕着"秩序"这个概念可以形容的社会面貌展开。为了营造一个易于把握的社会，"帝制晚期"的朝廷相继把理学当成一种工具，试图以之消除国家内部的文化差异，使百姓共同成为一个政治中心的同质性臣民。为了达到这个目的，最有效而经济的办法,就是消除那些以谋利为中心的社会群体,在去商业化的社会中全面灌输一种崇尚秩序、排斥社会差异的生活方式。

一度创造出重大经济利益和经济群体差异的海上贸易,在泉州开创出一个文化多元时代。在理学暂时还没有成为官方话语的宋代,及存在着超大疆域和人种—文化差异的元帝国,海上贸易不但不被认定为问题,而且在朝廷的鼓励下成为地方社会经济力量扩张的动能。然而,随着此后理学的官方化,无论统治者是汉人还是满人,海外贸易对于秩序的威胁引起警惕,而"海禁"作为内部绥靖的方略之一,随之成为朝廷政治生存所依赖的防身术。

对于20世纪前期的民族主义史学家来说,宋代和明代,二者疆域规模不一,处境不同,但同为遭受"夷狄"威胁的华夏朝代,相比于周边的帝国,二者也均以"文治"为形式,创造着与夷狄有别的文明国家,而这样的国家,正是"中华民国"这个民族国家的前身。因而,这两个存在元帝国这个过渡期的朝代,最好是被描述为"帝制晚期"的主流,它的历史难免受夷狄势力的冲击而时显暗淡,但总体而言,却如史诗一般,是正在走向光明的"必由之路"。

对于以现有民族国家为主体和单元回顾既往的人来说,如此叙事不仅毫无问题,而且充满着正确性。然而,从不同的地方入手,寻找历史的印记,我们却完全有可能遇见不同的历史景观,在其中,元代以后泉州港市的式微,及海疆镇守之城形象的建立,无疑是重要的一环。

我从未否定国族通史和世界史这两类相互关联的叙事对于地方社会史叙事的潜在启迪。在前文我已用足够的篇幅表明,社会学对于民族国家历史谱系的梳理,为我们重新理解泉州的历史遭际给予了启发。在此,我还必须重申,世界体系理论[8]这种产生自西方的"自我批评",一样富有价值。这一理论替我们指出,近代世界是一个西方中心的政治经济体系,这一体系,没有给近代史带来光明,而是给世界的绝大部分地区带来暗淡。无疑,作为一个"佐证",泉州正是在被代表西方势力的通商口岸取代之后,而从明清的式微走向进一步式微的。然而,在泉州历史研究中,我们同样看到,挑战了文化帝国主义世界史的世界体系理论,在批判西方的同时,过度强调了西方改变世界的能力;它在理论上过于强调世界体系对世界的全面冲击,因而,反倒可能从反面强化了这个体系的话语支配性。[9] 与之不同,我们在泉州展开的世界史式的求索让我们看到,历史上的世界体系不只有一个。在世界历史中,曾经存在诸如阿拉伯世界、汉唐—西域世界、太平洋世界等等世界体系。在宋元时期,以泉州为核心的海上贸易空间也曾经跨越几个大洲,具有世界经济体系的特征。同时,明以前朝廷对于边陲地区的政治宽容,就如同西方世界体系成长以后中心对边缘资源的"尊重"一样,具有世界主义意识。而泉州人文世界的空间萎缩,并不开始于19世纪帝国所受的海外势力的冲击,反而与其所属的朝廷的内部观念形态和政治变动息息相关。我们几乎可以认为,在14世纪,正当西方各国开始向海外"发现新世界"之时,东方却产生了一种本土主义的观念;正是这个观念,把中国分离于世界之外,为西方中心的世界体系在后几个世纪的膨胀消除了一个本可能存在的障碍。

起始于明代的观念形态的转变,导致的历史后果有二。其一,在国内,作为官方符号体系背后的新正统宇宙观,导致国家对于民间社会的严密监视,使国家与社会的关系从明以前的松散转入之后的"密切",迫使地方社会经济与文化进入一个无论是在多元性还是在适应性方面都十分有限的时代。其二,在对外的关系上,官方正统符号体系在空间上的扩张,导致了人们在处理"夷夏之辨"问题时采用了对立主义态度,使"文野之别"极端化,这不仅促使人们把海外的空间、人群与文化想象为"异端",而且迫使国内原来一度存在的文化多元面貌遭受毁坏而面目全非。

上述两个后果,当然还不可能导致历史的终结。从明朝开始,被官方的正统观念贬为"异端"的海上商人,在强大的国家机器的压力下成为"海盗"和"走私商人",而漂泊于帝国疆域之外的海上世界。从14世纪后期开始,为了继续从事贸易,他们已经与来自西洋和东洋的海上势力有了接触,在竞争激化时期,他们也与这些海上势力展开过武力和财力方面的斗争。到17世纪中叶,来自东南沿海地区的海上力量,已经在东南亚等地立足,其中的郑芝龙集团,甚至对刚成立的清王朝构成了威胁,大有与之"均分天下"的势头。然而,为了消除这种威胁,并且为了使王朝的正统能够全面覆盖天下,这股势力逐步被新王朝消化,而在广大的海域留下海上势力群龙无首的局面。海上势力的衰落,表面上对于朝廷是一件好事,因为这对于朝廷的"天下一统"的愿望,无疑是一个很大的满足。然而实质上,这却使清王朝在后来面对强大的"洋夷"势力时,深感一个陆上王朝的孤独无助,直到19世纪中后期,振兴海上军力的计划——即建立"水师"——才被迫提上议事日程。

这些事实从表面上看,不过是中外军事权力争夺的历史过程的一个片段,但其存在却不是孤立的,背后还有自明初"内圣之学"确立其官方地位后即已潜伏下来的危机,这个危机可以被形容为一个所谓的"文治"国家遭遇到近代西方资本主义的"野治"时所感受到的无力(这里的"文"与"野",并非文明与野蛮的差异,而是指一个以正统自尊的国家与强调商业主义侵略性的资本主义世界体系之间的差异)。从中国在世界体系当中的地位而言,由理学正统观念形态带来的这个危机,使帝国在遭遇外来挑战时,从妄自尊大转入被动应付,再转入拜服。与此同时,官方化理学的支配,也迫使早期建立民族国家的努力不得已首先寻求在儒学的复兴与西式宪政的结合中再造国家,尔后即迅速转入依赖于"海上异端"(即海外华人秘密社团及其国内联盟者)的民国革命。

民国建立后的前二十多年,泉州处于一个民国政府、地方军阀、海外华侨、地方精英之间权力关系极端复杂的历史时代,民国政府在包括泉州在内的全国范围内得到相当广泛的支持。然而，内外交困中，民国其实没有实现其初衷，而仍是一个未充分整合的"国族"。矛盾的是，此间，在本土历史当中发现国家现代化之障碍，进而消除这些障碍，却是不同政治、军事、文化势力所共同推动的"事业"。20年代对城墙所做的"切除手术"，是在地方侨商势力及政府权贵集团的合作下进行的。在拆除城墙的时刻，无论是哪个势力，都打着"开城辟路"的旗号，宣称拆城是在"封建废墟"上建设一个近代化新都市的前提条件。这一旗号本含有严重的荒诞，因为，正是在"围城"的环绕之中，泉州才达致其经济和文化繁荣的境界。然而，正如我在第10章和第11章中指出的，创造一座无墙的城市，使之拥有交通、工商、文化上的开放性，成为"现代化的实际理由"，这种"理由"之所以成立，是因为到了20世纪前期，来自地方内外的种种势力，与元以后形成的那套"围城制度"形成了既前后因袭又相互矛盾的关系。就泉州的历史情势而论，明朝的本土主义，此时已与近代民族国家观念相融合，而明朝之前分治阶段和宋元繁荣阶段基于"本土文化"建立的多元文化格局，早已被遗忘。吊诡的是，在泉州的各种势力，一边诉诸西来现代意象，以之为格式，清洗毁坏带有本土色彩的历史遗存（包括城墙，"迷信"等），一边承继本土主义，并将之与有文化帝国主义实质内涵的国族主义糅合起来。而正是在此期间，具有暴力属性的平权型民族主义在观念形态领域得到大幅度扩张。平权型民族主义，本来与西方宗教文化的传统更具有一致性，而与强调等级的"东方帝国"有着深刻矛盾。在第9章中，我们费了不少篇幅呈现1896年在佛、道、民间信仰和官府密切配合下于承天寺举办的超度仪式。这场超度仪式之所以引起我们关注，是因为与其他文化复振运动和民族主义运动一样，它带有整合社会（在当时，依旧体现为帝、王、将、相、士、农、工、商的关系结构）的使命。在担当这个使命过程中，这场甲午战争后举办的仪式，具备远比后发的民族主义革命更大的合力，它不仅联结不同的信仰—仪式类型，而且得到官民各界的广泛参与。不幸的是，此后观念形态主流持续在此类仪式的相反方向上衍化，此类仪式带有的等级型民族主义特征，在革命中成为文化意义上的敌人，其与现代性文化政治之间本可融合的潜力丧失殆尽，代之而起的，是平权型民族主义的"反文化"潮流。

对20世纪中国历史影响至深的平权型民族主义，是西方文化冲击的结果，抑或是中国政治知识传播者崇尚"西学"的表现？在分析近现代中国思想文化的演变时，我采用了汉学家伊懋可的一个说法，即20世纪的中国可以说是世界上少有的一个极端反传统的文化，而这种反传统的文化，不只是来源于西方通商口岸的文化冲击，而且也来源于"本土历史"。伊懋可认为，明朝王阳明的"心学"崇尚个人道德修养，反对社会性的控制，早已为中国传统的自我否弃提供了哲学前提。在承认这一观点存在重要启发之同时，我们更倾向于认为，以反传统为特征的平权型民族主义的兴起，从一个侧面上看，是宋明理学那种强调"教化庶民化"的观念形态特点的一种现代"轮回"。平权型民族主义在反对等级之时，否定的不是别的等级，而正是传统国家的阶级性文化差异。这种"主义"的主张，因此是所有的臣民共享的有普遍适用性的正统。[10]

从泉州港市兴衰史的研究延伸出来的看法，不仅有助于我们理解这部兴衰史本身，而且有助于我们阐明14世纪前及此后中国国家与社会关系变迁中观念形态转型的深刻影响。回到上文关于传统国家向绝对主义国家转变的讨论，可以看到，这次观念形态的转型与国家形态的转型有着密切关系。这并不是说，政治制度转变对于观念形态和文化转变起着决定作用；我们不能排斥相反的可能，即，世界观和社会观的变化对于政治制度变化起着引导作用。决定论的问题，并非是这里的主要关注，我们的关注点更多地在于，对于"本文化"与"异文化"的看法在历史变迁中的地位。宋明理学引起的观念形态变迁，主要表现为官方解释对于既有"夷夏之辨"的重新识别。在明清两代,这一重新识别,导致朝廷对于帝国式的国家疆域观念采取了一种排斥的态度,而转向以华夏文明的传播范围来界定疆域。在清中叶以后,"文野之别"受到了外来的冲击,到了19世纪末,则转化为一种自贬和仇外相结合的民族主义情绪,从而对20世纪中国的历史产生了莫大影响。

民间文化的见解

美国人类学家雷德菲尔德(Robert Redfield)把民间文化等同于农村社区的"俗文化",而把与之对反的上层文化,等同于都市知识—政治精英的"雅文化"。在他笔下,"俗文化"保守、被动、变迁动力弱,它的改变,首先是由都市中的知识—政治精英的推动甚至强迫才得到实现。[11]这个有关民间文化的著名论断,对其依据的民族志来源地(中美洲),可能有说明意义,但其在中国研究中之可运用性,并不很高。

就泉州的案例看,在城市中也广泛存在着民间文化,这种民间文化,与乡村的"俗文化"在内容和形式上有着诸多同一性。在此地,城乡之别并不与文化的"雅俗之分"对应,"雅俗"并存于同一空间。如乡村一样,城里的民间文化受到自上而下传播的官方正统、士大夫文化和制度化宗教的影响,内容杂糅,形式多样,却保持着自身的特色。

雷氏主张,上层知识—政治精英的大传统是文明的动力。倘若其定义的"文明的动力"指的是通过理性化对民间文化实行改造,那倒符合事实:在泉州,尤其是在民间文化非常活跃的明清和民国时期,所谓"精英文化"[12]与政权之间有着密切关系,其起到的作用,是把地方社会带入受正统限制的空间中;在20世纪前期,它一变既往的保守性,转变为激进的现代性话语,由此将国家力量(尽管这一力量当时受到党争和地方军政分治状态的局限,而尚未真正发挥作用)进一步带入地方。然而，必须指出，无论是在明清，还是在民国，"精英文化"无法替代民间文化，相反，往往此间的民间文化在压力下焕发出其生命力；与此同时，"精英文化"在社会中所起的作用，与其宣称的相反，并不是开放性，而是封闭性的。

雷德菲尔德理论的弱点，源于他的现代化关切：在他的研究中，表现出对乡民社会现代化问题的高度关注，有把现代化寄希望于知识—政治精英的倾向。泉州历史上的民间文化，比从现代化（即雷德菲尔德所称之"文明"）这一出发点展望到的乡民文化远为复杂，主要指流传于一般汉人民众中的文化，它的历史远比"雅文化"古老，曾在传统国家时期为大传统的创造提供土壤。随着华北移民的迁入，汉人民间文化逐步在闽南地区取代土著的百越文化。随着泉州区位体系的成长，这一文化也得以体系化。汉人民间文化的表现形式纷繁复杂，包括算命术、择日、节庆、人生礼仪、戏剧等等，这种文化在域外学界常被称为"民间宗教"（folk/popular religion）。在泉州所在的东南沿海地区，尽管它杂糅了儒释道三教，但天、神、祖先和鬼的崇拜，是其主要内容。作为"集体表象"，这些崇拜和仪式分别代表汉人对国家、社区、家族及"陌生人"的认知，根据社会阶层差异，诸类崇拜和仪式，也被赋予有差异的意义（如行业神的意义与社区神的意义不同）。民间文化中的崇拜和仪式，为人间关系的形成提供认同纽带和促发机制；与此同时，这些形式多样的象征、观念和活动，也起到将人的生活世界与天文地理、神性和外物联系起来，使人通过对"异类"示敬（如人的活动顺应"万象"的节律，又如祭祀活动），来求得后者对生活世界的护佑和泽被。

不同的历史阶段，民间文化与所谓"大传统"之间的关系，有不同的特征。在传统国家时期，国家与社会之间在文化上保持一定的距离，这时民间文化与官方文化之间的差异被官方所强调，但官方无法阻碍民间文化对官方文化的模拟。在绝对主义国家时期，国家开始强化其对社会施行的一体化控制、扩大其自上而下传播的教化事业，民间文化由模仿官方文化而实现自我更新的机会增多。到了近代，作为汉人文化类型之一的民间文化，不仅与国内的官方文化有冲突，也与海外来的殖民现代性构成了矛盾。在民族国家时期，民间文化身上带有的文化本真性一方面为民族主义文化复兴运动提供了"资源"，另一方面则被易于作为文化复兴运动的推动者的知识——政治精英所排斥，此时，它变成了"现代性的敌人"。

本书不是一部有关民间文化的专著，不过，它的不少章节集中分析历史上民间文化的内涵与地位。我们把民间文化放在不同时代的权力关系背景下分析，试图正视这种长期以来被压抑的文化模式。

在泉州区域史的四个阶段中，民间文化都有其历史地位。对于华北移民入泉之时民间文化的状况，缺乏足够的史料来加以充分说明，我们只能猜想，早期移民与后期移居台湾和东南亚的移民一样，具有祖籍地姓氏认同和地缘性团体的强烈意识。[13] 在社会经济空间体系的发展过程中，这种祖籍认同和地缘性团体意识与更大范围的市场空间糅合起来，形成了区域性的信仰和社交网络。

在海外贸易的高度发达时期，这些民间信仰和社交网络的一部分，曾被官绅利用，成为与海外市场及交通网络相重叠的体系。在那个阶段，政府对于泉州的海上贸易活动加以鼓励，也吸纳了民间文化中的海上交通（航海）保护神的信仰。与此同时，在民间，呈现竞争精神的迎神赛会及呈现地方自我保护意识的地域性崇拜，也得到了开拓。不过，当时，汉人民间文化属于共处一城的多元文化的一元，不仅与官方文化有着交流，而且与外来宗教也需相处。不同群体之间不可能完全消除误解或敌意，不可能没有文化矛盾，但在宋元时期，以经济相互依存的需要为前提，持不同信仰的群体之间，形成了一种"自己生存又允许别人生存"的关系态度。

元代以后，国家为了延伸其正统（官方化理学）对地方社会的支配，在城市空间范围内营造了一整套官方的信仰和礼仪体系；为了迫使民间社会接受正统，官府强化了对于海疆城市的军事和行政控制。正是在正统和绝对主义同时推行的过程中，明朝廷在南方市场发达地区灌输其本土主义观念形态。明朝本土主义排斥外来事物，尤其强烈排斥那些受域外事物影响而有悖古代礼制的习俗。例如，明之前，包括泉州在内的沿海地区，祈神拜佛所烧之香，已不止于传统所用的松香、柏香、枫香、黄连香、苍术香、蒿桃香之类，随着海上贸易的发达，转而用包括檀香、降真茄兰木香、沉香、乳香、速香、罗斛香、粗柴香、安息香、乌香、甘麻然香、光香、生结香等等"番香"。交易、焚烧"番香"的习俗，到了明初则遭到朝廷直接禁止。据顾炎武《日知录之余》"禁番香"条，"洪武二十七年正月甲寅，禁民间用番香、番货。先是，上以海外诸夷多诈，绝其往来，唯琉球、真腊、暹罗许入贡，而沿海之人往往有私下诸番，贸易香货，因诱蛮夷为市。命礼部申严禁绝之。敢有私下诸番以互市者，必置之重法，凡番香、番货皆不许贩鬻，其见有者，限以三个月销尽。民间祷祀，止用松香、柏香、枫香、桃香诸香，违者罪之，其两广所产香木，听彼土人自行检用，亦不许越岭货卖，盖虑其杂市番香，故并及之。"

自明初起，官方文化大有压倒民间文化之势。然而，正是在这个时期，地方社区以追随官方文化为借口，创造出离心力极强的信仰和仪式体系及神话传说，以微妙的形式，对正统展开"象征的抵抗"。[14] 随着海外移民人口的增多，汉人民间文化在明清的疆域范围之外开拓了范围巨大的活动空间。[15] 这个时期，国内大量外来宗教活动被限制，来自域外的群体为了求生存，不得已在自己的宗教身上披上"华夏"的外衣，而一些对外来文化怀有宽容心的地方精英（如名儒李光缙），也不得已在儒学内部为外来宗教寻找存在理由。

19世纪以后，民间文化进入了一个深受双重排斥的时期。在这个局势变化多端的年代，国家和上层精英虽找不到自身的文化定位，然其对民间文化的压制依旧。而随着西方帝国主义势力的上升,基督教自视为超越理性,它以传教为方式排挤民间文化,通过在华建设近代教育、科技、医疗等与人的福利紧密相关的机构,来拓展自身的文化势力范围。在与基督教世界接触的早期阶段,中国社会各阶层对外来的物品、观念和制度采取一种抵制态度,但不久以后,本来具有一定强迫性的西方文化变成了社会中部分群体和个人所主动接受的信仰。近代本土知识—政治精英综合了理学与新的外来文化,随之激进的民族主义思潮兴起,形成了对民间文化的巨大压力,而当结合了理学和帝国主义文化的民族主义思潮转变为一个与政权"相依为命"的观念体系之后,民间文化便被界定为"历史的负担"。

研究汉人民间文化的学者,比雷德菲尔德更早重视民间文化与"大传统"的关系。19 世纪以来该领域的最大争论,就是针对民间文化是大传统的源还是它的流这一问题展开的。弗里德曼在其《中国宗教的社会学研究》一文中论述了这一争论的主要内容,依据他的分析,这一争论起源自高延(J. J. M. de Groot)和葛兰言对汉人民间宗教与经典传统的关系的对立看法。[16] 高延是汉学家兼民族学家,他所搜集的民族志及历史文献资料,涉及清末福建南部城乡地区的民间仪式活动和宗教信仰状况。在第一手资料的基础之上,他把在近代中国观察到的习俗、仪式与信仰解释成古代社会的"遗存"。他的"古代社会"指的不是中国的原始时代而主要是先秦的《礼记》以及后来发展起来的儒、道、佛三教。他主张,研究汉人民间宗教必须熟知上古和中古文献,因为民间宗教是这些古典传统的延伸形态。高延的研究还试图通过综合史料学与时代性的调查,探讨民间宗教的文化意义。高氏认为,民间宗教的基础,是古代的泛灵信仰和儒道的社会伦理与宇宙观形态,它们之所以能延续至他所处的时代,原因在于它是处理社会关系的逻辑和人们对世界的看法。葛兰言是法国社会学派的主要代表人物之一,他对中国民间宗教的研究所采用的方法,是社会史和文化史。

葛兰言认为，中国民间宗教起源于中国先秦时期，是农业季节性庆典的社会衍生物。上古的《诗经》提供了这一论点的证据，《诗经》中的《国风》所反映的基本上是自然界农作物的生长、衰落、收获的节奏如何成为民间仪式和信仰的时空基础。在此时空基础上形成的祭祀具有社会意义，发挥着调节社区人文关系的作用。后来，这些具有社会意义的仪式活动被统治者吸收、改造，蜕变为古代帝国所需要和采用的官方象征文化和宇宙观，服务于中华帝国的政治并为文本传统所记载。换言之，与高延相反，葛兰言认为：民间宗教产生于民间的生产与社区生活，官方、文本传统是对它的"模仿"。[17]

大小传统之间关系的论题，后以不同形式重新出现于海外人类学界。其中值得注意的一种论点，涉及民间文化中的命运观，提出该论点的美国人类学家郝瑞（Steven Harrell）认为，民间的命运观念是由较无力而宿命的"命"字与较有力而进取的"运"字组合而成。"命"的概念的无力感和宿命论，表现了民间文化对于朝廷统治和官方观念形态文化霸权的被动默认；而"运"的概念则说明，民间文化存在着通过掌握运气来掌控民间历史行动的取向。这两个矛盾的取向之复合体，使民间文化有两面性：一方面，民间文化深受官方观念形态的潜移默化的文化支配；另一方面，民间文化也追求一定的行动自主性。[18]

无论是大小传统的论述，还是民间文化与官方文化关系的论述，都重结构而轻历史，不能够充分反映民间文化的历史遭际的复杂性。就泉州而论，在明朝以前，民间文化的历史主题，并不集中在官方与民间之间的观念形态关系上，而与这个地方的社会经济生活关系更为密切。之后，随着官方正统一统天下的趋势的出现，民间文化才做出反应，通过吸收官方符号来保存自身的生存空间，并使之有所拓展。这样一种既吸收又抵制的取向，到了20世纪末仍在起作用。但是，随着民族国家对文化领域的监控日益加剧，随着现代性获得文化霸权地位，民间文化似乎只有通过展示自身的独特性来谋求微小的生存空间了。

文化与历史

泉州的历史，包含着区域经济、政治及文化的交错关系，也包含着我们可以从经济、政治、文化不同角度分别加以考察的事实。对这些交错关系和事实加以考察，使我们有可能认识古城泉州人文世界的历史面貌，对泉州的历史进行形态上的论述。这种"形态上的论述"，是依据在对"城市"二字进行的"拆字游戏"中展开的，如此"拆字"，有助于我们领悟历史"完整形态"的结构内涵。

城市出现之前的"原初时期"，严格意义上的城市并不存在，但后来城市营造所依据的宇宙观和地理学原则已经建立。倘若我们可以将这个阶段会聚人群和象征的地点称为"原初城市"，那么，这种"城市"既不是为军事方位而设，也不是为"盛民""立市"而建，其首要功能在于通过神圣空间的营造，达成人、神、自然之间有节律的互通。

这个阶段延续了数千年，之后，我们所说的"城市"，于公元前3000年起，开始出现于美索不达米亚、尼罗河流域、印度和黄河流域。

在这些不同区域，城市出现之前，已有高度发达的农业。城市是作为剩余农产品积累和交换的中心被建立起来的。城市的出现，与文字对于口承传统的分离同时，此后，城乡依建筑和文字的流传而形成区隔。城市表现为一种地理空间上的"围城"，或者一系列"围城"，通过"围城"，城市捍卫着文明的中心地位，但与此同时，城乡之别没有改变城市作为剩余农产品积累和交换地点的实质。[19]

在不同文明古国，人们赋予城市以不同的含义，但城市包含的作为"围城"的城与作为"流通枢纽"的市两方面，普遍存在于诸文明中。

必须指出，城与市这对表示政治与经济、控制与欲望、秩序与活动、封闭与开放等等社会生活的悖论内涵的汉字，指的本是同一件事物（城市），是该事物的两面，因此，自始至终，只要城市存在，其两面的意涵和功能也必然存在。然而，城市不可或缺的两个方面，却不可能始终如一地维持相互之间势力的平衡，城与市之间，力量此消彼长，在结构关系的变形中造就了历史。

综合地方文史研究、施坚雅的经济空间理论及克拉克的区域网络史分析，我对泉州城市的兴起与成熟做了线索性的铺陈。我的观点是，如同其他城市，这座城市是在无城的网络基础上形成的，一旦形成（有了城），那么，处理城与市之间关系，便成为历史创造者的核心关切，正是这一关切，通过与情景和资源的互动，便形成了历史。

若用韦伯的概念，则"城"表示的，是一个庞大的家产官僚制国家庞大的行政网络的节点，它的文化充斥着儒家"神秘主义宗教"的内涵，既与农民和道教的巫术非理性存在差异，又对立于市场取向的活动和工具理性。[20]然而，城与市的双重性格表明，这座城曾经有过繁华的市，对于市所代表的一切，城时而放任，时而压抑，其代表的官方文化中的儒家因素，对市的排斥并非一开始就存在。

泉州城与市关系的几度历史性转变，不直接表现在以城墙圈定的空间规模上。直到13世纪，作为建筑的城市不断向外（尤其是向南、向东）拓展，明清时期城墙有所加固，但规模没有变化。然而，这种不变实包含着巨变。从这一空间的文化内涵看，则明之前远为丰富多彩，其后，骤然出现单一化（具体表现为本土主义的官方文化与民间文化的对立统一）。随着"海禁政策"的实施，原来从城市空间内部滋长出来的贸易和文化关系网络，受到极大限制，这些关系在海外移民中得以保留和局部扩大，但就泉州城市而言，关系网络规模大大缩小。清中后期至民国期间，西方现代性传入，再度在城市空间植入了外来因素，但城市此时已丧失兼容并蓄的精神，而现代性与古城之间的对立如此明显，以至于我们难以用"文化多元"来形容这个阶段出现的传统—现代文化并存格局。

以城与市关系的转变史为桥梁，我们进入历史与历史的观念形态之间的地带。

在历史话语的批判中，学者们往往将现代性历史叙述中的进步论时间结构与西方启蒙时期出现的理性文明相联系，将西方观念形态的转变当成世界历史转变的主要动因。我们不否认现代性生成的世界性影响，更不否认19世纪末期以来亚洲民族主义运动与殖民现代性的密切关系。然而我们意识到，历史话语的批判没有解释缘何民族主义和现代性总是在现代化中的非西方社会更能激发人们的激情。从泉州这个案例看，这个问题的答案，依旧与城和市的关系史本身有莫大关系，而这部关系史，也是兴衰史，它不仅意味着过程，而且还意味着观念在历史中的投入；要对此加以理解，我们必须在历史与文化之间建立关系。

人类学家格尔兹（Clifford Geertz）在一系列论述中提出一种历史的文化解释，他认为，西方和非西方文化在对于人、社会、经济、权利、国家等方面的观念理解存在着巨大的差异，非西方社会长期延续传统文化模式的意义体系，这使得它不会因为近代西方的冲击而发生根本性的转变。[21]在格尔兹看来，政治经济和权力格局的变迁，并不一定能推动文化的变迁；相反，文化的强大延续性，能致使不同的社会以不同的形式来重新复制旧有的生活方式和世界观体系。另一个人类学家萨林斯，同样反对将政治经济学意义上的世界体系当成决定近代非西方文化变迁的动因，他认为，在接触外来的冲击时，符号体系向来不被动，而能具有把外来的因素消化在本土文化符号结构中的力量，因而，世界体系与非西方文化之间的关系，应该被视为双方在行为和观念层面上相互作用的成果[22]，而非西方文化符号结构通过其持续作用，足以冲淡西方资本主义宇宙观，使世界体系及其理论的有效性受到了巨大的挑战。[23]

人类学的文化论，是对于观念所依赖的符号体系与历史动态过程之间关系的解释，它们强调的是一种与世界体系和现代性理论对反的主张。这一主张符号体系在历史变动过程中具有延续能力的观点，能部分解释泉州历史研究所得出的结论，即：时间上相对持久的符号体系在历史过程中具有关键性的地位，因此，无论是世界体系还是现代性的断裂性历史叙述，都只有有限的历史解释力。然而，在强调文化的连续性之时，人类学家却往往为了降低历史转型观点的地位，而忽视文化转型的潜力。从泉州的历史我们看到，不同时代的文化具有不同的气质，在宋元与明清之间，文化就很不相同。明代发生的重大文化变迁，正是多元而复杂的符号体系向单一化的正统文化模式转变，这个转变有长时段的历史后果，作为一种"文化"，它决定着明清两代在其与西方世界资本主义力量的接触中采取本土主义态度。这部分地支持了格尔兹和萨林斯的论点。然而必须指出，这种"帝制晚期"的本土主义，不是一时的突发心态，而与古老的华夏文明内在的张力相关，在内涵上还有回归"太古之城"的特征，它既是特定历史时期的产物，又是数千年文明史的结晶。理学官方化发生于元代以后，是士人对于非汉民族"以夷变夏"的政治做出的文化反应，但理学自身则早于其官方化版本，既是宋代士人在"夷夏分治"的情境下，对重建伦理秩序的重要性给予的论述，又是他们对之前的"儒"（如汉儒）的相反相成的继承。[24] 从民族国家和"普遍性知识"的谱系来考察现代性的缘起，我们一样看到，虽则这类制度与文化，到 19 世纪来临后，越来越多地与直接外来因素（通商口岸代表的工业帝国主义势力）和间接外来因素（回归的华侨所带来的现代性图景）相联系，但无论是民族国家的"强国"理想，还是"普遍性知识"的"合众"理想，对于内在于"东方"的历史，都并不陌生。在这一历史中，绝对主义统治甚至比欧洲早熟，其与近代绝对主义统治的不同仅在于，它长期夹杂着传统国家的"阶级区隔"特色。"普遍性知识"也早从公元 10 世纪起，便萌生于民间士人当中，若不是因为明太祖后来实施一系列极端的理学官方化政策，那么，其打通大小传统、使"内圣之学"庶民化同时使庶民共享"士绅文明"的努力，或许在"东方"早就产生了一种基于自身传统的现代性了。这一切表明，人类学家定义的那种作为"集体表象"的文化，在强调文化的地方性和集体性时，忽视了地方性的文化也具有国家性和世界性的一面，在反映"集体心态"的同时，往往带有特定杰出人物的特定作为的浓厚色彩。

本书的主要章节纳入了不少历史资料。然而，我所力图达到的目的，并不在于文献搜集，不在于对个别历史事件的考据，而在于通过个案的展示，来树立一个历史人类学研究的可能范例。

历史人类学，可以是人类学的历史化，也可以是历史学的人类学化。正如本书引论所指出的，无论我们从哪个方向来确认历史人类学的位置，历史人类学的前提是民族志方法与历史方法的结合，而这种结合的意义在于指出一些主流的历史决定论自身的历史缺陷。在这个前提下，历史人类学的意义，还体现为人类学的文化论与历史学的过程论的协调。如果本书的论述已经达到了预期目标的话，那么它也就能够说明如下事实：人类学的文化论告诉我们的是，不应轻易地强调历史的不连贯性，而应注视文化在历史过程中可能发挥的持续影响；历史学的过程论则告诉我们，尽管文化的最主要特征在于它的持续性，但它在历史中的影响力（即文化成为观念形态支配力量的影响力），是由特定历史时期中特定的权力（政治、经济和社会力量）格局所规定的。

历史学和人类学的辩证[25]，或过程与文化的辩证，为我们提供了一种新的历史叙述方法，也为我们反思支配历史叙述的观念形态开辟了一条新的途径。

如所有的历史书写者，我们有着化历史为心境的目的，但在叙述中，我们还是尽己之力，客观面对历史现象。这种"客观"，并不意味着书写者握有史的权威，更不意味着主观观念的隐去，它的含义仅仅是，我们尽量不把自己（即，作为作者的"我"）放在文本的突出位置上，且尽量与我们追寻的过去的"另一些情景"保持距离，从"非我"

的角度,回溯远去的光阴、理解历史行动者的思想。虽则追求"客观",我们所做到的,若是能掠过从难以计数的现象之河浮现出来的波纹,也就足够了。

这部历史,其故事之终点,正是我们这个时代的开端。我无法清楚地说明,这部帝都之外的区位之"城"与"市"的关系转型史,在我们当下到底有何意味,但我却清楚地了解,这一意味深深地嵌在"故事"之中。历史已逝,但它被人们有选择地记忆着,这种选择性的记忆固然会因其失真而招致求真者的失望,但却命定的是所有历史的本性——任何历史记忆和历史叙述都是有选择性的。并且,这种选择性的历史,虽则不全面,却也可充分表明历史没有那么容易成为过去。尽管我们的故事终结于我们时代的开端,但这个开端之前的那些往事历历在目,似乎表明,我们这个时代再有创造性,再有破坏性,历史依旧"潜伏"在我们当中,在我们的时代中起着作用。作为实物的泉州之"城"早已彻底消失,宋元繁荣时期的"市"也往日不再,人们清楚记得的,兴许只是我们在之前几章提到的其"直接祖先"的旧事。然而,"城"与"市"的这一复合结构,不是通过"拆城辟路"就可以轻易改变的,原因是,这一复合结构,不单存在于城市之中,还存在于人的本体之内,是"超我"与"本我"、治与乱、秩序与人欲、控制与自由、封闭与开放的"对立统一"。这一"对立统一"本是整体,因此,不存在一方彻底消灭另一方的可能。然而,在包括当下在内的任何历史时代,二者势力此消彼长,对其客观"局势",对于其对能动者(无论是个体还是集体,是百姓还是政府)的制约,我们都可以通过观察和体会加以判别,我们却不可能决定结构关系的"局势"。历史没有提供"如何选择"的现成答案,却为我们通过比较结构关系的"古今之变"而对当下"局势"做出判断提供了基础,为我们批判扭曲历史的行动提供了可能。与此同时,历史规定了选择的宿命,由此而必定"消化"我们的判断和批判。

注　释

1．引论

〔1〕此类词汇时常出现在中国通史、地方史及大众传播媒体中，而随着国际学术交流的开展，也已经影响到海外汉学的研究。

〔2〕Jacob D'Ancona, *The City of Light*, David Selbourne Trans., London: Little, Brown and Company, 1997.

〔3〕向达：《唐代长安与西域文明》，北平：哈佛燕京社1933年版。

〔4〕潘光旦：《中国境内犹太人的若干历史问题》，北京：北京大学出版社1983年版。

〔5〕Francis Wood, *Did Marco Polo Go To China?* Boulder, Co.: Westview Press, 1996.

〔6〕Edward Said, *Orientalism*, London and New York: Penguin, 1978.

〔7〕在邓拓（《论中国历史的几个问题》，北京：生活·读书·新知三联书店1979年版，第148—166页）、傅衣凌（《傅衣凌治史五十年文编》，厦门：厦门大学出版社1989年版，第45—52页）等学者的明清史论述中，明清资本主义萌芽，经常与当时的"封建束缚"相联系。在他们看来，如果没有封建制度的束缚，明清时期便会与西方同时，自主地发展出资本主义。这类明清资本主义萌芽理论，也隐含有批判西方中心资本主义起源观的内涵，但其历史分期标准，却来自西方。

〔8〕Edward Said, *Culture and Imperialism*, London: Chatto and Windus, 1993,

pp.xiii-xix.
〔9〕 Eric Wolf, *Europe and the People without History*, Berkeley: The University of California Press, 1982, pp.13-18.
〔10〕 Immanuel Wallerstein, *The Modern World System*, New York: Academic Press, 1974.
〔11〕 Anthony Giddens, *The Nation-State and Violence*, Cambridge: Polity, 1985.
〔12〕 Eric Wolf, *Europe and the People without History*, p.387.
〔13〕 该书初稿于1993年完成于英国爱丁堡大学人文学院，1997年由天津人民出版社出版，列入北京大学社会学人类学研究所之"社会学人类学论丛"。
〔14〕 这一排除观念形态影响的努力，绝对不意在排斥中外学术传统本身，反而力图在与这些学术传统的对话中提升对自身历史的理解。
〔15〕 Prasenjit Duara, *Rescuing History from the Nation*, Chicago and London: The University of Chicago Press, 1995, pp.17-84.
〔16〕 Prasenjit Duara, *Culture, Power, and the State*, Stanford: Stanford University Press, 1988.
〔17〕 在马林诺夫斯基之前，社会人类学学者如摩尔根（Lewis Henry Morgan）、波亚士（Franz Boas）以及里弗斯（William Rivers）等已经开始实践田野工作，但当时的田野作业方法尚不成熟，人类学学者在社区中的调查多依赖口译者，对被研究者的访谈往往十分简短，而且主要选择个别较有知识的当地人为访谈对象，田野作业收集的资料也通常不是人类学学者的著作的主要内容。对大多数人类学学者来说，研究的依据依然是生活在被调查社区的传教士的笔录。更重要的是，他们对田野工作地点没有加以"分立群域"的界定。马林诺夫斯基的田野作业，与以往的做法形成相当鲜明的对照。他长期生活在一个社区（特洛布里安德岛），与几乎所有社区成员成为熟人，对他们的活动规律和细节了解至为深入，他的调查具有"直接观察"、重视民间生活和民间知识、亲自参与等特点。他

之所以如此做，是他认为通过在分立的小型社区进行长期的直接参与和观察，社会人类学学者才可能对当地社会进行全面考察，并把当地社会的家庭、经济、法权、政治、巫术、宗教、技术等等行为特质放在一个整体里加以分析，解释为什么社会能形成一个难以切割的整体（"解释"对于他来说，就是一种"生活的常识"，或当地人对生活的需求的理解和实践），避免像古典人类学家那样切割文化。

〔18〕例如，马林诺夫斯基把社会人类学的研究对象划分为"文化"（即由各种用具、物品、社会团体、观念、技术、信仰、习惯等人类创造物所合成的整体）和"人的基本需求"（即人的新陈代谢、繁殖、舒适、安全、行动、生长、健康等需要）。他还认为，社会人类学学者的使命在于通过田野调查理解人的文化性、制度性的活动与人的基本需求之间的关系，而人类学学者赖以理解这种关系的工具，一方面是深入的直接田野工作，另一方面则是"功能"的概念，即文化满足人的基本需要的方式，或满足机体需要的行动。

〔19〕王铭铭：《远方文化的迷思：民族志与实验民族志》，《中国社会科学季刊》（香港），1995 年冬季卷（总第 13 期）。

〔20〕Johannes Fabian, *Time and the Other*, New York: Columbia University Press, 1983, pp.37-70.

〔21〕Emiko Ohnuki-Tierney, "Introduction: The Historicization of Anthropology", to *Culture Through Time*, Emiko Ohnuki-Tierney ed., Stanford: Stanford University Press, 1990, pp.1-25.

〔22〕Ioan Lewis 主编的一本论文集就是这一时代的一个反映，见：Ioan Lewis, ed., *History and Social Anthropology*, London: Tavistock Publications, 1968。这个风格在英国的部分学者当中延续到 80 年代，如 Maurice Bloch 的作品 *From Blessing to Violence* (Cambridge: Cambridge University Press, 1986)，就力图以历史的转型观点来补充结构—功能主义和结构主义的缺陷。

〔23〕George Marcus and Michael Fischer, *Anthropology as Cultural Critique*,

Chicago and London: The University of Chicago Press, 1986, pp.77-110.

〔24〕George Marcus and Michael Fischer, *Anthropology as Cultural Critique*, pp.80-86.

〔25〕Stephan Feuchwang and Wang Mingming, "The Politics of Culture or A Contest of Histories", *Dialectical Anthropology*, Vol.16, No.1-2, 1992.

〔26〕George Marcus, "Contemporary Problems of Ethnography in the Modern World System", in *Writing Culture*, James Clifford and George Marcus eds., Berkeley: The University of California Press, 1986, pp.165-193.

〔27〕Elizabeth Tonkin, *Narrating Our Pasts*, Cambridge: Cambridge University Press, 1995.

〔28〕George Marcus and Michael Fischer, *Anthropology as Cultural Critique*.

〔29〕Marshall Sahlins, "Cosmologies of Capitalism: The Trans-Pacific Sector of the 'World System'", *Proceedings of the British Academy*, Vol.74, No.1, 1988.

〔30〕王铭铭:《人口增长与唐宋时期泉州港的勃兴》,《福建人口》,1987年第1期。

〔31〕Wang Mingming, "Flowers of the State, Grasses of the People: Yearly Rites and Aesthetics of Power in Quanzhou, Southeastern Macro-Region of China", The University of London Ph.D Thesis, 1992.

〔32〕我在本书中多次引及的一些历史社会学和新世界史著述,包括:Anthony Giddens, *The Nation-State and Violence*; Eric Wolf, *Europe and the People without History*。

〔33〕Hsiao-Tung Fei, *China's Gentry: Essays in Rural-Urban Relations*, Chicago: The University of Chicago Press, 1953, pp.91-107.

〔34〕Leonardo Benevolo, *The European City*, Oxford: Blackwell, 1993.

〔35〕吴晗、费孝通等:《皇权与绅权》,天津:天津人民出版社1988年版,第24—25页。

2．历史的场景

〔1〕关于泉州建置沿革方面的资料，已有一个比较完整的汇编（泉州地方志编辑委员会办公室、泉州地名学研究会编：《泉州方舆辑要》，泉州：泉州地方志编辑委员会办公室1985版）。

〔2〕1949年后，泉州辖区范围发生了频繁的变化。1949年12月13日福建省政府令，析永安专署属德化县，归泉州区辖，1950年10月正式接管。1951年1月1日，晋江县城关区奉准设市，即日市人民政府成立，6日启印办公。1951年2月，省人民委员会第一次会议决定，在八个地区设立专员公署，为省人委会的派出机构。3月17日奉省人委令，晋江区专员公署改称"福建省晋江专员公署"，4月1日启印办公。1956年5月9日，省委、省人委会决定撤销闽侯、建阳、永安3县区，析闽侯专区的福清、平潭、永泰和永安专区的大田县归泉州区辖，辖区再增加4县，时领14县1市（包括金门县），为历史上泉州辖区最广的时期。1958年7月24日，省政府决定析泉州地区辖的同安县归厦门，1969年8月15日，省委政府决定恢复闽侯专区建制，福清、平潭、永泰3县归闽侯辖，时领县为晋江、南安、惠安、安溪、永春、德化、莆田、仙游、大田等9县和泉州市。1963年设三明专署，5月27日省人委通知，大田县归三明专署辖，时辖8县1市。1967年在"文化大革命"局势混乱难以控制的情况下，6月13日中共中央决定对晋江专区（泉州）实行军事管制，6月30日晋江专区军事管制委员会成立，设"文化革命"办公室和生产指挥部领导全区工作，1968年9月23日，以军、干、群"三结合"为特征的福建省晋江专区革命委员会成立，革委会下设两处一室（政治处、生产指挥处、革委会办公室）实行一元化领导，10月18日，革委会、两处一室和所属组启印办公，同时停止使用原地委、专署和各直属机构印鉴。1970年6月18日，省革委会在关于调整行政区划中决定：析泉州之莆田、仙游两县归闽侯专区辖，同安划归泉州地区，时辖7县和泉州市。1971年6月17日，省革委会通

知,晋江专区革委会更名为"福建省晋江地区革命委员会",7月1日启印。1973年7月23日,省革委会通知,同安县划归厦门市辖,时辖晋江、惠安、南安、安溪、永春、德化6县和泉州市。1978年3月29日,中共福建省委通知,根据《宪法》规定,省下按地区设立行政公署,作为派出机构。地区革委会改称"福建省晋江地区行政公署",1980年1月1日启印。

〔3〕金门今为台湾省辖县。

〔4〕王铭铭:《试论泉州港的勃兴与泉州地区人口增长的关系》,《福建人口》,1987年第1期。

〔5〕侯仁之:《在所谓新航路的发现以前中国与东非之间的海上交通》,《科学通报》,1964年第11期。

〔6〕记载泉州历代人口的史书主要包括:《旧唐书》志第二十(地理三);乾隆版《泉州府志》卷十八;《福建通志》户口志卷一;《太平寰宇记》卷一〇二;《元丰九域志》卷九;《元史》志第十四(地理五)。

〔7〕G. William Skinner, "Marketing and Social Structure in Rural China", *Journal of Asian Studies*, Vol.24, No.1, 2, 3, 1964-65.

〔8〕G. William Skinner, "Cities and Hierarchies of Local Systems", in *Studies in Chinese Society*, Arthur Wolf ed., Stanford: Stanford University Press, 1978, pp.1-78.

〔9〕G. William Skinner, "The Structure of Chinese History", in *Journal of Asian Studies*, Vol.44, No.2, 1985.

〔10〕克拉克(Hugh R. Clark):《政权空白期间泉州的政权、宗教与经济》,《泉州文史》,1989年第10期。

〔11〕王连茂:《泉州海外交通史研究概述》,《中国与海上丝绸之路》(续集),福州:福建人民出版社1994年版,第18—30页。

〔12〕庄为玑:《泉州历代城址的探索》,《泉州文史》,1980年第2—3期合刊。

〔13〕隋统一中国,行政区域屡有变动。如大业三年(607年)把福建地区改为"建安郡",领有闽县、建安、南安、龙溪四县。唐朝再度统一,政区

又有变化。武德五年（622 年）在今丰州地方设立丰州，领有南安、莆田两县，后来删去，此二县仍归旧泉州（今福州）。到了公元 7 世纪嗣圣间（684 年），分旧泉州地的南安、莆田、龙溪置武荣州，就是在南北朝的南安郡故址改建的。

〔14〕三国以后，中国分裂，北人南迁，南方人口增加，才有可能增设州县，特别是东晋时代所谓"衣冠渡江，沿江而居，故曰晋江"。1953 年厦大考古队曾在南安县石砻公社附近，发现晋代贝丘遗址，贝丘中尚有晋人留下的瓷片，是其南迁的生活遗迹。西晋太康三年，设晋安县城，属晋安郡，是郡属八县之一。后宋改晋平县，后齐仍为晋安县，后梁改梁安县，其郡治在今福州，县治则在今丰州。这个古县城址未知待考。1973 年泉州市文管会发掘两个东晋士族大墓（宁康三年即 375 年及太元元年即 378 年），发现"部曲将印"，说明当时士族拥有佃客和部曲。东晋时，晋安郡各县的人数平均约有三千人（乾隆版《晋江县志》卷一）。

〔15〕泉州在唐城建立的年代，应在 718 年以后。

〔16〕道光版《晋江县志》卷二《规制志二·公署》载："唐六曹新都堂署，在旧州前左右，今度。"又载："相传（县治）旧在州之子城东南，宋……始建今所。"

〔17〕这种城市布局的发展，应与当时沿海商业城市发展的总体特点相一致。其实，当时的登州、扬州、楚州（淮安）、广州、潮州、福州、温州、明州（宁波）、上海松江等城市，也与泉州一样具有方便贸易和水上（包括河上和海上）交通的特点。

〔18〕五代留从效在泉州城广植刺桐，阿拉伯商人称之为 "M'edinet al-Zaitun"。前一字为城市的意译，后一字为刺桐的音译〔"刺桐"与"油橄榄"（zayton）发音相近，故亦有误称"由桑原"者，1342 年非洲大游历家伊本·巴都他（Ibn Batuta）到泉州，证实泉州无油橄榄，遂改译为"刺桐城"〕。

3．边陲世界的拓殖

〔1〕陈存广：《知往知来，见物见人——名城泉州精神文化建设规划一议》，傅金星：《破土而出的泉州学》，均见《泉州文史》，1989年第10期。

〔2〕Benedict Anderson, *Imagined Communities*, London: Verso, 1990.

〔3〕关于秦汉之间闽越人情况，《史记·越王勾践世家》载："后七世至闽君摇，佐诸侯平秦，汉高地复以摇为越王，以奉越后，东越、闽君，皆其后也。"《汉书·两粤列传》载："闽越王无诸及粤东海王摇，其先皆粤王勾践之后也，姓驺氏。秦并天下，废为君长，以其地为闽中郡。"可见，秦汉之间汉越关系处于兼并与反兼并的过程中，其时闽越势力并不弱小，故能谋略平秦事业，并从中寻找在汉代的生存空间。

〔4〕陈元光后被当地人奉祀为"开漳圣王"。

〔5〕秦汉至唐之间移民南入泉州的历史，与整个中国北方百姓向南方迁移的整体规律和特征相一致，可以说是中国移民史的一个典型反映。此间北方汉人南下的两次高潮，发生于晋"永嘉之乱"和唐"安史之乱"之后，均是在北方社会动乱的状况下出现的。参见葛剑雄、曹树基、吴松弟：《中国移民史》之一，福州：福建人民出版社1993年版，第56—269页。

〔6〕庄为玑：《晋江新志》（上卷），泉州：泉州地方志编委会1985年印行，第55—56页。

〔7〕同上书，第120—139页。

〔8〕G. William Skinner, "Cities and Hierarchies of Local Systems", in *Studies in Chinese Society*, Arthur Wolf ed., Stanford: Stanford University Press, 1978, pp.1-78.

〔9〕王铭铭：《试论泉州港的勃兴与唐宋时期泉州地区人口增长的关系》，《福建人口》，1987年第1期。

〔10〕陆上丝绸之路的衰落，主要是因为陆路本身对于运输的障碍、陆路运输

的产品来自遥远的东南地区、陆路自然环境恶劣所致。海上丝绸之路之所以能取代陆上丝绸之路,主要是因为:(1)中国与波斯、东非航线的开通;(2)阿拉伯和波斯商人在中国东南沿海经商定居;(3)北方地区的动乱和南方沿海地区的相对安定。

〔11〕席龙飞:《开辟海上丝绸之路的中国古船》,《中国与海上丝绸之路》,福州:福建人民出版社1991年版,第246—259页。

〔12〕Hugh R. Clark, *Community, Trade, and Network: Southern Fujian from the Third to the Thirteenth Centuries*, Cambridge: Cambridge University Press, 1991, p.73.

〔13〕马可波罗:《马可波罗行纪》,冯承均译,北京:中华书局1954年版,第609—610页。

〔14〕Eric Wolf, *Europe and the People without History*, Berkeley: The University of California Press, 1982, pp.31-32.

〔15〕侯仁之:《在所谓新航路的发现以前中国与东非之间的海上交通》,《科学通报》,1964年第11期。

〔16〕周海宇:《泉州风物传说》,泉州:泉州海外交通史研究会1990年印行,第179—181页。

〔17〕Maurice Freedman, *Chinese Lineage and Society: Fukien and Kwangtung*, London: Athlone, 1966.

〔18〕Anthony Giddens, *The Nation-State and Violence*, Cambridge: Polity, 1985, pp.39-82.

〔19〕Ibid., p.47.

〔20〕直到60年代以后,施坚雅提出的中国社会结构和历史发展的区域理论,才引起学界对传统中国的社会多样性和农村社会经济的自主状况有了一个新的理解(G. William Skinner, "Marketing and Social Structure in Rural China", *Journal of Asian Studies*, Vol. 24, No. 1, 2, 3, 1964-65)。

〔21〕葛剑雄:《统一与分裂》,北京:生活·读书·新知三联书店1994年版,

第 78—79 页。

〔22〕王夫之:《读通鉴论》,北京:中华书局 1975 年版,第 514 页。

〔23〕秦末才出现的"乡亭"之制,属于一种衡量乡村地区聚落之间地理空间距离的单位,也可能具有一定的行政作用,但没有真正实行。

〔24〕此一阶段的地方行政管理单位,绝对称不上严格意义上的行政机构。无论是乡亭还是后来的乡里,都没有常设的甚至临时的办公场所(offices)。尽管在名义上类似于政府组织,但"衙门"绝对不是它们的合适名称。自然的,各级地方和社会单位所设的各种各样的"官位",也都只能是非正式的。汉代有"乡三老",魏晋南北朝有伍长、什长等等,隋唐有"乡正",但他们绝不是现代意义上的"镇长""乡长",因为他们不仅不享用政府的财政,而且常只是"地痞"等类"强人",与地方上的经济、军事、知识精英之间构成复杂的动态关系,有时服从后者的利益,有时扮演抵抗后者统治的村民利益保护者的角色。

〔25〕Anthony Giddens, *The Nation-State and Violence*, p.81.

〔26〕国家与社会之间的"良性互动",指在当代中国国家与社会二元结构基础上设计出来的一种理想模式,即市民社会从私域向公域的延展以及国家与社会之间的话语沟通模式的制度化(邓正来:《国家与社会:中国市民社会研究》,成都:四川人民出版社 1997 年版,第 18—21 页)。我在一个类似的意义上运用这个概念,但认为国家与社会之间的"良性互动"在历史上曾经在短时期内重复出现过,只不过未曾形成一个与社会科学研究者界定中的理想模式一致的制度,因而易于转变为一种"恶性互动",即国家对社会的强制统治。本书第 4 章论述的明朝国家与社会关系转型,就是压制统治的结果。

〔27〕Gideon Sjoberg, *The Preindustrial City*, Glencoe: The Free Press, 1960, p.6.

〔28〕Ibid., p.67.

〔29〕在这部分,斯沃伯格有意与韦伯唱反调。韦伯坚定地强调,城市中的商

业至关重要,一个城市"总是一个市场中心"。

〔30〕吉登斯批评说:诚然,传统城市之间的相似性显然会超过它们与现代都市聚集体之间的相似性,但他的刻画仍然是太普遍化了。此外,阶级分化社会中的城市通常同其他权力集装器或权力生产者并存于网络之中。诚如雅各布所言,即便是在狩猎者和采集者那里,通常仍能发现相当数量的聚落(settlements),它们还与城市并存于大型社会中。这类"村庄"(villages)可能要比基于斯沃伯格的论述可归为城市范畴的那些聚落更为庞大,而且,它们还成为农业产品或手工艺品的交易中心。此外,非现代城市并非总是有城墙环绕四周。比如,传统中国早期的城市有时就没有城墙,尽管整个周朝时期的城市确有城墙。城市并非堡垒的最古老形态,当然也不是堡垒的唯一类型。在村庄周围筑以工事,这在全球的许多地方都是共通的。在韦伯看来(尽管这是值得讨论的),用栅栏围护起来的村庄,一般来说,并非是有城墙的市镇的前奏(Max Weber, *The Religion of China*, New York: The Free Press, 1951, pp.63-78);相反,市镇更多的时候是由封建领主的城堡,即由封建领主、他的武士和扈从所居住的堡垒发展而成。在官僚帝国业已衰落的那些地方,由于这导致了某种准封建体制的产生,因而,不管城堡是否与庄园有关,它通常都会在城市丧失其庄严性的时刻,依然成为至关重要的权力中心(Anthony Giddens, *The Nation-State and Violence*, pp.36-37)。

〔31〕五代陈洪进纳土(太平兴国二年,977年),宋政府在汴京特设"榷易院",曾提及泉州,但未在泉州设司。

〔32〕涉及蒲寿庚的史料,散见于《宋史》卷三、《闽书》卷三十八、《泉州府志》、《晋江县志》卷十五;转见桑原骘藏著,陈裕菁译:《蒲寿庚考》,北京:中华书局1954年版。

〔33〕李东华:《泉州与我国中古的海上交通》,台北:学生书局1985年版;成田节男:《宋元时代泉州的发达与广东的衰微》(庄景辉译),《泉州文史》,1982年第6—7期合刊;庄为玑:《泉州宋船为蒲家私船考》,《中国

与海上丝绸之路》，福州：福建人民出版社 1991 年版，第 344—353 页。

〔34〕宋元期间，泉州的坛、庙祭祀已经制度化了。这个制度后来在明清时期得到进一步发挥，成为系统的官方年度周期仪式。祀坛包括社稷、山川等，庙包括城隍、文、武、东岳等。

〔35〕陈泗东：《泉州海外交通与海神信仰》，《中国与海上丝绸之路》，福州：福建人民出版社 1991 年版，第 360—374 页。

〔36〕庄为玑：《古刺桐港》，厦门：厦门大学出版社 1989 年版，第 209—212 页。

〔37〕陈泗东：《泉州海外交通与海神信仰》，《中国与海上丝绸之路》，第 360—374 页。

〔38〕关于泉州历史上多种宗教并存的状况，吴幼雄《泉州宗教文化》（厦门：鹭江出版社 1993 年版）基于前人研究和大量新发现资料，提供了详细的描述和深入的分析。该书分宗教类别对泉州宗教史进行全面梳理，在以教别为章节的框架内详述各宗教及其教派在泉州的传播、兴衰及社会影响。

〔39〕张星烺：《中世纪泉州状况》，《史学学报》，1929 年第 1 期。

〔40〕吴幼雄：《泉州宗教文化》，福州：福建人民出版社 1998 年版。

〔41〕另在墓顶或墓前竖立阿拉伯文墓碑，这种墓的规模较大，建筑也较繁杂，是伊斯兰教徒特有的墓葬之一。

〔42〕"法克富尔"一词，是阿拉伯、欧洲人对中国皇帝的尊称，即"天子"的意思。这个名词在 9 世纪初到 14 世纪中叶的阿拉伯、欧洲的史籍和游记中经常出现。

〔43〕清朝泉州伊斯兰教势力日衰，灵山圣墓渐颓。清康熙五十一年（1712年），福建汀延郡总兵官左都督陈有功和陆路提标左协中军游击陈美来官泉州，下车伊始，即"眷顾温陵（泉州的别称）教门（指伊斯兰教）"，见"兹墓（圣墓）况日颓，低徊残址，虑胜迹遽湮……独力保扃，捐资监构"，于是"筑基址，范福地，呈乡旧、父老悦兴"。后乾隆辛未（乾隆十六年，1751 年），回族人郭拔萃重修圣墓。乾隆癸卯（乾

隆四十八年，1783年），回族人夏必第再修圣墓。清嘉庆二十三年（1818年），西蜀马建纪修圣墓。同治十年（1871年），四川江长贵修圣墓。此后，泉州市人民政府于1958、1959、1983年全面修建圣墓及灵山圣墓大道。

〔44〕吴文良《泉州宗教石刻》（北京：科学出版社1957年版）一书收集有"潘总领"墓碑，碑面刻有阿拉伯文字和汉字，这个"潘总领"可能是宋代阿拉伯人或波斯人。

〔45〕他们二人的名字也见诸寺内的《重立清净寺碑》记。夏不鲁罕丁（夏是他的中国姓）逝于明洪武三年（1370年），享年142岁。他的儿子夏敕继承教业，住持这座清净寺，亦寿110岁。他们的后裔以夏为姓，不间断地住持这座清净寺。明正德二年（1507年），因"旧碑朽敝无征"，夏彦高主持修寺，并竖《重立清净寺碑》。明隆庆丁卯（隆庆元年，1567年），住持夏东升修礼拜寺木塔五层，又修建明善堂。明万历三十七年（1609年），泉州地大震，礼拜寺尖塔圮，夏日禹主持修寺，改礼拜寺塔为七层，即所载的"七级凌日"。又为适合所谓"两仪""四象""八卦""乾元"等，而改建礼拜寺大厅。今寺的礼拜大厅形状，仍保留明万历改建的原貌。清朝，泉州伊斯兰教势力渐衰。据清《雍正志稿》云，清康熙二十六年（1687年），"泉州大风，礼拜寺塔圮"。从此，礼拜寺就不再修复了。至清康熙五十一年（1712年），才在陈有功等的安排下，恢复"学经解篆"。同治十年（1871年），江长贵来官泉州，起而倡导伊斯兰教，重奠教基，代聘阿訇，住持教寺。泉州伊斯兰教又得到一次兴复。但随江长贵的离去，教务随之而颓。

〔46〕5世纪初，叙利亚和埃及的基督教已分裂为两派，埃及派称西利尔派（Cyril），注重神秘仪式，主张耶稣基督为一位；叙利亚派（即聂派）主张以评论方法解说《圣经》，认为耶稣基督为两位，人神两性，认为耶稣体为盛神之器，耶稣之母玛利亚仅生耶稣之体，不生耶稣所盛之神，故不当崇拜圣母。时圣母之说方昌，聂氏触犯众论。430年，教皇于罗马召开会议，诋斥聂说。431年，东罗马皇帝为调和两派，于小亚细亚爱

琴海边的以弗所城召开会议。433年，皇帝与两派商妥，牺牲聂氏一人，使两派复归于好。435年，皇帝下令，斥聂派为邪说，焚其著述，放逐聂氏于利比亚沙漠。聂派失势后遂向东发展，439年入波斯国境，自是由波斯逐渐而东。唐贞观九年（635年），聂派入中国。史籍不见著录，唯碑文志有其事。《长安志》及《册府元龟》两书，称景教寺为波斯寺。唐天宝后，又更名大秦寺。所谓波斯寺者，中国人以为景教自波斯来，不知其非波斯教也。所谓大秦寺者，是中国人以后了解聂派的产地在罗马帝国，即中国人称之曰大秦国也。所谓景教者，乃取《旧约圣经》"耶和华上帝是日头"，上帝的宝座"如日之恒一般"，"必有公义的日头出现"和《新约圣经》"义人在父国里要发出光来，像太阳一样"，总之，即取新、旧约《圣经》的"公义的太阳"，即光照之义，命名曰"景"。

〔47〕陈垣：《开封一赐乐业教考》，上海：商务印书馆1923年版。

〔48〕元末，信奉白莲教的农民起义军领袖韩山童，就曾自称"明王"。韩山童死后，其子韩林儿继之，称"小明王"。后朱元璋杀韩林儿，做皇帝后，仍采用明教教义，定国号为明，明就是摩尼教徒所说代表光明的"明"。正如《闽书》所载，明"后朝太祖定天下，以其教门上逼国号"。

〔49〕吴幼雄：《泉州宗教文化》，第149页。

〔50〕"下南"保存的古剧目如《范雎》《梁灏》《岳霖》《周德武》等，都是国内不经见的戏文，和明刊《绨袍》《青袍》诸"记"，情节大不相同。记录本结构松散、脱节，文辞粗劣，唱白重复，保留方言本色和浓厚的泥土味，是未经文人润色、来自民间的形态。唱腔用"南音"除保存一支《太子游四门》的古乐曲外，其他则只有《浆水令》《金钱花》《地锦》《剔银灯》等十几支曲牌反复出现，具有粗豪的声腔特色，但比较贫乏，适合以"粗角"——净、末、外、丑"四大柱"为主要行当的表演。"上路"则保存大量宋元南戏的剧目，都是国内罕见的传世孤本，如《朱文走鬼》（即《朱文鬼赠太平钱》）、《王魁》、《蔡伯喈》、《王十朋》、《苏秦》、《孙荣》（即《杀狗劝夫》）、《朱买臣》、《刘文龙》、《朱寿昌》、《尹

弘义》，还有存目而失传的《林招得》《赵盾》《王祥》等，所反映的题材，都是已婚男女悲欢离合的家庭剧为多，以生、大旦、净、丑为"四大柱"，音乐唱腔同样是"南音"，但在曲牌处理和"管门"运用上，以刚劲、淳朴、哀怨为主，别具风格，流传民间的名曲甚多。《摩诃兜勒》的古曲牌，就保存在《蔡伯喈·弥陀寺》中。

〔51〕傅金星：《破土而出的泉州学》。

〔52〕文化多元不等于同在一地的不同文化之间竞争与冲突的消失。在宋元泉州，不同宗教共处一城的景象首先表明，生活在当地的人们，因族群和信仰背景有别而相互保持着文化距离。为了生活和理想的实现，人们必须进行社会互动，并且，也必须在社会互动中部分消除相互之间的文化隔阂，部分吸收其他群体的文化因素。然而，多元文化之内部社会互动所必然卷入的跨文化互动，结局绝非是文化差异性的消失；相反，所谓"文化多元"正是指互动过程中差异的维持以至强化。在特殊年代，这类差异也存在着衍化为冲突性的"夷夏之辨"的可能。宋元交替在泉州上演的血腥一幕，可谓正是这种冲突性的"夷夏之辨"的例证。不能误以为作为"色目人"后裔，蒲寿庚必定纯然代表"色目人"的利益与文化。这个"华化西域人"的著名典范，背后有强大的地方精英集团的支持，这些地方精英集团有的的确属华夏"异类"，但也包括了握有军权的华夏统领及商界领袖。一定程度上，蒲寿庚这个人物，集中表现了宋元泉州多元文化的基本特征。然而，蒲寿庚"尽杀南外宗子"并"据郡降元"之后，其色目人出身，及其归附于蒙古帝国的行为，两相结合，一面加深了"夏"对"夷性"的仇视，一面暴露出泉州文化多元局面的内在矛盾。

〔53〕随着东方学的发展，也出现了一系列关于东方的百科全书，其中以斯瓦伯（Raymond Schwab）和莫赫（Jules Mohl）主编的大部头百科全书和目录为最有名。另外，据萨义德的分析，19世纪东方学的系统化发展，其基础在于18世纪若干观念因素的产生。第一，18世纪，随着欧洲对世界的"开发"范围的扩大，"东方"这个地域概念从原来的伊斯兰世界和

近东，转化成相当开放的地理概念体系（包括印度、中国、日本等等），使"东方"超脱了古代的基督教和犹太教的范畴；第二，大量的东方学研究提供了有关东方社会历史与文化的资料和印象，使西方的历史学学者有可能把东方历史当成西方历史的参照系。历史学学者和人类学学者的合作，创造了一种简单的历史比较研究，对东、西方的过去、现在和未来加以探讨；第三，许多东方学学者开始转变他们的态度：原来东方学学者认为东方是一片松散的土地或一盘散沙，到18世纪出现了把东方社会看成与西方社会类似的社会有机体，强调它们的内在一致性和合理性；第四，18世纪产生了极为流行的分类学，如物种分类学、人种学等。分类学以物种和物体分类为基础，但是扩大到人和文化地理的分类，为东、西方的"辨别"（identification）提供了方法论武器。见 Edward Said, *Orientalism*, New York and London: Penguin, 1978。

4．海禁的绥靖实质

[1] Eric Wolf, *Europe and the People without History*, Berkeley: The University of California Press, 1982，pp.101-125.

[2] 在15—16世纪西方人的海外扩张过程中，经济、宗教、技术的诸多因素都曾起着辅助作用，但商人受到政府的支持却是一个关键性的因素。最先伊比利亚人的海外冒险，就是葡萄牙和西班牙两国王室鼓励和资助的结果，从而才有哥伦布和达伽马的伟大成就。在欧洲，封建君主常常与拥有较大封地、行使较多权力的领主发生冲突。他们为此与商人阶级结成了非正式联盟。君主保护商人不受频繁的战争和封建领主任意征收的苛捐杂税的侵害，而商人则向君主提供财政支援作为交换。欧洲君主为了应付日益增长的财政需求，不断地组织人力和物力从事海外冒险，并采取重商主义政策，授以海外贸易的专营特权，鼓励本国造船业，颁布《航海条例》以保护本国的海外商业得益，实行关税保护以维持本国的海外贸易顺差，支持开拓海外殖民地，等等。

〔3〕Eric Wolf, *Europe and the People without History*, p.55.

〔4〕吴晗：《明教与大明帝国》，《清华学报》，1941年（第13卷）第1期。

〔5〕王赓武指出，在海外势力的争夺过程中，与西班牙人相比，原来闽南人所占优势甚至更大些。他认为："菲律宾群岛就在近旁，中菲之间的海域畅通无阻，闽南人在数量上又远比西班牙人为多。而且，西班牙人处在一个庞大的帝国较弱的一端，更受到抱有敌意的葡萄牙人和摩洛人船队的制约。在吕宋的闽南人社区倘若不去主宰政治经济事务的话，按道理应该能够掌握自己的命运，但是这种局面并未出现。恰恰相反，被中国官员遗弃的闽南人，选择了侨商这种低姿态。面对西班牙帝国的势力，他们孤立无援，许多人实际上沦为西班牙人扩张的工具。"〔王赓武：《没有帝国的商人：侨居海外的闽南人》（李原、钱江译），《海交史研究》，1993年第1期〕王赓武还指出，在中国海商与荷兰人的海外竞争中，也由于得不到政府的支持而面临极大困难。他说："与闽南人不同之处在于，荷兰人不仅有官方的支持，还有法律的政治的保护。他们用荷兰东印度公司的名义武装的商船，也得到群主的认可。即使在长崎，在没有任何外国集团控制的情况下，华人在理论上与荷兰人平等时，荷兰人仍比华人占有更大的优越性，因为他们可作为外国国家的代表与幕府将军的官员打交道。不管幕府将军是否有印象，荷兰人均可时不时地提醒他们，说自己的公司是得到国家认可的，可以代表自己的国王来谈判。闽南人却不能提出任何类似的要求，他们仅能寻求自己所能得到的尽可能完善的安排，而他们所能得到的也仅是东道主认为他们应该获得的东西。无论是在马尼拉还是在长崎，闽南人既不能与西班牙王国的殖民主义者、教士和士兵竞争，也无法与国家支持的特许公司里全副武装的雇员竞争。他们是中国朝廷边远省份的地位卑微的商人。他们必须靠自己的机智谋生，培养冒险的高超技巧；此外，在竞争中仅能指望家族——乡里系统和强有力的闽南当地人的忠诚来帮助自己度过艰难的岁月。"（同上）

〔6〕陈万里：《闽南游记》，上海：开明书店1930年版，第43—44页。

〔7〕"重农抑商"的思想始自战国时期,当时的商鞅等人就认为,农业是衣食和富民富国的源泉,是战争的物质基础,因此要以农业为本;同时他们把工商业活动称为末,主张重农就必须抑末。自从商鞅将"重农抑商"的主张作为政策加以施行后,历代的中国封建政权大都沿袭了这一政策,只是程度和方式有些不同而已。

〔8〕江南巡抚周忱也认为:"耕稼劝,则农业崇,而弃本逐末者不得纵,由是赋役可均,而国用可足。"(《明经世文编》卷二十二)

〔9〕在泉州港的官商贸易衰落以后,明政府在漳州月港开放"海禁"。但此时抑商思想依然制约着明朝海外贸易政策。明朝政府规定:"凡走东西二洋者,制其船只之多寡,严其往来之程限,定其贸易之货物,峻其夹带之典刑,重官兵之督责,行保甲之连坐,慎出洋之盘诘,禁番夷之留业,厚举道之赏格,蠲反诬之罪累。"(《明经世文编》卷四○○)在西班牙殖民者于菲律宾肆意屠杀中国海商的惨案发生后,明朝政府竟然在对西班牙人的交涉文书中公开宣称:海外争斗,未知祸道,"又中国四民,商贾最贱,岂以贱民兴动兵革?又商贾中弃家游海,压冬不回,父兄亲戚,共所不齿。弃之无所可惜,兵之反以劳师"。(《明经世文编》卷四三三)

〔10〕武定国:《郑和下西洋在航海上的伟大成就》,《中国与海上丝绸之路》,福州:福建人民出版社1991年版,第266—274页。

〔11〕明朝后期,葡萄牙人之所以能够在澳门居留并且经营海外贸易,实际上也是明朝政府"怀柔"政策的产物。当时不少人感到听任葡萄牙人居住在澳门,对于海防是一个不小的危害,但明朝政府最后还是采取了广东籍进士霍与瑕提出的"设城池、置官守,以柔道治之"的方案。从此葡萄牙人凭借澳门的良港地势,依靠在海外市场富有魅力的中国货物,开辟了澳门至长崎、澳门至果阿、澳门至马尼拉的海上航线,垄断了中国海外贸易。

〔12〕陈尚胜:《"怀夷"与"抑商":明代海洋力量兴衰研究》,济南:山东人民出版社1997年版,第210—214页。

〔13〕Anthony Giddens, *The Nation-State and Violence*, Cambridge: Polity, 1985, pp.83-121.

〔14〕Ibid., p.120.

〔15〕比如，从新的主权观而不是旧有的主权实践看来，荷兰共和国具有一系列怪异和前后不一致的现象。有几块荷兰领地完全同国家的主要版图分离开来；另一方面，在此主要版图之内，又有西班牙的封地，列日主教也对荷兰某些领地享有统治权。一系列战争的爆发以及由此导致的17—18世纪召开的一系列会议，促使边陲合理地过渡成国界。当然，这一系列事件仍未触及许多边缘地带。17世纪，边界地区的居民首次获许可以由自己"选择"想要加入的国家。因而，根据1640年条约，当西班牙人在荷兰占领地中的许多城市被法国接管时，在这些城市居住的人们可以选择留下来，成为"法国人"，还是跨过新的分界线回到他们原来的状态，待在德国或西班牙。可是直至19世纪，边陲才发展成为国界，也就是版图上彼此同意的边界。看来，直至1718年才在文字上第一次划定出国界，这是1718年在佛兰德所签订条约的一部分。

〔16〕对于民族国家体系的塑造来说，起到重要作用的其他一些创新，一直到"绝对主义时代"终结时，才首次步入历史舞台。这些创新之一就是有关自然边陲的学说。当然，传统国家的领袖，通常会致力于将那些能用作自然屏障以防范他国入侵的地区纳入自己的版图之内。可是，只有在18世纪晚期以后，主张国家应该尽可能地拥有自然边陲的观点才开始发展起来，这个观点的出现，与国家作为行政实体的大规模发展这一现象之间，存在密切的联系。这不仅是对在某些边界实施防卫的图谋，而且也是对潜藏于新的教条背后的国家整体特性的强调。所牵涉的"自然"边界并不是让国家和栖息地得以有机联系的那些参数，而是已高度发展的国家主权观的表现形式。我们最终还应认为，"自然边陲"是根据国家的臣民在语言或文化上的同质性来划分的。不过这是更为晚近的现象，而且或多或少完全是欧洲民族—国家产生过程中所特有的现象。

[17] 顾朝林:《中国城镇体系》,北京:商务印书馆1996年版,第116—117页。

[18] Arthur Waldron, *The Great Wall of China*, Cambridge: Cambridge University Press, 1990, pp.72-90.

[19] 顾朝林:《中国城镇体系》,第122—124页。

[20] 陈尚胜:《"怀夷"与"抑商":明代海洋力量兴衰研究》,第210—213页。

[21] 关于欧洲传统国家向吉登斯称之为"绝对主义国家"的转变,王亚南早在其《中国官僚政治研究》(《王亚南文集》第4卷,福州:福建教育出版社1988年版)一书中就给予了清晰的论述,兹引如下:

> 中世纪的封建王国,是由僧侣、贵族行使统治的,不管实行到什么程度,整个中世纪,似乎总存在着一个理想,想把文明世界统一于一个政府、一个基督教共和国。它是教会,同时是国家。在形式上,封建的阶级组织,由最高的教皇、皇帝、国王或君主到公爵、主教、僧院长、子爵、男爵和小领主,以至最下级的骑士和侍从,俨然是一个颇有层序的金字塔。但因为特许(immunity)及其他的惯例,这每一个单位,差不多都形成为一个准独立的政治体,它的属地或地产,不受国王管辖。大小贵族或僧侣却分别担任着治理的工作。在这种情形下,一个特殊的官僚阶层,自然是无法产生的。
>
> 可是到了中世纪末期,在上述的封建基地上逐渐成长起了民族国家。每个民族国家在开始时都采取专制主义的政治形态。为什么都要采取这种政治形态呢?如果把最基本的经济上的原因暂时抛开不讲,其原因主要是由于在反对诸侯的斗争中取得胜利的国王(或最大的诸侯)把以前分别把持在贵族、僧侣手中的赋税、战争、公益、裁判等权都集中到了自己手中。可是对于这些方面的政务,他不能样样自己去做,特别在领土扩大的场合,他就更非委托或命令一批人去做不可了。这样,"专制君主政体就把关于行政事务的立法权集中在国王手里,并由他发给官吏的

命令，变成行政法或公法的来源"（克拉勃语）。在这种情势下，官僚官吏就不是对国家或人民负责，而只是对国王负责。国王的语言，变为他们的法律，国王的好恶，决定了他们的命运（官运和生命）、结局，他们只要把对国王的关系弄好了，或者就下级官吏而论，只要把他们对上级官吏的关系弄好了，他们就可以为所欲为地不顾国家人民的利益，而一味图其私利了。所以，在专制政治出现的瞬间，就必然会使政权把握在官僚手中，也就必然会相伴而带来官僚政治。官僚政治是专制政治的副产物和补充物。（第135—136页）

〔22〕 Anthony Giddens, *The Nation-State and Violence*, pp.83-121.

〔23〕 翁独健主编：《中国民族关系史纲要》，北京：中国社会科学出版社1990年版，第389—489页。

〔24〕 邓广铭：《王安石》，北京：生活·读书·新知三联书店1953年版。

〔25〕 Michael Dutton, "Policing the Chinese Household", *Economy and Society*, Vol.17, No.2, 1988.

〔26〕 我们也务必意识到，如果民族国家没有确立，那么真正意义上的监控和内部绥靖是不可能完全实现的。因此我们不难看到，宋、元、明、清的基层社会控制体制，只是被部分地实行了的理想模式。换言之，韦伯以来，历史社会学对传统中国基层社会的分析，仍然适用于这些晚期中华帝国的朝代。首先，当时基层社会控制的制度是断断续续地实行的，随着朝代的衰落通常会走向式微。其次，县以下的社会控制单位不是严格意义上的政府，其"长官"也并非严格意义上的官僚（品官），因而政府对于基层社会的控制依赖的多是地方的士绅或强人。而这些群体的利益与朝廷的利益不尽相同，甚至经常具有"地方主义"的性格，从而不一定能够服务于朝廷的政治一体化利益。再次，由于上述原因，基层社会控制单位经常被不同区域的社会群体改造成为地方认同（local identity）的载体，与民间社团和非官方仪式性（如庙会）组织糅合在一起，也经常被纳入区域性经济政治组织的框架之内，使朝廷对之失去控制，而成

为离心的势力。最后，为了维系中央集权的权威，宋以后的诸朝代依然部分保留着传统国家时代的社会等级、城乡等级差别，这就致使朝廷愿意承认乡土社会的乡土性，愿意保留其与帝国符号体系的文化差异，从而也就为非正式的制度和与保甲等制度规定的行为方式构成差异的行为方式，提供了很大的生存空间。

〔27〕杨宽：《中国古代都城制度史研究》，上海：上海古籍出版社1993年版，第296—298页。

〔28〕陈垂成、林胜利：《泉州旧城铺境稽略》，泉州：泉州鲤城地方志编委会、泉州道教文化研究会1990年印行，第1—2页。

〔29〕"祝文"如下：维某年某月某日，泉州府惠安县某乡某里某某人等，谨致祭于五土之神、五谷之神，曰：惟神参赞造化，发育万物，凡我庶民，悉赖生植。时维仲春，东作方兴。谨具牲醴，恭伸祈告。伏愿雨畅时若，五谷丰登，官赋足供，民食充裕。神其鉴知，尚享。

〔30〕"祭文"如下：惠安县某乡某里，里长某，承本县官裁旨，该钦奉皇帝圣旨："普天之下，后土之上，无不有人，无不有鬼神。人鬼之道，幽明虽殊，其理则一。故天下之广，兆民之众，必立君以主之，君总其大。又设官分职于府州县，以各长之。各府州县，又于每一百户内，设一里长以纲领之。上下之职，纲纪不紊，此治人之法如此。天子祭天地神祇及山川，王国、各府、州、县祭境内山川祀典神祇；昔为生民，未知何故而没：其间有遭兵刃而横伤者；有死于水火盗贼者；有死后无子孙者。此等鬼魂，或终于前代；或没于近世；或兵戈扰攘。流移于他乡；或人烟断绝，久缺其祭祀；姓名泯没于一时，祀典无闻而不载。此等孤魂，死无所依，精魄未散，结为阴灵。或倚草附木，或作为妖怪，悲号于星月之下，呻吟于风雨之时，凡遇人间节令，心思阳世。魂杳杳以无归，身坠沉沦，意悬悬而望祭。兴言及此，怜其惨凄，故敕天下有司，依时享祭。在京都有泰厉之祭，在各府州有郡厉之祭，在各县有邑厉之祭，在一里双各有乡厉之祭。期于神依人而血食，人敬神而知礼。仍命本处

城隍,以主此祭。"钦奉如此,今某等不敢有违,谨设坛于本里,以三月清明日、七月十五日、十月一日率领某人等百家,联络于此,置备羹饭肴物,祭于本里。无祀鬼神等众,灵其不昧,依期来享!凡我一里之中,百家之内,倘有忤逆不孝,不敬六亲者;有奸盗诈伪,不畏公法者;有拗典作直,欺压良善者;有躲避差徭,靠损贫户者。似此顽恶奸邪不良之徒,神必报于城隍,发露其事,使遭官府。轻则笞决杖断,不得号为良民;重则徒流绞斩,不得生还乡里。若事未发露,必遭阴谴,使举家并染瘟疫,六畜田蚕不利。如有孝顺父母,和睦亲族,畏惧官府,遵守礼法,不作非为,良善正直之人,神必达之城隍,阴加护佑,使其家道安和,农事顺序,父母妻子,保守乡里。如此,则鬼神有鉴察之明,我民无谄谀之祭。灵其无私,永垂昭格。尚享!

另,"祭告城隍文"如下:惠安县某乡某里,里长某,率领人民某等,联名谨具状,告于本县城隍之神。今来某等,承奉县官裁旨,遵依上司所行。为祭祀本乡无祀鬼神事,钦奉皇帝圣旨:"普天之下,后土之上,无不有人,无不有鬼神。人鬼之道,幽明虽殊,其理则一。今国家治民事神,已有定制,尚念冥冥之中,有等不在祀典之神,不得血食之鬼,魂无所依,私显灵怪,悲号于星月之下,呻吟于风雨之时,怜其惨凄,故敕天下有司,依时享祭。乡村里社,一年三祭,仍命礼请本处城隍,以主此祭,镇控坛场,鉴察诸鬼等类。其中果有生为良善,误遭刑祸,死于无辜者,神必达于所司,使之还生中国,来享太平之福。如有生为凶恶,身死刑宪,虽获善终,出于侥幸者,神必屏之四裔。善恶之报,神必无私。"钦奉如此,今某等不敢有违。钦依于某年某月某日就本里设坛,谨备羹饭肴物,祭享于本乡无祀鬼神等众。然幽明异境,人力难为,必资神力,庶得感通。今特虔诚告于神,先期分遣诸将,遍历所在,招集本里鬼灵等众,至日悉赴坛所受祭。神当钦承敕命,镇控坛场,鉴察善恶,无私昭报。为此谨具,状告本县城隍之神,俯垂昭鉴!谨状。

[31] 陈垂成、林胜利:《泉州旧城铺境稽略》。

5．正统的空间扩张

〔1〕钱穆：《国史大纲》（下卷），北京：商务印书馆1996年版，第663—703页。

〔2〕诚然，这里所谓的"普遍性知识"与西方工业化以后成长起来的、以市民大学和学校为传播途径的那种"universal knowledge"有很大差异，因为宋明理学传播的那种知识，并不是西方意义上的全球性"科学"，而是局限于中华帝国的人文学；其传播途径也不是西方式的学校，而是为科举服务的一套受业体制。关于西方"universal knowledge"与工业化的关系，见 Ernest Gellner, *Nations and Nationalism*, Oxford: Blackwell, 1983。

〔3〕庄为玑：《晋江新志》上卷，泉州：泉州志编纂委员会办公室1985年印行，第264页。

〔4〕同上书，第265页。

〔5〕钱穆：《国史大纲》（下卷），第795—796页。

〔6〕同上书，第810—812页。

〔7〕高令印、陈其芳：《福建朱子学》，福州：福建人民出版社1986年版。

〔8〕何乃川：《学事、侯批、重游——从诗作看朱熹在泉州》，《泉州文史》，1983年第8期。

〔9〕郑芝龙于万历三十二年（1604年）生于泉州沿海的安海地方，为福建著名海盗性海商，与葡萄牙、西班牙、荷兰的海盗、商人周旋，在一个自主的海上空间里拓展对外贸易，并从中获利，而能组织私家军队。南明隆武时期（1645—1646年），服务于明朝残余势力，清初为朝廷招降。其后郑成功继承父业，将荷兰人逐出台湾，在海上建立了自己的势力，最后于1683年在清朝的重大军事打击下彻底失败。郑氏集团，可以说是明清期间试图延续宋元泉州商业主义精神的一个史诗式个案。

〔10〕伊斯兰教之所以会出现儒化倾向，除了受儒学思想的吸纳性冲击和伊斯兰教内部知识分子的分化此二种因素影响之外，更重要的还与明清时期的种族偏见有关。到明后期，大部分伊斯兰教徒已经十分恐惧被与"色

目人"相联系。据《荣山李氏族谱》载,宣德初年李氏回族人士,谴责其先辈李驾"从妻为色目人","迷于色目之俗而不能悟,不祖其祖,不行其行,而行夷狄之行,俾其子孙而为夷"。

〔11〕吴幼雄:《泉州宗教文化》,厦门:鹭江出版社1993年版,第228—234页。

〔12〕郑振满:《明清时期福建家族组织与社会变迁》,长沙:湖南教育出版社1992年版。

〔13〕Wang Gungwu, *China and the Chinese Overseas*, Singapore: Times Academic Press, 1991, pp.125-127.

〔14〕Ibid., p.127.

〔15〕陈允敦:《泉州古城踏勘》,庄为玑:《泉州历代城址的探索》,均刊于《泉州文史》,1980年第2—3期合刊。

〔16〕"分野"作为预测的一个综合体系,把地界之区与周天之度及月宿联系在一起。

〔17〕凌纯声:《北平的封禅文化》,《"中央研究院"民族学研究所集刊》,1963年(第16卷)第1期。

〔18〕Stephan Feuchtwang, *The Imperial Metaphor: Popular Religion in China*, London: Routledge, 1991.

〔19〕对四河与五岳的崇拜似乎相当古老,《周礼》之《春官宗伯》已提到"五岳"及对山、林、河、池的崇拜;把四河与五岳作为中国的圣地相提并论的记载始见于《礼记》。

〔20〕有关这一地名的传说反映了这个湖的功能。东湖在当地又被称为"万婆湖",也就是说,这位"万婆"女仙"生能疗病,殁能为国捍忠",唐代她打败了一支造反武装的入侵(黄巢),明代她又以狰狞面目吓退了日本侵略者。湖以此仙命名是为了尊崇她"有求必应"的伟大超自然力以及对这座城市所做出的贡献。

〔21〕沟渠上建有二十四座桥,并被官方命以有特定含义的桥名,如"兵马

桥"、"天王桥"、"广孝桥"、"文成桥"等等。这些桥名象征性地代表着当时的帝国所倡导的价值观——包括尚武精神、人文思想、孝道和仪式。

〔22〕这些神即通常所说的"五方值神",他们是(以东、西、南、北、中为序):天齐王、金天王、司天王、安天王和中天王,以代表作为一个整体的皇权王朝。在泉州,"五方值神"以两位当地英雄人物(黄飞虎、陈洪进)、两位道教神(玄天上帝)和一位帝国神(中天王)来命名。

〔23〕这四座皇权寺庙的方位分布被民间宗教寺庙的三个组成部分重申:(1) 东、西、南三面的三大佛寺及东北面的一座道观, (2) 四隅中每隅两座的八大道庙,以及 (3) 三十六铺境中的 4×9×2 = 72 座区域寺庙。

〔24〕出于社会控制的需要,铺境系统结合了街区控制点与会所组织的功能,每个区都有制定"乡约"的"约所"、社稷神祠以及本区人口记录(册)。铺境与地方政府的关系是垂直的,换言之,一个区通过其上层单位"约"把国家的仪式与秩序模式注入当地街区;另一方面,它也向政府传递当地约所的信息。

〔25〕清代起,铺境会所转变为普通的区域性寺庙,并成为颠覆活动的仪式手段,然而它们的空间与仪式象征似乎与上文中已分析过的官方宇宙图像、世界观及地形规划保持一致。由区域性寺庙所标识的象征性空间即为"封域"或具体地说"街区",其外的空间则可大致想象为"星野",寺庙本身则类似于官府或"地",供奉之神依四隅而置:北面是一套供奉地方主神的祠,东西两面是各"部"之所在(这些"部"通常被称为"班头爷"),南门附近是安置鬼的小空间,寺庙中央为"天井",不被屋顶遮盖而是朝天敞开。

〔26〕Joseph Needham, *The Shorter Science and Civilisation in China*, abridged by C. A. Ronan, Cambridge: Cambridge University Press, 1981.

〔27〕Pierre Bourdieu, *Outline of a Theory of Practice*, Cambridge: Cambridge University Press, 1979.

〔28〕牌位有:皇清赐侍卫出身提督浙江全省水陆军务等处地方总兵官兼署福

建水师军务统辖澎台水师总兵官在粤洋追逆被破伤亡追封三等壮烈伯爵承袭十六次候袭次完时给予恩骑尉世袭罔替赐谥忠毅李长庚神牌，福建闽安协溺故副将庄锡舍，原任湖北来凤县阵亡知县庄仍兰，台湾镇标右营被害守备林国陆，福建烽火门溺故把总张瑞章，福建海坛镇标右营溺故外委林允得，拿获洋盗张阿四等审拟治罪烽火营伤故乡勇二名庄唱、庄卓，缉捕洋盗拒捕淹毙海坛右营守兵一名许世明，台湾镇标右营步战兵一人钟正魁，攻捕艇匪毙官兵谢得明案内烽火营步战兵一人蔡入，出洋缉匪船只失火落水淹毙烽火营步战兵一人陈荣华，浙江剿捕船匪坏船淹毙金门左营步战兵一人吴汉，台匪陈锡宗案内北路左营步战兵三人丁得龙、黄士升、郑有高，守兵一人蔡日升，出洋捕盗中炮着火船只沉溺水师提标左营步战兵一人陈瑞金，出洋追捕艇匪被盗冲破船只台湾左营守兵一人林廷贵，台匪陈周全滋事案内阵亡台湾水师协标左营守兵一人蓝光建，出洋捕盗中炮着火船只沉溺水师提标左营额外外委一名洪廷魁，步战兵十八人黄天、杨禄、谢国荣、郑顺光、蔡捷生、尤得春、陈再兴、柯贵凤、施朝生、蔡捷、程国彩、曾光辉、朱成、施日生、张钦达、叶连生、洪水生、庄日生，守兵九人鲍春凤、孙宗贤、许得福、吴进成、任国安、王得荣、庄世生、邱一生、施振胜，水师提标前营步战兵二人陈九老、杨捷顺，守兵三人黄进生、曾得贵、张飞凤，台湾班兵内渡在洋遇匪围劫案内水师提标右营被害步战兵二人洪逸、林勇老，守兵十二人王国忠、王得春、李再福、吴捷成、钟元宝、林再兴、庄天凤、赵孟辉、黄水生、陈来成、陈得春、尤泗满，追捕盗匪抵御不住跳海淹毙台湾水师协桔左营步战兵一人吴福生，缉捕洋盗吴兴信等被害案内水师提标右营步战兵一人许和光，擒拿洋匪徐数等落海淹毙水师提标中营步战兵一人纪金凤，缉捕台匪廖挂案内台湾北路左营步战兵一人孙元章，缉捕洋盗林乌案内金门左营守后人一人许，出洋缉匪遭风淹毙案内海坛镇标右营步战兵一人吴岱升，拿获洋盗张阿四等审拟治罪案内金门镇标右营步战兵三人王升、陈元、方得，兵二人蔡连桂、曾坚，拿获盗匪被炮伤毙案内金门左营步战兵一人张河清，水师提标右营步战兵二人王捷生、孙海，水师提标前营步战兵一人许和成，出洋缉匪船只失火落水淹毙案内闽县营步战兵一人李虎，闽安右营步战兵一人陈得成，浙洋追捕艇匪坏船淹毙案内金门左营步战兵十四人郑国祥、江注老、李中和、黄海生、吴永禄、王得胜、黄光生、杨国静、杨国、曾国兴、陈元、林清良、杨志良、许春光，守兵二十八人杨云静、欧荣、钱国宝、林长春、杨楚生、张元意、王志福、翁玉成、黄元成、洪得辉、郑得泰、许清辉、郭朝宗、林国和、董元荣、叶志德、吴得成、刘金春、金志威、张荣得、李日生、刘法生、林廷英、卢得生、卢登魁、翁江水、许得安、蔡保生，金门右营步战兵一人黄镇生，守兵五人黄兴旺、纪鹏飞、庄成、黄禄、徐金春，缉捕洋盗黄胜长案内金门左营步战兵二人许兴、林廷金，出洋追捕船匪被盗冲破船只案内台湾澎湖水师协标右营步战兵十九人陈有才、蔡攀、陈东来、林妈生、陈得良、董志诚、卓天赐、辜志得、林成章、郭大江、林吉、施启、林飞虎、王国彩、洪聪、林光彩、周全彬、张奇生、黄严山，擒捕盗匪陈标等案内金门右营落水淹毙守兵一人郑成宗，台湾北路淡水营阵亡守兵一人王恩。

[29] Marcel Granet, *Songs and Festivals of Ancient China*, London: Routledge, 1932.

[30] 因从东郊迎入城便抵府署，游程甚短，于是改到迎春门外，因该门也是东向，好让游行队伍行经涂门街、南大街及东大街，这三段都是闹市，然后返抵府内，这三段大街可让市民观看队伍。

[31] 陈允敦：《泉州迎春盛况回忆》，《泉州鲤城文史资料》，1987年第2辑，第117—222页。引用时，标点有所更动。

[32] 到清末，"迎春"仪式已经世俗化，俗传"抓得春牛土，涂灶者有福"，又云"石掷春牛而中者必有吉利"。于是，在迎春游行时，民众（多青壮年）沿途争抓春牛土并向牛掷石子。

6. 风水传说的真相

[1] 吴藻汀:《泉州民间传说》(第2集),泉州:泉州志编委会1985年重印(1940年原版),第1—5页。

[2] 谢方(《16—17世纪的中国海盗与海上丝路略论》,《中国与海上丝绸之路》,福州:福建人民出版社1991年版,第46—55页)认为,明清时期中国的沿海私商全面具有"亦盗亦商"的特点,而在明嘉靖十九年至隆庆初(1540—1567年)间形成第一次海盗高潮,隆庆至万历末年(1570—1619年),海盗发展进入低潮,而到天启至崇祯(1621—1644年),海盗发展又进入第二个高潮。他还指出,当明朝开放私商贸易时,海盗的数量即下降,大量人口转入私商;而当海禁严厉时,海盗数量即大幅度上升。从这个观点看,泉州所谓"私商"与"海盗"之间的差别,只不过是名义上的,他们可以随朝廷政策的变化而改头换面。

[3] 陈尚胜:《"怀夷"与"抑商":明代海洋力量兴衰研究》,济南:山东大学出版社1997年版,第123—127页。

[4] 谢方:《16—17世纪的中国海盗与海上丝路略论》,《中国与海上丝绸之路》,第46—55页。关于17世纪以后华南海盗的状况,见美国穆黛安(Dian. H. Murray)所著《华南海盗》(*Pirates of the South China Coast: 1790-1810*, Stanford: Stanford University Press,1987)。

[5] 《石井本郑氏宗族谱》云:"我郑自唐光启间入闽,或于三山,于莆漳,于湖,是不一处,独我五郎公隐石兴。二三懿亲,若许若伍者,茑萝相附,意味投合,遂与杨子山下石井家焉。"(转见庄为玑、王连茂:《闽台关系族谱资料选编》,福州:福建人民出版社1984年版,第397页)

[6] 关于郑芝龙的事迹,《石井本郑氏宗族谱》云:"郑芝龙,小名一官,字曰甲,号飞黄。崇祯间以军功授前军督,收刘香,改袭锦衣卫副千户,旋漳州等处总兵官。十二年……弘光封南安伯,隆武封平西侯,后进太师平国公。投诚封同安侯……子孙散处京都汉军旗下,以名为姓者众。"(转见庄

为玑、王连茂:《闽台关系族谱资料选编》,第 397 页)

〔7〕在郑芝龙降清的过程中,泉州南安籍人洪承畴(1593—1665 年)起了很大的作用。洪曾任明朝蓟辽总督,后降清。顺治元年(1644 年)受命招抚江南各省,顺治三年(1647 年)进入福建,奏请招抚郑芝龙集团,时郑任南明高官。洪主张许郑芝龙以王爵,任其为闽粤总督,支持他继续从事海外贸易,郑芝龙为利益所动,遂归降于清。

〔8〕此前郑成功的势力已经发展成为一个蔚为海上王国的地步。因此,郑成功的"藩府"甚至扮演了保护百姓的角色。

〔9〕傅衣凌:《傅衣凌治史五十年文编》,厦门:厦门大学出版社 1989 年版,第 229—230 页。

〔10〕转见庄为玑、王连茂:《闽台关系族谱资料选编》,第 397 页。

〔11〕傅吾康(Wolfgang Franke):《中文碑铭所反映的 1254—1800 年中国与东南亚的海外交往》,《中国与海上丝绸之路》,福州:福建人民出版社 1991 年版,第 308—322 页。

〔12〕道光版《晋江县志》卷十五云:"明末万历三十一年(1603 年),是年泉漳人贩吕宋者数万人,为所杀无遗。"

〔13〕值得强调的是,尽管郑芝龙以后,泉州移民大量前往台湾,但继续往吕宋等东南亚地区去的人,数量也不在少数。直到光绪年间,在吕宋的华侨人数还很多。《清史稿》云:"日斯巴尼亚,一名西班牙,即大吕宋也。明嘉靖初,据南洋之蛮里剌,是为小吕宋……(光绪)六年(1880 年),小吕宋华民请设领事,不果。"(光绪)十三年(1887),置小吕宋总领事。"

〔14〕陈孔立:《清代台湾移民社会研究》,厦门:厦门大学出版社 1990 年版,第 81—126 页。

〔15〕驻闽海军军事编纂室:《福建海防史》,厦门:厦门大学出版社 1990 年版,第 45—198 页。

〔16〕庄为玑、王连茂所著之《闽台关系族谱资料选编》,以翔实的资料展示了明末清初泉州移民运动的具体历程。

〔17〕王赓武认为，中国海外移民有三种模式。第一种是"华商模式"（the trader pattern），即为贸易而行的移民，大多发生于19世纪以前。第二种模式是"华工模式"（the coolie pattern），即城乡贫民的"劳务输出"，大多发生于19世纪以后。第三种模式是"华侨模式"（the sojourner pattern），这是一种含括上两种模式的概念，具有特定的意识形态含义，也与国家、法权、公民权的观念密切相关，出现于19世纪末。实际上，无论如何界定、如何分类，海外移民（emigration）的内容总是十分复杂的，而19世纪以前"华商模式"也不完全是唯一的形态。本章的讨论足以证明，元、明、清三代海外移民首先是以商贸目的为核心，到明清时期转入海盗、贸易和农业开垦并举的模式，而清代迁台移民则兼具垦屯、守卫、潜逃的特征。至于"华工模式"，大致与广东19世纪期间"猪仔"的奴隶式贸易有密切关系。与此同时，我们还务必注意到，第三种模式最有说明性意义，它指出海外移民的身份是随国家体制与国际关系而变化的。例如，迁台的移民在国内史学界，一般列于"移民"项目之范畴论述，与"华侨史"的论述形成一定的界限。然而，在历史上，迁台的移民却与其他的海外移民具有很多类似之处。之所以把迁台移民与华侨相区别，是因为清朝消除郑成功海上势力之后已经把台湾彻底列入统一的中国版图之内，从而使台湾移民问题成为海疆之内的问题。见 Wang Gungwu, *China and the Chinese Ovreseas*, Singapore: Times Academic Press, 1991, pp.3-11。

7．民间仪式的秩序

〔1〕黄仁宇：《中国大历史》，北京：生活·读书·新知三联书店1997年版，第177—214页。

〔2〕钱穆：《国史大纲》（下卷），北京：商务印书馆1996年版，第798页。

〔3〕同上书，第795—798页。

〔4〕James Watson, "Standardizing the Gods", in *Popular Culture in Late Imperial*

China, David Johnson et al. eds., Berkeley: The University of California Press, 1985, pp.292-324.

〔5〕Kenneth Dean, *Taoism and Popular Cults in Southeast China*, Princeton: Princeton University Press, 1993, p.77.

〔6〕在泉州，祠庙的制度早在宋代就已存在。宋朝时期泉州太守真德秀就曾设祀奉已故泉州知府仉思，被祀奉的仉思在任期间对地方公益事业贡献巨大，有口皆碑。真德秀言：仉思祠之设，是为了使人"自悟"。这可能开了泉州官方设祠之先河。然而，南宋时期，仉思的崇拜却已经变为民间膜拜的偶像，失去了本意（乾隆版《泉州府志》卷十三）。这个案例充分说明，官方设祠所可能付出的代价，正是民间对所设崇拜的改造。

〔7〕作者据乾隆版《泉州府志》卷五统计。

〔8〕宗法的本意是宗祧继承法，后来被引申为家族组织法。"宗"为近祖之庙，"祧"为远祖之庙。故宗族的本来制度，是以宗祧为主线的父系（patrilinear）血缘继嗣制度，而并不具备一般意义上的继嗣群体（descent groups）的特点。更重要的是，宗法在起源上与早期中华帝国（尤其是先秦时期）的继承权制度密切相关，而对于贵族阶层而言，则属于财产的继承法。

〔9〕吴幼雄：《泉州宗教文化》，厦门：鹭江出版社1993年版，第9—90、103—176页。

〔10〕陈支平主编：《福建宗教史》，福州：福建教育出版社1996年版，第462—470页。

〔11〕陈垂成、林胜利：《泉州旧城铺境稽略》，泉州：泉州鲤城区地方志编委会、泉州道教文化研究会1990年印行，第53—96页。

〔12〕明代泉州著名理学名臣蔡清早就注意到宗族势力的发展。在《答应路陈民情书》中，他向政府建议，在桥梁、道路等公益事业的建设中，应利用地方宗族势力的财力，"令有司督谕地方大姓，或照里分，相地势所便，以次分治之"。蔡清活跃于15世纪后期至16世纪初期，可见在明中叶，地方大姓已经十分发达，而政府出于财力的不足，试图利用他们的

力量。类似的政府与社会关系,可能是当时宗族发展的前提条件。参见乾隆版《安溪县志》卷十二之"艺文"。

〔13〕Arthur Wolf, "Introduction" to *Religion and Ritual in Chinese Society*, Arthur Wolf ed., Stanford: Stanford University Press, 1974, pp.1-18.

〔14〕李亦园:《文化的图像》,台湾:允晨文化实业股份有限公司1992年版,第179—192页。

〔15〕朱天顺:《中国古代宗教初探》,上海:上海人民出版社1982年版,第7—60、181—214页。

〔16〕引文中的序号为笔者所加。

〔17〕Victor Turner, *The Ritual Process*, Chicago: The University of Chicago Press, 1966.

〔18〕清乾隆版《泉州府志》把盂兰会基本上当成以家户为单位的祀鬼仪式。而事实上,明清泉州的中元节具有很强的地缘性社区含义。

参见陈德商:《温陵岁时记》,《泉州旧风俗资料汇编》,泉州:泉州市民政局、泉州地方志编委会1985年重印,第84—96页)。

这个描述更为符合当时的情况。

〔19〕傅金星:《泉山采璞》,泉州:泉州地方志编委会1992年印行,第149—155页。

〔20〕陈垂成、林胜利:《泉州旧城铺境稽略》,第32—52页。

〔21〕本数据不包括情况不甚清楚的城厢其他附廓境份:涂门城口的新溪下铺津头埔境。北门城口的棠阴铺普明境。南廊外延的新溪铺后山社、御殿社(今新街造船厂一带)、乌洲社的后田境、沟后境。后山社及两境皆与聚宝街毗邻。东廊南延的东源铺水漈、湖心、斗埔三境。新门廊外延的浮桥附近,西桥铺龙济境(浮桥街)、和光境(浮桥轧角街)、福田铺霞洲境(浮桥街东南侧)。

〔22〕铺因行春门楼得名。

〔23〕因铺境内有许多大官的府第,如南安伯郑芝龙、文襄公洪承畴、靖海侯

〔　〕施琅等一班衮绣裳（官服）人物而得名。

〔24〕因升文山之锦绣而得名。

〔25〕境内因有宋朝状元曾从龙出生地之井而得名。

〔26〕因铺境奉祀"关圣夫子"得名。

〔27〕铺境内有五代留从效冶铁处而得"铁炉"之名。本铺各境都在龙头山周围，古称升文山，是东接象峰山的岗陵地带。

〔28〕铺境因内有宋代三朝元老留正故宅，故名。

〔29〕境内因有节孝祠而得名。

〔30〕下辖乌墩、忠堡、白水营等境，此外还有段家湖、沙尾下等乡村，因离城较远，故从略。本铺又称乌墩铺。

〔31〕下辖义全一境。境内有"溪"（王爷池、溪亭池、关刀池等数池有沟通连），温王宫东边的池中有亭，因而得名。

〔32〕因境内有儒、道、释三教寺庙，故名。

〔33〕因铺内有花桥真庙保生大帝善济众生而得名。

〔34〕因北宋泉州孔庙州学一度在育才坊培育英才而得名。

〔35〕因铺内有真君宫奉祀保生大帝，以其神吴真人慈济众生而得名。

〔36〕因境内有府后山迤西的云山（今第二医院）岗阜得名。

〔37〕下辖仁风、东禅、岳口等境。本文只叙近城的三境，其余从略。因铺境贯穿古泉州陆上交通大道"驿路"而得名。

〔38〕相公爷即"田都元帅"，又称三相公。据《泉州府志》卷十六载："田帅祠在南安县北坑口长寿福地，祀唐镇帅田某。《闽书抄》：神名失传，钱塘人，统兵剿寇于武荣（南安）桃林（永春）间。因镇抚其地，卒葬罗溪山，甚著灵响，民藉其庇，立庙祀之。后赐庙额昭惠。"泉州府各县，塑像分灵甚多。

〔39〕在泉州民间，铺境的祀神一直被称为"铺主"或"境主"，意思是，这些神明是他们生活的社区的主人。"主"的本意来自里社中的"社主"（只是一块石头），它的延伸意义却为"一铺之主"或"一境之主"。

〔40〕关于这个演变过程,近年发现的《重修溪亭约所碑记》〔道光七年(1827年)制〕提供了一个典型的例证。见陈健鹰:《读碑三题》,《闽台民俗》,1992年,创刊号。

〔41〕而在明代洪通判祠建立以前,铁炉庙原在龙头山,宋嘉泰年间(1201—1204年)郡人状元庙坐东曾从龙重建,初祀应魁圣王。

〔42〕陈垂成、林胜利:《泉州旧城铺境稽略》,第98—101页。

〔43〕陈德商:《温陵岁时记》,《泉州旧风俗资料汇编》,第84—96页。

〔44〕平时还有临时择定日子"犒阴将""犒阴兵"的活动。据传说,明代惠安洛阳、泉州官头驻兵(编制第十班),为抵抗倭寇,全班战死,后葬在一处,被称为"十班公"。在泉州一带,也有所谓"万阴公"的说法,这些阴魂也是蒙受战祸死亡的无主尸骨的集体坟冢,人们经常祭祀他们。这也属于"普度""犒将"之类。明代倭寇频频侵扰泉州一带沿海,倭寇大量被歼于此。沿海居民蒙受其害甚为惨烈,老百姓是以在海边举行"水普"。还有一种所谓"私普",即某姓沿袭祖先的规定,在某一天该姓聚居点搞"私普"(如西门阮姓于七月廿三日"私普"),当地其他姓的居民不参与。据说,明末清初日本僧众曾特地到泉州沿海超度"倭魂"。以上这些,使泉州一带"普度""犒将"活动愈演愈烈,范围不断扩大。

〔45〕吴藻汀:《泉州东西佛》,《泉州旧风俗资料汇编》,第165—171页。

〔46〕柯建瑞:《泉州"普度"风俗谈》,《泉州旧风俗资料汇编》,第143—150页。

〔47〕在中国东南沿海地区,械斗长期存在。因此,"东西佛"的械斗绝对不是泉州当地孤立的社会现象,而可能更深远地影响着中国社会的政治动态。甚至到了20世纪,械斗还以各种名目频繁出现。

〔48〕吴藻汀:《泉州东西佛》,《泉州旧风俗资料汇编》,第165—171页。

〔49〕傅金星:《泉山采璞》,第149—155页。

〔50〕刘氏系山东安邱人,字庄年,庚辰科会魁。1840年鸦片战争期间积极协

助闽浙总督邓廷桢查禁鸦片。英军进犯厦门，与福建水师提督陈阶平招募乡勇、水勇抵抗，打败英军两次进犯。1841年又协助新任闽浙总督颜伯焘执行水陆兼备主张，引进外国新式造船和铸炮技术。

〔51〕吴增：《泉俗激刺篇》，《泉州旧风俗资料汇编》，第97—125页。

〔52〕宫旁设有制作王船的作坊，每逢灾患之年，均举办大型醮会，按例送王船。王船仿民船体型，又称"彩船"，载重在10吨以上，船上设有神坛，置奉神明，配有大牌、凉伞、兵器、乐队和各种生活用品、药材，以及活公羊、公鸡，装饰威严。据传，富美宫历年送出的王船达百艘。因泉台仅一衣带水之隔，这些王船大多漂抵台湾沿海，被当地村民恭迎前去奉祀。因此，富美宫便成为闽台王爷信仰的发祥地之一。它所组织的"送王船"活动，不仅吸引了泉州地区其他王爷庙的参与，而且也吸引了来自台湾乡村庙宇的参与，可谓一个民间自发的祭祀中心。

〔53〕曾焕智、傅金星：《泉州通淮关岳庙志》，泉州：作者1986年印行，第63—70页。

〔54〕据明何乔远所著《闽书》卷三十八载："（漳州）地近于泉，其心好交合，与泉人通，虽至俳优之戏必使操'泉音'，一韵不谐，若以为楚语。"

〔55〕高甲戏也吸收了不少提线木偶的表演动作，俗称"傀儡打"。

〔56〕清道光年间（1821—1840年），在南安岭兜村的"宋江戏"艺人与漳州的竹马戏艺人及归侨合办了"合兴班"，时称"合兴"。"合兴班"突破了专演宋江故事的局限，多演半文半武的剧目，如《困河东》《斩黄袍》《郭子仪拜寿》等，此外也吸收一部分弋阳腔、昆腔、徽班的剧目，如《狸猫换太子》《逼官》等。高甲戏的小戏多来自竹马戏和梨园戏，如《管府送》《番婆弄》《庆堂弄》《妗婆打》《唐二别》等。随后还演出不少家庭题材的"绣房戏"，如《杏元思钗》《杨国显失金印》《孟姜女哭长城》《秦雪梅思君》和公案戏《包公审黄菜叶》《高奎假王球》等。"合兴班"的音乐曲牌大量采用南音，同时也吸收闽南民间的锦歌和傀儡调，表演则吸收梨园戏的"七步颠""舢舨行""相公爷摸"以及傀儡戏"跑马"

等程式。

〔57〕 Barbara Ward, "Regional Operas and Their Audiences", in *Popular Culture in Late Imperial and Modern China*, David Johnson et al. eds., Berkeley: University of California Press, 1985, pp.186-187.

〔58〕 汤志钧：《近代经学与政治》，北京：中华书局1989年版，第37—85页。

8．近代文化的浪击

〔1〕 关于此事件的记述，见 George Staunton, *An Authentic Account of An Embassy from the King of Great Britain to the Emperor of China*, Philadelphia: John Bioren, 1799；萨林斯的评论见 Marshall Sahlins, "Cosmologies of Capitalism: The Trans-Pacific Sector of the 'World System'", *Proceedings of the British Academy*, Vol.74, No.1, 1988。

〔2〕 关于西方在华传教策略的变化，见顾卫民：《基督教与近代中国社会》，上海：上海人民出版社1996年版。

〔3〕 林金水：《艾儒略在泉州的交游与传教活动》，《海交史研究》，1994年第1期。

〔4〕 Marshall Sahlins, "Cosmologies of Capitalism: The Trans-Pacific Sector of the 'World System'".

〔5〕 庄为玑：《晋江新志》（下卷），泉州：泉州地方志编委会1985年印行，第295—297页。

〔6〕 陈泗东、张家瑜：《鸦片战争前夕泉州的鸦片走私和1840年的抗英斗争》，《泉州文史》，1983年第8期。

〔7〕《清史稿》本纪十八之《宣宗本纪二》云："（道光二十年六月）丁丑，林则徐等奏：击毁载烟洋艇。庚辰，英船入浙洋，围定海城。""甲申，英人陷定海县。"又云："秋七月，英师犯福建厦港炮台，参将陈胜元等击却之。""甲辰，英船泊天津口外。""乙卯，英船至山海关等处。""（八月）丙子，英人复侵福建厦门，提督陈阶平击走之。""（九月）乙未，褫林则徐、邓廷桢职，

命赴广东候查问。"

〔8〕《王亚南文集》第 4 卷, 福州：福建教育出版社 1988 年版, 第 275 页。

〔9〕陈泗东、张家瑜：《鸦片战争前夕泉州的鸦片走私和 1840 年的抗英斗争》。

〔10〕Hsiao-Tung Fei, *China's Gentry: Essays in Rural-Urban Relations*, Chicago: The University of Chicago Press, 1953, pp.104-105.

〔11〕从 1820 年至 1843 年，英国输入棉纱，从 5000 磅增至 621 万磅，短短 23 年中，增加 1000 多倍。从 1830 年至 1845 年的 15 年中，输入棉布由 20 万码增到 1 亿 1 千万码，增加近 200 倍。

〔12〕而通商口岸的成立，为进一步的鸦片贸易打开绿灯，本身成为毒品贸易的集散地。当时泉州晋江县的张林村（今属磁灶乡），即为走私鸦片的大本营，石狮一带，烟毒问题也极为严峻。泉州鸦片内销之路，或由惠安、洛阳、陈三坝、晋江河市等地送至仙游，或由南安埔头、小罗溪等处送至永春、尤溪交界，再由大船载至其他地方销卖。建溪船户多为南安人，从事鸦片搬运贩卖者尤多。

〔13〕世界不同社会和区域之间的接触并非是 15 世纪之后才存在的。沃尔夫在法兰克和沃勒斯坦的理论基础上进一步指出，社会之间的相互关系远比传统人类学意识到的要广泛而普遍，因而我们不应把 15 世纪以后世界的一体化趋向归结为"殖民主义"或"资本主义世界体系"的独特发明。事实上，15 世纪之前，在世界的多数地方就已存在联系不同国家和部落的跨区域贸易、移民和战争。人类学学者常把与西方不同的社会称为"冷性社会"（cold societies），认为非西方社会处于不变、稳定的状态，不承认非西方的内在动力。这忽略了一个重要的事实，那就是：所有的人文类型均可以说是在相互之间接触过程中存在的。在欧洲殖民主义兴起之前，就存在中国的汉唐世界、中东的世界以及南亚、东南亚的世界。当时的区域间贸易体系和文化交往网络也相当广泛。不过，应该承认的是，欧洲对世界的"地理大发现"之后，的确造成了区域联系的大步伐发展，"地理大发现"之后产生的殖民主义增强了世界性商品贸易，

促使世界的交换成为西方主体的交换。因此，可以认为，沃勒斯坦所说的"世界体系"是西方资本主义取代其他生活方式和区域性生产—消费体系的结果。参见 A. G. Frank, *Capitalism and Underdevelopment in Latin America*, New York and London: Monthly Review Press, 1969; Immanuel Wallerstein, *The Capitalist World-Economy*, Cambridge: Cambridge University Press, 1979。

〔14〕教会问题最先起于中法《黄埔条约》。《清史稿》志一三七之《邦交志三》"法兰西"条云："道光二十五年（1845年）许之（法兰西）以开堂传教，仍限于海口，禁入内地。"鸦片战争后，中英于咸丰八年（1858年）订立《天津条约》五十六款，其中第八、十一、十二、十三款就规定教会的事情。如第八款云，耶稣教暨天主教原系为善之道，待人如己，自后凡有传教习学者，一体保护其安分无过，中国官方不得刻待禁阻；第十二款云，英国民人在各口并各地方，意欲租地盖屋，设立栈房、礼拜堂、医院、坟墓，均按民价照办，给平定议。英、法二国于太平天国起义中，乘机对清廷勒索，法国以广西杀马神甫事件为借口，发动"第二次鸦片战争"，战后订立《北京条约》，借此拓展教会在华的势力。

〔15〕王洪涛：《安海教案》，《泉州文史资料（1—10汇编）》，泉州：泉州鲤城区地方志编委会、泉州鲤城区政协委员会1994年印行，第579—582页。

〔16〕许子逸：《英帝国主义利用传教侵扰泉州》，《泉州文史资料（1—10汇编）》，第583—587页。

〔17〕据蔡序恩、陈朝卿《西医在泉州的传播与发展》(《泉州文史资料》，1982年第13辑)，光绪十七年（1891年），为方便女病人，又在裴巷开"惠世女医院"，白氏继续招收学生，有叶启元、苏天赐、蔡祝南等人。后来，叶开设纯昌堂，苏开设纯仁堂，蔡开设纯齐堂，他们又各传授学徒。以后，还有苏应南、陈振辰、陈伯清、黄廷辉、吴祝三、李九遗、陈清源等人，都自开诊所行医。为泉州较早的西医。惠世医院为扩大影响，

附设"高级护士职业学校",培养一批护士;女医院也收过学生,学习妇产科兼内科。

〔18〕陈朝卿:《英国长老公会在泉活动内幕》,《泉州文史资料(1—10汇编)》,第602—605页。

〔19〕钱穆:《国史大纲》(下卷),第890—891页。

〔20〕Bronislaw Malinowski, *The Dynamics of Culture Change*, Yale: Yale University Press, 1945, p.15.

〔21〕Ibid., pp.17-18.

〔22〕Ibid., p.26.

〔23〕刘如仲、苗学孟编:《台湾林爽文起义资料选编》,福州:福建人民出版社1984年版。

〔24〕David Ownby, *Brotherhoods and Secret Societies in Early and Mid-Qing China*, Stanford: Stanford University Press, 1996.

〔25〕然而,务必指出,在历史背景上,清末民间秘密社团的蔓延,与当时帝国主义势力对清朝国内文化格局的冲击也有着密切关系。

〔26〕在泉州一带,民间秘密社团在林爽文起义之前一个多世纪,早已在明清改朝换代过程中涌现过,雍正年间,官方文书出现了"闻香教""白莲教""天地会"等名号。其中,"天地会"在明末清初有六个头领,居住在惠岭的龙州县,他们每人都有一个绰号,如洪济海叫"兴义",黄其清叫"海山",周元叫"大刀",沈利章叫"小刀",苏元勋叫"柄檐",郑芝龙叫"童子"。后来,这些团体散布在中国各地和南洋群岛,他们有暗语,有誓言,在地方社会中影响力很大。鸦片战争后,这些秘密社团形成了既反清又反洋的社会力量,在闽、粤一带迅速扩张。

〔27〕秘密社团的会党起义,原因有二:其一是官逼民反。当时,视察闽省官吏王懿德的奏疏(《王靖毅公年谱》卷上《体察闽省情形疏》),对此有一定的说明。据这篇奏疏,当时泉州地区由于洋货输入,使"银贵钱贱",而农民交纳赋税,却要卖米纳银,纳的银两又贵,无形之中,等于加赋

一倍以上，农民"交完地丁一两，需钱三千数百文"，农民叫苦连天，纳粮的收据，官吏也要敲诈。而与此同时，"兴、泉、漳、永各属，串票每张需钱四十八文，粮柜又不肯按照（各户）完纳总数制一总串，必零星碎制一二张至数十百张不等，只图多得钱文，不顾吾民困苦"。绝大多数农民所受的剥削负担，单纳粮一项，有福建两银价值的变化，从一两一千二文升为一两三千多文，银价无形之中增加几倍。鸦片战争以后，《南京条约》规定十三款，其中要赔偿鸦片烟价及军费银二千一百万两，并开放五口，而进出口的关税，必须与英国共同议定。这些经济上的损失，都由乡民负担。恰如当时曾国藩所承认的，"吏役四出，昼夜追比，鞭扑满堂，血肉狼藉"（《曾文正公全集》卷一奏稿）。在"官逼民反"的情景下，当时的福建会党便贴出告示说："天下贪官，甚于强盗；衙门污吏，何异虎狼……富贵者纵恶不究，贫穷者有冤莫伸。"

其二是民间对西方入侵势力的反抗。英国打开中国门户之后，列强随之而来，美、英、法、俄、日、德等国，先后发动过鸦片战争、英法联军、中法战争和八国联军等5次侵略战争。同时鸦片流行，变成公开销售商品，得以大批进口。当时福建沿海到处都停泊英国鸦片趸船，厦门每年要支出25万英镑，福州也要付出200万银圆。战后英国洋布输入，把漳州、同安的土布打垮，使农民失地、失业。海外殖民主义势力乘机把中国失地、失业农工诱骗出国，充当廉价劳动力。道光二十七年（1847年）厦门输出的华工，就达5万人之多（《清史稿·邦交志二》）。这种现实促使境内民众觉悟到生存威胁，意识到此一威胁不仅来自清廷，而且还来自"洋夷"。因此，无论是在国内受难的百姓，还是被贩运到海外的劳工，都有潜在的动力来利用秘密社团以保卫自己的生存空间。

〔28〕邵雍：《林俊起义述略》，《近代史研究》，1988年第2期。

〔29〕Richard Madsen, "The Public Sphere, Civil Society, and Moral Community: A Research Agenda for Contemporary China Studies", *Modern China*, Vol.19,

No. 2, 1993.

〔30〕光绪年间,晋江人龚显曾《亦园脞牍》卷二中,即有"陈颂南师"一节,云陈庆镛家在晋江城西门外七里,亦称其直谏闻天下,一疏三贵臣。"当今天下多故,农桑、盐铁、河工、海防、民风、士习,何一事不当讲求。"陈盛明《近代泉人墓志汇存》云:"光绪甲午(1894年),中日构衅,当局束手,割台湾与讲。二百余年聚首之区,一旦沦为戎索,伤已。于时正义之士,捐宅里,背邱垄,挈家而南,泉、漳二州之廛,辙轨满焉。蔡晓沧观察昆弟……侨偶于泉,且著籍焉。回首故乡,顿成异国;甲申法夷之变,全台纂严,太夫人复命其孙观察,输巨款济军糈。光绪十年,西人构衅,我师挫于马江,沿海兴办团练,闽当战冲,特以大臣莅其事。当局列思君名首荐,奏派会办漳、泉团练,越岁旨下如所请。时和议已定,民狃敬安。"

〔31〕Philip Kuhn, *Rebellion and Its Enemies in Late Imperial China*, Harvard: Harvard University Press, 1980.

〔32〕上海师范大学历史系中国近代史研究室、中国第一历史档案馆编辑部:《福建、上海小刀会档案史资料汇编》,福州:福建人民出版社1993年版,第11—12、48—206页。

〔33〕在皇朝教育制度影响下,泉州府中学堂曾有二项礼教活动,一为1904年的祝万寿(慈禧生辰),二为1908年的哭皇丧(慈禧逝世)。当时影响较大的是梁启超的《新民丛报》,风行一时。光绪三十一年(1905年),学生进行反对压迫华工的反美斗争,当时有人介绍孙中山在日本出版的《民报》《复报》,学校中有江先生(同盟会会员)传布革命思想,不久辞职而去。学校怕犯上作乱,忠君尊孔的教育思想逐步发展,自光绪二十八年至宣统三年(1902—1911年),二班毕业生共19人。1912年民国成立后,学校迁至旧考棚,校长派杨廷经接任。

〔34〕光绪七年(1881年),曾国藩主张要"船坚炮利",在安徽设内军械所。光绪十年(1884年),奕䜣称:"查治国之道,在于自强。而审时度势,

则自强以练兵为要，练兵又以利器为先。"在"洋务派"的推动下，朝廷派崇厚建"天津机器局"，为清廷办新式军事工业。光绪十二年（1886年），左宗棠在福州设船政局。三十多年中，建造了三十几只兵商船，耗费了白银1,400万两，但不久便在中法战争中被法国全部击沉。光绪九年（1883年），满洲贵族又在北京设立"神机营机器局"（工人达两三千人），而到光绪十六年（1890年）即因火灾而停顿。

〔35〕《泉俗激刺篇》刊于1908年，印数不多，流传甚少，今已绝版。全篇收诗歌46首，大抵可分为三类：（1）写政治黑暗的，有：《诬命案》《验尸费》《轿班》《买差》《慢押放》《卡蠹》《衙蠹》《主家》《无契税》《门签》《狱卒酷》《悬案》《官出门》《禁烟》等。（2）写社会问题的，有：《鸦片》《缠足》《赌》《酒》《械斗》《混掳人》《说演义》《戏剧》《阁旦》《流差》《鬻子》《首饰》《丧戏》《早婚》《医误人》《村塾》《论聘金》《大妆奁》《小彩票》《呆钱》《鼠疫》《洋客》《不种植》等。（3）写迷信恶习的，有：《风水》《神姐》《跳童》《盂兰会》《贡王》《烧纸》《佛讨药》《上香山》《多淫祠》等。

9．乱世亡灵的超度

〔1〕Marshall Sahlins, "Cosmologies of Capitalism: The Trans-Pacifi Sector of 'the World System'", in *Proceedings of the British Academy*, Vol.14, No.1, 1988.

〔2〕Philip Kuhn, *Soulstealers*, Harvard: Harvard University Press, 1990.

〔3〕关于甲午战争前后中外政局情况，石泉《甲午战争前后之晚清政局》（北京：生活·读书·新知三联书店1997年版）一书提供了富有洞见的分析。

〔4〕本章引及《泉州募劝承天万缘普度》（1896年手抄本）处，均不再注明出处及页码。

〔5〕Anthony Wallace, "Revitalization Movements", *American Anthropologist*, Vol.58, No.2, 1956.

〔6〕当被殖民化的人民进行反抗时，他们常会采取复振运动的形式。个别人类

学研究的案例发现，某些非西方民族为了分享殖民主义的物质文化成果会发动极端性文化接受运动。例如，在所罗门群岛一度出现船货崇拜（the Cargo Cult）。这种特殊形态的宗教信仰认为，有一天一个海浪打来，会把岛上所有村落淹没，接着有一艘装有大量新式物品和工具的船只会着陆。这个信仰表述的是所罗门群岛的土著民族对于西方物品的接受态度，反映了文化变迁过程中被殖民者的文化危机感。有些族群也可能试图复兴长期以来被压在社会下层，并有着自己特殊的亚文化意识的受压迫集团，它们的组织理念在于信仰一个遥远的未来幸福世界，因而被称为"千年福理想"（millenarianism）。在中国与西方直接接触的早期，这两种形式的文化反映都不存在，而更经常存在对外来文化的极端抵制。不过，后来的太平天国有些类似于"千年福理想"，而20世纪上半期人们对于"舶来品"的崇拜，则有些类似于"船货崇拜"。

〔7〕曾焕智、傅金星：《泉州通淮关岳庙志》，泉州：作者1986年印行，第63—70页。

〔8〕"醮"，为道教设坛祭祷的一种仪式，即供斋醮神，借以求福免灾。其方式是清心洁身，筑坛设供，书表章以祷神灵。所谓"青词"，即道教在举行斋醮时献给天神的奏章祝文，用朱笔写在青藤纸上，故称"青词"。

〔9〕《明史》卷五十载，洪武三年（1370年）定制，京都祭泰厉，祭日，"设京省城隍神位于坛上，无祀鬼神等位于坛下之东西"，"府州祭郡厉、县祭邑厉，皆坛城北，一年二祭如京师（清明及十月朔日，遣官致祭）"，"里社则祭乡厉"。后定"郡邑厉、乡厉，皆以清明日、七月十五日、十月朔日"举行祭祀活动，地方由各府州县守令主之。成书于嘉靖九年（1530年）的《惠安县志》卷十云，明初厉祭，主祭城隍神，"仍设神牌二于坛下，左右题曰：本县无祀鬼神"。厉祭时间为"每岁春清明，秋七月十五日，冬十月朔"。明代惠安于七月十五日的县祭厉外，又有乡厉坛祭，据嘉靖县志云："乡厉坛，各都皆设坛……每岁三祭，日期与县同，祭物牲酒随乡俗置办，其轮流会首，及祭比，会饮、读誓等……按厉祭各都尚举行之。"

成书于嘉靖二十一年（1542年）的《崇武所城志·岁时》云："七月望日中元节，家盛馔祭祀祖先。"

〔10〕 Maurice Bloch, *From Blessing to Violence*, Cambridge: Cambridge University Press, 1986.

〔11〕 Eric Hobsbawm, *Nations and Nationalism since 1780*, Cambridge: Cambridge University Press, 1990.

〔12〕 在欧洲和美国，民族主义思潮的出现与近代世界体系的形成有着密切的关系，它是殖民主义时代西方诸国瓜分利益、调解相互之间关系的意识形态手段，也是西方资本主义战胜封建主义的成果。民族主义的制度化表现是民族国家，这是一种用以保护国家主权范围内的社会控制手段，它与中世纪的差别在于取消了封建时代的城乡之别和社会分层之别，把主权内部的人民界定为"国民"或"公民"（citizens），使之成为平等地面对国家的主体。在经济、社会、文化等方面，民族国家构成一个一体化的体系，消除了封建时代的城邦、庄园、行业分化，把文化的过程改造成为一个传播普遍性知识（universal knowledge）和大众文化的途径。

10. 文化边疆的革命

〔1〕 这里所用的"文化革命"只是隐喻，不指1966年至1976年之间发生的"无产阶级文化大革命"。然而，这个隐喻性的用法却也并非没有一定的历史根据。其实，通过打破阶级差异来营造一个平权型的民族国家，从19世纪末已经出现于中国思想界，1966年的"文化大革命"可以说是这种理想的极端发展。"文化革命"的理想经常与"阶级论民族主义"（class nationalism）相联系。不过，这里泛指对于民族历史上的文化展开的各种形式的决裂运动，这种运动可以是极端主义的，也可以是改良主义的。

〔2〕 陈盛明：《从〈泉俗激刺篇〉看清末泉州社会黑暗面》，《泉州文史》，1981

年第 5 期。

〔3〕Bruce Kapferer, *Legends of People, Myths of State*, Washington and London: Smithsonian Institution Press, 1988.

〔4〕关于章太炎思想的论述,参见汤志钧:《近代经学与政治》,北京:中华书局 1989 年版,第 246—325 页。

〔5〕辛亥革命和华侨关系很大。华侨被称为"革命之母"。在广州黄花岗七十二烈士中,就有 29 位是华侨。为了支持革命,福建华侨陈嘉庚先生一人就捐了 5 万元,美洲华侨捐了 50 万元,广东、福建其他华侨也捐了 20 万元。

〔6〕Hans van de Ven, "The Military in the Republic", *The China Quarterly*, Vol. 150, No.2, 1997.

〔7〕Benedict Anderson, *Imagined Communities*, London: Verso, 1990.

〔8〕亨廷顿:《文明的冲突与世界秩序的重建》,北京:新华出版社 1998 年版,第 37 页。

〔9〕泉州对辛亥革命的响应,大大依赖于华侨的力量。海外泉州籍华侨秘密社团如星马"三生馆"领袖戴炎,荷印泗水同盟会的蒋以麟等,仰光、吉隆坡、麻坡、槟城、菲律宾等地泉州华侨,后来都成为中国同盟会的会员。他们不仅在海外踊跃参加革命,还纷纷回乡直接参与家乡的革命活动。在南洋各埠,尤以泉州新门外树兜乡旅居荷印泗水的华侨为主要,其中蒋以麟及其父亲蒋报策、叔父蒋报产、堂弟蒋德乡,均先后回国参加革命,成为泉州厦门同盟会的重要人物,对两地光复贡献尤大。

〔10〕《泉州文史资料(1—10 汇编)》,第 3—112 页。

〔11〕列宁对辛亥革命曾做出"中华民国底大胜利"的论断。他说:"中国人民革命斗争有世界意义,因为这个革命斗争将使亚洲获得解放,摧毁欧洲资产阶级的统治。它欢迎中国的共和派革命者。"又说:"大家知道:亚洲人民群众的先进民主派以这样的牺牲所造成的伟大中华民国。"(列宁、斯大林:《论中国》,解放社 1950 年版,第 22、37 页)

〔12〕袁世凯称帝时，占据河南彰德县三分之一的土地，依靠日本背景"称帝"，接受"二十一条"，从1915年12月起，自称"中华帝国洪宪皇帝"，但1916年3月被迫取消帝制。

〔13〕Mary Rankin, "State and Society in Early Republican Politics, 1912-18", *The China Quarterly*, Vol.150, No.2, 1997.

〔14〕机关先后设在亭店乡紫兰小学、城内日本教堂、旧考棚的阅书报社和西门汤文河家里。

〔15〕陈长河：《许卓然军事记要》，《泉州鲤城文史资料》第5辑，1990年版。

〔16〕孙先生认为1912年通过的《中华民国临时约法》是国家大法，该法被袁自改，必须恢复，乃组织"护法军政府"来和"北洋政府"对抗。南方军政府举孙先生为大元帅。不料，西南军阀起来反对孙先生，后来他不得已离开广州到上海。

〔17〕1917年，泉州北军李部马步云一团兵变，杀死平民40人，许卓然召开公民大会，提出抗议，并电告省府控告马步云，结果以赔偿死者每人200元了事。孙中山南下护法，命许卓然组织"闽南靖国军"，以张贞为司令，进兵安海、溪美。宋渊源也在南安洪濑组织"福建护法军"。两军不和甚至相互交恶，时有摩擦，至1919年南北议和，双方乃划界停战。不久，靖国军方声涛要收编护法军，宋乃与粤军全力攻方氏，造成闽南护法之役的失败，许卓然愤而出洋去菲。

〔18〕陈炎书：《安海大事记》，泉州：安海陈诸益书局1936年印行。

〔19〕1921年中国共产党建立后，泉州同安集美学校较早成立共产主义小组。1925年，晋江县董了泰参加共产党，董为晋江县永宁人，曾任福建省委组织部长。1926年北伐军入闽，1927年10月，惠安县临时党委诞生。

〔20〕刘剑雄：《晋江第一次国共合作始末》，《晋江文史资料》第2辑，1982年版。

〔21〕在北伐期间，国民党在泉州城内发展势力，共产党在泉州城外发展，双方竞争非常激烈。

〔22〕一如前文介绍的，吉登斯用"全权主义"来界定欧洲民族国家以前的一个时代。这个时代的主要特征是君主代表国家的主权与权威。在笔者看来，全权主义不是一个时代，而可能是一种类似于"君主立宪制"的统治形式，它在清末以来长期存在于政治统治领域，蒋介石理想中的那种政权，只不过是这种统治形式的具体运用（见 Giddens, *The Nation-State and Violence*, Cambridge: Polity, 1985, pp.83-121）。

〔23〕杜赞奇认为，中国国民党与中国共产党之间意识形态的主要差异，在于前者采用类似于儒家思想的民族主义指导思想，而后者则强调打破民族国家内部的阶级不平等。笔者认为，这个观点基本上符合1927年以后国共两党的意识形态差异，但在此之前，孙中山曾力求使二者得到统一，并强调平权的思想。其实，这一差异不是国共两党成立后才出现的。笔者在上文已经指出，在清末的文化思潮中，对于民族和国家的两种对立的看法早已出现，而1911年之后的意识形态对立只不过是以前时期文化思潮的延续影响（见 Prasenjit Duara, *Rescueing History from the State*, Chicago: University of Chicago Press, 1995, pp.33-34）。

〔24〕十九路军原来是北伐军第四军第十师，后扩大为第十一军，1930年参加阎、冯内战，1931年被调到江西"剿共"。1932年，他们觉悟到"非抗日无以图存"，较早开始抗日斗争。

〔25〕当时福建人民欢迎十九路军调闽，目的在于救乡；而南京政府则意在去京沪之患，利用剿共使两败俱伤，于是十九路军调闽得以实现。

〔26〕《泉州日报》1933年11月30日及12月17日。

〔27〕《泉州日报》1933年11月30日及12月17日。

〔28〕1905—1915年，每年侨汇为2,000万元；1916—1918年，降为1,300万元；1919—1921年，增至4,400万元；1931年，增到7,200万元；1936年，达5,955万元；1937年，达6,900万元；1938年，厦门沦陷，侨批信局迁泉州，泉州侨汇达1亿元〔庄为玑：《晋江新志》（下卷），第388—389页〕。

〔29〕陈天瑞:《抗日战争时期侨属生活情况》,《晋江文史资料》第 3 辑,1983 年版。

〔30〕《福建新闻》1945 年 1 月 27 日;《时代报》1945 年 9 月 4 日。

〔31〕许东汉:《追忆 1948 年泉州劫狱事件》,《晋江文史资料》第 2 辑,1982 年版。许东汉:《1948—1949 年开展泉州城区工作的回忆》,《晋江文史资料》第 2 辑,1982 年版。

〔32〕许东汉:《1948—1949 年开展泉州城区工作的回忆》。

〔33〕许东汉:《迎接解放大军》,《泉州文史资料》,1988 年第 4 辑。

〔34〕Anthony Giddens, *The Nation-State and Violence*, pp.222-254.

〔35〕这可谓应验了"枪杆子里面出政权"的预言。

11. 现代性的文化政治

〔1〕Mark Elvin, "The Double Disavowal: The Attitudes of Radical Thinkers to the Chinese Tradition", in *China and the West: Ideas and Activities*, David Goodman ed., Manchester and New York: Manchester University Press, 1985, pp.3-29.

〔2〕陈盛明:《闽南华侨史资料一脔——华侨墓志所反映的史实》,《泉州文史》,1980 年第 4 期。

〔3〕萧楚女:《华侨与革命》,1927 年 1 月 25 日,广东省档案馆存。

〔4〕在泉州辛亥革命中,华侨同盟会会员一直占主导地位,他们是 1911 年"光复泉州"的领导,其参与者为西医、学生、教员及晚清秀才。见张家瑜、王连茂:《辛亥革命在泉州》,《泉州文史》,1981 年第 5 期。

〔5〕《泉州市华侨志》编委会编:《泉州市华侨志》,北京:中国社会出版社 1996 年版,第 173—280 页。

〔6〕1911 年辛亥革命以后,华侨捐资兴学进一步成为热潮,陈嘉庚于 1911 年至 1931 年之间,多次捐资兴学,并于 1921 年创办厦门大学。在此以后,除了 1937 年至 1945 年抗日战争侨资困难时期以外,其他时间里华侨捐

资兴学都十分踊跃,他们在教育上的投资大大超过了政府的投资。例如,1935年,政府在教育总投资所占的份额只有6.3%,而华侨投资所占的比例竟达93.7%。

〔7〕整理小组:《泉州民办慈善事业简介》,《泉州文史资料》,1961年第1辑。

〔8〕整理小组:《泉安汽车公司企业史》,《泉州文史资料》,1962年第1辑。

〔9〕Wang Gungwu, *China and the Chinese Overseas*, Singapore: Times Academic Press, 1991, pp.22-40.

〔10〕Maurice Freedman, "The Chinese in Southeast Asia: A Longer View", in *The Study of Chinese Society: Essays by Maurice Freedman*, G. William Skinner ed., Stanford: Stanford University Press, 1979, pp.3-21.

〔11〕Fei Xiaotong, *China's Gentry*, Chicago: Chicago University Press, 1953, pp.91-107.

〔12〕徐矛:《中华民国政治制度史》,上海:上海人民出版社1992年版,第10—11页。

〔13〕同上书,第414—421页。

〔14〕Fei Xiaotong, *Peasant Life in China*, London: Routledge and Kegan Paul International, 1981, pp.106-109.

〔15〕以下泉州民国期间拆城辟路的史料,来自王连茂《泉州拆城辟路与市政概况》(《泉州文史资料》,1963年第8辑)一文,该文资料来自作者对叶青眼、王振声、陈石溪、陈祖泽、何天松、阮道汀、何建魂及一些当地居民所做的采访。

〔16〕施蛰龙诈财不遂,即迁怒于林天骥,暗中控告其有贪污受贿之弊。林难逃事实,结果被孔昭同罚了1万元,充作铺筑东街路面的经费。在铺路的过程中,施又想方设法从中渔利。他先以经费不足为由,沿途向店铺征索"廊沟捐"(即马路捐),一丈宽店面须纳25元,继则偷工减料,路面铺筑以后,因质量太差,经不起车马的碾压,很快就损毁不堪,终又丢下东街头一段约30米长的路面不管。此外,在铺筑西街一段路面的过

程中，施蛰龙曾吹嘘要铺水泥，骗取了一笔廊沟捐（1丈宽店面须交30元）。结果，民众长久的盼望，等来的只是西街头于井亭巷口（一说西鼓楼下）一段石头路，井亭巷口以下，仅铺一层红土了事。雨天路滑，行人稍不注意，随即跌倒。商店无法营业，只得以砖石让顾客垫足，一时妇孺皆骂。又因廊沟修砌不直，污水不能泄入西街桥，反而积聚于开元寺口。

〔17〕1949年以后，继续民国市路建设的事业，修建如下道路：环城路，即以旧城墙拆除后的墙址扩宽的通路，从东门经西门至新门吊桥附近，初建时约为2,800米，后渐渐延伸，1952年间划归公路局管理，修为环城路，作为交通要道，路面以柏油路为主。新华西路，从市北环城路口起向南而下，过破腹桥，直趋防洪堤后路并与堤路衔接，全程2,150米，宽23米，修建于1955年，由于设计数次改变，返工土方4次，直至80年代初才完成，路面全用90厘米方块花岗岩石砌成。破腹沟路，旧称翼城墙，全程1,580米，宽度15米，1985年局部施工，以后延伸，全程路面均用花岗岩方块石砌成。九一路，从中山中路打锡巷口起，于1963年扩展新马路时，把百源龙宫、逢池等村部分居民住宅迁建后，修筑为九一路，与东大路衔接，再延伸至车间路，全程共为2,300米，宽26米，开工于70年代，至80年代初才完成，全程为混凝土及花岗岩方块石整修的路面。东大路，全程3,100米，宽40米，修建于80年代，全程用90厘米方整的花岗石块砌成的，后改水泥，其南之大桥，为福厦公路的主要桥梁，与公路衔接，桥长2,411.47米，桥面净宽为12米，两侧各设人行道，宽2米，1984年修建，为钢筋混凝土桥梁工程。

〔18〕对于20世纪初华侨与地方经济的关系，很早即有地方士绅提出批评。吴增所著《泉俗激刺篇》（1908年）即指出："洋客来乡里，使用太奢侈，兴土木，筑大屋，神工鬼斧久雕琢。大妆奁，大聘金，一嫁一娶费沉吟。乡人相惊羡，风俗靡靡从此变。各乡虽多过洋人，过洋愈多地愈贫。"

〔19〕例如，明朝叶春及在泉州惠安县毁淫祠时，即认为"淫祠"是因为四个原因才值得铲除的：(1) 淫祠是祀典不载的反映；(2) 淫祠"有妨正教"；(3) 淫祠"伤风败俗"；(4) 淫祠"暗损民财"。显然，当时的统治者主要是考虑到"正统秩序"的建立才提出铲除淫祠的口号的。见陈桂炳：《明隆万年间叶春及在惠安毁淫祠原因刍议》，《泉州道教文化》，1994 年第 1 期。

〔20〕吴滔：《大革命后泉州的三次破迷运动》，《泉州文史资料》，1982 年第 13 辑。

〔21〕该文件称：

几年来，我市把禁止"普度"等封建迷信活动作为加强社会主义精神文明建设的重要内容，常抓不懈，取得了明显的社会效果。当前，在深入贯彻党的十三届六中全会精神和传达贯彻全省精神文明建设工作会议精神，开展创建文明城市活动中尤应抓好禁止"普度"，制止封建迷信活动。为此特通告如下：

一、禁止"普度"等封建迷信活动，移风易俗树新风，认真贯彻六中全会和全省精神文明建设工作会议精神的实际行动，各级领导要从想群众、靠群众、办实事、促稳定出发，亲自研究部署，亲自组织力量，亲自狠抓落实。各县（区、市）乡（镇）人民政府要采取行政措施和各种行之有效的办法，坚决禁止"普度"，做到不请客，不受请，不铺张浪费。违者，给予批评教育，责令检查和处以罚款。

二、共产党员、共青团员、国家干部和职工都要做维护稳定的促进派，当移风易俗的带头人，积极配合有关部门做好破除"普度"的宣传教育工作，用自己的模范行为影响带动周围群众。干部、职工参与"普度"等封建迷信活动的，要从严处理，情节严重的应给予党纪、政纪处分。

三、利用"普度"造谣惑众，诈骗钱财，坑害群众，聚众赌博，酗酒闹事，打架斗殴，妨害社会公共秩序者，要按照《治安管理处罚条例》

严肃处理。触犯刑律的,依法惩办。对煽动组织佛诞、迎神赛会、"进香割火"等封建迷信的首要分子和神棍、巫婆要坚决依法给予打击。

四、加强市场和食品卫生的监督管理,不准出售封建迷信品,严禁哄抬物价和贩售伪劣变质食品。对哄抬物价、扰乱市场者,对违反食品卫生法规的,物价、工商、卫生管理部门要严肃查处,切实维护消费者的合法利益,保护人民群众的身心健康。

五、积极倡导文明、健康、科学的生活方式,开展丰富多彩、健康有益的文娱活动。剧团、影剧院、电影队、录像放映点等单位,要严格按照有关规定,不准为"普度"等封建迷信活动放映演出,违者要追究责任。坚决取缔和严厉打击贩卖非法书刊、音像制品和播放淫秽录像活动。

[22] 必须指出,中国现代性的权力特点,当然并不是"中国独特性"的反映。事实上,它是所有国家中现代性追求的共同特点。近代世界体系的成长为当前的世界带来了一个"现代的时代"(the age of modernity)。无论是西方的资本主义民族国家还是非西方的新兴民族国家,都是以确立这个"现代的时代"为号召而奠定其权力基础的。它们共同地把迈向这个时代的历程和手段称为"现代化",而对于"现代化"是什么这个问题它们却有着差别十分巨大的答案。以往,人们很自然地把"现代化"与"工业化""理性化""资本主义化"相联系,似乎"现代化"就是一种方向性极强的经济或经济观念转型。但是,近年来的思想发展却证明,"现代化"并非一个简单的经济过程,而是一个权力和文化相互交织的复杂过程。

[23] 曾遒原作,陈泗东整理:《桐阴旧迹诗纪》,《泉州文史》,1982年第6—7期。

12. 结语

[1] G. William Skinner, "The Structure of Chinese History", *Journal of Asian*

Studies, Vol.44, No.2, 1985.

〔2〕Anthony Giddens, *The Nation-State and Violence*, Cambridge: Polity, 1985.

〔3〕王亚南：《王亚南文集》第4卷，福州：福建教育出版社1988年版，第140—148页。

〔4〕吴晗、费孝通等：《皇权与绅权》，天津：天津人民出版社1988年版，第25—26页。

〔5〕Hill Gates, *China's Motor: A Thousand Years of Petty Capitalism*, Ithaca: Cornell University Press, 1996.

〔6〕关于这一论点的争论，见沈玉水：《明代泉州港并不"衰微"——与李东华先生商榷》，《泉州文史》，1989年第10期。

〔7〕也许，我们应当采用一些历史学学者的看法，而拒绝把这种式微看成严格意义上的式微，而将之界定为港市贸易的民间化（或非法化）。

〔8〕Immanuel Wallerstein, *The Modern World System*, New York: Academic Press, 1974.

〔9〕从泉州的历史中，我们看到的是一个比世界体系微妙的历程，这个历程表明，在西方资本主义世界体系形成之前，在西方之外，已经存在过跨区域、跨文明的交流（包括贸易、人口流动与文化互动），在交流中，一些区域性板块形成了自身的中心—边缘关系体系，这些体系具有世界性，因此也是世界体系。在古代泉州，这个体系与"海"密切相关。在规模上，它不能与后起的西方世界体系相比，但其对于泉州的区位意义却高于后者。这一体系，似乎有着自己的命脉。持现代资本主义世界体系观点的学者正确地指出，西方世界体系地位的上升，必定伴随着非西方"区域"经济、政治、文化地位的下降，但他们却没能意识到，非西方"区域"的世界体系，也可能在西方世界体系尚未产生作用之前，就已进入了它的衰落期。就泉州这个实例看，这不仅发生过，而且其发生的原因来自"本地"，与当时本土主义思想的统治存在着密切关系。

〔10〕根据盖尔纳（Ernest Gellner），民族主义及民族国家确立的前提，即为一

种国民普遍性知识（universal knowledge）对于社区性的地方性知识的取代。见 Ernest Gellner, *Nations and Nationalism*, Oxford: Blackwell, 1983。

〔11〕Robert Redfield, *Peasant Society and Culture*, Chicago: The University of Chicago Press, 1956.

〔12〕这里的"精英文化"特别指通过科举等形式获得的"治人之道"，这种"治人之道"不一定为其知识拥有者所实行，但潜在地制约着这个阶层的个人对于世界和社会的想象。

〔13〕关于台湾民间信仰与祖籍地观念的关系，见王世庆：《清代台湾社会经济》，台北：联经出版事业公司1994年版，第295—372页。

〔14〕这里"象征的抵抗"（symbolic resistance）一语，采用 James Scott 的相关定义，见 James Scott, "Protest and Profanation" (part one), *Theory and Society*, 1977(4:1)。

〔15〕这个时期是民间文化最富有创造性的时代，迄今流行在泉州的庙宇和信仰形式大多是在这个时期得到发展的。

〔16〕Maurice Freedman, "On the Sociological of Chinese Religion", in *Religion and Ritual in Chinese Society*, A. Wolf ed., Stanford University Press, Stanford, CA, pp.19-41. 参见原著：J. J. M. de Groot, *The Religious System of China*, Leiden: E. J. Brill, 1892—1910; Marcel Granet, *Festivals and Songs of Ancient China*, London: Routledge, 1932。

〔17〕关于学界同一论题的争论，见王铭铭：《社会人类学与中国研究》，北京：生活·读书·新知三联书店1997年版，第149—185页。

〔18〕Steven Harrell, "The Concept of Fate in Chinese Folk Ideology", *Modern China*, Vol.13, No.1, 1987.

〔19〕Gordon Childe, "The Urban Revolution", *Town Planning Review*, Vol.21, No.1, 1950.

〔20〕Max Weber, *The Religion of China*, New York: The Free Press, 1951.

〔21〕格尔兹对于这一问题的论述，主要见于其对印度尼西亚经济发展和19世

纪国家状态的论述：Clifford Geertz, *Peddlers and Princes*, Chicago: The University of Chicago Press,1963; *Negara: The Theatre State in 19th Century Bali*, Princeton: Princeton University Press, 1980。

〔22〕Marshall Sahlins, *Historical Metaphors and Mythical Realities: Structure in the Early History of the Sandwich Islands Kingdom*, Ann Arbor: The University of Michigan Press, 1981.

〔23〕Marshall Sahlins, "Cosmologies of Capitalism: The Trans-Pacifi Sector of 'the World System'", in *Proceedings of the British Academy*, Vol.74, No.1, 1988.

〔24〕同等重要的是，即使在官方正统处于支配地位的时代，我们也不能认为从泉州看到的文化只有一种。在本书的论述中，我把大量精力集中在论述正统文化与民间文化之间的张力。这种张力不仅存在于绝对主义统治时期，而且长期延续到现代性政治兴起的20世纪。至于宋元时期，文化则更体现为文化符号体系的多元并存的特征，与人类学学者论述中文化的单一性，形成了深刻的差异。

〔25〕一般说来，人类学意味着对于"异文化"（other cultures，即别的民族或社会群体的文化）的研究。当一位人类学研究者迈入他的田野工作地点时，他走进的，是一个文化有别的空间，这个空间与他的家园距离遥远，这种距离是共时的（synchronical），这个共时性，正是他与被研究者之间文化差异的坐标。一般说来，历史学意味着对于"过去"（即别的时代）的解释。当一位历史学学者在文献海洋中搜寻，而致力于理解过去时，他走进的，是一个时间有别的空间，他与其被研究者（也就是那些早已去世的历史创造者）之间形成的关系，正好与人类学学者相反，不是共时性的，而是历时性的（diachronical）。尽管人类学与其被研究者之间形成的关系有着不同，但二者都依赖"另一个情景"而"生活"，都无法拒绝这种情景的"诱惑"。历史学与人类学之异无非在于，前者是在早已不可直接观察到的过去中展开的田野工作，而后者则宣称自己的绝大多数依据，属于研究者在"活着的被研究者"当中参与观察的结果，

而这些是"第一手素材"。实质上,无论是历史学学者还是人类学学者,其面对的使命是共同的,即从时间的或空间的"另一个情景"中,形成对于故去的和健在的"别人"的理解,从而反观自身,获得对我们自己的认识。

"当代学术"第一辑

美的历程
李泽厚著

中国古代思想史论
李泽厚著

古代宗教与伦理
陈 来著

从爵本位到官本位（增补本）
阎步克著

天朝的崩溃（修订本）
茅海建著

晚清的士人与世相（增订本）
杨国强著

傅斯年
中国近代历史与政治中的个体生命
王汎森著

法律与文学
以中国传统戏剧为材料
朱苏力著

刺桐城
滨海中国的地方与世界
王铭铭著

第一哲学的支点
赵汀阳著

生活・讀書・新知 三联书店 刊行

"当代学术"第二辑

七缀集
钱锺书著

杜诗杂说全编
曹慕樊著

商文明
张光直著

西周史（增补2版）
许倬云著

拓拔史探
田余庆著

近代中国社会的新陈代谢
陈旭麓著

甲午战争前后的晚清政局
石　泉著

民主四讲
王绍光著

心灵秩序与世界历史
吴　飞著

海德格尔与伦理学问题（修订版）
韩　潮著

生活・讀書・新知 三联书店 刊行